2014년 대비

5급 공채 -행시- 2차 시험

기출해설과 예상논점

경제학

Economics

E

고시계 편저

논점별 출제교수 강평

- **15년간의(2013년도 포함) 행시 기출문제의 해설과 교수강평 수록**
- 모든 기출문제를 경제학기본서의 순서에 따라 정렬 · 배치
- 각종 국가고시(입시 · 외시 · 지시)의 총망라
- 어드바이스와 포인트를 통한 수험학습의 효율과 연계성 제고

고시계사 www.Gosi-law.com www.Eduall.kr

전면개정판을 출간하며

어떤 일을 할 때는 그 일에 대한 실체를 정확하게 파악하는 것이 중요하다. 이런 점에서 수 년간의 기출문제의 철저한 분석은 5급 공채(행정고시)의 경제학에 대한 실체를 정확하게 파악하는데 도움을 줄 것이다. 그리고 그 실체를 파악하는 동시에 그에 대한 전략을 수립하고 그에 맞는 훈련을 하는 데에도 적합하다. 즉, 기출문제가 다시 출제되었을 때 그 문제를 남들보다 못 쓰게 되면 상대적으로 큰 점수의 손실을 볼 것이므로 기본적인 면에서 중요하고, 또한 기출문제를 통하여 앞으로의 출제경향을 가늠해보는 면에서 유용한 것이다. 또한 방대한 기본서를 강약을 두어 읽을 수 있는 자료를 제공하는 면에서도 효과적인 것이다.

그리고 수 년간의 기출문제를 체계적으로 정리한다는 것은, 그 시험에 대한 맥락과 흐름을 잡을 수 있는 가장 빠른 길이기도 하다. 뿐만 아니라 기존의 출제된 문제를 분석・정리하면서, 앞으로 출제될 문제에 대한 예측과 전망도 가능해질 수 있다.

이 교재는의 가장 큰 장점은 수록할 수 있는 거의 모든 기출문제를 수록하고 해설하였다는 것이다. 그리고 출제가능한 예상논점을 내용으로 추가하여 기출문제로 부족한 논점을 공부할 수 있도록 구성되어 있다. 그리고 5급 공채(행정고시) 기출문제뿐만 아니라 입법고시, 외무고시 및 지방고시 문제까지 소개하여 '불의타'를 최소화하는 편집방향을 택하였다(찍는 공부가 바람직하지 않음은 부언하지 않는다). 그 결과 5급 공채(행정고시)를 준비하는 수험생뿐만 아니라 다른 국가고시를 준비하는 수험생에게도 많은 도움이 될 것이다.

이 교재의 장점과 특징은 다음과 같다.

첫째, 2000년(제44회) 기출문제부터 2013년(제57회)의 행정고시의 일반행정직렬과 필수직렬(재경직렬 포함) 및 입법고시의 기출문제를 기본으로 하여, 외무고시, 지방고시의 기출문제도 수록하여 기출문제분석의 완벽을 기하였다.

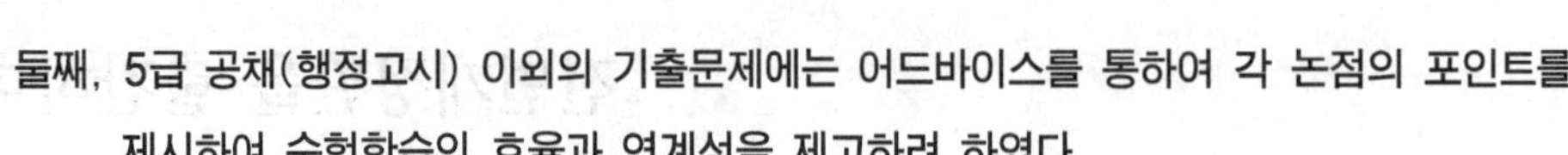

둘째, 5급 공채(행정고시) 이외의 기출문제에는 어드바이스를 통하여 각 논점의 포인트를 제시하여 수험학습의 효율과 연계성을 제고하려 하였다.

셋째, 최근의 5급 공채(행정고시)의 경제학 출제문제 중 큰 문제는 최근에 학계, 정부, 언론 등에서 이론적 · 실무적으로 이슈가 되고 있는 문제를 중심으로, 작은 문제 중 하나는 기초이론, 다른 하나는 새롭게 등장한 주제에서 출제되어지고 있다. 이런 출제 경향을 반영하여 『월간 고시계』에 게재된 예상문제와 답안 등에서 우수한 글들을 수록하고 그래도 부족한 논점은 새로이 작성하였다.

넷째, 매 문제 아래에 2단 목차를 별도로 기재하여 마지막 정리에 유용하도록 편집하였다.

다섯째, 5급 공채(행정고시)에 우수한 성적으로 합격하신 합격자들이 실제 답안처럼 작성한 기출문제의 해설과 예상답안을 거재하여 실제시험에서의 적응력을 높이도록 하였다.

본서를 가지고 교과서와 함께 공부한다면 경제학의 중요주제를 파악할 수 있을 뿐 아니라 기본서에서 부족한 논점파악이 가능할 것이다. 그리고 마지막 정리에 유용한 도구가 될 것으로 믿어 의심치 않는다. 많은 정보와 각종 자료를 챙겨주신 고려대, 성균관대, 한양대, 이화여대 행시 고시반 조교님들께도 진심으로 감사를 드리며, 이 교재가 많은 수험생들에게 한 알의 밀알이 되었으면 바램이다.

2014년 1월

고시계 편집국

『최근 4년간 출제경향 분석표』

		2013	2102	2011	2010
미시	제1장 시장의 수요 · 공급과 균형				
	제2장 소비자 이론	☑ 불확실성과 보험(행시재경4문)			☑ 소비자지출함수 도출과 보상변화 (행시일반 3문)
	제3장 생산자 이론				
	제4장 시장조직 이론	☑ 베르뜨랑 경쟁(행시일반2문)		☑ 카르텔과 내쉬모형(행시일반2문)	☑ 꾸르노경쟁과 너지수 (행시일반1문)
	제5장 게임이론 및 정보경제 이론				
	제6장 생산요소 시장과 소득분배 이론				
	제7장 일반균형 이론				

	제8장 후생경제 이론		☑ 전통적 이윤 극대화 모형, 게임이론 및 노동시장 이론 등(행시일반1문)		
	제9장 시장실패 이론			☑ 시장실패와 정부개입의 한계(행시재경1문)	
제2부 거시	제1장 IS-LM모형과 거시경제정책	☑ 재화시장과 화폐시장의 균형(행시일반1문)		☑ 총 수요곡선과 균형국민소득(행시일반 1문)	
	제2장 개방경제 이론	☑ 국제무역과 수출보조금정책(행시재경2문)		☑ 헥셔 - 올린의 모형과 아웃소싱(행시일반3문) ☑ 환율과 총수요·총공급정책(행시재경2문)	
	제3장 총공급이론 및 실업과 인플레이션	☑ 고용률과 실업률(행시재경1문)	☑ 거시경제학에서의 경기변동율(행시일반3문)		☑ 고용률과 실업률, 고용보호제(행시일반2문)
	제4장 거시경제의 일반균형과 거시경제정책		☑ 경기활성화를 위한 대책(행시일반2문)		☑ 고전적 이분법과 화폐중립성, 총수요관리 정책, 합리적 기대론(행시일반4문)

	제5장 소비이론				
	제6장 투자이론	☑ 아파트 매매시장과 전세시장(행시일반3문)			
	제7장 화폐시장과 금융제도				
	제8장 경기 변동론				
	제9장 경제 성장론	☑ 신고전파 성장이론을 통한 1인당 GDP 성장률 이해(행시재경3문)		☑ 신고전학파의 경제성장모형(행시재경3문)	
제3부 한국경제론					

CONTENTS

제1부 미시 경제학

제1장 시장의 수요 · 공급과 균형

제2장 소비자이론

Ⅰ. 소비자선택이론 및 응용

Ⅱ. 불확실성하의 선택

▌제3장 생산자이론(생산기술 및 생산비용)

▌제4장 시장조직이론

Ⅰ. 완전경쟁시장

Ⅱ. 독점시장

Ⅲ. 과점시장 및 기타이론

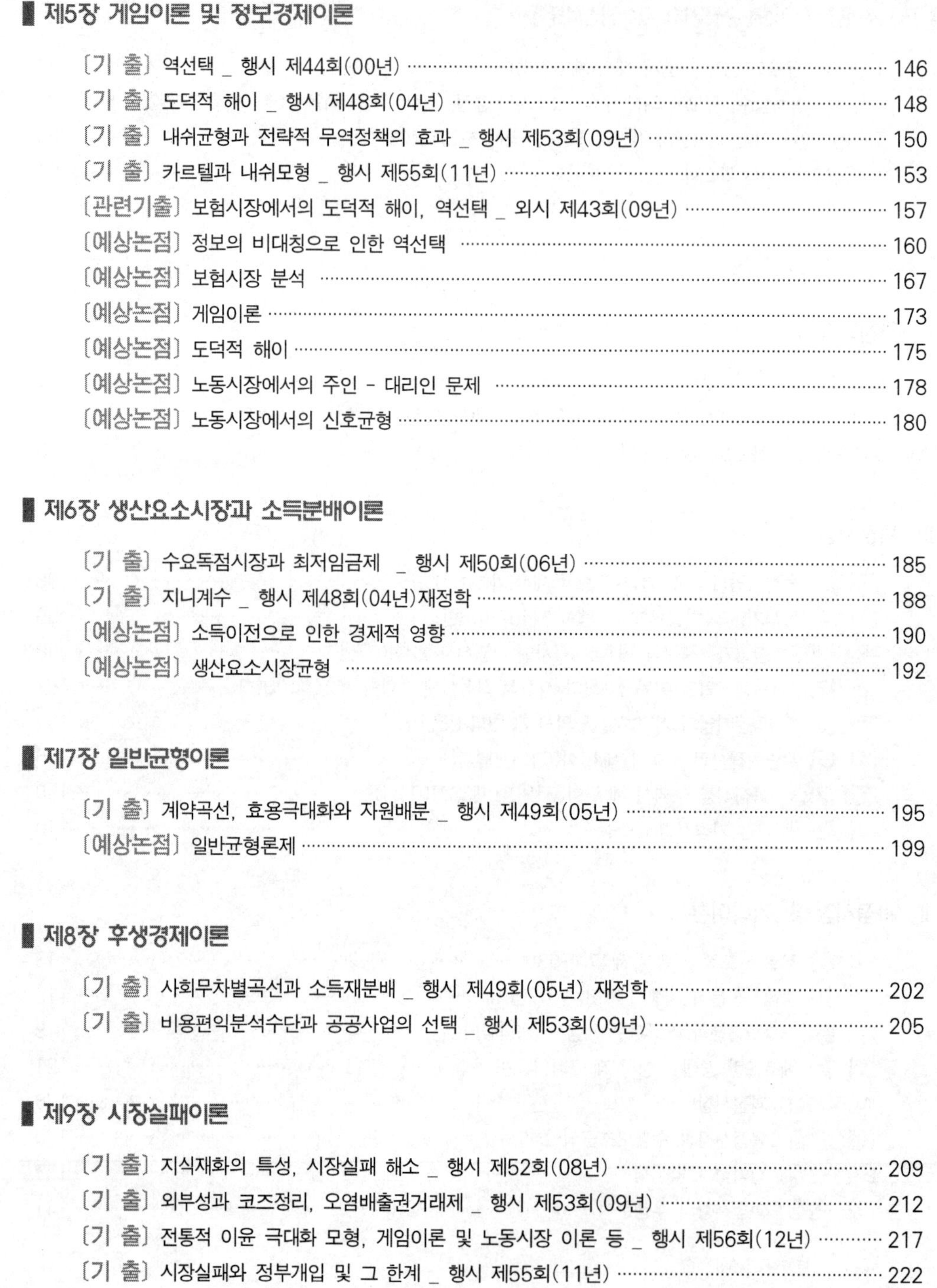

행시 2차 기출해설과 예상논점

제5장 게임이론 및 정보경제이론

제6장 생산요소시장과 소득분배이론

제7장 일반균형이론

제8장 후생경제이론

제9장 시장실패이론

제2부 거시 경제학

제1장 IS-LM모형과 거시경제정책

제2장 개방경제이론

제3장 총공급이론 및 실업과 인플레이션(필립스곡선)

제4장 거시경제의 일반균형과 거시경제정책(학파별 비교)

제5장 소비이론

제6장 투자이론

제7장 화폐시장과 금융제도

제8장 경기변동론

제9장 경제성장론

제3부 한국 경제론

제1부

미시경제학

제1장 시장의 수요·공급과 균형

/관/련/기/출

수출자율규제와 관세부과의 효과

외시 제36회(02년)

일본차에 대한 수입개방이 현실화되어 일본차가 대당 2,000만원의 가격에 5만대가 수입되고 있다고 하자. 만일 한국정부에서 일본 업체에 수출자율규제를 요청해 수입수량을 4만대로 한정하면 일본차의 가격은 2,500만원으로 상승한다고 할 때, 그래프를 사용하여 다음 물음에 답하라.(총 30점)

(1) 이때 한국의 일본차 소비자와 일본의 자동차 생산자들의 후생은 어떻게 달라지는가?
(2) 한국정부가 수입차에 대당 500만원의 관세를 부과한다면 일본이 수출자율규제를 시행했을 경우와 비교하여 일본차의 가격과 수입량은 어떻게 달라지는가?
(3) 위 (2)에서 양국의 경제주체들의 후생은 어떻게 변화하는가?

advice

한국의 일본차 시장에서 공급곡선과 수요곡선을 이용하여 수출자율규제와 관세부과의 효과를 비교하는 문제이다. 수입개방이 현실화 되어 공급곡선을 국제가격 수준에서 수평으로 간주할 수 있으므로 수출자율규제와 관세부과로 인한 일본차의 가격과 수입량에 대한 효과는 동일하나, 수출자율규제와 달리 관세부과시에는 정부의 관세 수입이 발생함을 지적하고, 두 제도의 생산자와 소비자의 후생변화와 초과부담을 그래프를 통하여 비교해 주면 된다.

관세와 쿼터의 효과

제48회 행정고시 재경직 합격 이 한 샘

우리나라 쌀 시장은 경쟁적이고 월간 수요와 공급은 다음과 같이 측정되었다. 가격의 단위는 '원'이고 수량의 단위는 '가마/월'로 정한다.

$Q_d = 400,000 - P$

$Q_s = -200,000 + 2P$

(1) 경쟁적인 쌀 시장의 균형가격 P^*와 균형수량 Q^*를 구하여라.

(2) 현재 쌀의 국제가격은 한 가마당 12만원이다. 만약 쌀협상을 통해 수입업자가 국제가격에 원하는 만큼 쌀을 수입할 수 있다면 이로 인해 생산자잉여는 얼마나 감소하겠는가?

(3) 정부는 수입되는 쌀 가마당 2만원의 관세를 부과하기로 하였다. 이 경우 관세로 인한 자중손실의 규모는 얼마인가?

(4) 정부는 관세 대신 수입쿼터를 실시하기로 하여 국제적으로 수입할 수 있는 쌀의 수량을 월간 18만 가마로 제한하기로 하였다. 설문 (3)과 비교하여 자중손실에는 어떤 변화가 생겼는지 설명하시오.

C/O/N/T/E/N/T/S

Ⅰ. 설문 (1)의 해결

1. 시장균형의 개념

시장에서 균형이란 수요와 공급이 일치하여 더 이상 변화가 일어나지 않는 상태를 말한다. 주어진 수요와 공급이 만나는 상태에서 균형가격과 균형수량이 결정된다.

2. 균형의 도출

수요 : $P = 400,000 - Q$

공급 : $P = 100,000 + \frac{Q}{2}$

두 식을 연립하여 풀면 $P^* = 200,000$ $Q^* = 200,000$이다.

3. 그래프의 도해

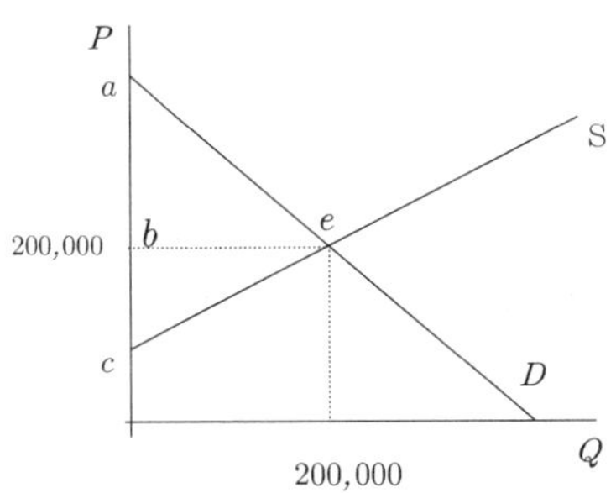

수요곡선과 공급곡선이 만나는 점 e에서 균형이 결정되고 균형가격과 균형수량이 도출된다. 이 때 소비자잉여는 $\triangle abe$이고 생산자잉여는 $\triangle bce$이다.

Ⅱ. 설문 (2)의 해결

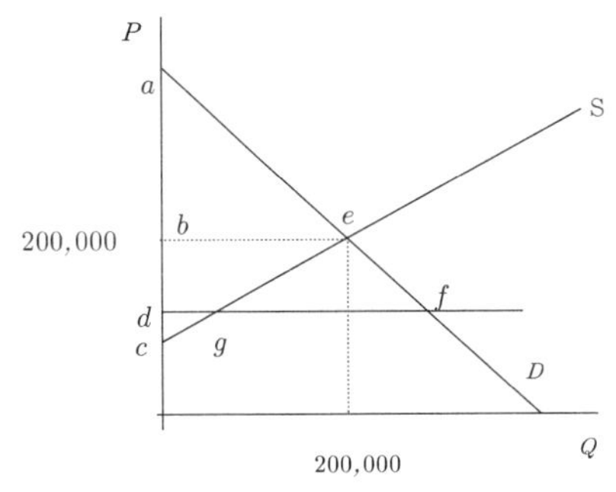

최초 균형 e에서 생산자잉여는

$$\frac{1}{2}\times 100,000\times 200,000 = 10,000,000,000$$

이다. 하지만 쌀협상으로 인해 수입업자는 12만원의 국제가격만큼만 지불하면 쌀을 수입할 수 있고 국내 소비자들도 12만원의 쌀을 소비할 수 있게 된다. 공급곡선이 12만원에서 수평으로 바뀌며 소비자는 $280,000$까지 쌀을 소비한다.

단 이때 국내쌀은 공급곡선에서 가격이 12만원이므로 $100,000+\frac{1}{2}Q=120,000$. $40,000$에 불과하며 나머지는 수입쌀로 대체된다. 국내쌀의 소비량이 줄어들게 됨에 따라 국내쌀 생산자의 생산자잉여도 감소하는데 그래프에서는 $\triangle bce$에서 $\triangle dcg$로 줄어든다. 새로운 생산자잉여는 $\frac{1}{2}\times 20,000\times 40,000 = 400,000,000$이 되고 최초 생산자잉여보다 감소함을 알 수 있다.

Ⅲ. 설문 (3)의 해결

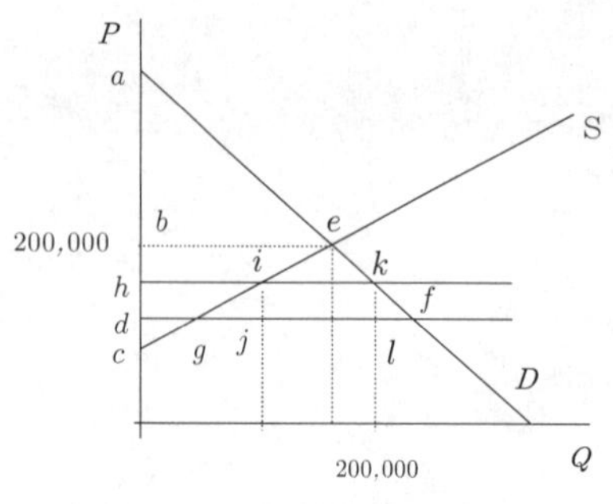

관세가 없을 때의 소비자잉여는 $\triangle adf$ 이고 생산자잉여는 $\triangle dcg$였다. 관세가 부과되면서 수평인 공급곡선이 상방이동한다. 이에 소비자잉여는 $\triangle ahk$가 되고 생산자잉여는 $\triangle ahi$ 가 된다. 소비자잉여는 감소하는 반면 생산자잉여는 생산량이 늘어나면서 증가한다. 또한 정부의 조세수입은 $\square ijkl$이다.

결국 자중손실의 변화는 $-\square hdkf+\triangle bdi+\square ijkl=-\triangle igj-\triangle kfl$이며 구체적인 크기는

$\frac{1}{2}\times 40,000\times 20,000+\frac{1}{2}\times 20,000\times 20,000\times 20,0000=400,000,000+200,000,000$

$=600,000,000$

Ⅳ. 설문 (4)의 해결

2만원의 관세 대신 수입량을 제한하면 공급량은 180,000으로 제한된다. 즉 소비자는 40,000의 국내쌀과 140,000의 수입쌀을 소비한다. 소비자잉여는 $\triangle adf$ 에서 $\square admn$으로 줄어들고 생산자잉여는 그대로이다. 정부조세는 없으며 관세부과 전과 비교하였을 때 자중 손실은 $\triangle mnf$ 가 된다. 그 크기는

$\frac{1}{2}\times 100,000\times 100,000=5,000,000,000$이고, 관세부과보다 자중손실이 크다.

수량 할당보다 가격 규제가 보다 친 시장적임을 알 수 있다.

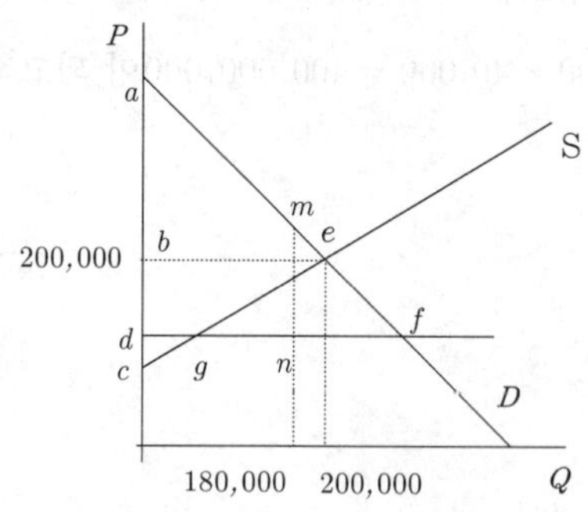

제2장 소비자이론

Ⅰ. 소비자선택이론 및 응용

기 출

노동공급곡선의 분석

행시 제51회(07년)

제50회 행정고시 재경직 합격 권 오 흥

개별 노동공급곡선은 일반적으로 우상향하는 형태를 가진다. 그러나 고소득층의 경우 개별 노동공급곡선이 후방굴절하는 경우가 발행할 수도 있다. (총 20점)

(1) 고소득층의 개별 노동공급곡선이 우하향하는 부분을 무차별곡선과 예산선 을 이용하여 대체효과와 소득효과로 나누어 설명하시오. (14점)
(단, 임금이 상승했다고 가정한다)

(2) 효용극대화에 기초한 노동공급모형이 갖는 한계점을 지적하시오. (6점)

C/O/N/T/E/N/T/S

Ⅰ. [설문의 (1)]

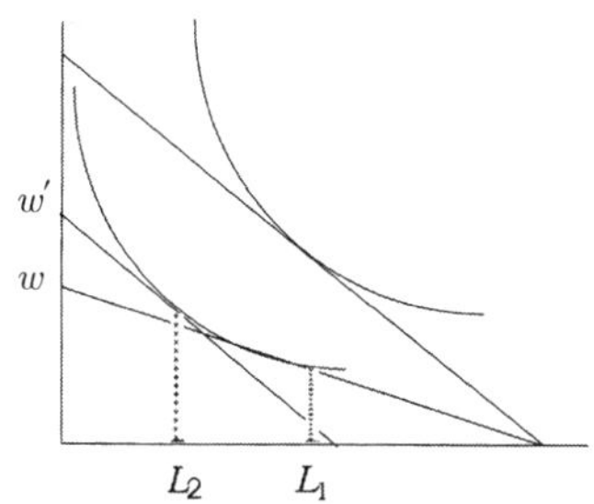

임금률이 w에서 w′으로 상승함에 따라 「여가 - 소득」 평면에서의 예산선의 기울기가 가팔라지며 대체효과에 의해 여가 소비량이 L_1에서 L_2로 감소한다. 대체효과는 여가가 정상재이거나 열등재임에 상관없이 언제나 여가소비를 줄이는 방향으로 작용한다. 임금률 상승에 따른 가격효과는 대체효과와 소득효과의 합으로 나타내어지는 바, 임금률이 상승함에 따라 동일한 노동시간의 노동공급에도 실질 소득은 증가하게 되어 소득효과가 발생하며, 이는 여가가 정상재인지 열등재인지에 따라 그 효과가 상반된 방향으로 나타난다. 여가가 정상재임을 가정할 때, 임금률 상승에 따른 소득효과는 여가소비를 증가시키는 방향으로 작용하며, 만약 소득효과의 크기가 대체효과의 크기보다 클 때, 임금률 상승에 따라 여가소비량이 증가하고 노동공급 시간은 감소하게 되어, 우하향하는 노동공급곡선이 도출된다.

후방굴절형 노동 공급곡선에서, 우하향하는 부분은 '소득효과 ≥ 대체효과' 인 경우이고, 우상향하는 부분은 '소득효과 ≤ 대체효과' 인 경우에 해당한다. 일반적으로 저소득계층의 경우 임금률이 상승하는데 따르는 대체효과의 크기가 소득효과를 압도하기 때문에 노동공급곡선이 우상향 하는 형태로 나타나지만, 고소득 계층의 경우 이미 충분한 임금소득을 얻고 있기 때문에 임금률 상승에 따른 추가적인 노동공급에서 얻는 효용의 증가분 보다 여가시간을 증가시킴으로써 얻는 효용의 증가분이 더 큰 경우 일정 임금률($\overline{w}$) 이상에서 우하향하는 노동공급곡선이 나타날 수 있다.

Ⅱ. [설문의 (2)]

효용극대화에 기초한 노동공급모형의 경우, 근로자의 효용을 결정하는 변수로서 여가와 임금소득만을 고려하기 때문에 자신이 받는 임금률의 변화에 따라 노동공급량이 달라지지만, 실제로 노동자의 노동공급은 자신이 받는 임금률 외에도 다른 사람이 받고있는 임금률의 영향을 받기도 한다. 즉, 효용함수가 $U = U(w, L, w', C)$와 같이 w′(다른 직업의 임금률) 또는 C(작업환경) 의 함수가 된다고 가정할 때 단지 임금률의 변화에 따라 노동공급량을 변화시키지 않는다. 뿐만 아니라, 임금률 변화에 따라 자신의 효용을 극대화 시켜주는 노동시간을 선택할 수 있는 직업은 거의 없으며, 대부분의 직장에서는 일정시간의 최소 노동시간을 요구하고 있기 때문에 자신의 효용을 극대화하는 노동공급량을 자유로이 조절하는 것은 현실적으로 거의 불가능 한 바, 효용극대화에 기초한 노동공급모형은 현실설명력에 있어 일정한 한계를 지니게 된다.

매몰비용과 소비자 최적선택

행시 제52회(08년)

제53회 행정고시 재경직 합격 노 경 민

예술 공연을 관람하기 위해 6만원의 관람료를 지불하고 공연장에 갔다. 그런데 공연의 내용이 기대했던 내용과는 달리 너무 지루하고 짜증까지 났다. 공연의 1/3쯤 지나 이 공연을 계속 보아야 할 것인지 아니면 공연장을 나와야 할 것인지 고민하게 되었다. 만약 공연장을 나오기로 하였다면 그 선택이 합리적인 선택임을 경제원리로 설명하시오. (15점)
(단, 공연관람료는 환불되지 않는다고 가정한다.)

C/O/N/T/E/N/T/S

Ⅰ. 효용극대화 선택

Max U(X, O) s.t. T = X+O
(X = 남은 공연 관람시간, O = 다른 활동 시간,
T = 총 가용시간, 단 X는 비재화)

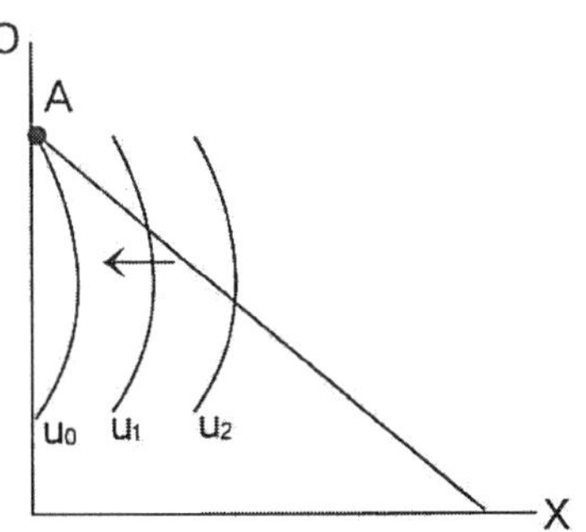

소비자가 직면한 효용극대화 문제를 위와 같이 설정한 경우 남은 공연 관람시간 X는 비재화로서 시간이 늘어갈수록 효용이 감소하게 되고, 따라서 소비자는 A점, 즉 공연 관람을 중단하고 가용시간을 다른 활동에 사용하는 것이 최적 선택이 됨을 알 수 있다.

Ⅱ. 매몰비용과 최적 선택

위와 같이 공연 관람료를 이미 지불한 경우에도 남은 공연을 관람하는 것이 소비자의 효용을 오히려 감소시키는 경우 공연장을 나오는 것이 최적 선택으로 나타나는 것은 지불한 공연 관람료가 회수할 수 없는 매몰 비용(sunken cost)이기 때문이다. 즉 매몰 비용으로 지불한 관람료 6만원은 어떤 경우에도 회수할 수 없으므로 소비자의 최적 선택에 있어 고려되지 않고, 현재의 선택에 따른 효용극대화에 의해 관람을 포기하는 것을 선택하게 되는 것이다.

상대가격변화와 소비자 선택

행시 제53회(09년)

제25회 입법고시 수석합격 박 기 현

한국이 외국으로부터 수입하는 자동차들 중에는 저가 자동차(저급 자동차)보다 고가 자동차(고급 자동차)가 더 많은 현상을 흔히 목격할 수 있다. (총 20점)

(1) 이러한 현상을 목격할 수 있는 이유를 경제원리에 입각하여 설명하시오. (10점) (단, 분석의 편의를 위하여 저가 자동차와 고가 자동차 단위당 수송비용은 동일하고 두 재화에 대한 소극소비곡선은 직선이며 한국 사람들과 외국 사람들의 소득 및 두 종류의 자동차에 대한 무차별곡선의 형태는 동일하다고 가정한다)

(2) 위의 설명을 뒷받침할 수 있는 그래프를 그리고, 유사한 사례를 들어 보시오. (10점)

C/O/N/T/E/N/T/S

Ⅰ. 설문 (1)문의 해결

1. 소비자선택의 기본 원리

주어진 예산 제약하에서 효용을 극대화하기 위해서 합리적인 경제주체들은 재화의 상대가격과 한계대체율이 일치하는 점에서 소비 의사결정을 내리게 된다.

즉, $\frac{Px}{Py}$ = MRSx,y 의 관계를 만족하는 점에서 저가 자동차와 고가 자동차의 소비량량과 소비 비율이 결정된다(X재 : 저가자동차, Y재: 고가자동차, Pi : i재의 가격).

2. 상대가격의 변화와 소비 비율의 변화

외국과 무역이 이루어지면 수송비(s)가 발생하므로 자동차의 상대가격이 변하게 되고 이에 따라 자동차 소비 비율 역시 무역 이전과 달라지게 된다.

즉, $\frac{Px}{Py}$ = MRSx,y 의 최적 소비조건이 $\frac{Px+s}{Py+s}$ = MRSx,y 로 바뀌며 $\frac{Px}{Py} < \frac{Px+s}{Py+s}$ 의 관계를 가지므로 가격효과가 일어난다.

① 상대적으로 더 싸진 재화를 더 많이 소비하는 대체효과는 무역 이후에 고가 자동차를 그 전보다 더 많이 소비하는 방향으로 작용하며, ② 수송비의 존재로 실질 소득이 감소하여 소득효과는 두 자동차 소비를 이전보다 줄이는 방향으로 작용하지만 소득소비곡선이 직선이므로 소비비율의 변화를 유발하지는 않는다.

따라서 전체적으로 무역 이후에 한국 사람들은 고가 자동차의 소비를 상대적으로 더 늘리게 되며 그 결과 설문과 같은 현상이 나타난다.

Ⅱ. 설문 (2)문의 해결

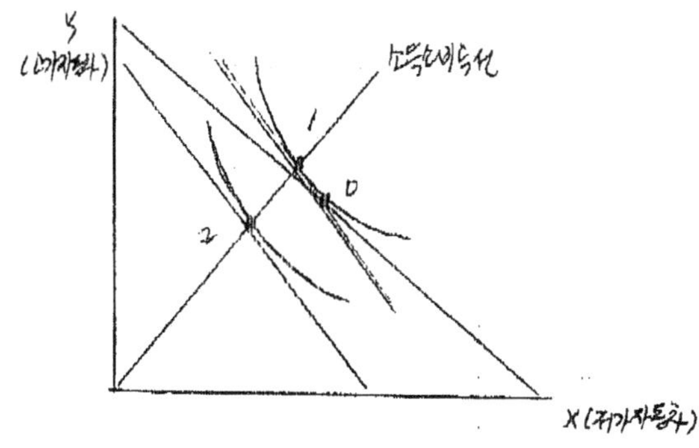

최초의 균형점은 0점이지만 무역이후 고가 자동차의 상대가격이 더 싸지면 예산선의 기울기가 그림과 같이 가팔라지면서 원점으로 이동하게 되고, 2점에서 새로운 균형을 달성한다. 이 때 고가 자동차의 소비비율이 0점에 비해 더 커지게 되는 것을 알 수 있다. 따라서 고가 자동차의 수입 비율이 더 많은 것이다.

올 4월 일시적으로 돼지고기 삼겹살의 가격이 2배 가량 뛴 적이 있다. 이 때 돼지 목살 등 기타 부위의 가격은 소폭 상승했거나 변동이 없었는데 삼겹살 가격의 상승률이 워낙 컸기 때문에 소비자들의 씀씀이가 줄어드는 와중에서도 삼겹살 소비 비율이 더 크게 줄어들었다. 이런 경우도 설문의 사안과 유사하다고 볼 수 있다.

소비자지출함수 도출과 보상변화

행시 제54회(10년)

제53회 행정고시 재경직 합격 이 선 식

두 재화 X재와 Y재를 소비하는 소비자의 효용함수는 U(X,Y)=XY이고 예산선은 PXX+PYY=M일 때, 다음 물음에 답하시오.
(단, X 의 가격은 PX, Y의 가격은 PY, 소비자의 소득은 M이다) (총 30점)
(1) PY = 1달러일 때, 소비자의 지출함수를 구하시오 (10점)
(2) PY = 1달러, M=100달러일 때, PX가 1달러에서 0.25달러로 하락한다면 소비자의 총효용은 얼마만큼 변화하는 가? (10점)
(3) PY= 1달러, M= 100달러일 때, PX가 1달러에서 0.25달러로 하락한다면 보상변화의 측면에서 소비자의 이득이 얼마가 되는가? (10점)

C/O/N/T/E/N/T/S

Ⅰ. 설문(1)문의 해결
1. 지출함수의 의의
2. 설문의 지출함수의 도출
Ⅱ. 설문(2)문의 해결
1. Px = 1 인 경우 소비자의 효용
2. Px = 0.25 인 경우 소비자의 효용
3. 소비자의 총 효용의 변화
4. 그래프의 도해
Ⅲ. 설문(3)문의 해결
1. 보상변화의 의미
2. 보상변화의 도출
3. 보상변화 측면에서의 소비자의 이득
4. 그래프의 도해

Ⅰ. 설문 (1)문의 해결

1. 지출함수의 의의

지출함수란 어떠한 가격체계에서 특정한 효용을 달성하기 위해 최소한으로 지출해야 하는 금액을 나타내는 함수를 말한다.

$e = e(Px, Py, u)$

2. 설문의 지출함수의 도출

$\min\ e = PxX + PyY = PxX + Y$

$s.t\ U = XY$

$foc : MRSxy = Px$

$\therefore PxX = Y$

이를 제약식과 목적함수에 연립하여 풀면 다음과 같은 지출함수가 도출된다.

$e = 2\sqrt{Px \cdot U}$

Ⅱ. 설문 (2)문의 해결

1. Px = 1 인 경우 소비자의 효용

(1) 문에서 구한 지출함수에 e=100, Px=1을 대입하면 u = 2500 이 된다.

2. Px = 0.25 인 경우 소비자의 효용

지출함수에 e = 100, Px=0.25를 대입하면 u = 10000 이 된다.

3. 소비자의 총 효용의 변화

X재의 가격하락에 따라 소비자의 효용은 7500만큼 증가하였다.

4. 그래프의 도해

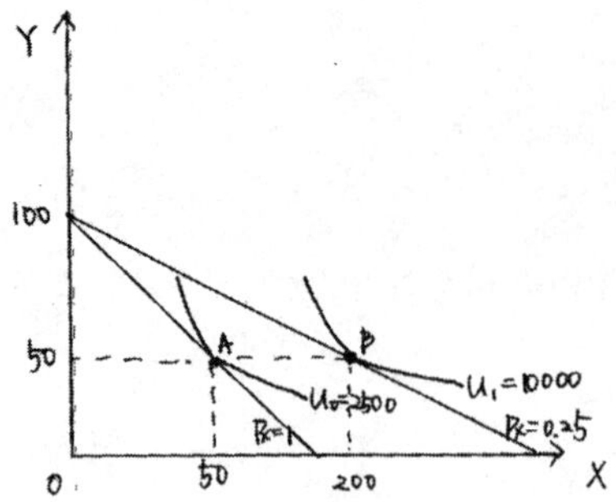

Ⅲ. 설문 (3)문의 해결

1. 보상변화의 의미

재화의 상대가격이 변화하였을때, 가격이 변하기 전의 효용수준을 달성하기 위해 변화된 가격체계 하에서 보상해주어야 하는 소득액을 말한다. 이를 지출함수와 관련한 식으로 쓰면 다음과 같다.

$$CV = e(P_0, U_0) - e(P_1, U_0) = M - e(P_1, U_0)$$

2. 보상변화의 도출

CV = 100 - e (Px=0.25 , U=2500) = 50

3. 보상변화 측면에서의 소비자의 이득

X재의 가격하락에 따라 소비자가 얻는 이익을 보상변화 개념으로 측정하면 50이 된다.

4. 그래프의 도해

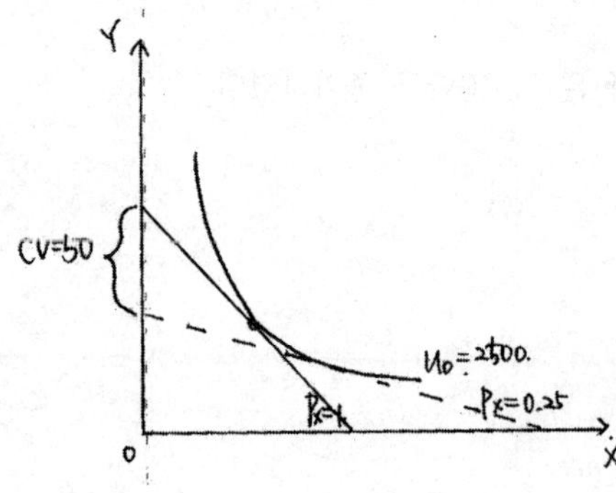

/관/련/기/출

마샬수요함수, 간접효용함수, 힉스보상수요함수, 지출함수, 쌍대성

입시 제23회(07년)

제53회 행정고시 재경직 합격 노 경 민

효용함수가 $U(X_1, X_2) = X_1X_2$인 경우 다음 물음에 답하라. P_1과 P_2는 재화 1과 2의 가격, X_1과 X_2는 재화 1과 2의 수량, M은 화폐소득을 각각 나타낸다고 하자.(총 30점)

(1) 마샬의 수요함수를 도출하라.
(2) 간접효용함수를 도출하라.
(3) 힉스의 보상수요함수를 도출하라.
(4) 지출함수를 도출하라.

C/O/N/T/E/N/T/S

Ⅰ. 설문 (1)의 해결

1. 효용극대화 문제의 설정

Max $U(X_1,X_2) = X_1X_2$ s.t. ① $P_1 \times X_1 + P_2 \times X_2 = M$

f.o.c. $MRS_{12} = MU_1/MU_2 = P_1/P_2$

$X_2/X_1 = P_1/P_2$, ② $P_1X_1 = P_2X_2$

2. X_1, X_2의 마샬의 수요함수 도출

마샬의 수요함수는 X_1, X_2 등의 상품의 수요량을 소득(M), 가격(P_1,P_2)에 관하여 나타낸 보통수요함수를 의미한다. 마샬 수요함수는 소득효과와 대체효과를 모두 포함한다.

경제학

위의 효용극대화 1계 조건식(②)을 제약식(①)에 대입하면,
$2P_1X_1 = M$,　$X_1 = M/2P_1$ ──────────〉 X_1의 마샬 수요함수
$2P_2X_2 = M$,　$X_2 = M/2P_2$ ──────────〉 X_2의 마샬 수요함수

Ⅱ. 설문 (2)의 해결

1. 간접효용함수의 의의

$V = V(P_1, P_2, M)$ 과 같이 소비자의 효용을 P_1, P_2, M 등으로 나타낸 효용함수를 간접효용함수라고 한다.

2. 간접 효용함수의 도출

간접 효용함수는 설문 (1)에서 도출한 마샬의 수요함수로부터 도출할 수 있다.
즉, $X_1 = M/2P_1$, $X_2 = M/2P_2$ 이므로, $U = X_1X_2 = M^2/4P_1P_2$ 가 되어,
간접효용함수 $V(P_1, P_2, M) = M^2/4P_1P_2$ 로 도출됨을 알 수 있다.

Ⅲ. 설문 (3)의 해결

1. 힉스의 보상수요함수

보통의 수요함수에서 소득효과 부분을 제거하고, 대체효과만을 반영한 수요함수를 '보상수요함수'라 한다. 그 중에서도 실질 소득을 효용 수준으로 파악하는 수요함수를 '힉스의 보상수요함수'라 한다.

2. 지출 극소화 문제

Min $E(X_1,X_2) = P_1X_1 + P_2X_2$ s.t. ① $U = U(X_1,X_2) = X_1X_2$
f.o.c. : $MRS_{12} = MU_1/MU_2 = P_1/P_2$,　② $P_1X_1 = P_2X_2$

3. 힉스의 보상수요함수 도출

지출 극소화의 1계 조건식(②)을 제약식(①)에 대입하면,
$U = P_1/P_2 \cdot X_1^2$, $X_1 = (P_2/P_1 \cdot U)^{1/2}$ ────────〉 X_1의 보상수요함수
$U = P_2/P_1 \cdot X_2^2$, $X_2 = (P_1/P_2 \cdot U)^{1/2}$ ────────〉 X_2의 보상수요함수

Ⅳ. 설문 (4)의 해결

1. 지출함수의 의의

E = E(P_1, P_2, U)와 같이 지출함수는 소비자의 지출액을 가격(P_1,P_2)과 효용(U)에 관한 함수로 나타낸 것을 지출함수라 한다.

2. 지출함수의 도출

지출함수는 힉스의 보상수요함수로부터 도출할 수 있다.

즉 $X_1 = (P_2/P_1 \cdot U)^{1/2}$, $X_2 = (P_1/P_2 \cdot U)^{1/2}$ 이므로, 이를 지출극소화식 $E(X_1,X_2) = P_1X_1 + P_2X_2$의 X_1, X_2에 각각 대입하면,

$E = (P_1P_2U)^{1/2} + (P_1P_2U)^{1/2} = 2(P_1P_2U)^{1/2}$ 로 나타남을 알 수 있다.

이를 통해 지출함수는 설문 (2)에서 구한 간접효용함수와는 하나의 함수를 알면 다른 함수도 구할 수 있게 되는 쌍대성(duality)의 관계에 있음을 알 수 있다.

기 출

조세관련이론(Rebate Policy)

행시 제45회(01년) 재정학

甲은 소형 승용차로 음식점에 야채 배달을 하면서 생계를 꾸려가는 저소득층이다. 그런데 IMF경제 위기가 닥치자 정부는 휘발유 소비를 억제할 목적으로 교통세를 대폭 인상하였다. 그 결과 甲은 한 달에 20만원씩 휘발유 값을 더 부담하게 되었다. 휘발유 값 인상으로 甲이 생계의 위협을 받게 되자 정부는 甲의 소득세 소득공제액을 매달 20만원씩 확대해 주어 소득수준은 그대로 유지하게 해주는 이른바 Rebate Policy를 실시할 경우를 가상하자. (총 20점)

(1) 甲의 만족수준 역시 변화가 없겠는가? 가로축에는 甲의 휘발유 소비량, 세로축에는 화폐소득으로 표시한 무차별곡선을 이용하여 설명하라.

(2) 휘발유 추가지출액 만큼의 소득 공제를 받은 뒤 甲의 휘발유 소비량은(교통세 부과전) 상황에 비해서 甲의 휘발유 소비량은 달라지겠는가? (1)의 그래프를 이용하여 설명하시오.

C/O/N/T/E/N/T/S

Ⅰ. 상황의 분류

rebate 이후의 甲의 만족수준(설문 1)과 휘발유 소비량의 변화(설문 2)를 살펴보기 위해, rebate 이전의 휘발유 소비변화에 따라 상황을 나누면, (1) 교통세 인상후 휘발유 소비가 줄어드는 경우, (2) 교통세 인상후 휘발유 소비가 변하지 않는 경우, (3) 교통세 인상후 휘발유 소비가 늘어나는 경우를 생각할 수 있다.

Ⅱ. 예산선과 무차별곡선에 의한 분석-[설문의 (1)]

처음의 예산선이 ab라 할때, 교통세의 인상으로 인해 휘발유의 상대가격이 높아지는 바 이때 예산선은 시계방향으로 회전이동한 ac가 된다. 또한 20만원만큼 휘발유 값을 더 부담할 경우 화폐소득이 20만원 줄어드는 결과가 발생하므로 이때 동액의 조세 리베이트가 주어지며 예산선은 a′c′로 이동한다.

이상의 움직임을 기본으로 리베이트에 의한 균형의 이동을 살펴보면

1. 교통세 인상후 휘발유 소비가 줄어드는 경우

이는 휘발유의 상대가격이 높아졌을때 대체효과는 휘발유 소비를 줄이는 방향으로, 소득효과는 실질소득의 감소로 휘발유 소비를 줄이는 방향(정상재)으로, 아니면 휘발유 소비를 늘이더라도(실질소득이 감소했음에도 불구하고 소비를 늘임. 즉 열등재) 그 크기가 대체효과보다 크지 않은 경우에 해당한다.

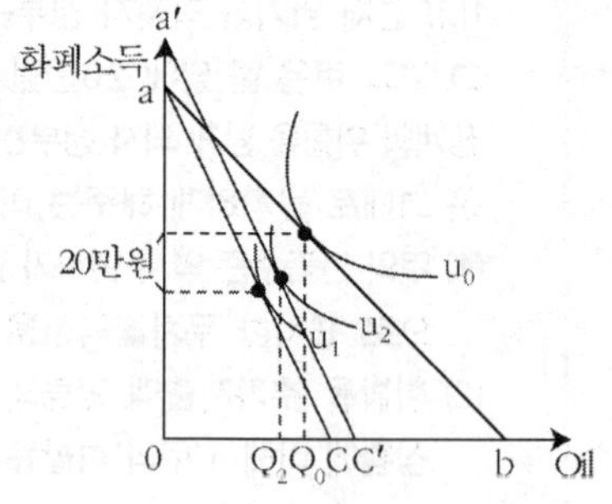

이 경우 리베이트가 이루어지면, 휘발유소비는 기존보다 줄어들고 ($Q_0 \rightarrow Q_2$), 효용수준도 감소한다 ($u_0 \rightarrow u_2$).

2. 교통세 인상후 휘발유 소비가 변하지 않는 경우

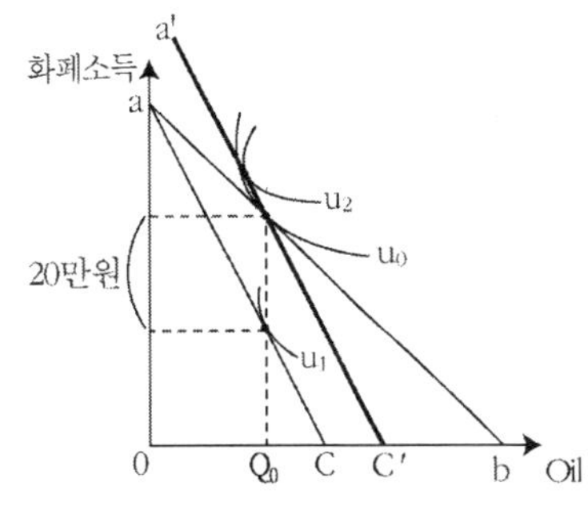

이는 휘발유 가격이 증가했을 때 대체효과는 휘발유 소비를 줄이고 소득효과는 정확히 대체효과만큼 휘발유 소비를 늘여 리베이트 이전에 휘발유 소비량이 불변인 상태를 의미한다.

이 경우 리베이트가 이루어지면, 휘발유 소비는 기존보다 줄어들고 ($Q_0 \to Q_2$), 효용수준은 증가한다 ($u_0 \to u_2$).

※ 엄밀히 말해 소득효과가 대체효과에 근소하게 미치지 못하는 경우에도 무차별 곡선의 곡률에 따라 휘발유 소비가 줄고, 효용이 증가하는 예외적인 경우가 존재한다.

3. 교통세 인상후 휘발유 소비가 늘어나는 경우

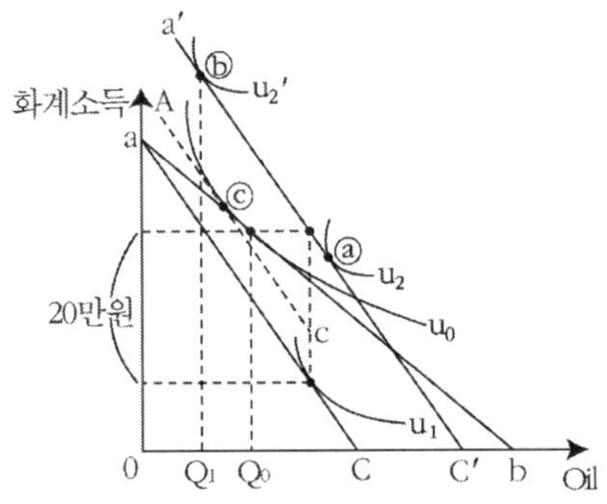

교통세 인상후 휘발유소비가 오히려 증가하는 ($Q_0 < Q_1$) 경우 이를 기펜재라 하는데 이는 음(-)의 대체효과보다 양(+)의 소득효과가 더 크기 때문이다.

이때 리베이트 후 ⓐ 또는 ⓑ의 균형이 달성가능한 것으로 보이지만 기펜재가 열등재임을 고려하면 a′c′에서의 휘발유소비는 u_0상의 예산선 AC일때의 휘발유소비 ⓒ보다 작아야 한다. 그러므로 이 경우에도 휘발유 소비는 줄어들고 ($Q_0 \to Q_1$) 효용은 증가($u_0 \to u_2'$)한다(ⓑ).

Ⅲ. 정 리-[설문의 (2)]

1. 甲의 만족수준

위의 분석에 따르면 휘발유가 정상재이거나 보통의 열등재인 경우 조세 리베이트 이후에도 甲의 효용은 처음에 비하여 줄어든다. 그러나 휘발유가 기펜재이거나 기펜재에 가까운 열등재인 경우(II-2에서 예외로 상정한 경우) 조세 리베이트 이후 甲의 효용이 늘어나게 된다. 결국 열등재인 경우에는 효용변화를 일률적으로 판단할 수 없다.

2. 甲의 휘발유 소비량

위의 분석에 따르면 어떠한 경우에서도 휘발유 소비가 늘어날 수 없음을 알 수 있다.

소비자의 효용극대화, 소득소비곡선, 엥겔곡선, 간접효용함수, 재화의 특성

제50회 행정고시 재경직 합격 권 오 흥

행시 제51회(07년)

두 재화 X와 Y가 거래되는 시장에서 어떤 소비자의 효용함수가 다음과 같다고 할 때, 다음 물음에 답하시오. (총 40점)

$$U(x, y) = x^a y^{1-a}$$

(단, x의 가격은 Px, y의 가격은 Py, 이 소비자의 소득은 M이다)

(1) 효용극대화 소비자 균형(최적)조건을 도출하고, 이 조건이 성립하지 않는 경우 이 소비자의 효용이 극대화되지 않음을 보이시오. (10점)

(2) 이 소비자의 재화 x와 y에 대한 수요함수와 소득소비곡선(ICC)의 함수식을 도출하고, 이 결과를 이용하여 재화 x의 엥겔곡선을 구하시오. (10점)

(3) Px는 5천원, Py는 1만원으로 주어졌을 때, 이 소비자의 소득이 250만원에서 250만 1원으로 증가했다고 하자. 이 경우 효용의 변화분을 구하시오. (10점)

(4) 대체제, 보완재, 정상재, 사치재, 그리고 열등재를 정의하고, 재화 x와 y가 어떤 재화에 해당하는지 설명하시오. (10점)

C/O/N/T/E/N/T/S

Ⅰ. [설문의 (1)]

소비자의 효용은 효용함수에서 도출된 무차별곡선이 예산선과 접할 때의 재화 소비량을 소비하는 경우 극대화되며, 이는 두 재화 X, Y 소비의 한계대체율(MRS_{xy})이 곧 재화의 상대가격($\frac{P_x}{P_y}$)과 일치함을 의미한다. 이를 라그랑지안 함수를 이용하여 분석해보면,

$$\mathcal{L} = U(X, Y) + \lambda_1(P_x \cdot X + P_y \cdot Y - M)$$

$$\frac{d\mathcal{L}}{dX} = \frac{dU}{dX} + \lambda_1 \cdot P_x = 0$$

$$\left(\frac{dU}{dX} = MU_x = a \cdot \frac{Y^{1-a}}{X^{1-a}} = a \cdot \left(\frac{Y}{X}\right)^{1-a}\right) \ldots\ldots ①$$

$$\frac{d\mathcal{L}}{dY} = \frac{dU}{dY} + \lambda_1 \cdot P_y = 0 \quad \frac{dU}{dY} = MU_y = (1-a) \cdot \frac{X^a}{Y^a} = (1-a) \cdot \left(\frac{X}{Y}\right)^a) \ldots\ldots ②$$

$$\frac{d\mathcal{L}}{d\lambda_1} = P_x \cdot X + P_y \cdot Y - M = 0,$$

$$P_x \cdot X + P_y \cdot Y = M \ldots\ldots ③$$

에서 ①식을 ② 식으로 나누면,

$\frac{MU_x}{MU_y} = MRS_{xy} = \frac{\lambda_1 P_x}{\lambda_1 P_y} = \frac{P_x}{P_y}$의 효용극대화 조건이 도출된다.

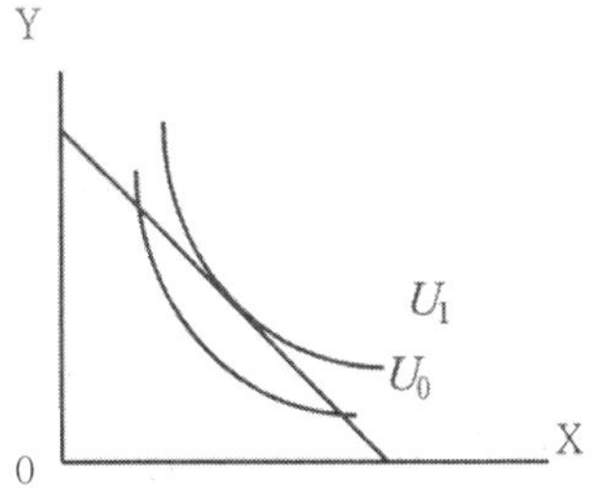

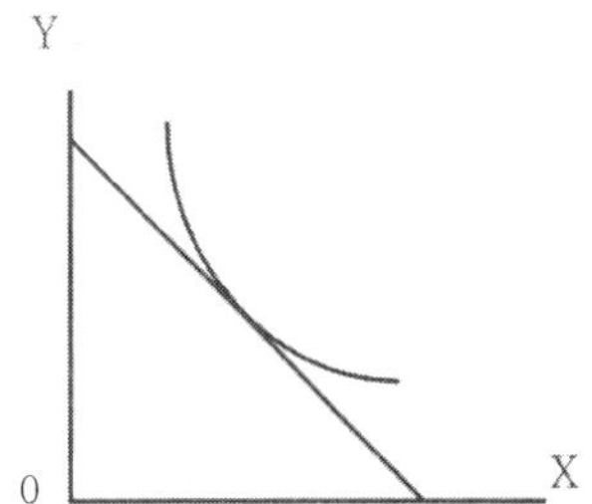

위의 그림은 무차별곡선이 예산선과 접할 때, 주어진 예산제약하에서 소비자의 효용이 극대화됨을 보여주고 있으며, 오른쪽의 그림은 소비자의 효용극대화 조건을 만족시키지 못하여 예산선과 무차별곡선이 교차함에 따라 소비자의 효용이 증가할 여지($U_0 \rightarrow U_1$)가 존재함을 보여주고 있다.

Ⅱ. [설문의 (2)]

위의 효용극대화 조건을 ③식에 대입하여 정리하면,

$$MRS_{xy} = \frac{MU_x}{MU_y} = \frac{a}{1-a} \cdot \frac{Y}{X} = \frac{P_x}{P_y}$$

$$\frac{P_x}{P_y} \cdot X + Y = \frac{M}{P_y},\ \frac{a}{1-a} \cdot Y + Y$$

$$= \frac{1}{1-a} \cdot Y,\ Y = (1-a) \cdot \frac{M}{P_y}$$ 의 Y재 수요함수를 도출 할 수 있다.

X재의 경우 위와 같은 방식으로 수요함수를 도출 할 수 있으며, $X = a \cdot \frac{M}{P_x}$ 이 된다.

소득-소비곡선(ICC)은 X-Y 평면상에서 소득이 증가함에 따라 소비자의 효용이 극대화 되는 재화소비량을 연결한 곡선으로서 일종의 확장경로가 되며, X재 수요함수와 Y재 수요함수를 연립하면, $Y = \frac{1-a}{a} \cdot \frac{P_x}{P_y} \cdot X$ 의 소득- 소비곡선(ICC)이 도출된다.

엥겔곡선이란 소득과 재화 소비량간의 관계를 소득-재화 평면에 나타낸 곡선으로서, X재의 엥겔곡선은 $M = \frac{1}{a} \cdot P_x \cdot X$ 가 되어 기울기가 $\frac{P_x}{a}$ 인 직선이 된다.

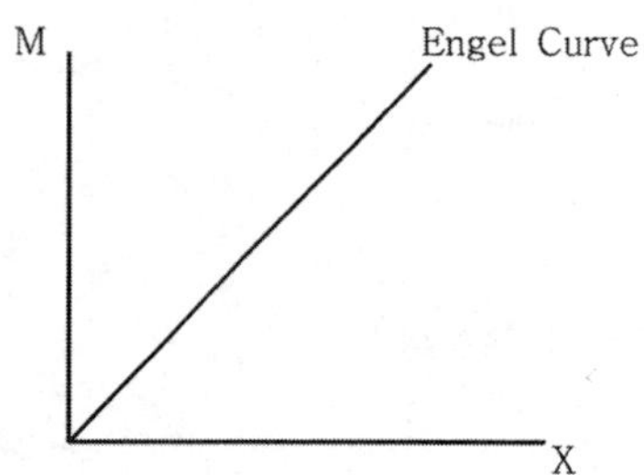

Ⅲ. [설문의 (3)]

X , Y 재의 수요함수를 이용해 간접효용함수를 구하면,

$$V = U(X^*, Y^*) = \left(a \cdot \frac{M}{P_x}\right)^a \cdot \left((1-a) \cdot \frac{M}{P_y}\right)^{(1-a)}$$ 이 도출된다.

소득이 1원 증가할 때 효용의 변화분을 계산하면, $\frac{dV}{dM} = \left(\frac{a}{P_x}\right)^a \cdot \left(\frac{1-a}{P_y}\right)^{(1-a)}$ 이므로 $P_x = 5{,}000$, $P_y = 10{,}000$ 을 대입하여 계산하면, $\left(2 \cdot \frac{a}{1-a}\right)^a \cdot \frac{1-a}{10000}$ 가 도출된다.

즉, 소득이 250만원에서 250만 1원으로 1원만큼 증가할 때, 효용은 $\left(2 \cdot \frac{a}{1-a}\right)^{a} \cdot \frac{1-a}{10000}$ 크기만큼 변화하는 것이다.

Ⅳ. [설문의 (4)]

가격이 상승함에 따라 재화에 대한 수요가 감소하는 수요의 법칙이 성립함을 가정할 때, 대체재란 어떤 재화의 가격이 상승함에 따라 해당 재화의 수요가 증가하는 관계에 있는 재화를 의미하며, 보완재는 어떤 재화의 가격상승에 따라 해당 재화에 대한 수요도 감소하는 관계에 있는 재화를 의미한다. 두 재화의 특성은 교차탄력성의 개념을 이용하여 설명 할 수 있으며, $\epsilon_{x}^{c} = \frac{dX}{dP_{y}} \cdot \frac{P_{y}}{X}$로 나타낼 수 있고, 이 값이 0보다 크면 X재는 Y재의 대체재가 되며 0이면 독립재, 0보다 작으면 보완재라고 한다.

설문의 경우 X재의 수요함수는 Y재의 가격과 무관한 함수로 나타내어지는 바, Y재의 가격이 변하더라도 X재의 수요량은 불변이기 때문에 교차탄력성은 0의 값을 가지며, 따라서 X재와 Y재는 독립재의 관계에 있다고 판단된다. 이는 콥-더글라스 효용함수의 특징 중 하나로서, X-Y 평면에서 X재의 가격소비곡선(PCC)이 수평의 형태로 나타나며 X재에 대한 지출금액이 소득 중 항상 일정 비율로 나타나는 데서 알 수 있다.

다음으로 정상재, 사치재, 열등재는 재화의 소득탄력성을 통해서 구분되어지는 재화의 특징으로서, 소득이 증가함에 따라 어떤 재화에 대한 수요가 소득 증가분 이상으로 증가할 때, 그 재화의 소득탄력성은 1보다 큰 사치재로 분류되며, 0과 1 사이일 때 필수재, 0보다 작은 경우 열등재로 분류된다.

즉, 어떤 재화의 가격이 하락한다고 가정하면, 수요의 법칙이 성립하는 대체효과에 의해 한 재화가격의 하락은 해당 재화에 대한 수요를 증가시키며, 그 과정에서 실질소득이 증가함에 따라 소득효과가 발생한다. 이 때 소득이 증가함에 따라 재화 수요가 감소하는 재화를 열등재라고 하며, 재화의 소득탄력성이 음(-)의 값을 가져 대체효과와 소득효과가 반대방향으로 작용하는 바 최초 소비량 보다 재화 소비가 증가하거나 감소할 수 있다. 일반적으로는 열등재라고 하더라도 대체효과가 더 커서 재화 가격 하락시 재화 소비가 증가하여 우하향 하는 수요곡선이 도출 되지만, 예외적으로 소득효과가 대체효과보다 큰 경우 재화가격 하락에도 불구하고 오히려 재화 소비량이 감소하는 경우도 있는데 이러한 재화를 열등재의 특수한 형태로서 기픈재(Giffen goods)라고 한다.

정상재의 경우 필수재와 사치재로 다시 구분 할 수 있는데, 소득 증가율에 대한 재화 소비량의 증가율이 0보다는 크지만 1과 같거나 작은 경우 필수재로 분류하며, 그 값이 1보다 클 때 사치재가 된다. 즉, 재화가격 하락으로 인해 실질 소득이 증가 할 때 그러한 소득의 변화분에 비해 재화에 대한 수요가 매우 탄력적으로 반응 하는 경우 그 재화를 사치재로 정의하며, 필수재의 경우라면 소득의 변화와 큰 상관없이 일정 수준을 소비하고자 하기 때문에 재화의 소득 탄력성이 1이하의 값으로 나타나는 것이다.

이상의 결과를 정리하면,

$\epsilon_x^M = \frac{dX}{dM} \cdot \frac{M}{X}$ 의 값이 0보다 작은 경우를 열등재로, 0과 1사이의 값이면 필수재로, 1보다 큰 값이면 사치재가 된다.

설문의 경우 X재의 수요함수를 통해 X재 소비의 소득탄력성을 구해보면, 그 값은 1이 되고 따라서 정상재로 분류되고, 그 중에서도 필수재에 가까운 재화라고 볼 수 있다.

/관/련/기/출

수요 · 공급과 시장의 균형

외시 제34회(OO년)

- 경쟁시장에서 수요 · 공급곡선이 도출되는 과정을 설명하라.(20점)
- A라는 마을에 1000명이 거주하고 이곳에서 음악회를 한 번 개최하는데 50만원이 들며 1회에 한 사람의 편익은 2만원이다. 다음 질문에 답하라. (총 15점)
  (1) 이 때 음악회의 개최가 바람직한가?
  (2) 그렇다면 몇 번의 개최가 최적인가?
  (3) 사회적으로 최적인 횟수는?

advice

마을사람들의 편익과 음악회 개최의 비용을 이용하여 사회후생함수를 만들고 이를 극대화하는 음악회 개최 횟수를 구하면 된다.

소비자후생, 근로소득세 인하

입시 제18회(02년) · 제19회(03년)

- 최근 미국과 EU등의 경쟁정책에서 관련시장내의 소비자후생을 최우선시하는 경향이 강하다. 이러한 정책목표는 당해 시장의 소비자잉여와 생산자잉여의 합으로 표시되는 사회적잉여(social surplus)를 극대화시키는 전통적인 산업정책과 차별화되는데, 위 두 정책목표를 비교 · 검토해 보라.
- 최근 정부가 시행해온 근로소득세 인하는 개별근로자들의 노동공급 혹은 근로유인에도 중요한 영향을 미친다. 이를 이론적 관점에서 간단히 설명하라. 한편, 정부가 조세수입증대를 통해 저소득층에 대한 보조를 늘리는 적극적인 사회보장정책을 펼 경우, 서구사회에서 흔히 볼 수 있듯이 근로자들의 근로유인이 감퇴하게 되는 소위 "복지병"이 나타날 수 있다. 이 현상을 위의 이론을 이용하여 간단히 설명하라. ▶ 입시 제18회
- 정부는 유아양육의 부담을 지고 있는 가계를 지원하기 위해 다음의 두 가지 방안을 고려하고 있다.

> 방안 A : 유아양육 비용의 일정비율을 정부가 지원
> 방안 B : 유아양육 비용으로 일정금액을 일괄적으로 지급
> 정부는 위의 어느 방안이든지 같은 크기의 예산을 지출할 계획이다.

지원대상인 유아 부모의 입장에서 두 방안을 비교하라. ▶ 입시 제19회

advice

미시경제학 교과서에 나와 있는 기본적인 내용이므로 간단히 해결 가능하다. 추가적으로 선호체계가 레온티에프 형태일 경우 대체효과가 발생하지 않으며 따라서 초과부담이 발생하지 않고 가격보조와 소득보조의 효과가 동일함을 언급해줄 수 있다.

경제학

근로자의 여가소득선택문제

제48회 행정고시 재경직 합격 이 한 샘

한 기업의 근로자들이 여가와 소득에 대해 동일한 선호체계를 가진다고 하자. 근로자들은 현재 처음 40시간동안은 시간당 $10를, 추가 시간에 대하여는 시간당 $15를 받고 있다. 경영진은 위와 같은 임금스케쥴을 시간당 $11로 획일화하려고 한다. 이에 대해 근로자는 효용이 줄어들 것이라고, 경영진은 효용이 늘어날 것이라고 대립하고 있다. 누구의 주장이 옳은가?

C/O/N/T/E/N/T/S

Ⅰ. 여 가 - 소득 평면에서 근로자의 효용극대화

근로자의 노동공급을 분석하기 위해 여가 - 소득 평면에서의 효용극대화 모형이 사용되고 근로자는 다음과 같이 효용극대화를 달성한다.

$Max\ \ U(L, M)$

$s.t\ \ M \leq w(T-L)$

(단, L:여가, M:소득, T:1주일동안 노동가능한 총 시간)

설문에서 기업 내 근로자들이 모두 동일한 선호체계를 가진다고 하였으므로 대표적 근로자만을 상정한다. 여가와 소득 간에 한계대체율이 체감하는 일반적인 형태의 무차별곡선을 고려하여 주어진 상황에서 근로자의 효용 증감여부를 판단해 본다.

Ⅱ. 최초의 상황에서의 분석

1. 근로조건

최초에 근로자들은 처음 40시간 동안은 시간당 $10를, 추가 시간에 대하여는 시간당 $15를 받고 있다. 이러한 조건은 그래프의 예산제약식에 반영되며 여가시간 $T-40$시간을 기점으로 꺾인 형태를 보이게 된다.

2. 그래프의 도해

그림에서 추가 시간에 대한 초과근무 수당으로 인해 $T-40$을 기준으로 임금률이 달라 예산선의 기울기가 다르다. U_A와 같은 효용체계를 가진 근로자라면 초과근무수당을 위해 추가근무를 하고 U_B와 같은 효용체계를 가진 근로자라면 초과근무보다는 상대적으로 여가를 많이 선택한다.

Ⅲ. 새로운 근로조건 하에서의 분석

1. 근로조건의 변화

경영진은 40시간을 기준으로 초과근무수당을 지급하는 현재의 임금스케쥴을 시간당 $11로 획일화하려고 한다. 시간당 임금률이 획일화되는 경우에 예산선은 직선이 되며 그래프를 통해 효용의 변화를 알아본다.

2. 그래프의 도해

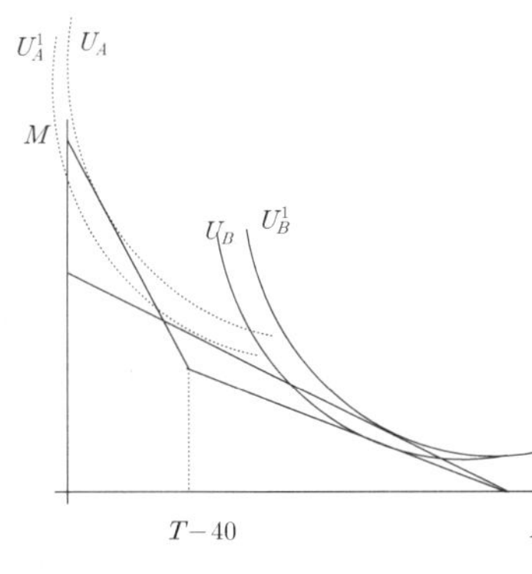

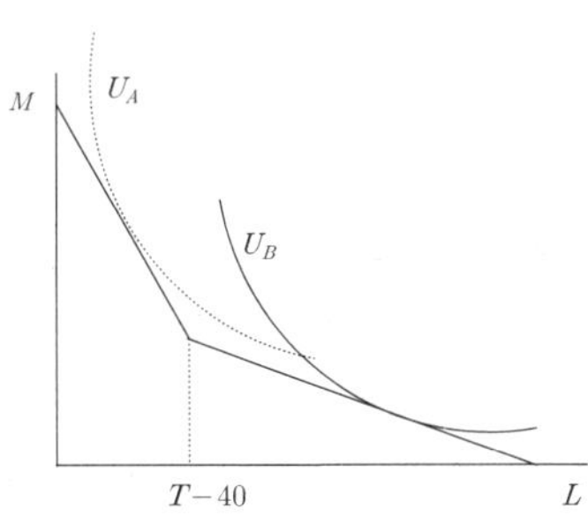

최초 근로조건에서 효용체계에 따라 근무시간에 차이가 나는 것처럼 효용증감에도 최초선택점에 따라 차이가 날 수 있다. 시간당 임금 $11로 바뀌기 전후를 기준으로 두 예산선이 만나는 교점 좌측에서 선택하고 있던 근로자는 새로운 임금스케쥴 하에서는 U_A가 U_A^1로 변한 것처럼 효용이 감소한다. 반면 교점 우측에서 선택하고 있던 근로자는 U_B가 U_B^1로 변한 것처럼 효용이 증가한다. 기존 근로조건에서 초과근무수당을 선택했던 근로자는 이제 초과근무수당보다 낮아진 획일화된 임금 하에서 효용이 감소함을 알 수 있고, 40시간 이하의 노동을 하였던 근로자는 임금이 상승하면서 효용이 증가함을 알 수 있다. 한편 근로시간의 증감은 슬러츠키 방정식(Slutsky Equation)을 통한 소득효과와 대체효과를 나누어 살펴봄으로써 알 수 있다.

대표적 개인의 효용극대화모형

제43회 행정고시 재경직 합격 김 석 기

■ 현재 시장에서는 맥주(X) 1병에 1,000원 맥주(Y) 1병에 500원으로 판매되고 있고, 개인의 소득은 10,000원이며 맥주와 소주의 구입에 모두 사용된다고 하자.

(1) 맥주와 소주를 모두 좋아하는 일반적 선호를 가진 나잘난 씨의 경우 최적소비선택을 도해하시오. (이 때 나잘난 씨의 맥주와 소주에 대한 효용함수는 U=XY라 가정한다)

(2) 상점에서는 맥주판매량을 늘리고자 소주 1병에 맥주 1병을 끼워 팔기하고 있다. 이 경우 선택가능영역과 최적소비선택의 변화를 도해 하시오.

(3) 맥주 1병에 소주 1/2병을 섞은 폭탄주만을 마시는 J검사의 경우 효용함수를 정의하고 최적소비선택을 도해하시오.

C/O/N/T/E/N/T/S

Ⅰ. "나잘난" 씨의 최적소비선택-제1문

나잘난 씨는 자신의 예산 제약하에서 효용을 극대화 하도록 맥주(X)와 소주(Y)의 소비조합을 선택할 것이므로 대표적 개인의 효용극대화 모형을 통하여 살펴보기로 한다.

1. 예산제약과 효용함수

주어진 시장가격 하에서 예산제약식은 1,000X+500Y=10,000 이고 나잘난씨의 효용함수는 U=XY로 주어져있다.

2. 최적소비선택의 결정

최적소비선택은 재화에 대한 주관적 가치판단을 반영한 소비자의 한계대체율(MRSxy)과 시장에서의 객관적 가치판단의 결과를 반영한 상대가격(Px/Py)이 일치하도록 소비하는 것이다. 문제의 경우 나잘난 씨의 한계대체율(MRSxy)은 MUxMUy=Y/X이고 상대가격(PxPy)은 1000/500=2 이므로 맥주와 소주를 1대 2의 비율로 소비하는 것이 최적이다. 따라서 나잘난씨는 소득 10,000원으로 맥주 5병과 소주 10병을 소비하는 선택을 한다.

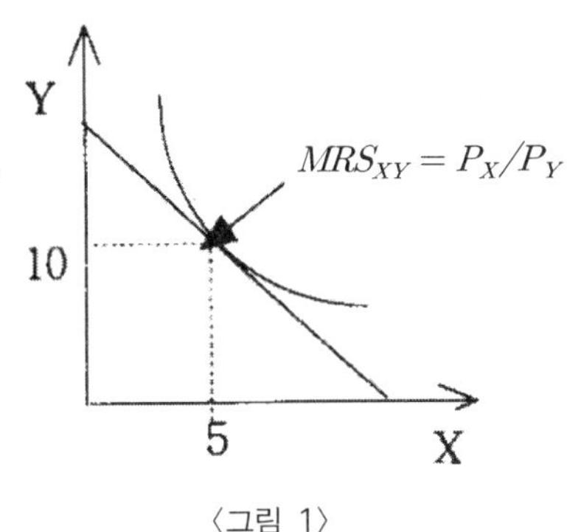

〈그림 1〉

3. 최적소비선택의 도해

〈그림1〉과 같이 나잘난씨는 재화에 대한 주관적 가치판단을 반영한자신의 한계대체율(MRSxy)과 시장에서의 객관적 가치판단의 결과를 반영한 상대가격(Px/Py)이 일치하도록 맥주와 소주를 소비한다.

Ⅱ. 끼워팔기의 경우 최적선택-제2문

1. 소비가능영역의 변화

소주 1병의 구입을 위해서는 반드시 맥주1병을 구입해야 한다면, 소비가능영역은 원점으로부터의 45도 선을 기준으로 할때 아래편의 빗금친 삼각형 영역으로 제한된다. 이것은 인위적 제약에 따른 선택가능영역의 제한에 해당하며 이에 따라 종래의 소비조합을 선택할 수 없는 개인은 새로운 소비조합을 선택하게 된다.

2. 소비선택의 변화

〈그림2〉와 같이 소비가능영역의 인위적 제약에 따라 나잘난 씨는 종래의 최적소비조합(a)을 소비할 수 없고, 맥주(X)와 소주(Y)를 동일한 비율로 소비하는 새로운 소비조합(b)을 선택하게 된다. 이 경우 종전에 비해 소주 소비는 줄고 맥주의 소비가 늘어난다.

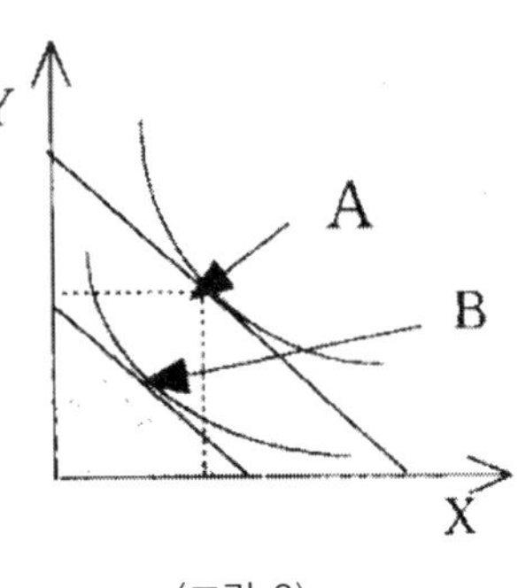

〈그림 2〉

3. 나잘난 씨의 효용의 변화 평가

끼워팔기에 따른 소비선택의 제약에 따라 나잘난 씨는 종래의 최적소비조합(a)을 소비할 수 없고, 맥주(X)와 소주(Y)를 동일한 비율로 소비하는 새로운 소비조합(b)을 선택하게 된다. 이 경우 종전에 비해 나잘난 씨의 효용은 감소하게 되며, 이러한 효용의 감

소는 외부적 요인에 의해 시장가격체계에 따른 자유로운 소비행위가 제한되기 때문이라고 볼 수 있다

Ⅲ. 검사 J씨의 최적소비선택-제3문

1. 의의

검사 J씨의 경우 폭탄주만을 마시는 특이한 선호체계를 가지고 있으므로 일반적 선호를 가진 나잘난 씨의 효용함수 - 무차별곡선과는 다른 형태의 효용함수를 가지게 되며, 그에 따라 나잘난 씨와는 상이한 소비선택을 한다. 검사 J씨는 맥주(X)와 소주(Y)를 2대 1의 비율로 섞어 마실 때만 효용의 증가를 느낄 수 있으므로, 효용함수는 U=min{X,2Y}로 정의할 수 있고 이는 L자형의 레온티에프형 효용함수에 해당한다.

2. 검사 J씨의 소비선택

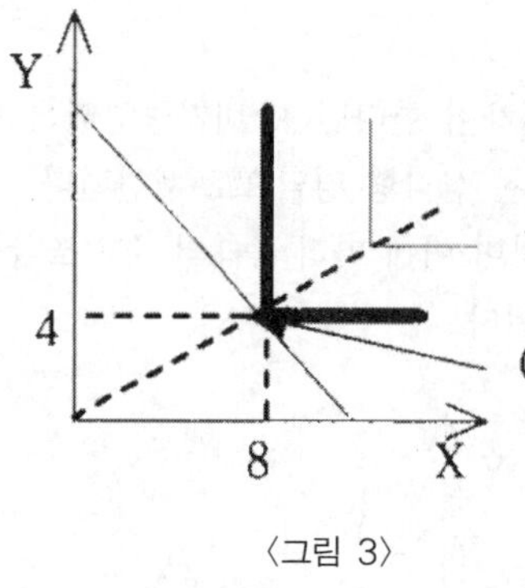

〈그림 3〉

J검사의 소비선택은 두 재화의 상대가격과는 무관하게 2대 1의 비율로 결정되며, 그림과 같이 예산선과 무차별곡선이 만나는 C점에서 이루어진다. 이 경우 J검사는 맥주 8병과 소주 4병을 소비하게 된다.

한가지 덧붙일 것은, 소비자가 레온티에프형의 효용함수를 가지고 있는 경우 정부정책 또는 기타 외생적 요인에 따른 시장에서의 상대가격의 변화는 소득효과만을 초래할 뿐 대체효과는 유발하지 않는다는 것이다. 이는 소비자의 소비선택이 재화간의 상대가격과는 무관하게 정해진 비율에 따라 이루어지기 때문이다.

Ⅳ. 결 어

대표적 개인의 효용극대화 모형에서 소비자의 최적 소비선택은 개인의 주관적 선호체계를 반영하는 효용함수와 시장에서의 객관적 가치평가를 반영하는 상대가격에 따라 결정된다. 2문의 경우 객관적 제약조건의 첨가에 따른 선택가능영역의 제한과 소비선택의 변화를 살펴보았고, 3문의 경우 개인의 주관적 선호체계의 차이에 따른 효용함수 - 무차별곡선의 재구성과 소비선택을 살펴보았다.

＊ 대표적 개인의 효용극대화 모형을 이용한 미시경제학의 응용문제는 첫째, 문제에서 주어진 조건이 시장의 객관적 가치판단을 반영한 예산제약식과 선택가능영역에 영향을 미치는 것인지 주관적 선호를 반영하는 효용함수 – 무차별 곡선에 영향을 미치는 것인지를 파악하여야 하며 둘째, 최적소비선택에 따른 후생상의 변화를 평가하고 마지막으로, 문제에 따라 경제적비효율의 발생 여부를 검토하여야 한다.

레온티에프 효용함수

제48회 행정고시 재경직 합격 주 원 석

한 소비자는 아침을 먹을 때 반드시 커피한잔이랑 빵 두 조각을 먹는다. 이때 이 사람의 효용함수는 다음과 같이 표시할 수 있다.

$$U(C, B) = Min[C, \frac{B}{2}]$$

C: 커피, B: 빵조각

(1) 이 소비자의 무차별곡선을 그려라. (5점)

(2) 커피와 빵의 시장형태와 관계없이 커피와 빵의 가격이 어떻게 변화하건 간에 이 사람의 커피와 빵의 결합비율이 일정함을 보여라(25점).

C/O/N/T/E/N/T/S

Ⅰ. 논의의 전제

설문의 효용함수는 소비자가 소비하는 재화의 소비량 중에서 소비량이 적은 재화가 소비자의 효용수준을 결정하는 Leontief효용함수이다. 여기서는 레온티에프 효용함수의 무차별곡선 및 소비상품시장의 형태에 따른 변화에도 소비비율이 일정할 수 있음을 보이고자 한다.

Ⅱ. 소비자의 무차별 곡선 – 설문 (1)

문제의 소비자의 효용함수는 다음과 같다.

$$U(C, B) = Min[C, \frac{B}{2}] \cdots ①$$

식 ①의 효용함수는 C=B/2를 기준으로 만약 C 〉 B/2이면 U=B/2이고, C 〈 B/2이면 U=C 가 된다

이를 그래프로 나타내면 오른쪽 그림과 같다.

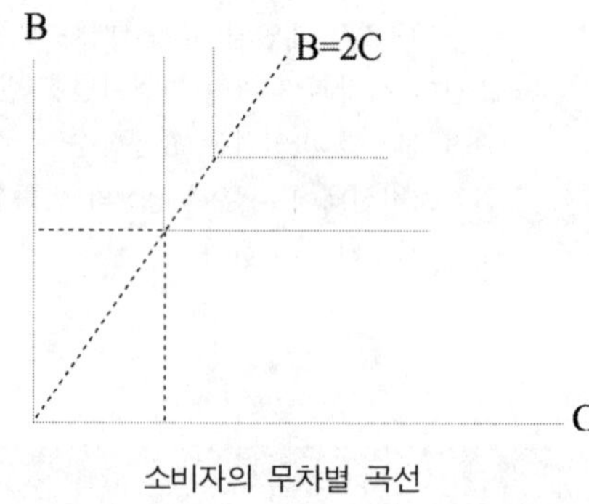

소비자의 무차별 곡선

Ⅲ. 커피와 빵의 결합비율 – 설문 (2)

1. 완전경쟁시장에서의 결합비율

빵과 커피의 시장이 완전경쟁시장이라면 소비자의 최적선택은 다음과 같다.

$$Max \quad Min[C, \frac{B}{2}]$$

$$st \ C \cdot Pc + B \cdot Pb = M \ (M: \text{소득})$$

Pc와 Pb가 주어졌을때 소비자의 최적소비량을 그래프로 나타내면 아래 그림과 같다.

완전경쟁시장에서 상품가격이 변화하더라도 그래프에서 보듯이 각 제품의 구매비율은 B=2C로 일정하다.

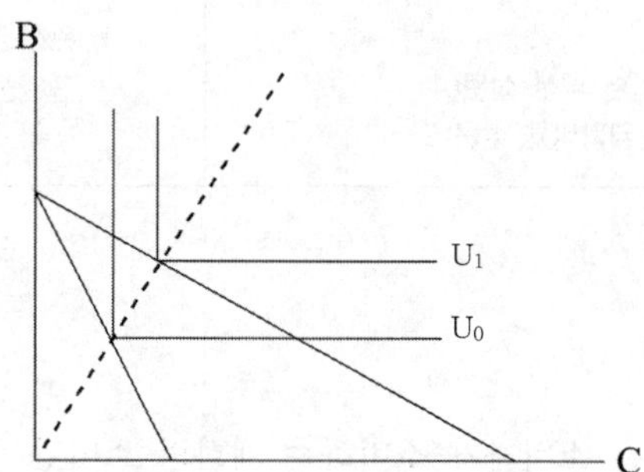

2. 불완전경쟁시장

(1) 불완전경쟁시장에서의 예산선

불완전경쟁시장에서는 소비자의 구매량에 따라 제품의 가격이 달라진다. 이 경우 각 재화의 가격은 다음과 같다.

$Pc = Pc(C)$, $Pb = Pb(B)$,

$dPc/dC > 0$, $dPb/dB > 0$, C: 커피의소비량, B: 빵의소비량

여기서 소비자의 최적선택과정은 다음과 같은 식으로 나타낼 수 있다.

$$Max \quad Min[C, \frac{B}{2}]$$

$$st \; C \cdot Pc(C) + B \cdot Pb(B) = M \cdots ②$$

(2) 그래프의 분석

식 ②를 그래프로 나타내면 다음과 같다.

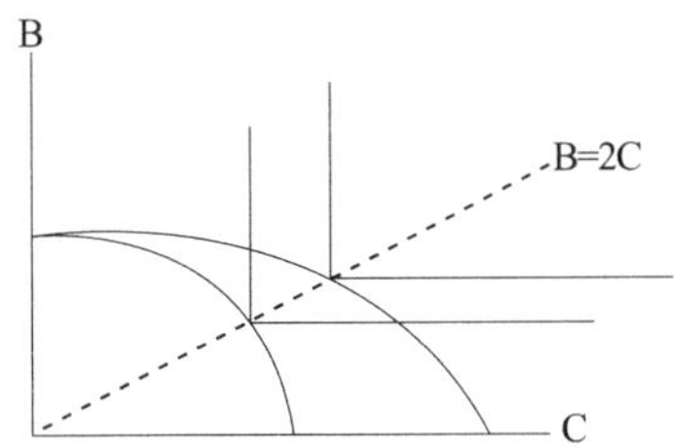

생산조건이나 소비성향의 변화 등으로 기인하여 불완전경쟁시장에서 가격변화가 있는 경우에도 그래프에서 보듯이 커피와 빵의 결합비율은 일정하다.

현시선호이론

제49회 행정고시 재경직 합격 김 성 은

(1) 라스파이레스수량지수는 $L_Q \leq 1$, 파셰수량지수는 $P_Q < 1$ 일 때 생활수준의 변화를 설명하라.

(2) 소비자 물가지수가 생계비 상승 정도를 과대평가한다는 의견을 검토하라. (단, 상품종류에는 변화가 없다고 가정한다.)

C/O/N/T/E/N/T/S

Ⅰ. 서

Ⅱ. 제(1)문의 해결

라스파이레스 수량지수는 기준년도의 가격을 기준치로 사용한다.

$$L_Q = \frac{P_0 Q_1}{P_0 Q_0}$$

$L_Q \leq 1$ 이면 $\frac{P_0 Q_1}{P_0 Q_0} \leq 1$, $P_0 Q_1 \leq P_0 Q_0$ 이다.

현시선호관계에 이하면, 상품묶음 Q_1을 선택할 수 있는 상황에서 상품묶음 Q_0를 선택하였으므로 기준년도의 상품묶음 Q_0가 비교년도의 상품묶음 Q_1에 비하여 현시선호되었다고 말할 수 있다.

파셰수량지수는 비교년도의 가격을 기준치로 사용한다.

$$P_Q = \frac{P_1 Q_1}{P_1 Q_0}$$

$P_Q < 1$ 이면 $\frac{P_1 Q_1}{P_1 Q_0} < 1$, $P_1 Q_1 < P_1 Q_0$ 이다.

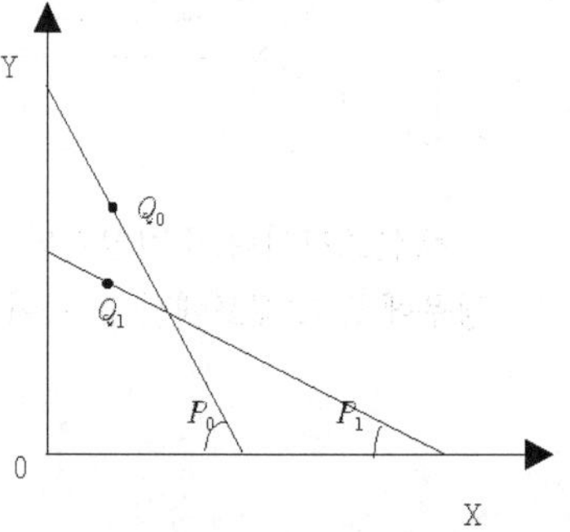

약공리에 의하면 Q_0가 현시선호되면 어떠한 경우에라도 Q_1이 Q_0보다 현시선호될 수 없으므로, 소비자는 P_1의 가격에서 Q_0를 구입할 수 없어 Q_1을 구입한 것으로 보아야 한다 .

결국 생활수준은 악화된 것으로 볼 수 있으며 이를 그림으로 나타내면 다음과 같다.

Ⅲ. 제(2)문의 해결

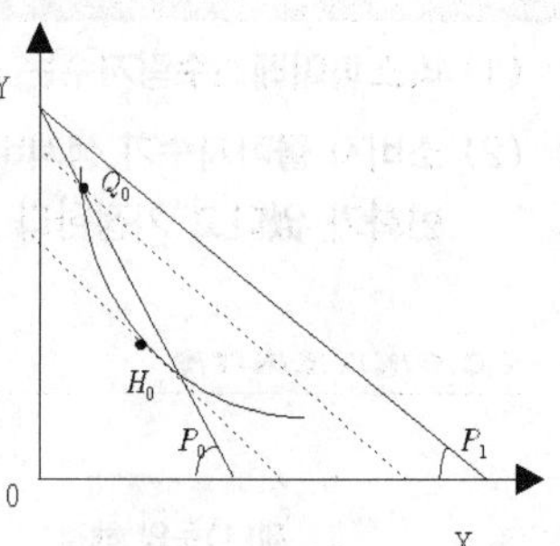

소비자 물가지수는 라스파이레스 물가지수 측정방법을 사용한다. 그런데, 기준년도와 비교년도의 진정한 물가지수를 측정하기 위해서는 기준년도와 비교년도의 실질소득이 동일해야 하므로 힉스보상을 사용하여야 하는데 라스파이레스 물가지수는 슬러츠키 보상을 사용하므로 물가지수를 과대평가하게 된다.

진정한 물가지수 $\alpha = \frac{P_1 H_0}{P_0 Q_0}$, 라스파이레스 물가지수 $L_P = \frac{P_1 Q_0}{P_0 Q_0}$

따라서 $\alpha < L_P$ 이므로 라스파이레스 물가지수는 진정한 물가지수를 과대평가한다.

최적탈세모형

제48회 행정고시 재경직 합격 이 한 샘

어떤 국가의 개인이 탈세를 고려하고 있다. x는 탈세규모이고, 탈세로부터의 편익을 $B(x)$ $(B' \geq 0, B'' \leq 0)$라 하며, e는 적발을 위한 정부의 노력수준, $\pi(e)$는 적발될 확률이다. 또한 적발되었을 때의 벌금은 $F(X)$로 주어진다.

(1) $F(x) = F_0$일 때 최적탈세규모를 구하라.

(2) $F(X) = kx$로 주어질 때 최적탈세규모를 구하고 (1)과 비교하라.

(3) 정부가 탈세규모를 줄이기 위해 할 수 있는 방법을 제시하라.

C/O/N/T/E/N/T/S

Ⅰ. 개인의 최적탈세규모 결정원리

설문에서 개인은 편익에서 비용을 뺀 순편익 NB(Net Benefit)을 극대화를 통해 최적탈세규모를 결정한다. 편익 $B(x)$는 x의 증가에 따라 한계체감하는 특징을 가지고 있고, 비용은 확률과 벌금을 곱한 기댓값을 통해 구할 수 있다. 즉 비용은 $\pi(e)F(X)$이다.

$$Max\ \ NB = B(x) - \pi(e)F(X)$$

$$\text{F.O.C}\ \ \frac{dNB}{dx} = B'(x) - \pi(e)F'(X) = 0$$

Ⅱ. 설문 (1)의 해결

1. 벌금구조의 특징

설문 (1)에서 제시된 벌금구조는 x에 관계없이 일정하다. 개인이 탈세를 얼마나 하느냐와 관계없이 일정액을 벌금으로 지불한다.

2. 탈세규모 결정

일정액을 지불하는 구조 하에서 개인의 순편익은 탈세액이 커질수록 편익이 커짐에 따라 같이 증가한다. 일계조건을 통해서 보면 $B'(x)=\pi(e)F'(X)$인 x에서 결정되는데 $F(x)$가 상수인 경우에 미분값은 0이다. 따라서 $B'(x)$가 0이 되는 액수에서 탈세규모가 결정된다.

3. 그래프의 도해

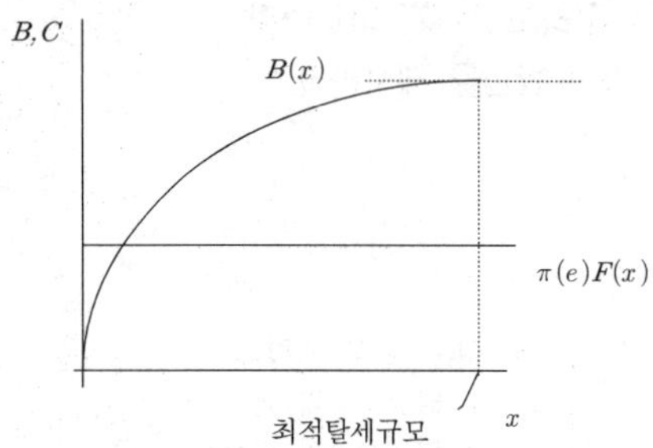

그림에서 $B(x)$의 기울기가 0이 되는 곳에서 탈세액이 결정된다.

Ⅲ. 설문 (2)의 해결

1. 벌금구조의 특징

설문 (2)의 벌금구조는 x의 증가에 따라 벌금액도 선형으로 증가한다. x가 증가함에 따라 벌금액도 그에 비례하여 증가하는 구조이다.

2. 탈세규모의 결정

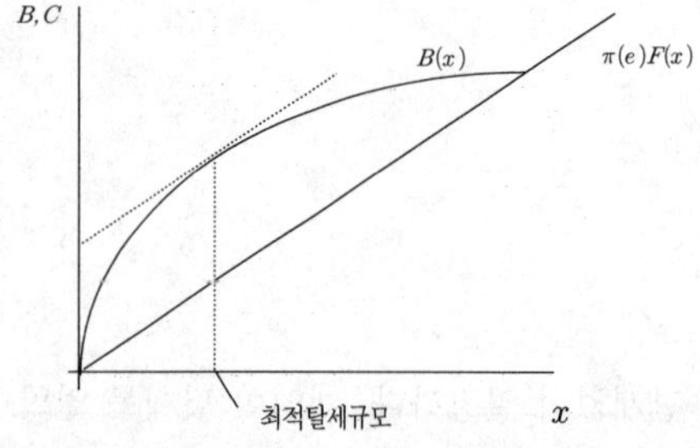

일계조건에서 보듯이 $B(x)$의 기울기와 $\pi(e)F(X)$의 기울기가 일치하는 곳에서 최적 탈세규모가 결정된다. 설문 (2)와 비교할 때 탈세액이 확실히 감소함을 알 수 있고 그

이유는 탈세액이 증가함에 따라 비용인 벌금이 증가하여 일정규모가 넘어서면 순편익이 오히려 감소하기 때문이다.

Ⅳ. 설문 (3)의 해결

1. 적발확률의 제고

정부는 개인의 비용을 증가시킴으로써 탈세규모를 줄일 수 있다. 비용은 기댓값으로 적발확률과 벌금액의 곱으로 나타난다. 먼저 적발확률을 높이는 방안을 생각할 수 있다. 하지만 적발확률을 높이는 데에는 노력수준 e를 높여야 하고 이에는 비용이 수반된다.

2. 벌금의 증가

기댓값을 높이기 위해 벌금액 자체를 증가시키는 방안이 있다. 노력수준과 적발확률을 높이지 않고도 탈세규모를 줄일 수 있다. 하지만 이 방안 역시 벌금을 일방적으로 올린다면 극단적인 경우 벌금에 대한 저항을 불러일으킬 수 있는 한계를 가진다.

생계지수

제50회 행정고시 재경직 합격 권 오 흥

소비자 甲이 식료품(F)과 옷(C)을 소비함으로써 얻는 효용은 $U(F, C) = FC$ 로 표현된다. 甲의 1990년 소득은 1,200만원이고, 식료품과 옷의 가격은 각각 단위당 1만원이라고 하자. 그런데 2000년에 식료품 가격은 2만원, 옷 가격은 3만원으로 상승하였다. (총 20점)
(1) 1990년의 생계비지수를 100이라고 할 때 甲의 2000년의 이상적 생계비지수와 라스파이레스 가격지수를 구하라.
(2) (1)의 결과에 대해서 해석하라.

C/O/N/T/E/N/T/S

Ⅰ. 설문 (1)의 해결
1. 라스파이레스 가격지수의 도출
2. 이상적인 생계비 지수의 도출
3. 그래프의 도해
Ⅱ. 설문 (2)의 해결

Ⅰ. 설문 (1)의 해결

1. 라스파이레스 가격지수의 도출

$L_P = \frac{P_1 Q_0}{P_0 Q_0}$ 인데, 설문에서 $P_0 = (1, 1)$, $P_1 = (2, 3)$임은 주어져 있다.

Q_0를 구하기 위해 1990년의 소비수준에 대한 최적화를 풀면 다음과 같다.

$\max\ U = FC,\ s.t.\ F + C = 1200$

라그랑지안 함수를 이용하면, $\mathcal{L} = FC - \lambda(F + C - 1200)$ 에서

이를 F로 편미분하면, $\frac{\partial LAPLACE}{\partial F} = MU_F - \lambda = 0$ ……㉠

이를 C로 편미분하면,

$\frac{\partial LAPLACE}{\partial C} = MU_C - \lambda = 0$ ……㉡

이를 λ로 편미분하면,

$\frac{\partial LAPLACE}{\partial \lambda} = F + C - 1200 = 0$ ……㉢ 이 된다.

㉠,㉡에서, $MU_F = MU_C$ 이고, 결국 $F = C$ 가 된다.

이를 ㉢에 대입하면, $F = C = 600$이 해로서 도출된다.

결국 $Q_0 = (600, 600)$이 된다.

따라서 $L_P = \frac{P_1 Q_0}{P_0 Q_0} = \frac{2\times600 + 3\times600}{1\times600 + 1\times600} \times 100 = \frac{3000}{1200} \times 100 = 250$

2. 이상적인 생계비 지수의 도출

$a = \frac{P_1 h_0}{P_0 Q_0}$ 이므로 h_0의 값을 구하도록 한다.

변경된 가격체계 하에서 기존의 효용은 그대로 유지되도록 하는 최적점을 구하는 것이 목표이다. 최적화의 식은 다음과 같이 도출된다.

$\min\ E = 2F + 3C,\ s.t.\ \overline{U} = FC = 360000$

라그랑지안 함수를 이용하면, $\mathcal{L} = 2F + 3C - \lambda(FC - 360000)$ 에서,

이를 F로 편미분하면, $\frac{\partial LAPLACE}{\partial F} = 2 - \lambda MU_F = 0$ ……㉠

이를 C로 편미분하면, $\frac{\partial LAPLACE}{\partial C} = 3 - \lambda MU_C = 0$ ……㉡

이를 λ로 편미분하면, $\frac{\partial LAPLACE}{\partial \lambda} = U - 360000 = 0$ ……㉢ 이 된다.

㉠,㉡에서, $\lambda = \frac{2}{MU_F} = \frac{3}{MU_C}$ 이고, 결국 $MRS_{FC} = \frac{MU_F}{MU_C} = \frac{C}{F} = \frac{2}{3}$ 이다.

이를 ㉢에 대입하면, $F = 300\sqrt{6}$, $C = 200\sqrt{6}$이 해로서 도출된다.

따라서 $\alpha = \dfrac{P_1 h_0}{P_0 Q_0} = \dfrac{2\times 300\sqrt{6} + 3\times 200\sqrt{6}}{1\times 600 + 1\times 600}\times 100 = \dfrac{1200\sqrt{6}}{1200}\times 100 = 100\sqrt{6}$

3. 그래프의 도해

이를 그래프로 도해하면 다음과 같다.

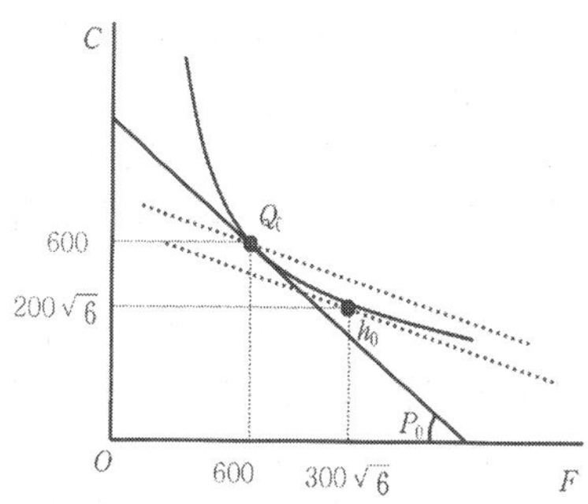

Ⅱ. 설문 (2)의 해결

(1)에서의 결과에 의하면 라스파이레스 가격지수가 이상적인 생계비지수보다 크다. 이것은 라스파이레스 가격지수에 근거해 소득을 보조하는 경우 과잉보조의 경향이 있다는 것을 의미한다. 이 예의 경우 1990년의 소득보조가 100만원이었다면, 2000년에 1990년의 생활수준을 유지하도록 해주기 위해서는 이상적인 생계비지수에 근거해 $100\sqrt{6}$만원을 보조해 주면 되는데, 실제로는 라스파이레스 가격지수를 이용할 수 밖에 없기 때문에 250만원을 보조해 주는 결과를 초래한다.

만약 이런 방식으로 모든 분야에서 소득을 보조해 준다면 과잉보조에 다른 재정적 부담이 가중될 것이다. 그러므로 단순히 라스파이레스 가격지수를 적용하는 대신 이를 보완하는 방법을 강구해야 할 것이다. 실제로 미국에서는 이러한 방안을 실행해 재정부담을 경감시키고 있다.

수요함수 도출, 라스파이레스 가격지수와 소득보조 및 보조금지급과 예산제약식

제51회 행정고시 재경직 합격 김 동 연

두 재화 휘발유(X)와 복합재(Y)를 소비하는 소비자 A를 생각해보자. A의 효용함수는 $U(X, Y)=5XY$ 이며 복합재인 Y재의 가격(PY)은 1,000원으로 정규화하였다고 가정하자. 휘발유의 가격(PX)은 작년 1,000원이었으나, 국제유가의 상승으로 인해 올해는 단위당 2,000원으로 상승하였다고 할 때 다음 물음에 답하여라. (단, A의 소득은 100,000원이다.)

(1) 휘발유에 대한 소비자 A의 수요함수를 구하고, 휘발유 가격상승 전후의 최적소비점 및 효용수준을 구한 다음 이를 그래프에 도시하여라. (10점)

(2) 라스파이레스 가격지수에 근거해 A에게 소득을 보조한다고 가정하였을 때, 필요한 소득의 크기를 구하고, 소득보조 후 A의 선택점 및 효용수준을 휘발유 가격인상 전과 비교하여라.(12점)

(3) 휘발유 가격이 1,000원에서 2,000원으로 상승하였을 때, 변화된 가격 수준 하에서 가격인상 이전의 효용수준을 회복하기 위해 A에게 지급하여야 할 소득의 크기를 구하라.(12점)

(4) 위의 결과에서 라스파이레스 가격지수에 근거한 소득보조의 문제점을 지적하고, 문제가 발생하는 원인을 간략히 서술하시오.(6점)

(5) 정부는 A의 부담을 덜어주기 위한 또 다른 방법으로 30단위 이하의 X재에 대해서는 단위당 500원만큼의 보조금을 지급하고자 한다. 이 경우 예산제약식의 변화 및 A의 선택점을 도출하시오.(10점)

C/O/N/T/E/N/T/S

Ⅰ. 설문(1)의 해결 ; X재의 수요함수 및 최적선택점 · 효용수준의 변화

1. X재의 수요함수의 도출

(1) (보통)수요함수의 의의

보통수요함수란 명목 소득 등 다른 조건이 일정한 상황에서, 소비자의 효용극대화에 의해 도출되는 가격과 수요량간의 함수 관계를 의미하며, 이는 가격 변화에 따른 가격효과을 반영하는 수요함수이다.

(2) A의 효용극대화 문제

$Max\,U(X,Y)=5XY \quad s.t.\ P_X X+1000Y=100,000$

(3) X재에 대한 수요함수의 도출

소비자의 효용극대화 조건 $MRS_{XY}=\frac{P_X}{P_Y}$ 로부터,

$MRS_{XY}=\frac{MU_X}{MU_Y}=\frac{5Y}{5X}=\frac{Y}{X}=\frac{P_X}{1000}$ 가 되고, $1000Y=P_X X$를 예산제약식에 대입하여 정리하면, X재에 대한 수요함수는 다음과 같이 도출된다.

$X^*=\frac{50000}{P_X}$

2. X재 가격상승 전후의 수요량과 효용수준의 변화

(1) P_X=1,000원일때의 수요량 (X_0, Y_0)과 효용수준(U_0)

X재의 수요함수에 $P_X=1,000$을 대입하면 $X_0=50$으로 도출되며, 예산제약식으로부터 $Y_0=50$으로 도출된다. 또한 효용함수로부터 $U_0=5\times50\times50=12,500$이다.

(2) P_X=2,000원일때의 수요량 (X_1, Y_1)과 효용수준(U_1)

X재의 수요함수에 $P_X=2,000$을 대입하면 $X_1=25$으로 도출되며, 예산제약식으로부터 $Y_1=50$으로 도출된다. 또한 효용함수로부터 $U_1=5\times25\times50=6,250$이다.

(3) 양자의 비교

명목소득이 100,000원으로 일정한 상황에서 X재의 가격만 상승하였을 경우, X재의 수요량은 감소(50→25)하였으나, Y재의 수요량은 변화가 없다. 이는 곧 콥-더글라스 효용함수 하에서 X재와 Y재는 한 상품의 가격의 변화가 다른 상품의 수요에 아무런 영향을 주지 않는, 즉 서로 독립재의 관계에 있음을 의미한다. 또한 X재의 가격상승으로 인해 전체 효용은 절반으로 감소(12,500→6,250)하였다.

3. 그래프의 도해

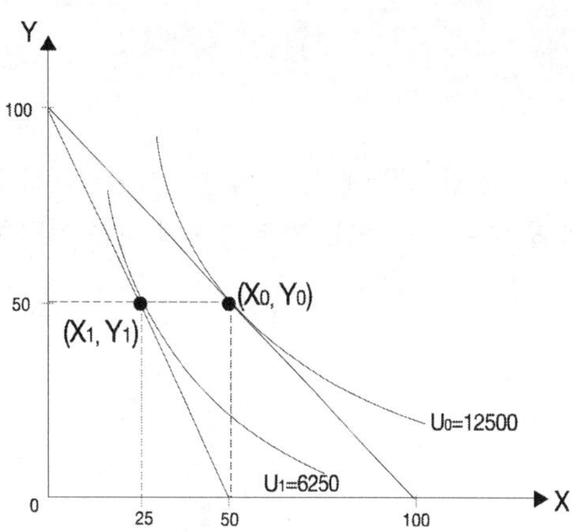

Ⅱ. 설문(2)의 해결 ; 라스파이레스 가격지수에 근거한 소득보조액과 소비자 선택의 변화

1. 라스파이레스 가격지수에 근거한 소득보조액의 도출

(1) 라스파이레스 가격지수(L_P)의 의의

가격지수란 기준연도를 100으로 할 때 비교연도의 평균적인 가격을 측정하여 기준연도에 비해 가격이 얼마만큼 변했는지 평가하는 데 사용되는 값이다. 이 때 라스파이레스 가격지수는 기준연도의 수량을 가중치로 하는 반면, 파쉐 가격지수(P_P)는 비교연도의 수량을 가중치로 한다.

(2) 라스파이레스 가격지수의 도출

기준연도와 비교연도의 가격, 수량벡터를 다음과 같이 정의할 수 있다.

$P_0=(1000,1000)$ $Q_0=(50,50)$ $P_1=(2000,1000)$ $Q_1=(25,50)$

이 때 라스파이레스 가격지수는 다음과 같이 도출된다.

$$L_P=\frac{P_1Q_0}{P_0Q_0}\times 100=(\frac{2000\times 50+1000\times 50}{1000\times 50+1000\times 50})\times 100=150$$

(3) 라스파이레스 가격지수에 근거한 소득보조액

$L_P=150$ 이므로 이에 근거한다면 비교연도에는 기준연도 소득의 50%를 늘려주어야 한다. 따라서 A에게는 50,000원의 소득보조액이 지급된다.

2. 소득보조 이후의 A의 선택점(X_2, Y_2) 및 효용수준(U_2)

(1) A의 효용극대화 문제의 변화

$$Max\, U(X, Y) = 5XY \quad s.t.\ 2000X + 1000Y = 150,000$$

(2) A의 수요량과 효용수준

$MRS_{XY} = \frac{Y}{X} = \frac{2}{1}$ 에서 $Y = 2X$이므로 이를 예산식에 대입하여 수요량을 도출하면 $(X_2, Y_2) = (37.5,\ 75)$가 된다. 이에 따른 효용수준은 $U_2 = 5 \times 37.5 \times 75 = 14062.5$로 도출된다.

(3) 휘발유값 인상 전과의 비교

휘발유값 인상 전과 비교하였을 때 X재에 대한 수요는 감소(50→37.5)하였으며, Y재에 대한 수요는 증가(50→75)하였다. 또한 라스파이레스 지수에 근거한 소득보조 후 효용은 가격인상 전에 비하여 증가하였다(12500→14062.5).

3. 그래프의 도해

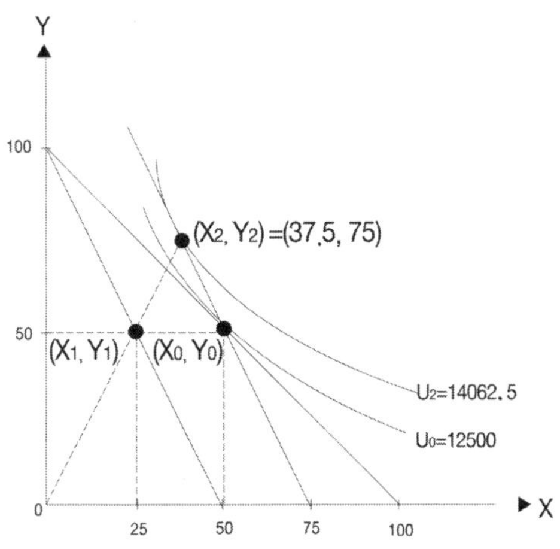

Ⅲ. 설문(3)의 해결 : 보상변화의 도출

1. 보상변화(compensating variation; CV)의 의의

보상변화란 대등변화와 함께 가격변화에 따른 후생변화를 나타내는 척도 중의 하나로서, 변화된 가격수준 하에서, 가격변화 전의 효용수준을 실현하기 위해 필요한 소득변화의 크기이다.

2. 보상변화의 도출

보상변화를 도출하는 방법으로서 간접효용함수를 이용하는 방법도 있으나, 여기에서는 우선 $P_1=(2000,1000)$라는 변화된 가격체계 하에서 가격인상 이전의 효용 $U_0=12500$을 최소한의 비용으로 달성하는 지출극소화 수요량을 구한 뒤, 이에 필요한 지출액과 원래 소득과의 격차를 구하는 방법으로 보상변화를 도출하고자 한다.

(1) 지출극소화 문제

$Min\ C=2000X+1000Y \quad s.t.\ U(X,Y)=5XY=12500$

(2) 지출극소화 수요량(X_3, Y_3)의 도출

$MRS_{XY}=\frac{Y}{X}=\frac{2}{1}$에서 $Y=2X$를 효용제약식에 대입하여 정리하면

$(X_3, Y_3)=(25\sqrt{2}, 50\sqrt{2})$로 도출된다.

(3) 보상변화의 도출

$P_1=(2000,1000)$ 하에서 (X_3, Y_3)을 달성하기 위한 소득의 크기는

$2000\times25\sqrt{2}+1000\times50\sqrt{2}=100000\sqrt{2}\fallingdotseq141400$이다. 따라서 보상변화의 크기는

CV=141400-100000=41400(원)으로 도출된다.

3. 그래프의 도해

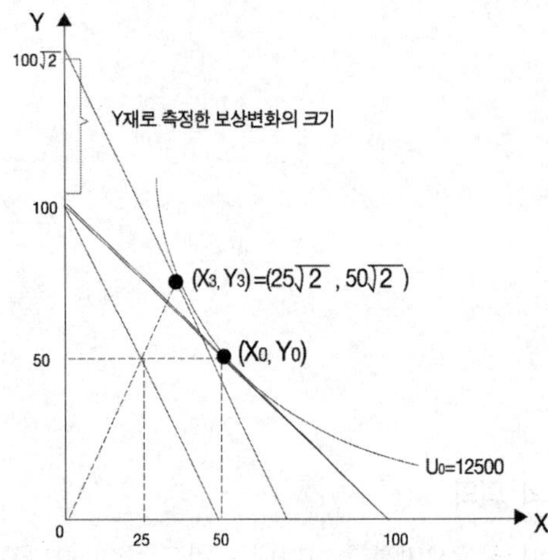

Ⅳ. 설문(4)의 해결 ; 라스파이레스 지수에 근거한 소득보조의 문제점

1. 라스파이레스 지수에 근거한 소득보조의 문제점 : 과잉보조의 문제

소득보조는 기본적으로 가격 상승에 따른 후생의 손실을 소득지급으로 상쇄하여 소비자가 기준연도의 후생을 누릴 수 있게 하는 것을 목표로 한다. 그러나 라스파이레스 지수에 근거하여 소득보조를 하는 경우 원래의 효용을 유지하는 데 필요한 소득보조액(41400원)보다 더 많은 금전을 소비자(50000원)에게 지급하게 되어 과잉보조의 문제가 나타나며, 이때 소비자는 원래 효용(U_0=12500)보다 더 높은 수준의 효용(U_2=14052.5)을 누리게 된다.

2. 과잉보조가 발생하는 이유 : 대체편기

상대가격이 변하면 좀 더 싼 재화를 더 많이 소비하는 방향으로 조정(대체효과)할 수 있으므로, 고정된 재화 묶음을 소비할 때 보다 더 적은 지출액으로 동일한 수준의 효용을 누릴수 있다. 그럼에도 불구하고 라스파이레스 가격지수는 이를 반영하지 않기 때문에 과잉보조의 문제가 발생하는 것이다.

Ⅴ. 설문(5)의 해결 : 제한된 가격보조시 예산선과 수요량의 변화

1. 예산선의 변화

(1) $0 \le X \le 30$일 때

이 때 정부는 X재 소비 한 단위당 500원의 가격보조를 지급하므로, P_X=1500원이 된다. 따라서 예산선은 $1500X + 1000Y = 100,000$이 된다.

(2) $X \ge 30$일 때

X재 소비가 30단위 이하일때만 가격보조를 지급하므로, 30단위 이하의 X재에 대해서는 P_X=1500원 이지만, 30단위 이상의 X재에 대해서는 P_X=2000이 된다. 따라서 예산선은 $1500 \times 30 + 2000 \times (X - 30) + 1000Y = 100,000$, 정리하면 $2000X + 1000Y = 115,000$이다.

2. 최적 수요량(X_{4}, Y_4)의 도출

효용극대화 조건인 $MRS_{XY} = \frac{P_X}{P_Y}$는 ① 무차별 곡선이 볼록하고 ② 내부해를 가진다는 두 가지 제약조건하에서만 효용극대화 조건으로서의 의미를 가진다. 만약 내부해가 아닌 구석해(corner solution)를 가진다면 위의 조건이 만족되지 않아도 효용극대화점이 될 수 있다.

제한된 가격보조 후 A의 예산선은 그래프에서와 같이 점B에서 꺾인 형태로 나타난다. 따라서 효용극대화점은 선분AB상이나, 선분BC상, 그리고 점B에서 나타날 수 있는데 판단기준은 다음과 같다.

즉 효용극대화점은 점 B에서의 MRS_{XY}가 ① 선분AB의 기울기보다 작다면 선분AB상에서 나타나며, ② 선분AB의 기울기보다 크지만 선분BC의 기울기보다 작다면 점B에서 구석해로 나타나고, ③ 선분BC의 기울기보다 크다면 선분BC상에서 나타나게 된다. (단, 기울기는 모두 절대값으로 계산하였을 때)

사안에서는 선분AB의 기울기=1.5, 선분BC의 기울기=2, 점B에서 $MRS_{XY} = \frac{Y}{X} = \frac{55}{30} \fallingdotseq 1.83$이기 때문에 점B에서 효용극대화가 이루어지며, 이 때 수요량은 $(X_4, Y_4) = (30, 55)$이다.

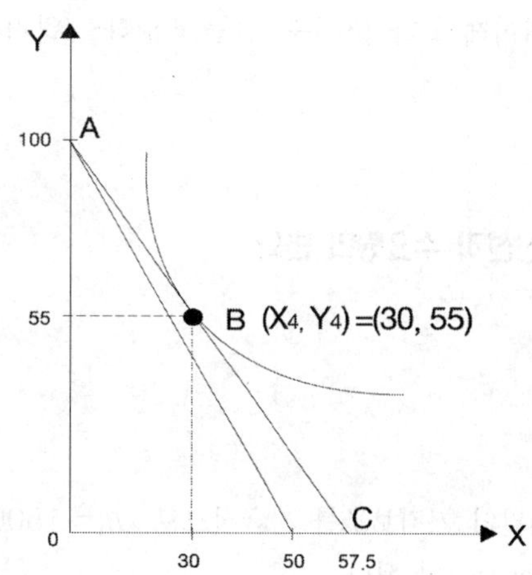

Ⅱ. 불확실성하의 선택

기 출

조건부 상품시장

황 종 휴 강사

행시 제45회(01년)

두 경제주체 甲과 乙이 미래의 두 개의 불확실한 상태 α와 β를 예상하면서 쌀을 거래하는 경제모형에서 α인 경우 甲은 100, 乙은 300 단위의 수확을 예상하고 있고, β인 경우 甲은 200, 乙은 100단위의 수확을 예상하고 있다고 하자(다만, 불확실한 상태가 실현될 확률 π^{α}, π^{β}는 0(zero)보다 크다). (총 30점)

(1) 두 사람 모두 위험 기피적일 때 애로우(Arrow)와 드브루(Debreu)가 제안한 조건부 상품(contingent commodities)을 거래하는 경우, 시장을 통한 자원배분의 성격을 설명하시오. (10점)

(2) 앞의 (1)의 경우 불확실한 상태가 실현될 확률 π^{α}, π^{β}의 크기가 자원배분의 성격에 어떤 영향을 미치는 지 설명하시오. (5점)

(3) 甲은 위험기피적이지만 乙은 위험중립적이라고 가정할 때, 조건부상품 대신 선물시장(futures market)을 이용하는 경우, 시장을 통한 자원배분의 성격을 말하시오. (15점)

C/O/N/T/E/N/T/S

Ⅰ. 상황의 정리

α가 발생할 확률$=\pi^{\alpha}$, β가 발생할 확률$=\pi^{\beta}$

$\pi^{\alpha}+\pi^{\beta}=1$

	甲 수확량	乙 수확량
α 상태	100	300
β 상태	200	100

Ⅱ. 설문 (1)의 해결

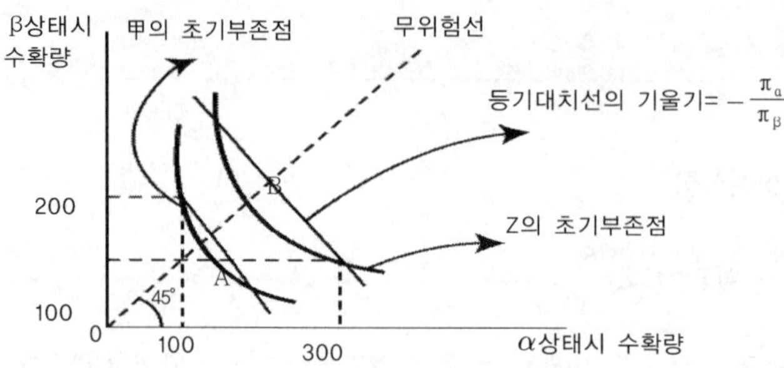

만약 甲과 乙이 조건부 계약을 통해 각각 A점 및 B점 방향으로 이동할 수 있다면 양자의 효용은 모두 증가할 수 있다.

이를 다른 방법으로 나타내면 다음과 같다.

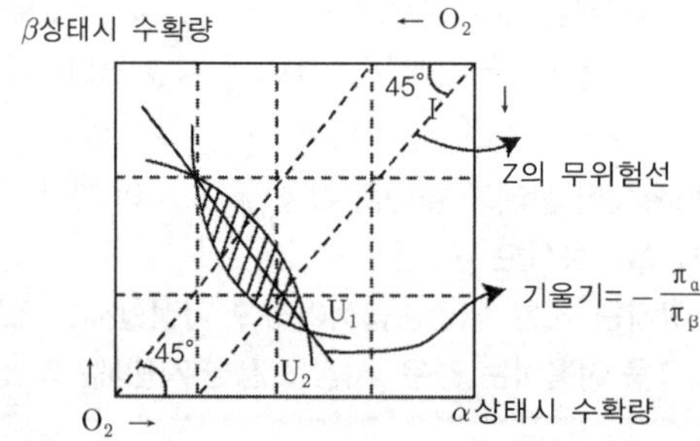

Edgeworth Box의 원리를 빌어 조건부 상품으로 나타내면 위와 같고, 甲과 乙의 등기대치선은 I를 지나는 기울기 −1의 직선이 된다.

초기상태에서의 각각의 효용은 $U_甲$ $U_乙$로 나타난다. 만약 양자가 조건부 거래계약을 통해 빗금친 볼록렌즈 영역으로 이동한다면 양자의 효용은 모두 증가할 수 있다.

Ⅲ. 설문 (2)의 해결

직관적으로 볼 때, 甲의 경우 β 상태에서 수확량이 많고 乙의 경우 반대로 α 상태에서 수확량이 많으므로 π_α가 커질 경우 甲의 효용은 감소하고 乙의 효용은 증가하며 π_β가 커지는 경우에는 그 반대가 된다.

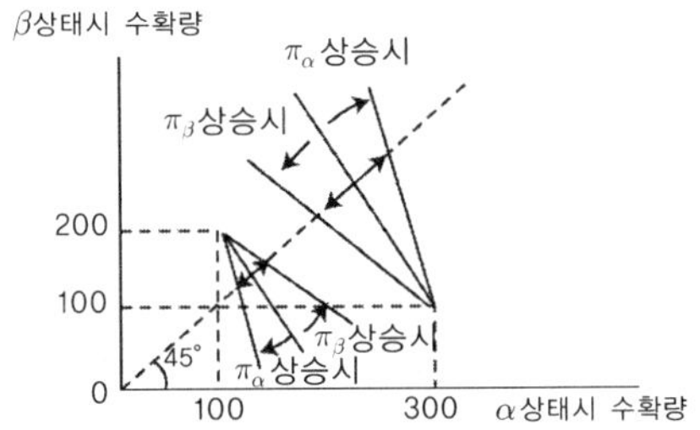

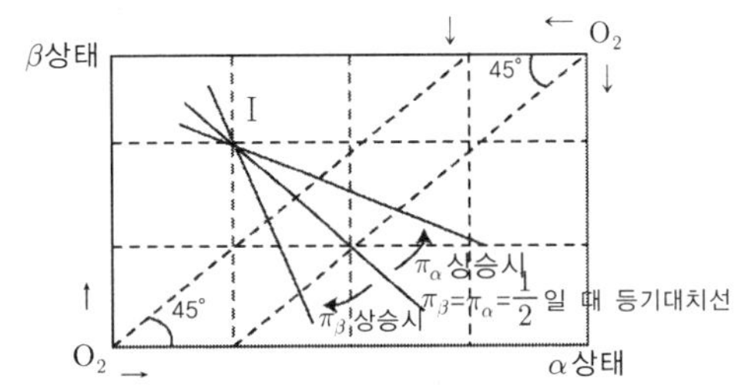

Ⅳ. 설문 (3)의 해결

선물계약이란, 현재시점에서 일정한 가격으로 미래에 특정시점에 가서 거래하기로 계약한 후 실제 미래시점에서 정해졌던 가격으로 거래를 하는 것을 말한다.

예컨데 상대적으로 덜 위험기피적인 乙이 甲에게 "미래에 당신의 수확량을 무조건 150으로 보장해 주겠다" 라고 계약한 후 실제 그러한 거래를 하는 것을 말한다.

이런 계약을 통해 甲은 자시의 수확량이 언제나 150으로 유지될 수 있으며, 乙의 경우 α상태시 250을, β상태시 150을 달성하므로 역시 이전보다 위험이 감소한다. 그런데 乙은 위험 중립자이므로 수확량의 기대치가 곧 그의 효용이 된다.

선물거래가 없는 경우의 $U乙=300\pi^{\alpha}+100\pi^{\beta}=300(1-\pi^{\beta})+100\pi^{\beta}=300-200\pi^{\beta}$이고, 선물거래시 $U乙=250\pi^{\alpha}+150\pi^{\beta}=250(1-\pi^{\beta})+150\pi^{\beta}=250-100\pi^{\beta}$이다.

만약 $300-200\pi^{\beta} < 250-100\pi^{\beta}$이면 乙은 이러한 거래를 하게 되므로 $\pi^{\beta} > \frac{1}{2}$이면 그런 거래를 한다.

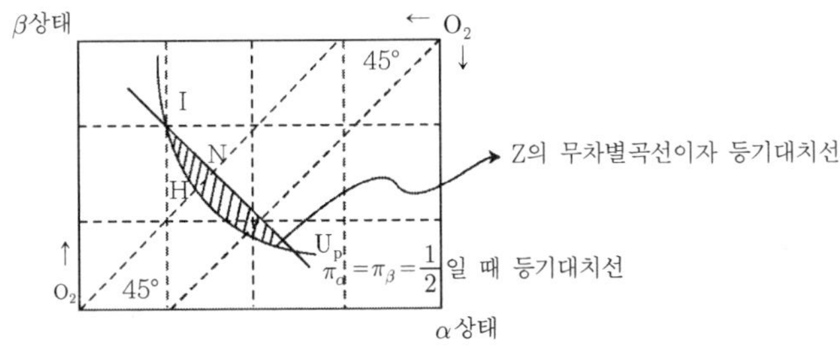

선물시장이란 상대적으로 위험 기피적인 사람은 자신의 위험을 감소시키고, 상대적으로 덜 위험기피적인 사람은 위험을 감수하면서 계약을 하는 시장이므로 본 상황에서는 甲이 선물계약의 수요자가 되고 乙의 공급자가 된다. 만약 선물거래를 통해 배분상태가 MN 상에 오게 된다면 파레토 효율적 배분이 가능해진다.

불확실성과 보험

행시 제57회(13년)

제56회 행정고시 재경직 합격 김 0 0

A, B 두 사람의 상점에서 화재가 발생할 확률이 10%, 그렇지 않을 확률이 90%이다. 두 사람의 재산은 각각 100만원으로 동일하며, 화재가 발생하지 않으면 재산이 100만원으로 유지되고 화재가 발생하면 재산은 0원으로 감소한다. (총 15점)

(1) 화폐금액 x에 대한 두 사람의 효용함수는 각각 $U_A(x)=\sqrt{x}$, $U_B(x)=x$이다. A, B 두 사람의 위험에 대한 태도를 설명하시오. (5점)

(2) 이 때 두 사람에게 보험회사 직원이 와서 보험 가입을 권유하였다. 보험회사의 조건은 화재 발생시 100만원을 지급하고, 화재가 발생하지 않으면 보험금을 지급하지 않는 것이다. 이 보험계약에 대해 A, B 두 사람이 보험료를 각각 얼마까지 지불할 용의가 있는지 설명하시오. (10점)

C/O/N/T/E/N/T/S

Ⅰ. 설문 (1)의 해결

1. 위험에 대한 태도의 정의

위험에 대한 태도는 ① 위험기피자, ② 위험중립자 그리고 ③ 위험애호자로 구분된다.

(1) 위험기피자는 불확실한 기대금액이 가져다주는 기대효용에 비해 기대금액에 대한 효용이 더 큰 경우에 해당한다.

(2) 위험중립자는 위험이 개인의 효용에 영향을 주지 않으므로 기대금액과 기대효용이 동일하다.

(3) 위험애호자는 불확실한 기대금액이 가져다주는 기대효용에 비해 기대금액에 대한 효용이 더 작은 경우에 해당한다.

2. A의 경우

설문의 상황은 기대금액이 90만원인 상황으로 기대금액의 효용인 $\sqrt{90}$ 에 비해 기대효용의 크기 $\sqrt{81}$ 보다 크다. 결국 현재 상황에 비해 A는 확실한 90만원을 선호하므로 위험기피자에 해당한다.

3. B의 경우

B는 효용함수의 구조상 기대효용과 기대금액이 동일하므로 위험중립자에 해당한다.

4. 결론

A는 위험기피자, B는 위험중립자이다.

Ⅱ. 설문 (2)의 해결

1. 경제주체의 행동원리

불확실한 상황에서 경제주체는 기대효용을 극대화 하는 쪽으로 의사결정을 행한다. 설문의 경우 기대효용이 보험가입 전후에 변화가 없더라도 보험에 가입한다고 가정할 때, 최대 보험료는 현재 재산과 기대효용을 보상해주는 확실한 금액의 차이인 위험프리미엄과 같다.

2. A의 최대보험료

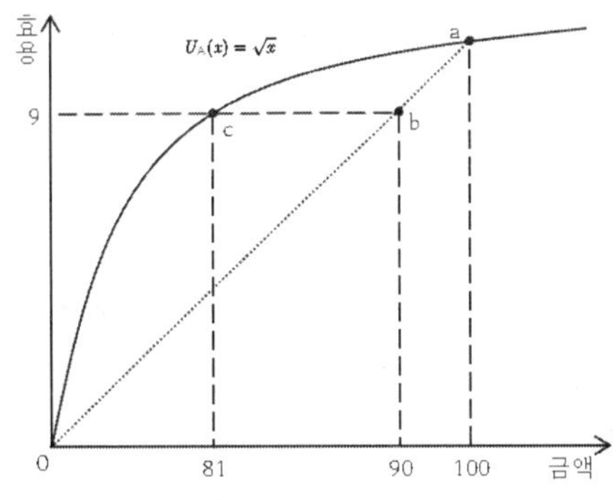

[그림 1] A의 최대보험료

A의 현재 기대효용은 〔그림 1〕의 점 b의 높이와 같은 9이므로 이를 보상해주는 확실한 금액은 점 c에 해당하는 90만원이다. 그러므로 A의 위험프리미엄은 위 〔그림 1〕에서 $\overline{bc}$의 크기인 9만원이며, 최대보험료 역시 9만원으로 책정된다.

3. B의 최대보험료

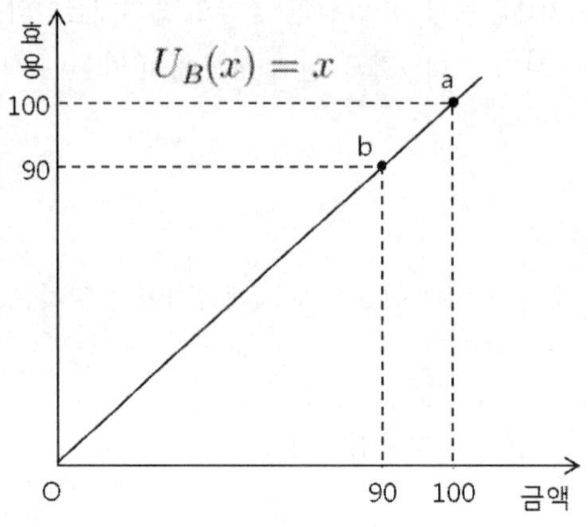

[그림 2] B의 최대보험료

〔그림 2〕에서 보는 것처럼 B는 위험중립자로서 위험이 개인의 효용에 영향을 미치지 않는다. 그러므로 현재 불확실한 상황에서 기대효용의 크기는 기대금액과 동일한 90이다. 그러므로 최대보험료는 현재의 기대효용 90을 달성할 수 있는 가운데 설정해야한다. 그러므로 B의 기대효용을 감소시키지 않는 수준의 최대보험료는 0원이다.

이는 위험중립자는 위험에 대해 어떠한 프리미엄도 부여하지 않기 때문으로 해석할 수 있다.

4. 결론

A의 최대보험료는 9만원, B의 최대보험료는 0원이다.

교/수/강/평

김 윤 영(단국대학교 경제학부 교수)

개인의 위험기피성향을 효용함수의 곡률형태로 설명하는 문제이다. 효용함수의 형태가 오목(concave)하면 위험 기피, 볼록(convex)하면 위험 선호, 선형(linear)이면 위험 중립인 경우이다.

(1) 이에 따라 A는 오목한 효용함수를 가지고 있으므로 위험기피, B는 선형 효용함수를 가지고 있으므로 위험중립의 태도를 가지는 경우이다.

(2) 보험에 가입하는 경우 화재발생에 따른 재산변화를 살펴 보기로 하자. 화재가 발생하지 않으면 100만원으로 유지가 되며 화재가 발생하면 재산은 0으로 감소하지만 보험금 100만원을 받을 수 있다. 그러나 확정 보험료로 x원을 지출하게 된다. 따라서 어느 경우든 재산은 (100-x)만원으로 확정 유지된다. 한편 보험을 가입하지 않는 경우 A

의 기대효용(von Neumann-Morgenstern) 은 $0.9\sqrt{100}+0.1\times 0=9$이 된다. 이는 확정 재산 81에서 얻을 수 있는 효용이다. 그러면$100-x\geq 81$ 이면 보험에 가입하는 경우 더 높은 효용을 얻을 수 있게 되며 이는 보험료가$19\geq x$ 인경우이다. 마찬가지로 보험을 가입하지 않는 경우 B의 기대효용은 $0.9\times 100+0.1\times 0=90$이 된다. 이는 확정 재산 90에서 얻을 수 있는 효용과 동일한 것이다. 그러면$100-x\geq 90$ 이면 보험에 가입하는 경우 더 높은 효용을 얻을 수 있게 되며 이는 보험료가$10\geq x$ 인경우이다. A와 B를 비교하면 위험기피자인 A가 보험료를 최재 9만원까지 더 지불할 용의가 있게 된다.

불확실성하의 효용

제48회 행정고시 재경직 합격 주 원 석

정부는 A기업에 대하여 민간위탁을 실시하려고 한다. 시장경기에 따라 민간위탁대상사업의 실적은 달라진다. 원래 실적에 따라 기업이 정부로부터 수입을 받기로 되어있었으나, 경기에 상관없이 A사가 정부로부터 일정한 수입을 받기로 계약을 변경하였다고 할때 정부와 A사 모두 효용이 증가할 수 있음을 보이시오. (30점)

C/O/N/T/E/N/T/S

I. 논의의 전제	Ⅲ. 계약의 변경에 따른 기업과 정부의 효용변화
II. 불확실성하의 기업의 효용	Ⅳ. 논의의 한계

Ⅰ. 논의의 전제

폰노이만과 모겐스턴의 기대효용정리에 따를때 불확실성하에서 각 경제주체는 기대수익을 극대화하는 것이 아니라 기대효용을 극대화하려한다. 여기서는 기대효용정리에 따라 불확실한 경기에 따른 수입변동에서 고정수입급여로 바꾼 것이 정부와 A기업 모두에게 파레토개선이 될 수 있음을 보이고자 한다. 논의의 편의상 기업은 위험기피적, 정부는 위험부담능력, 모든 국민에게 위험을 분산시킬 수 있다는 점에서 위험중립적으로 가정하기로 한다. 또한 경기상황은 p의 확률로 불황을, (1-p)의 확률로 호황이며, 각 상황의 수입은 각기 일정하다 전제한다.

Ⅱ. 불확실성하의 기업의 효용

논의의 편의상 먼저 경기가 안 좋을 때의 기업의 수익은 Wa이며 경기가 좋을 때의 기업의 수익은 Wn이라고 하자. 이때 기업의 기대수익과 기대효용은 다음과 같다.

$EW = p \cdot Wa + (1-p) \cdot Wn$

$EU = (1-p) \cdot U(Wn) + p \cdot U(Wn)$

기업은 위험기피적이므로

$U' > 0$, $U'' < 0$

이상을 그래프로 나타내면 다음과 같다.

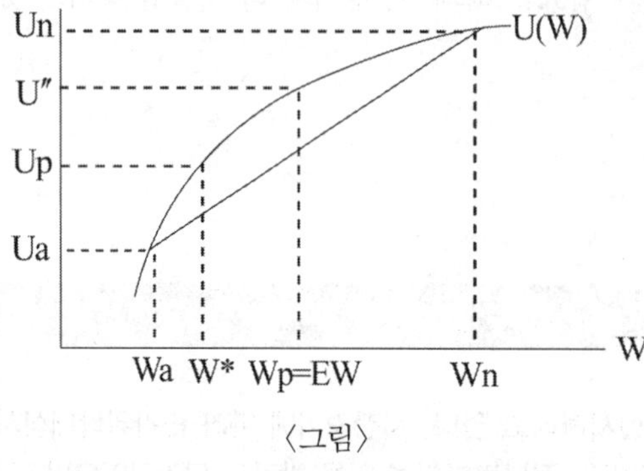

〈그림〉

만약 기업이 상황에 따른 유동적인 보수만 받는다고 할 때 기업의 기대효용은 Up만큼이 된다.

Ⅲ. 계약의 변경에 따른 기업과 정부의 효용변화

위의 〔그림〕에서 보듯 기업은 상황에 따른 실적급으로 인해 Up만큼의 효용을 얻는다. 만일 정부가 고정적으로 EW만큼의 수입을 지급할 것을 약속하는 경우 A기업의 효용은 U′′가 되며 위험기피적인 A기업으로서는 효용이 상승한다. 만일 EW보다 적은 고정수입을 정부가 지급한다 하더라도 기존의 변동수입제에서 얻을 수 있었던 기대효용과 동일한 효용을 주는 고정수입(확실성등가액)보다 많기만 한다면 A기업으로서는 여전히 효용이 증가하는 것이다. 또한 위험중립자인 정부의 입장에서도 EW만큼 주어도 상관없으나 $W^*+\alpha(\alpha \leq Wp)$만 지급하면 되기 때문에 정부의 효용도 증가한다.

이 경우 다른 상대방의 효용감소없이 자신의 효용을 증가시킨다는 점에서 계약의 변경은 파레토 개선에 해당한다. 구체적으로 설명하면 경기상황에 관계없이 정부가 A기업에게 W^*+″α″($\alpha \leq$ risk premium=Wp-W*) 만큼만 지급한다면 서로의 효용이 증가할 수 있다.

이는 위험부담능력이 큰 정부가 보다 더 적은 비용으로 민간의 위험부담을 맡음으로서 나타난 결과라고도 할 수 있다.

Ⅳ. 논의의 한계

이제까지 논의는 정부가 민간기업에게 고정급여를 지급하더라도 수탁기업은 이전과 동일한 노력을 기울이는 것을 전제로 하고 있다. 그러나 monitoring장치의 미비로 정부가 수탁기업의 경영을 감시할 수 없다면 A기업으로서는 고정된 수입을 올리는 이상 자신들의 경영을 방만히 하는 등의 도덕적 해이가 발생할 가능성이 커지게 된다. 따라서 도덕적 해이를 고려한다면 계약변경으로 인해 사회후생이 감소할 수도 있다.

기대효용이론과 위험선호에 따른 보험

제47회 행정고시 재경직 합격 박 달

A씨는 사고가 발생하지않을 때는 100억의 가치를 지니나 사고가 발생할 경우는 10억의 가치를 갖게 되는 위험자산을 가지고 있으며 사고가 발생할 확률은 10%이다. 이에 A씨는 일정한 프리미엄률로 보험금이 지급되는 보험가입을 고려하고 있다.

(1) 위와 같은 상황에서 공정한 보험이 불공정 보험보다 프리미엄률이 낮음을 보이시오.

(2) 기대 효용함수의 개념을 간략히 설명하고 효용함수가 기대효용함수를 따를 경우 위험기피자는 공정한 보험의 경우는 완전보험을, 불공정한 보험에는 불완전보험에 가입함을 보이시오.

(3) 공정한 보험일 경우 A씨가 효용극대화를 위해 얼마의 보험금을 납부하게 될지 보험금액을 구하시오. 불공정한 보험일 경우의 보험료도 구하시오(단, 불공정보험에서 프리미엄율은 2/11이고 단일 자산M에 대한 효용함수는 $u=\sqrt{M}$이다).

(4) 위의 A씨가 위험선호자라면 얼마의 보험료를 납부하고자 하겠는가.

C/O/N/T/E/N/T/S

Ⅰ. 공정한 보험과 불공정한 보험에서 프리미엄율의 비교

1. 보수표

	상황 가	상황 나
보험전	M	M-l
보험후	M-a	M-l-a+b

(1) **상황 가**

사고가 발생하지 않아 손실이 없는 경우

(2) **상황 나**

사고가 발생하는 경우

M : 자산의 크기

l : 사고 발생시 손실

a : 보험료

b : 보험금

여기서 프리미엄율은 a/b가 된다.

2. 프리미엄율의 비교

(1) **공정한 보험의 경우**

보험에 가입하기전 기대 소득=보험가입후 기대소득

M(1-p)+(M-l)p = (M-a)(1-p)+(M-l-a+b)p

a/b=p

즉 공정한 보험의 경우 프리미엄율은 사고발생확률과 동일하다

(2) **불공정보험의 경우(보험회사가 유리한 보험)**

보험가입하기전 기대소득 〉 보험가입후 기대소득

M(1-p)+(M-l)p 〉 (M-a)(1-p)+(M-l-a+b)p

a/b〉p

(3) **비교**

$\frac{a}{b}_u$: 불공정 보험의 프리미엄율, $\frac{a}{b}_f$: 공정한 보험의 프리미엄율이라 하면 $\frac{a}{b}_u$ 〉 p= $\frac{a}{b}_f$이므로 공정 보험의 프리미엄율이 불공정한 프리미엄율보다 낮다.

Ⅱ. 기대효용함수와 위험기피자의 보험 선택

1. 기대효용함수

기대효용함수 i의 상황에서 P_i의 확률로 M_i의 화폐액을 가질 수 있는 불확실성하의 효용함수는 다음과 같다. $U=U[(M_1, P_1), (M_2, P_2)\cdots(Mn, Pn)]$이때 몇 가지 공리(확실치의 공리, 무순위성의 공리, 복합성의 공리, 연속성의 공리, 동치성의 공리)들이 만족되면 다음과 같이 변환된다(기대 효용함수).

$U=P_1U(M_1)+P_2U(M_2)+\cdots+PnU(Mn)$

위의 상황에서는 상황 가와 상황 나만이 있으므로

$U=P_1U(Wg)+P_2U(Wb)$, $P_1+P_2=1$

Wg : 사고가 발생하지 않을 경우 자산가치

Wb : 사고가 발생하는 경우 자산가치

2. 위험기피자의 보험선택

(1) 위험기피자의 효용극대화

위험기피자가 보험을 통해 효용극대화를 위해 MRS=ΔWg/ΔWb

이때 Wg=M-a=M-kb

Wb=M-l-a+b=M-l-kb+b

k=a/b=프리미엄율이므로

$$MRS=\frac{\Delta W_g}{\Delta b}/\frac{\Delta W_b}{\Delta b}=\frac{-k}{1-k}$$

또한 $U=P_1U(Wg)+P_2U(Wb)$, $P_1+P_2=1$이므로

MRS=ΔWg/ΔWb

$$=-\frac{p}{1-p}\cdot\frac{U'(W_b)}{U'(W_g)}$$

(2) 공정한 보험의 경우의 선택

이때 공정한 보험이라면 k=p이므로

$$\frac{-k}{1-k}=\frac{p}{1-p}=MRS=-\frac{p}{1-p}\cdot\frac{U'(W_b)}{U'(W_g)}$$

따라서 U′(Wb)=U′(Wg)

한계효용감소의 법칙이 작용하므로 $\frac{\Delta U}{\Delta W}$은 단조감소함수가 된다. 따라서 Wb=Wg. 즉 WbWg평면에서 45°과 예산선의 교차점에서 접하며 그림에서 B점이다. 이는 완전보험에의 가입을 의미한다.

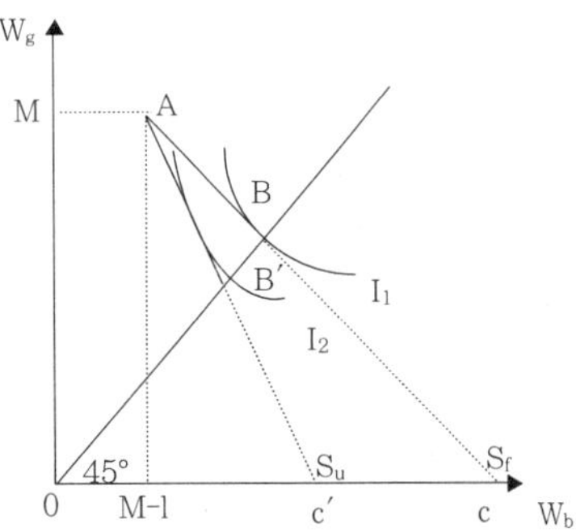

〔그림 1〕 위험기피자의 보험선택

(3) 공정한 보험이 아닌 경우

공정한보험이 아니면 k 〉p이므로 $\frac{k}{1-k} > \frac{p}{1-p}$ 이고 접점에서는 $\frac{-k}{1-k}$ =MRS=-$\frac{p}{1-p} \cdot \frac{U'(W_b)}{U'(W_g)}$이어야 하므로

$\frac{U'(W_b)}{U'(W_g)} > 1$, $\frac{\Delta U}{\Delta W}$은 단조감소함수이므로 Wg〉Wb, 따라서 부분보험에 가입한다.

〔그림1〕에서 B′점에 해당한다.

Ⅲ. A씨가 지급하게 될 보험금

1. 공정한 보험의 경우

공정한 보험이라면 Wb=Wg

Wg=M-a=M-kb -------------- ①

Wb=M-l-a+b=M-l-kb+b에서 l=b ---------------------------- ②

M=100 M-l=10이므로 l=90이고 b=90

또한 공정한 보험이므로

a/b=p, a=0.1*90=9

따라서 A씨가 지불하고자하는 보험료는 9억원이다.

2. 불공정한 보험의 경우

효용을 극대화하기 위해 $\frac{-k}{1-k}$ =

MRS=-$\frac{p}{1-p}$ $\frac{U'(W_b)}{U(W_g)}$ 이어야 하고

k=2/11, p=0.1, u=$\sqrt{M}$ 이므로

$\frac{-2/11}{1-2/11} = \frac{-0.1}{1-0.1} \frac{\sqrt{W_g}}{\sqrt{W_b}}$

4Wb=Wg

위 식을 각각 ① ②에 넣으면

(3k-4)b=3M-4l

따라서 b=660/38, a=kb이므로

a=60/19. 따라서 보험료는 약 3.16억원

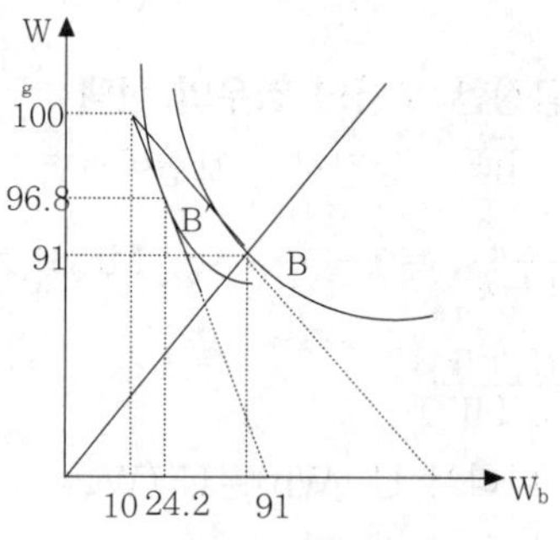

〔그림 2〕 A씨가 지급하는 보험금

Ⅳ. 위험선호자인 경우 납부하고자 하는 보험료

1. 위험 선호자의 선택

(1) 공정한 보험의 경우

공정한 보험에서 제약선인 $Wg=\frac{-k}{1-k}*(Wb-M+1)+M$ 에서 무차별곡선과의 접점인 B_1은 위험기피자의 경우와 같이 Wb=Wg를 만족하는 지점이다 그러나 이 지점은 효용극소화점이며 효용극대화점은 B_4가 된다. 즉 보험에 들지 않는다.

경제학

(2) 불공정한 보험의 경우

불공정한 보험의 경우에도 제약선과 무차별곡선과의 접점인 B_3는 효용을 극대화 하는 점이 아니다. 이때에도 효용극대화점은 B_4이다. 즉 보험에 들지 않는다.

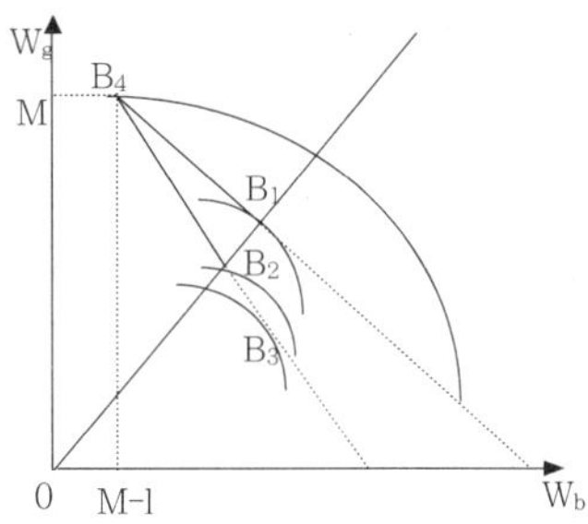

2. 보험료 계산

공정한 보험이든 불공정한 보험이든 위험선호자는 보험에 들지 않으므로 보험료는 0원이다.

제3장 생산자이론(생산기술 및 생산비용)

기 출

규모의 경제

황 종 휴 강사

행시 제46회(02년)

규모의 경제가 존재하는 산업을 고려하여 보자.(총 40점)

(1) 이러한 산업의 생산기술 특성을 약술하고, 평균 비용(Average Cost)과 한계 비용(Marginal Cost)과의 관계를 설명하라.(10점)

(2) 규모의 경제와 완전 경쟁 시장이 상호 양립할 수 없음을 설명하라.(10점)

(3) 규모의 경제 때문에 자연 독점이 형성되어 규제 기관에서 독점 기업을 규제하여야 한다. 규제기관이 직접 보조금을 제공할 수 있는 상황에서 최선의 규제 방식에 대하여 설명하라.(10점)

(4) 어떠한 이유에서인지 규제 기관이 피규제 기업에게 직접적인 보조금을 제공할 수 없는 상황에서 차선의 규제방식에 대하여 설명하라.(10점)

C/O/N/T/E/N/T/S

Ⅰ. [설문의 (1)]

규모의 경제란 생산량이 증가할수록 평균비용이 하락하는 현상을 지칭한다. 일반적으로, 초기 고정비용이 크게 소요되면서 그 이후의 생산·유지비용은 저렴하게 소요되는 전력산업, 철도산업 등에서 자주 나타난다.

규모의 경제는 산업의 비용구조 측면에서 나타나는 특성으로서 Q와 AC사이의 관계를 의미한다. 만약 특정산업의 생산구조 측면에서 규모수익체증(IRS)의 특성이 나타나고 있다면 당해 산업의 비용구조 측면에서도 규모의 경제 특성이 나타나게 된다. 그러나 비용구조 측면에서 규모의 경제가 나타나고 있다고 해서 생산구조 측면에서 규모수익체증이 나타난다고 단언할 수는 없다. 단, 생산함수가 동차생산함수인 경우에는 양자가 동시에 나타난다.

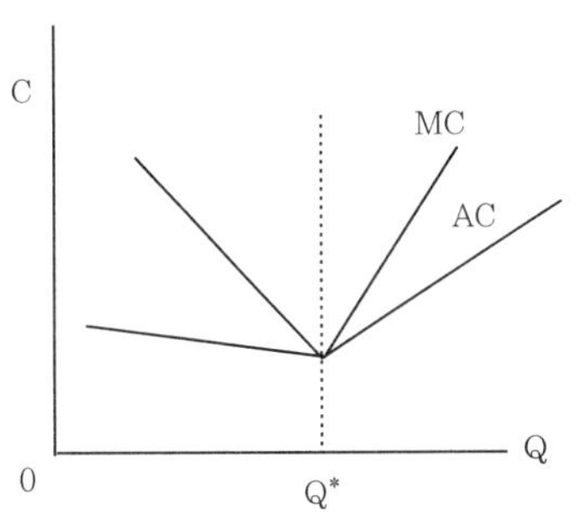

생산량이 증가할 때 평균비용이 하락하는 영역에서는 한계비용이 평균비용보다 낮다.

즉, 생산량이 Q*이하일 때 규모의 경제가 존재하며 이때 AC>MC가 된다. $dAC/dQ = \frac{1}{Q}(MC - AC)$임이 도출됨을 볼 때, 규모의 경제 영역에서는 $dAC/dQ<0$이므로 MC<AC 이다.

Ⅱ. [설문의 (2)]

완전경쟁시장에서는 생산주체들이 가격수용자로서 행동한다. 그런데, 규모의 경제가 존재하는 상황에서는 특정 기업이 생산량을 증가시킬수록 평균비용이 하락하게 되므로 진입저지가격을 설정할 수 있다. 즉, 가격설정자로서 행동할 유인이 작용하는 것이다.

또한 준가법성이 성립하여 여러 기업이 골고루 나누어서 생산하는 것 보다 한 기업이 독자적으로 생산하는 것이 비용측면에서 유리하게 된다.

준가법성이란

$TC(Q) < TC(Q_1) + TC(Q_2) + \cdots + TC(Q_n)$ (단, $Q = \sum_{i=1}^{m} Q_i$이 성립함을 의미한다.)

일반적으로 비용구조에서 규모의 경제 특성이 존재할 경우 자연독점이 발생하게 된다.

Ⅲ. [설문의 (3)]

독점을 규제하는 이유는 ① 효율성 측면에서의 회복, ② 소비자의 보호 때문이라고 볼 수 있다. 즉, 독점의 존재로 인한 효율성 상실과 소비자 잉여의 상실을 다시 회복시키고자 하는데, 그 목표는 완전경쟁시장에서의 그것이다.

독점의 규제방법은 여러 가지가 있는데 그 중 하나가 한계비용 가격규제(MC pricing)이다.

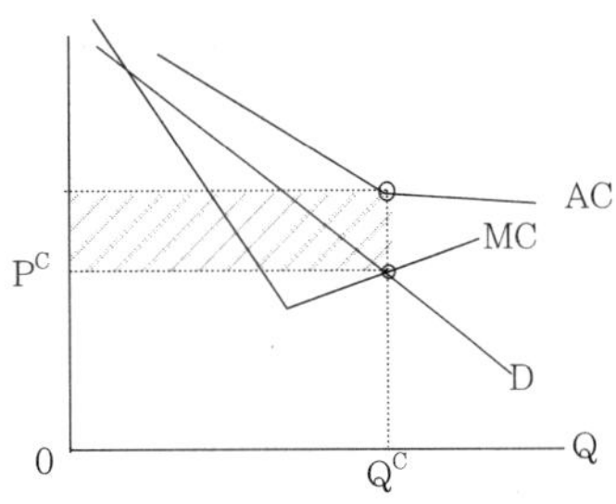

P^C에서 가격규제를 할 경우 생산량은 Q^C가 된다. 그러나 규모의 경제가 존재하는

자연독점의 경우에 AC는 AC>MC이므로 P=MC로 설정 할 경우 P<AC가 되어 빗금친 부분만큼의 손실이 발생한다. 손실로 인해 독점기업이 생산자체를 중단시킬 경우 이는 효율성 측면이나 소비자 보호측면에서 모두 악효과를 가져오게 된다.

이때 규제기간이 피규제 기업에서 보조금을 빗금친 부분만큼 공급한다면 조업중단은 나타나지 않을 것이다. 즉, MC pricing을 유지하면서 독점기업의 손실분을 보조해주면 된다. 그러나, 이러한 방법은 첫째, 독점기업의 손실의 크기를 정확하게 측정하기 어렵다는 점과 둘째, 보조금 지급을 위한 재원마련을 위해 타 부분에서 조세를 징수할 경우 초과부담등의 또다른 비효율이 유발될 수 있다는 점, 셋째로는 독점기업의 손실을 보전해 주므로 기업 스스로 효율적으로 생산할 동기를 부여하지 못하여 비효율을 유발할 수 있다는 문제점이 있다.

Ⅳ. [설문의 (4)]

1. AC pricing

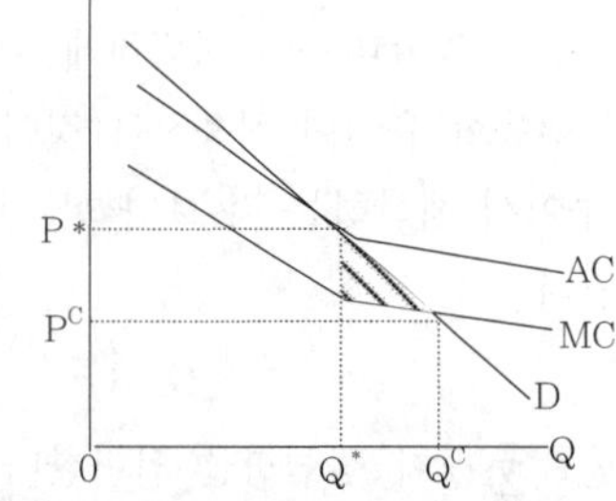

생산량 Qc → Q*, 가격 Pc → P＊, 빗금친 만큼 비효율성 발생

2. 이중가격제도

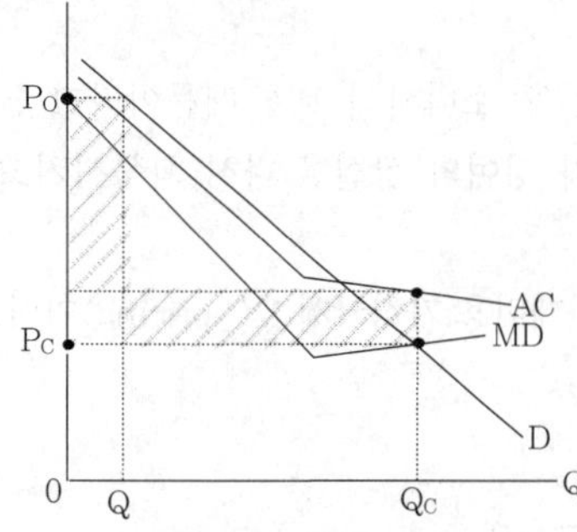

Qc만큼 생산, 빗금친 두 사각형 넓이 같아지도록 0~Qo의 구간에서는 Po, Q~Qc구간에서는 Pc가격 설정.

3. 정액세, 이윤세 등 조세부과

동차함수, 규모에 대한 수익, 요소가격 결정, 대체탄력성, 비용최소화

제53회 행정고시 재경직 합격 노 경 민

행시 제52회(08년)

Y$=f(L,K)=L^{\alpha}K^{1-\alpha}$, $(0<\alpha<1)$의 생산함수를 가지고 있는 기업이 있다. 이 기업은 완전경쟁시장에서 생산요소를 구입하고, 자신의 생산물을 판매한다고 한다. (총 36점)
(단, Y는 산출량, L은 노동, K는 자본을 의미하고, 노동과 자본의 가격을 각각 w와 r, 상품의 가격을 1이라고 한다)

(1) 동차함수의 개념을 이용하여 위 생산함수가 가지는 규모에 대한 수익의 특성을 설명하시오. (6점)

(2) 이 기업은 장기에서 총수입의 노동에 지급한 요소비용이 비율 $(\frac{wL}{Y})$과 자본에 지급한 요소비용의 비율 $(\frac{rk}{y})$이 50%로 서로 동일하다고 한다. 이런 상황에서 생산함수의 α값을 구하시오.(6점)

(3) 생산요소 사이의 대체단력성을 설명하고, 위 생산함수에서 대체탄력성을 구하시오. (8점)

(4) 위 생산함수에서 비용최소화의 문제를 설정하고 노동과 자본의 수요함수 및 총비용 함수를 구하시오. (16점)

C/O/N/T/E/N/T/S

Ⅰ. 설문 (1)의 해결

1. 동차함수와 규모에 대한 수익의 의미

요소의 투입량을 동시에 h배 증가시킬 때, 산출량이 h^t배가 증가하는 경우의 생산함수를 t차 동차함수라 한다.

또한 요소 투입량을 h배 할 때, 산출량이 h배가 되면 규모수익불변(CRS), h배 이상이 되면 규모수익체증(IRS), h배 이하가 되면 규모수익체감(DRS)이라 한다.

2. 설문의 경우

생산함수가 $Y = f(L, K) = L^{\alpha}K^{1-\alpha}$ 이므로 각 요소 L, K에 h배를 했을 때,

$(hL)^{\alpha}(hK)^{1-\alpha} = h(L^{\alpha}K^{1-\alpha}) = hY$ 가 되어 산출량(Y)이 h배가 되어 1차동차생산함수임을 알 수 있다. 동시에 이는 $hY = f(hL, hK)$ 가 되어 규모수익 불변의 특성을 가질 것이다.

Ⅱ. 설문 (2)의 해결

1. 요소가격의 결정

요소시장이 완전경쟁시장인 경우 요소가격은 $w=VMP_L=P\times MP_L$, $r=VMP_K=P\times MP_K$ 에 의해 결정되는데 설문에 상품가격 P는 1로 주어져 있으므로, $w=MP_L$, $r=MP_K$ 가 될 것이다. 설문의 생산함수로부터

$w = MP_L = \partial Y/\partial L = \alpha L^{\alpha-1}K^{1-\alpha}$

$r = MP_K = \partial Y/\partial K = (1-\alpha)L^{\alpha}K^{-\alpha}$

이를 통해 요소비용 비율을 각각 구하면

노동의 경우, $wL/Y = \alpha L^{\alpha-1}K^{1-\alpha}\times L \;/\; L^{\alpha}K^{1-\alpha} = \alpha$

자본의 경우, $rK/Y = (1-\alpha)L^{\alpha}K^{-\alpha}\times K \;/\; L^{\alpha}K^{1-\alpha} = 1-\alpha$

2. 생산함수의 α값 도출

노동에 지급한 요소비용 비율(wL/Y)과 자본에 지급한 요소비용 비율(rK/Y)이 동일하므로 $\alpha = 1-\alpha$ 가 되어 $\alpha = 0.5$ 가 됨을 알 수 있다.

Ⅲ. 설문 (3)의 해결

1. 대체 탄력성의 의미

대체 탄력성이란 생산과정에서 한 생산요소가 다른 생산요소로 얼마나 쉽게 대체 될 수 있는가의 정도를 나타낸다.

즉, 대체 탄력성 $\sigma = \Delta(K/L)/(K/L)\ /\ \Delta MRTS/MRTS$가 되고, $MRTS = MPL/MPK$ 이므로, $\sigma = \Delta(K/L)/(K/L)\ /\ \Delta(MPL/MPK)/(MPL/MPK)$ 로도 쓸 수 있다.

2. 설문의 생산함수의 대체탄력성

$\sigma = \Delta(K/L)/\Delta(MPL/MPK) \times (MPL/MPK)/(K/L)$에서

$MPL/MPK = \alpha L^{\alpha-1}K^{1-\alpha}\ /\ (1-\alpha)L^{\alpha}K^{-\alpha} = \alpha/1-\alpha(K/L)$ 이므로 이를 대입하여 풀면, 대체 탄력성 $\sigma = (MPL/MPK)/(K/L)\ /\ \Delta(MPL/MPK)/\Delta(K/L) = (\alpha/1-\alpha)\ /\ (\alpha/1-\alpha) = 1$ 이 된다.

Ⅳ. 설문 (4)의 해결

1. 비용 최소화 문제

$\text{Min } C = wL + rK \quad s.t. \quad Y = L^{0.5}K^{0.5}$

$MRTS = MPL/MPK = (K/L)$ 이므로 $(K/L) = w/r$ 가 된다.

2. 노동과 자본의 수요함수 도출

(1) 자본의 조건부 수요함수

자본의 조건부 수요함수를 풀면, 1계 조건에 의해 $MRTS = w/r$ 가 도출되고,
비용 최소화 문제로부터 도출한 식에서 $L = r/w \times K$를 생산함수에 대입하면,
$Y = (r/w)^{0.5} \times K$, $K = (w/r)^{0.5} \times Y$ 의 자본의 조건부 수요함수가 도출된다.

(2) 노동의 조건부 수요함수

같은 방식으로 $K = w/r \times L$을 생산함수에 대입하면,
$Y = (w/r)^{0.5} \times L$, $L = (r/w)^{0.5} \times Y$ 의 노동의 조건부 수요함수가 도출된다.

3. 총비용 함수의 도출

위에서 도출한 노동과 자본의 조건부 수요함수를 최초의 비용함수 $C = wL + rK$ 에 대입하면, 비용 최소화 문제를 통해 도출한 총 비용함수는

$C = w\times(r/w)^{0.5}\times Y + r\times(w/r)^{0.5}\times Y = 2(w \cdot r)^{0.5}Y$가 된다.

/관/련/기/출

기업의 이윤과 생산자 잉여

외시 제37회(03년)

기업의 잉여를 나타낼 수 있는 개념으로 이윤, 생산물 시장에서의 생산자 잉여, 노동시장에서의 소비자 잉여, 자본시장에서의 소비자 잉여 등을 생각할 수 있다. (총 40점)

(1) 위 4가지 개념을 수입과 비용(총비용, 노동비용, 자본비용)을 사용하여 나타내라. (20점)

(2) 단기에 있어서 이들 중 어떤 것들이 일치하는가와 장기에 있어서 이들 중 어떤 것들이 일치하는가를 각각 쓰시오.(10점)

(3) 기업이 장·단기와 관계없이 위의 4가지 중 어느 하나가 양수이면 조업을 하고 음수이면 조업하지 않는 것이 있다. 어느 것인가? 그 이유는? (10점)

advice

이윤은 총수입과 총비용의 차이이고 생산물시장의 생산자 잉여는 총수입과 총가변비용의 차이이다. 노동시장과 자본시장에서의 소비자 잉여는 각 요소로 인한 수입에서 그 요소에 대한 비용을 차감한 것이다. 단기에는 고정비용(자본비용)이 존재하므로 이윤과 생산자 잉여는 총고정비용만큼 괴리가 발생하고 생산자잉여와 요소시장에서의 소비자잉여가 일치한다. 장기에는 고정비용이 사라지므로 이윤과 생산자 잉여가 일치하며, 기업은 장·단기 관계없이 생산자잉여가 양수이면 조업을 한다는 것을 그래프와 수식을 이용하여 설명한다.

비용극소화

제48회 행정고시 재경직 합격 이 한 샘

기업 A는 경영의 적정규모 S를 구하고자 한다. A가 운영하는 회사의 경우 규모가 증가하면 거래비용이 $C_T = 200/S$의 형태로 점차 감소하는 이익이 있다고 한다. 그러나 다른 한편으로 기업의 규모가 커지면 $C_M = S/2$의 형태로 감시비용이 증가한다고 하자.

(1) 이러한 경우 A는 어떤 지점에서 자신의 기업규모를 최적화할 수 있겠는가?(10점)

(2) 또한 거래비용이 현재의 1/20이 되고 감시비용이 2배가 되면 자신의 기업을 어떻게 변화시킬 수 있을 것인가?(10점)

C/O/N/T/E/N/T/S

Ⅰ. 기업 A의 비용과 최적규모

기업 A의 비용은 거래비용과 감시비용으로 구성되어 있다. 거래비용은 규모가 증가할수록 감소하는 반면 감시비용은 규모가 커질수록 증가한다. 기업은 최적규모를 도출함에 있어 두 비용의 합이 가장 작은 규모를 선택한다. 즉 본 문제에서 기업규모의 최적화는 비용최소화를 통해 달성된다.

Ⅱ. 설문 (1)의 해결

1. 비용최소화의 과정

기업 A의 총비용은 거래비용(C_1)과 감시비용(C_2)의 합으로 나타난다.

$$TC = C_1 + C_2 = \frac{200}{S} + \frac{S}{2}$$

비용최소화는 일계조건을 통해 구해진다.

$$min\ \ TC = \frac{200}{S} + \frac{S}{2}$$

F.O.C $\frac{dTC}{dS} = -\frac{200}{S^2} + \frac{1}{2} = 0$

$\therefore S = 20$, 규모 20에서 비용이 최소화되고 비용은 30이다.

2. 그래프의 도해

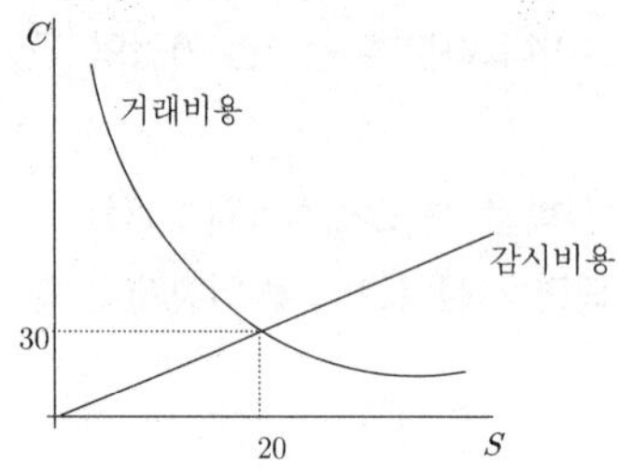

거래비용 $C_1 = 200/S$ 감시비용 $C_2 = S/2$

거래비용은 쌍곡선의 형태를 감시비용은 직선의 형태를 가진다. 쌍곡선과 직선의 합인 경우 두 그래프가 만나는 지점에서 최소화가 이루어지고 그림에서 그 규모는 20이다.

Ⅲ. 설문 (2)의 해결

1. 비용의 변화

거래비용은 1/2로 감시비용은 2배로 변하였으므로 총비용은 다음과 같다.

$TC = C_1 + C_2 = \frac{100}{S} + S$

2. 비용최소화

$min \; TC = C_1 + C_2 = \frac{100}{S} + S$

F.O.C $\frac{dTC}{dS} = -\frac{100}{S^2} + 1 = 0$

$\therefore S = 10$ 비용의 변화로 인해 규모는 20에서 10으로 줄어들었고 비용은 20이 된다.

3. 그래프의 도해

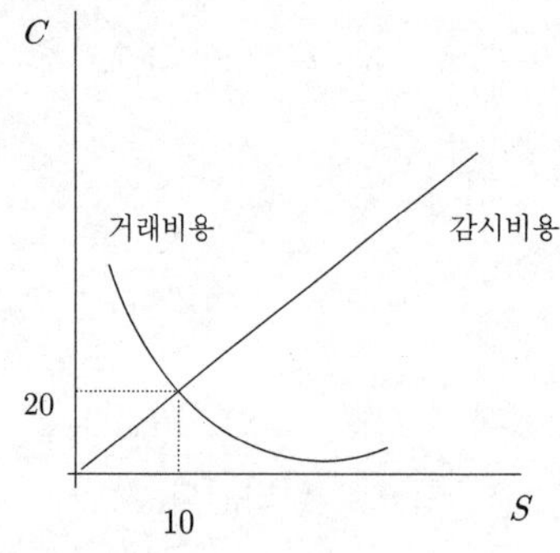

거래비용 $C_1 = 100/S$

감시비용 $C_2 = S$

두 그래프의 교점이 이동하여 규모 10 비용 20에서 결정된다.

제4장 시장조직이론

Ⅰ. 완전경쟁시장

완전경쟁시장

제49회 행정고시 재경직 합격 강 욱

경제학

■ 완전경쟁시장에 대한 다음과 같은 물음에 답하여라. (총 30점)

(1) 어떤 완전경쟁기업의 비용함수가 $C=Q^3-6Q^2+18Q+25$로 주어져 있다고 하면, 이 기업이 단기에 생산을 지속하기 위해서 받아야 할 최소한 가격은? (10점)

(2) 완전경쟁시장의 장점과 단점을 논해보고, 소득 분배 측면에서의 단점을 보완할 수 있는 가능성을 제시한 정리를 소개하라. (20점)

C/O/N/T/E/N/T/S

Ⅰ. 의 의

완전경쟁시장에서의 한 기업의 단기공급곡선 관련 생산중단점은 중요한 개념이며, 바람직한 시장체제의 한 기준으로서 완전경쟁시장의 평가는 기타 독점, 과점시장과 연계하여 비교 분석하는데 용이하다.

Ⅱ. 완전경쟁기업의 생산중단점(조업중단점)

1. 생산중단점

완전경쟁기업이 단기에 생산을 지속하기 위해서는 가격이 평균가변비용보다는 높아야 한다. 이때 평균가변비용의 최저점을 생산중단점이라고 하며, 단기에 생산을 지속하기 위해 최소한 받아야 할 가격이 결정되는 점이다. 즉 이윤이 음(-)이라 하더라도 잉여가 양(+)인 수준에서 기업은 조업을 지속하게 된다.

2. 최소평균가변비용의 도출

주어진 비용함수를 이용하여 평균가변비용을 구하면 $AVC = \frac{TVC}{Q} = Q^2 - 6Q + 18$이다. 최소 평균가변비용을 구하기 위해 AVC를 Q에 대해 미분한 다음 0으로 두어 이를 구해보면 $\frac{dAVC}{dQ} = 2Q - 6 = 0$, Q=3이된다.

Q=3일때 AVC를 알기 위해 Q=3을 AVC에 대입하면 AVC=9임을 알 수 있다.

따라서, 최소평균가변비용이 9이므로 단기에 생산을 지속하기 위해서 가격은 최소한 9이상이 되어야 한다.

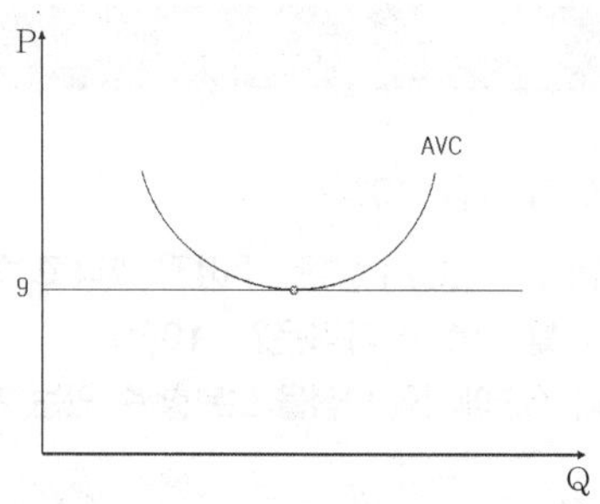

Ⅱ. 완전경쟁시장의 평가

1. 장점

(1) 효율적인 자원배분(P=MC)와 후생경제학 제1정리

1) 효율적 자원배분

장단기에 항상 P=MC가 성립하므로 사회적인 관점에서 자원배분이 가장 효율적으로 이루어지게 된다. 시장구조가 완전 경쟁적이고, 모든 소비자의 선호체계가 강단조성을 가지며 또한 시장실패의 요인(외부경제 등)이 존재하지 않는다면 일반경쟁균형의 배분은 파레토 효율적이라는 후생경제학 제1정리도 이와 관련된 정리이다.

2) 사회후생(소비자 잉여+생산자 잉여)의 극대화

(2) 최적 시설규모에서 생산

장기균형에서는 P=MR=SMC=SAC=LMC=LAC가 성립하며, 개별 기업은 LAC의 최소점에서 생산한다. 장기에 최적시설규모에서 최적 산출량만큼의 재화를 생산하므로 생산이 가장 효율적이게 된다.

(3) 정상이윤 획득

장기균형에서는 P=LMC=LAC가 성립하므로 개별 기업은 정상이윤만 획득하게 된다. 모든 생산요소는 한계생산물 가치, 즉 자신이 생산에 기여한 만큼의 보수를 받게 되는 것이다.

(4) 분권화

의사결정의 분권화가 이루어지고, 모든 경제주체에게 경제적 자유와 균등한 기회가 보장된다. 그러므로 완전경쟁시장은 자유시장경제체제의 이데올로기와 부합된다.

2. 단점

(1) 가정의 비현실성

완전경쟁시장의 가정으로 ① 다수의 수요자와 공급자(가격수용자) ② 재화의 동질성 ③ 자원의 완전이동성(자유로운 진입과 퇴거) ④ 완전한 정보를 들 수 있는 바, 이를 모두 충족하는 시장은 현실적으로 존재하지 않는다.

(2) 소득분배측면

자원배분의 효율성은 달성되나, 소득분배의 공평성은 보장되지 않는다. 이러한 소득분배측면의 단점을 보완할 수 있는 가능성을 제시한 것이 후생경제학 제2정리이다.

Ⅲ. 후생경제학 제2정리

1. 의의

모든 개인들의 선호가 볼록성(연속적, 강단조적 선호)을 충족하면서 초기 부존자원의 적절한 재분배를 통하여 임의의 파레토 효율적 자원 배분을 일반경쟁 균형을 통하여 달성 가능하다는 정리이다. 즉, 제1정리의 역도 성립한다는 것이다.

2. 그림 도해 및 설명

임의의 파레토 효율적 배분점(H)이 주어져 있을 때 초기 부존자원(M)을 정액세를 통해 적절히 재분배하면(R), 일반균형(가격체계)을 통하여 파레토 효율적이며 자원배분이 공평한 H에 도달 가능하다는 것이다. 후생경제학 제1정리의 역이며, 그 한계를 극복하는 것이다.

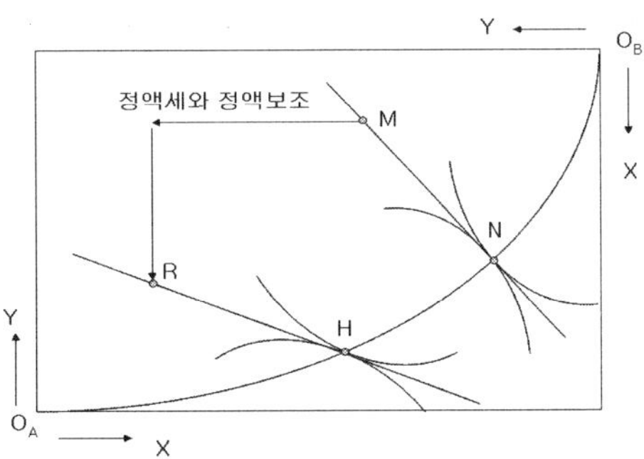

/관/련/기/출

완전경쟁시장과 독점시장, 사회후생

외시 제41회(07년)

제53회 행정고시 재경직 합격 노 경 민

시장경제에서 "완전경쟁시장은 독점시장에 비하여 사회후생적으로 우월하다."는 평가를 받는다. 이에 대하여 다음 물음에 답하시오. (총 30점)
(1) 완전경쟁시장의 전제조건을 기술하고 단기균형 상태를 설명하라. (5점)
(2) 완전경쟁시장의 장기균형 상태를 설명하라. (5점)
(3) 독점시장의 단기균형 상태를 설명하라. (5점)
(4) 독점시장의 장기균형 상태를 설명하라. (5점)
(5) 완전경쟁시장이 독점시장에 비하여 사회후생적으로 우월한 이유를 설명하라.(10점)

C/O/N/T/E/N/T/S

Ⅰ. 설문 (1)의 해결

1. 완전경쟁시장의 전제 조건

완전 경쟁시장이 성립하기 위해서는 ① 다수의 수요자, 공급자가 존재하며, ② 모든 경제 주체가 가격수용자이고, ③ 상품은 동질적이며, ④ 진입과 이탈이 완전히 사유롭고, 완전한 정보의 조건이 성립해야 한다.

2. 완전경쟁시장의 단기균형

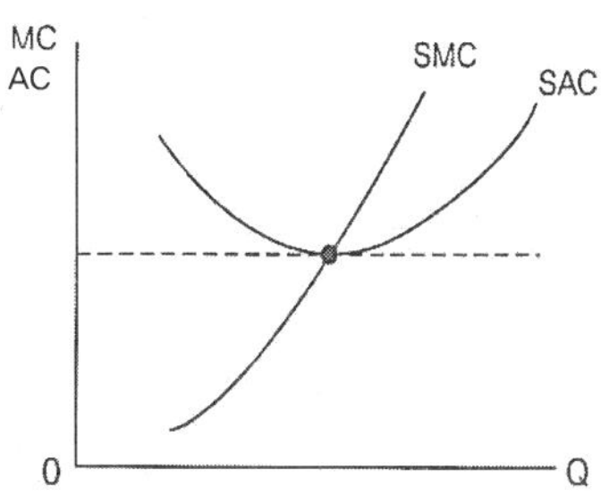

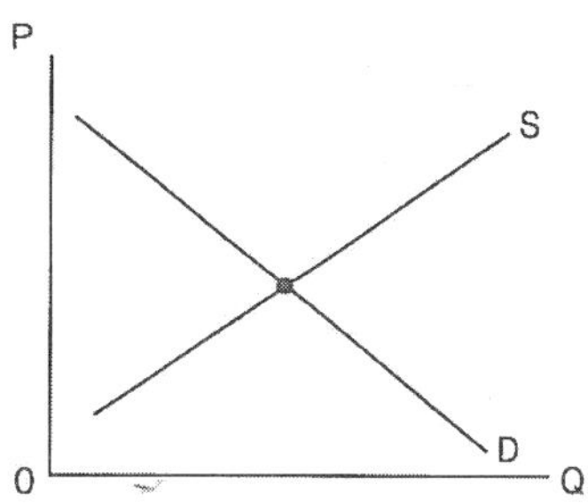

완전경쟁시장인 경우 S = D에서 균형이 이루어지고, 단기에 P = SMC = SAC 가 성립된다. 하지만 단기에는 고정비용이 존재하기 때문에 신규 기업의 진입이나 기존 기업의 이탈이 제한된다. 이 때 기업들은 고정비용이 모두 매몰비용인 경우 손실이 고정비용을 넘지 않는 손실을 보면서도 계속 생산을 유지하는 것이 합리적이다.

따라서 단기의 완전경쟁시장에서는 기업들이 초과이윤을 얻을 수도 있고 손실을 볼 수도 있게 된다.

Ⅱ. 설문 (2)의 해결- 완전 경쟁시장의 장기균형

완전경쟁시장의 장기 균형의 경우, S = D 가 성립하게 됨을 물론, 개별기업 입장에서는 생산량을 변화시킬 유인이 없는 P=SMC=LMC=SAC=SMC에서 균형이 이루어지고, 시장의 기업들이 모든 비용이 회수가능하게 되고 LAC의 최저점의 최적시설규모에서 생산하게 되므로 정상이윤(Π=0)만을 얻게 된다.

Ⅲ. 설문 (3)의 해결- 독점시장의 단기균형

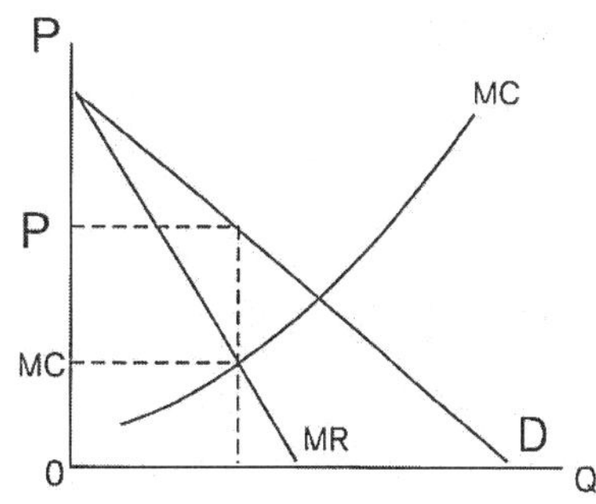

독점시장의 경우 MR=MC에서 독점기업이 이윤극대화를 달성하여 이 점에서 균형을 이룬다.

이 때 완전경쟁시장과 달리 P〉MC에서 균형이 생산량이 결정되고, 단기 균형의 경우 고정비용으로 인해 기업은 손실을 볼 수도 있게 된다.

Ⅳ. 설문 (4)의 해결- 독점시장의 장기균형

장기에 독점 시장은 여전히 P〉MR=MC인 점에서 균형을 이루게 된다. 또한 장기의 경우에도 독점 상태이므로 기업의 진입과 퇴출은 불가능 하지만 단기와는 달리 독점 기업이 시설 규모를 조정하여 독점 이윤을 증가시킬 수 있게 된다. 이 경우 전체적인 사회적 잉여 역시 증가하게 된다.

Ⅴ. 설문 (5)의 해결

1. 자중손실의 발생

독점으로 인한 사회후생 상의 손실로 가장 먼저 자중손실(Dead Weight Loss)로 인한 효율성의 상실 문제를 들 수 있다. 즉 완전경쟁시장의 경우 e(P*,Q*)점에서 균형을 이루게 되지만, 독점시장의 경우 a(Pm,Qm)점에서 균형을 이루게 되어 빗금친 삼각형 크기만큼의 자중손실이 발생하게 된다.

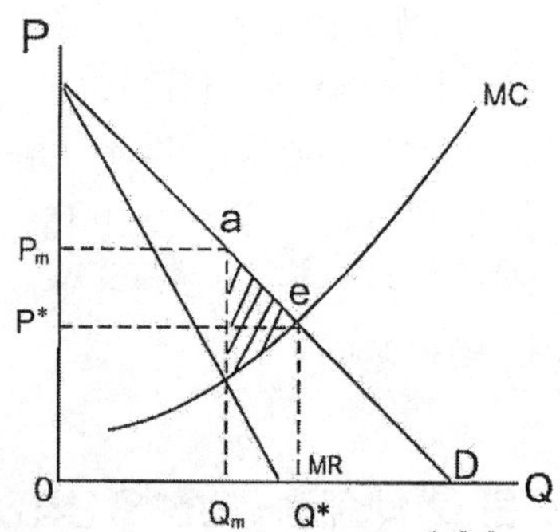

2. 지대추구행위

독점이 발생시키는 또 다른 비효율성은 독점 기업이 현재 누리고 있는 독점적 지위를 유지, 강화하기 위하여 비효율적으로 자원을 낭비하게 되는데 이를 지대추구행위(Rent Seeking)라 한다.

3. X-비효율성의 발생

독점 기업은 경쟁의 압력이 없기 때문에 생산 과정이나 기술상으로 발전 노력을 위한 유인이 적어진다. 이에 따른 비효율성도 독점시장이 사회 후생적으로 열등한 이유이다.

4. 분배의 공평성 측면

독점 시장의 경우 경쟁 시장에 비해 소비자 잉여가 감소하는 반면, 이것의 일부가 독점기업의 이윤으로 귀속되기 때문에 소비자와 독점기업 간의 공평성 측면에서 사회 후생적으로 바람직하지 못한 결과를 가져오게 된다.

완전경쟁시장의 분석

제43회 행정고시 재경직 합격 김 석 기

■ 완전경쟁시장의 개별기업의 장기균형과 초과이윤에 관하여 다음의 질문에 답하시오.

(1) 완전경쟁시장에서 활동하고 있는 기업 꿈나라물산은 현재 외부적요인에 의해 양의 초과이윤을 얻고 있다. 그러나 경제학과 학생 한지식군의 주장에 의하면, 꿈나라물산의 초과이윤은 장기적으로는 존재할 수 없다고 한다. 한지식군의 주장과 관련하여, 꿈나라물산이 현재의 상황에서 새로운 장기균형에 이르는 과정을 설명하고 초과이윤의 유무를 판단하시오.(10점)

(2) 또한, 완전경쟁시장에서 장기균형상태가 효율적인 자원배분을 가져오는 이유를 설명하시오.(10점)

(3) 완전경쟁시장에서 꿈나라물산의 장기평균비용곡선은 LRAC(x) $=x^2-20x+105$ 이고 나머지 기업은 모두 LRAC(x) $=x^2-20x+110$ 이라는 동일한 형태의 장기평균비용곡선을 갖고 있다. 한지식군에 따르면, 이처럼 완전경쟁시장의 개별기업의 형태가 서로 다른 장기평균비용곡선을 지니고 있는 경우에. 꿈나라물산은 장기에도 초과이윤을 얻을 수 있다고 한다. 이 경우의 장기균형을 실명하고. 만약 장기에도 초과이윤이 존재한다면 그 성격은 무엇이며. 장기균형의 이윤 0 원칙과는 어떻게 부합할 수 있는지 설명하시오.(10점)

C/O/N/T/E/N/T/S

Ⅰ. 완전경쟁시장에서의 장기균형

1. 완전경쟁시장의 의의

우리가 완전경쟁(perfect competition)이라고 부르는 상황이 성립하기위해서는 다음과 같은 네가지 조건이 충족되어야 한다.

(1) 가격수용자로서의 수요자와 공급자 - 다수의 수요자와 공급자

(2) 동질적인 상품 - 한 시장의 공급자는 모두 동질적인 상품을 생산

(3) 자원의 완전한 이동성 - 경제적 자원의 자유로운 이동에 따른 진입과 퇴출의 자유

(4) 완전한 정보

2. 초과이윤을 얻고 있는 꿈나라물산의 상황

현재 시장에서는 우하향하는 수요곡선과 우상향하는 공급곡선이 만나서 P*의 균형가격이 형성되어 있고, 개별기업은 P*의 가격을 주어진 것으로 받아들이므로 P*의 수준에서 수평의 수요곡선에 직면한다. 꿈나라물산은 〈그림1〉에서 나타나는 바와 같이 q*의 산출량을 선택함으로써 이윤을 극대화하고, 장기평균비용이 시장가격보다 낮은 경우 빗금친 사각형 부분만큼의 초과이윤을 얻는다.

3. 완전경쟁하의 장기조정과정

완전경쟁시장에서는 〈그림1〉에서와 같이 초과이윤이 존대하는 단기균형은 일시적일 뿐 아래와 같은 조정과정을 통해 초과이윤이 존재하지 않는 장기균형에 도달하게 된다.

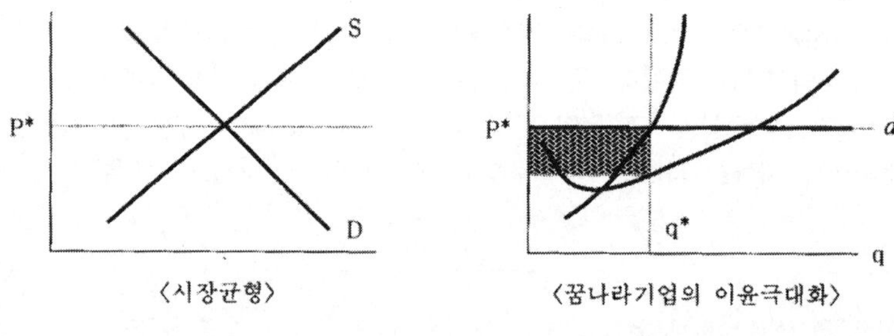

〈그림 1〉

첫째, 장기에 개별기업은 최적시설규모를 선택 (자본의 고용량 변화)할 수 있으며, 이를 가장 알맞은 수준으로 가동시킬 수 있으므로 단기비용곡선위의 한 점이 아니라 장기비용곡선상의 한 점을 선택하게 된다.

둘째, 장기에서는 평균수준보다 높은 이윤이 존대하는 산업으로 새로운 기업이 진입하는 것이 가능할 뿐 아니라 손실을 보는 기존 기업이 이탈해나가는 것도 가능하다.

(1) 기존 기업(꿈나라물산)의 장기조정

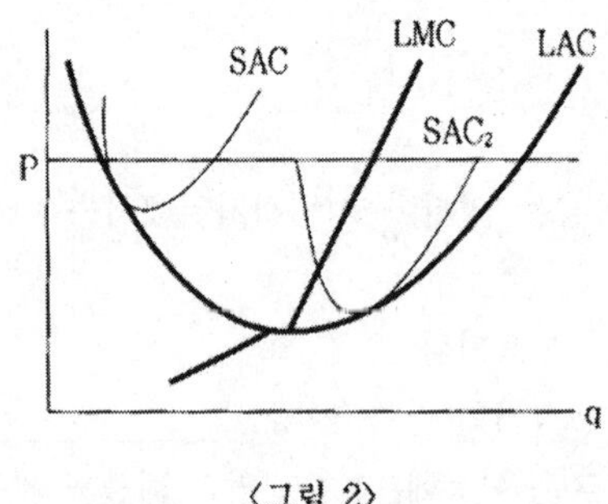

〈그림 2〉

단기에 꿈나라물산은 주어진 시설규모를 어떤 수준에서 가동시키는가를 선택하는 것만이 가능했지만, 장기에는 시설규모 자체의 선택도 가능하다 따라서 꿈나라물산은 P = LMC를 만족시키는 장기한계비용곡선 위의 한 점을 찾아 산출량을 선택하고 선택한 산출량을 최적으로 생산할 수 있는 시설규모를 선택한다. 즉, 장기에 꿈나라물산은 〈그림2〉에서 볼 수 있는바와 같이 SAC_2로 대표되는 새로운 시설규모를 선택하게 되며 이를 기존 기업에 의한 장기조정이라고 하며 이러한 조정과정은 시장가격의 변동에 따라 계속 반복된다.

(2) 산업의 장기조정

장기균형에 이를 때까지 산업 차원에서 또 다른 성격의 장기조정이 이루어지게 된다. 산업 내부의 기업들이 이윤을 얻고 있는지 손실을 보고 있는지에 따라 기업의 진입과 이탈이 생겨나는데, 초과이윤이 존재하는 설문의 경우에는 기존 기업이 진입하고 시장에서의 재화 공급량이 늘어난다. 이때, 신규 기업의 진입은 시장가격이 하락하여 초과이윤이 0이 될 때까지 계속된다.

4. 장기균형의 성격

(1) 잡기균형에서 개별기업은 이윤을 극대화하는 시설규모와 산출량을 선택하게 된다.
(2) 장기균형에서는 초과이윤이 존재하지 않고, 더 이상의 진입과 퇴출이 이루어지지 않는다.
(3) 장기균형에서는 시장에서의 공급량과 수요량이 일치하여 시장균형을 달성한다.

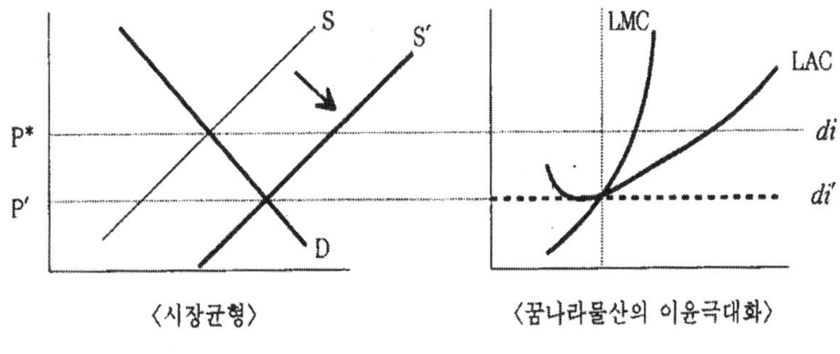

〈시장균형〉 〈꿈나라물산의 이윤극대화〉

〈그림 3〉

Ⅱ. 완전경쟁시장의 장기균형의 효율성

1. 경쟁의 압력 : X-효율성

완전경쟁시장에서는 경쟁의 압력이 적자생존의 냉엄한 환경을 조성함으로써 모든 기업으로 하여금 가장 효율적인 운영을 하지 않으면 안 되게끔 강제한다. 따라서 독점에서와 같은 X-비효율성의 문제가 발생하지 않는다.

2. P = MC 수준의 산출량 선택

완전경쟁시장의 장기균형상에서는 가격과 한계비용이 일치한다. 상품의 가격과 한계비용이 같은 수준에서 산출량을 선택한다는 것은 마지막 한단위를 소비하여 얻는 한계편익과 그것을 생산하는데 드는 (한계)기회비용이 같다는 뜻이다(가격은 상품의 소비에 따른 한계편익에 해당하며, 한계비용은 그 상품의 생산과 결부된 기회비용의 개념과 일치한다).

한계편익과 한계비용이 일치(MB=MC)하는 수준의 산출량에서 벗어나 산출량을 변동시킬 경우 사회적 후생은 감소할 수밖에 없으므로, 한계편익과 한계비용이 일치(MB=MC)하는 수준의 산출량을 선택한다는 것은 가장 효율적인 자원배분이 이루어짐을 시사한다.

3. 장기평균비용 최저수준의 산출량 선택

완전경쟁시장에서 장기균형상태의 생산은 장기평균비용곡선의 최저점에서 이루어진다. 이것은 상품이 가능한 가장 낮은 비용으로 생산되고 있음을 뜻한다.

Ⅲ. 비용조건이 상이한 경우의 장기균형과 꿈나라물산의 초과이윤

1. 장기시장균형의 결정

완전경쟁시장의 다른 모든 기업의 비용조건은 동일하고, 꿈나라물산만이 유리한 비용조건을 가지고 있다. 개별기업인 꿈나라물산은 시장에서 가격수용자(Price taker)의 위치에 있으므로 영향력을 발휘할 수 없고, 진입과 이탈이 자유로운 다른 기업들의 비용조건에 따라서 결정된다.

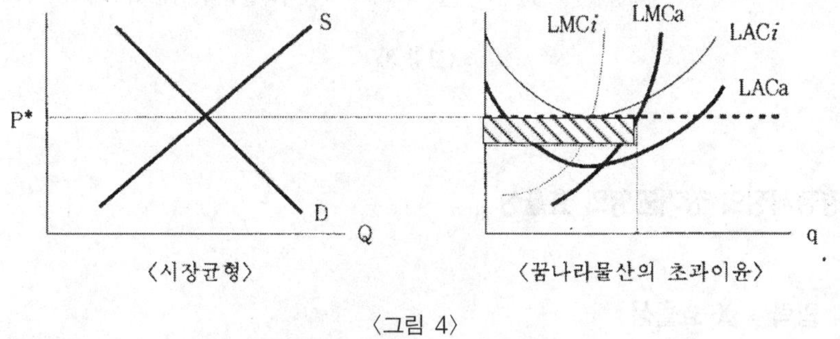

〈그림 4〉

2. 꿈나라물산의 초과이윤과 성격

꿈나라물산의 경우 타 기업들보다 비용조건이 유리하므로, 다른 기업들의 비용조건에 따라 결정된 시장가격은 꿈나라물산의 평균비용보다 높게 된다. 따라서 〈그림4〉에서 볼 수 있는 바와 같이 빗금 친 사각형만큼의 초과이윤이 발생하게 된다.

이러한 초과이윤은 꿈나라물산만의 독점적 비용조건(생산조건) 때문에 발생한 것으로, 일반적으로 독점적 기술의 보유, 유리한 생산요소의 독점, 경영-관리상의 독창적 Know-how 등에 기인한다. 따라서 꿈나라기업의 초과이윤은 개별기업이 보유하고 있는 배타적 능력의 대가라고 볼 수 있다.

3. 장기균형시 이윤 0의 원칙과의 관계

꿈나라물산의 초과이윤은 전술한바와 같이, 독점적인 기술이나 생산요소 보유 등에 따른 결과이므로, 그러한 배타적 능력에 대한 대가라고 볼 수 있다. 경제적 관점에서의 비용은 기회비용이므로, 기회비용의 관점에서 파악한다면 꿈나라물산의 초과이윤은 독점적 기술이나 요소의 보유에 다른 기회비용을 지급하는 것으로 생각할 수 있다.

따라서 꿈나라물산의 초과이윤과 장기균형의 이윤 0의 원칙은 상충하는 것이 아니다.

Ⅱ. 독점시장

기 출

독점기업의 가격 결정

행시 제48회(04년)

김 진 욱 강사

어느 출판사가 판매액의 10%를 인세로 지불하기로 하고 어느 유명한 소설가의 소설을 출판하기로 독점 계약을 체결하였다. 이 소설의 수요곡선이 p=1-q이며, 이 출판사가 소설책을 출판하는 비용함수(인세 제외)는, C(q)=0.45q라 하자. (20점)

(1) 이 출판사가 이윤을 극대화하려고 한다면 이 소설책의 가격은 얼마가 되겠는가?

(2) 이 소설가의 소득을 극대화하는 가격은 위 의 가격과 어떻게 다른지 설명하라.

(3) 위 (1)의 가격에서 수요의 가격 탄력성은 1보다 큰가 아니면 작은가를 설명하라.

C/O/N/T/E/N/T/S

Ⅰ. 분석의 기본전제

(1) **독점기업의 수요곡선 :** $p = 1 - q$

(2) **매출액 :** $TR = pq$

(3) **소설가의 소득(인세) :** $M = 0.1pq$

(4) **인세 고려시 매출액 :** $TR_T = pq - 0.1pq = 0.9pq$

(5) **비용함수 :** $c(q) = 0.45q$

Ⅱ. 설문 (1)의 해결

1. 기업의 이윤극대화문제

$$\max \pi(q) = 0.9\,pq - c(q) = 0.9q(1-q) - 0.45q$$

2. 이윤극대화 가격과 산출량의 도출

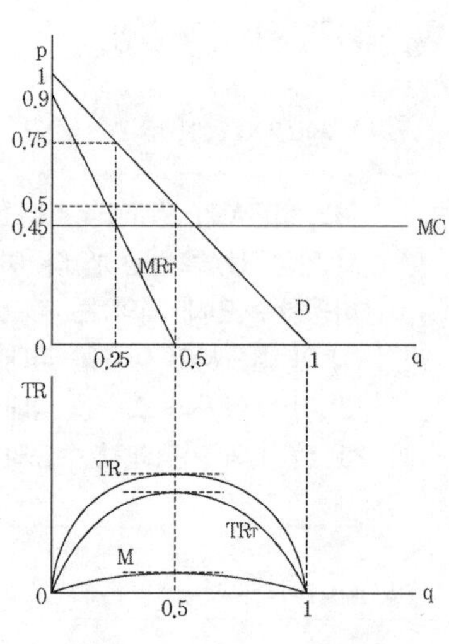

이윤이 극대화되는 산출량은 MR=MC의 조건을 만족하는 산출량이므로,

$$MR_T(q) = \frac{dTR_T}{dq} = [0.9q(1-q)]'$$

$$= 0.9 - 1.8q$$

$$MC(q) = \frac{dTC}{dq} = [0.45q]' = 0.45$$

따라서 이윤을 극대화하는 산출량과 가격은

$$q_0 = \frac{1}{4},\ p_0 = \frac{3}{4}$$

즉 출판사가 이윤을 극대화하려 할 때 소설책의 가격 $p_0 = \frac{3}{4}$ 이다.

출판사의 이윤극대화와 소설가의 이윤극대화간의 상충관계

Ⅲ. 설문 (2)의 해결

1. 소설가의 소득극대화 문제

$$\max M(q) = 0.1q(1-q)$$

2. 기업의 매출극대화문제

$$\max TR_T = 0.9q(1-q)$$

3. 가격결정

위에서 두 가지 문제가 사실상 동일함을 확인할 수 있으며, 따라서 이 문제는 기업의 매출액이 극대화되는 MR=0의 지점에서 생산이 이루어지고 가격이 결정된다. 즉

$$MR_T(q) = \frac{dTR_T}{dq} = [0.9q(1-q)]' = 0.9 - 1.8q = 0$$

$$\therefore q_1 = \frac{1}{2},\ p_1 = \frac{1}{2}$$

즉 소설가의 소득(인세)을 극대화하는 가격 $p_1 = \frac{1}{2}$이다.

4. 평가

소설가와 출판사의 이해관계의 상충(conflict of interest)이 존재함을 확인할 수 있다. 즉 기업은 이윤을 극대화하는 가격을 설정하려고 하지만 소설가의 경우에는 기업이 매출극대화 전략을 취해 줄 것을 바라게 된다.

Ⅳ. 설문 (3)의 해결

1. 수요의 가격탄력성의 정의

수요의 가격탄력성이란 가격의 변화가 수요량에 미치는 영향을 측정한 것으로, 수량의 변화율과 가격의 변화율의 비율로 결정된다.

$$\varepsilon_p = -\frac{\triangle q_D / q_D}{\triangle p / p} = -\frac{\triangle q_D}{\triangle p}\frac{p}{q_D}$$

경제학

2. 탄력성의 계산

(1)에서 수요곡선은 $p=1-q$로 주어져 있으며, $q=\frac{1}{4}$, $p=\frac{3}{4}$이므로 이를 탄력성의 정의에 대입하면,

$$\varepsilon_p = -\frac{\triangle q_D/q_D}{\triangle p/p} = -\frac{\triangle q_D}{\triangle p}\frac{p}{q_D} = -(-1)\frac{3/4}{1/4} = 3>1$$

이는 Amorzo-Robinson의 공식 $MR=P(1-\frac{1}{\varepsilon_p})$에서 출판사는 항상 MR=MC>0의 조건을 만족시키므로 반드시 탄력성이 1보다 큰 영역에서 생산하게 됨을 확인할 수 있다. 또한 2)의 경우에는 MR=0이 되므로 $\varepsilon_p=1$이 성립한다.

독점기업과 결합판매

행시 제49회(05년)

제48회 행정고시 재경직 합격 이 한 샘

어느 한 기업이 상품 A와 상품 B를 독점생산하고 있다. 각 상품의 생산비용은 모두 0이다. 소비자는 각 상품에 대하여 지불할 용의가 있는 최고금액(willingness to pay)에 따라 아래의 표와 같이 두 가지 유형으로 나뉜다. 그리고 각 유형은 50명의 소비자로 구성되어 있다. (총 30점)

	지불할 용의가 있는 최고금액	
	상품 A	상품 B
소비자유형 1	150	70
소비자유형 2	70	100

(1) 이 독점기업이 이윤을 극대화하기 위해 각 상품의 가격을 얼마로 결정할 지 그 근거와 함께 기술하시오. 이 때 각 시장에서 기업의 이윤과 소비자잉여는 각각 얼마인가? (10점)

(2) 이제 독점기업은 두 상품을 결합하여 판매하기로 결정하였다. 그리고 결합상품을 판매하면서 각 상품의 개별 판매는 하지 않기로 결정하였다. 이런 상품결합으로 이윤의 증가가 가능한가? 불가능하다면 이유를 밝히고, 가능하다면 독점기업의 이윤을 극대화할 수 있는 결합상품의 가격과 이윤 그리고 소비자잉여를 밝히시오. (10점)

(3) 정부의 정책당국자로서 독점상품의 결합판매를 허용하여야 하는지에 대해 논하시오. (10점)

C/O/N/T/E/N/T/S

Ⅰ. 설문 (1)의 해결

1. 독점기업의 이윤극대화 원리

일반적으로 독점기업의 이윤극대화는 $Max\ TR - TC$를 통하지만 설문에서는 생산비용이 0으로 총수입의 극대화를 추구한다. 기업은 표와 같이 소비자의 WTP(willingness to pay)를 알고 가격을 설정한다.

2. 상품 A의 경우

150의 가격을 설정하면 소비자 1만 소비하므로
$TR = 150 \cdot 50 = 7500$ … ①
70의 가격을 설정하면 소비자 1, 2 모두 소비하므로
$TR = 70 \cdot 100 = 7000$ … ②
①>② 이므로 가격은 150.
이 때 기업의 이윤은 7500이고, 소비자잉여는 0이다.

3. 상품 B의 경우

70의 가격을 설정하면 소비자 1, 2 모두 소비하여
$TR = 70 \cdot 100 = 7000$ … ①
100의 가격을 설정하면 소비자 2만 소비하므로
$TR = 100 \cdot 50 = 5000$ … ②
①>② 이므로 가격은 70
기업의 이윤은 7000이고 소비자잉여는 소비자 2에게 1500(= 30 · 50) 존재한다.

Ⅱ. 설문 (2)의 해결

WTP가 낮은 소비자 2에 따라 결합판매상품의 가격 $P_{AB} = 170$으로 설정하는 경우 $TR = 170 \cdot 100 = 17000$이며 설문 (1)에서의 총이윤 14500보다 크다.

이 때 소비자잉여는 소비자 1에서 발생하며 2500(= 50 · 50)이다.

P_{AB} = 170 이상으로 설정하는 경우에는 소비자 1만 소비하므로 오히려 이윤이 감소한다.

Ⅲ. 설문 (3)의 해결

결합판매를 실시하는 경우 기업의 이윤은 14500에서 17000으로 증가하고 소비자잉여는 소비자 2의 1500에서 소비자 1의 2500으로 변화한다. 사회총잉여는 16000에서 19500으로 3500 증가한다. 사회후생의 측면에서 결합판매의 경우가 사회총잉여가 보다 크다. 그러나 소비자 2에게서 소비자 1에게로 소비자잉여가 전환되는 문제가 생긴다. 이 때 판단기준으로 삼을 수 있는 것이 칼도-힉스의 보상기준으로 gainer의 이득이 loser의 손실을 보상해주고 남을 정도이면 변화가 바람직하다는 원리이다. 다만 이 기준은 잠재적 보상에 불과하여 형평성의 문제를 초래할 수 있다. 정부당국이 독점기업에 결합판매를 허용하여 기업의 이윤이 증가하고 소비자 1의 소비자잉여가 새롭게 창출되는 혜택이 발생하는 것이므로 정부에서 세금 등의 정책수단을 사용하여 실제적으로 보상하는 방안 등을 고려한다면 형평성의 문제를 완화할 수 있을 것이다.

/관/련/기/출

단일가격책정과 제1급가격차별

입시 제23회(07년)

제53회 행정고시 재경직렬 합격 노 경 민

새누리 마을에 사는 다섯 명의 주민들이 공동으로 활용할 수 있는 복합스포츠센터를 지으려고 한다. 복합스포츠센터를 짓기 위해서 마을이 부담해야 하는 금액은 연간 100만원이라고 하자. 마을의 각 주민이 복합스포츠센터로부터 얻는 한계편익(marginal benefit)은 아래 표와 같고, 이들의 한계편익은 모든 사람들이 알고 있다고 가정하자.(총30점)

주 민	복합스포츠센터의 한계편익 (원/연)
김영철	35만
오갑수	30만
현정수	25만
박미경	19만
이영훈	15만

(1) 마을의 주민들이 사적 이익을 위해서 투표한다고 가정할 때, 각 사람에게 매년 20만원씩 세금을 부과해서 복합스포츠센터를 짓자는 주민발의가 통과될 것인가? 단 모든 주민이 투표하며 통과여부는 과반수 찬성으로 한다고 하자.

(2) 민간기업이 복합스포츠센터를 짓고 주민들에게 매년 원하는 만큼 이용할 수 있는 정액요금을 책정하도록 하는 안을 고려해보자. 단 정액요금을 지불한 주민들만 복합스포츠센터를 이용할 수 있다. 민간 기업이 단일 가격만 책정할 수 있다면 복합스포츠센터를 지을 민간기업이 있겠는가?

(3) 민간기업이 사람들마다 다른 가격을 책정할 수 있도록 허용하되, 복합스포츠센터를 짓고 운영할 권리를 경매를 통해서 민간기업에게 파는 안을 고려해보자. 단 요금을 지불하는 사람만 복합스포츠센터를 이용할 수 있다. 복합스포츠센터를 짓고 운영하는 권리를 얻기 위해서 민간기업이 입찰하는 최대 금액은 얼마가 될 것인가?

C/O/N/T/E/N/T/S

Ⅰ. 설문 (1)의 해결

1. 각 주민들의 선택

새누리 마을의 주민들은 복합스포츠센터로부터 얻는 자신의 순 한계편익이 0보다 큰 사람만이 복합스포츠센터를 짓는 주민발의에 찬성표를 던질 것이다.

각 주민의 순 한계편익을 살펴보면 한계비용은 20만원/연으로 동일하므로

김영철 : 35만원 - 20만원 = 15만원(>0) 찬성
오갑수 : 30만원 - 20만원 = 10만원(>0) 찬성
현정수 : 25만원 - 20만원 = 5만원(>0) 찬성
박미경 : 19만원 - 20만원 = -1만원(<0) 반대
이영훈 : 15만원 - 20만원 = -5만원(<0) 반대

2. 과반수 투표의 결과

과반수 투표는 투표자의 절반보다 많은 사람이 찬성할 경우에만 그 대안을 통과시키는 투표제도이다. 따라서 김영철, 오갑수, 현정수는 찬성, 박미경, 이영훈은 반대하여 찬성이 반대보다 많게 되므로(3:2) 주민발의는 통과될 것이다.

Ⅱ. 설문 (2)의 해결

1. 민간 기업의 의사결정

민간 기업은 주민들에게 단일한 정액 요금을 징수하는 경우, 스포츠센터를 이용하는 모든 주민에게 받는 연간 총 정액 요금이 비용인 100만원보다 큰 경우(순편익>0)에만 복합스포츠센터를 지으려고 할 것이다.

2. 정액요금 설정에 따른 민간 기업의 총 수익

정액 요금	이용자 수	민간 기업 총 수익
35만원	1명	35만 × 1 = 35만원
30만원	2명	30만 × 2 = 60만원
25만원	3명	25만 × 3 = 75만원
19만원	4명	19만 × 4 = 76만원
15만원	5명	15만 × 5 = 75만원

3. 소결

민간 기업이 단일 가격만 책정할 수 있는 경우 어떤 요금을 설정하더라도 민간 기업의 연간 총수입이 연간 총비용인 100만원을 넘지 못하므로 민간 기업은 복합스포츠센터를 지을 유인이 없게 된다.

Ⅲ. 설문 (3)의 해결

1. 민간기업의 의사결정

민간 기업이 사람들마다 다른 가격을 책정할 수 있는 경우, 기업은 각 주민들의 한계편익만큼을 요금으로 책정하여 징수할 것이다. 즉 각 주민에게 한계편익만큼의 요금을 설정하면 모든 주민이 스포츠센터를 이용할 유인을 갖게 되고, 기업은 총 35만원+30만원+25만원+19만원+15만원 = 124만원의 수입을 얻게 된다. 이는 복합스포츠센터 건설에 드는 비용 100만원보다 크므로 민간 기업은 복합스포츠센터를 지으려 할 것이다.

2. 민간기업이 입찰하는 최대 금액

민간 기업은 복합스포츠센터를 짓고 운영하는 권리를 얻기 위하여 자신이 얻는 연간 순편익(124만원-100만원 = 24만원) 만큼까지를 지불할 용의가 있으므로, 가장 높은 금액을 제시한 기업이 낙찰되는 경매에 의할 경우 민간 기업의 입찰하는 최대 금액은 24만원이 될 것이다.

3. 시사점 - 제1급 가격차별

이와 같이 가격차별이 불가능하여 단일 가격으로 책정되면 참가하게 될 민간 기업이 없는 경우에도 가격차별을 가능한 경우 민간 기업은 참여할 유인을 가질 수 있다. 특히 설문 (3)과 같이 독점적 공급자가 모든 소비자에 대하여 최대 지불 가격만큼을 가격으로 책정할 수 있는 경우를 '제1급 가격차별'이라 하며 이 경우 가격차별 이전 보다 효율적인 자원배분은 가능하지만 소비자의 잉여가 모두 독점 이윤으로 귀속된다.

이 경우 정부는 설문 (3)과 같이 경매와 같은 방법을 활용하면 기업의 독점 이윤을 회수하여 소비자에게 돌려줌으로써 분배의 문제를 해결할 수 있을 것이다.

독점기업의 이윤극대화와 사회적 최적선택

입시 제24회(08년)

제53회 행정고시 재경직 합격 노 경 민

다국적 제약회사가 불치병 치료제를 개발하였다. 이 약의 개발에 450원의 비용이 들어갔으며 생산 및 판매 비용은 개당 10원이라 한다. 한편 시장 수요곡선은 다음과 같은 것으로 추정된다고 하자: Q = 100 - p.(총 30점)

(1) 이 회사가 치료제의 특허권을 얻어 독점 생산하는 경우 최대의 이윤을 얻으려면 생산량과 가격을 어떻게 설정해야 하는가?

(2) 치료제 판매를 위해 로비 비용으로 단위당 10원이 추가로 소요된다고 하자. 이 경우 다국적 제약회사의 최적 생산량과 가격은 어떻게 바뀌는가?

(3) 소득 한 단위의 한계효용이 1로 일정하다고 할 때 사회적으로 최적인 생산량을 구하고 그 근거를 설명하시오.

C/O/N/T/E/N/T/S

Ⅰ. 설문 (1)의 해결

1. 독점기업의 이윤극대화

$\text{Max } \Pi = PQ - C(Q)$

f.o.c. : MR = MC 이므로

독점기업은 MR = MC를 만족하는 생산량 Q에서 이윤이 극대화 된다.

2. 제약회사의 이윤극대화 생산량 및 가격

수요곡선 Q = 100-p에 의해 MR = 100-2Q가 되고, MC = 10 이므로, MR = MC인 a점에서 이윤극대화가 된다.

따라서 이윤극대화 생산량 Q* = 45 가 되고, 이 때 독점 가격 P* = 55로 설정할 수 있다.

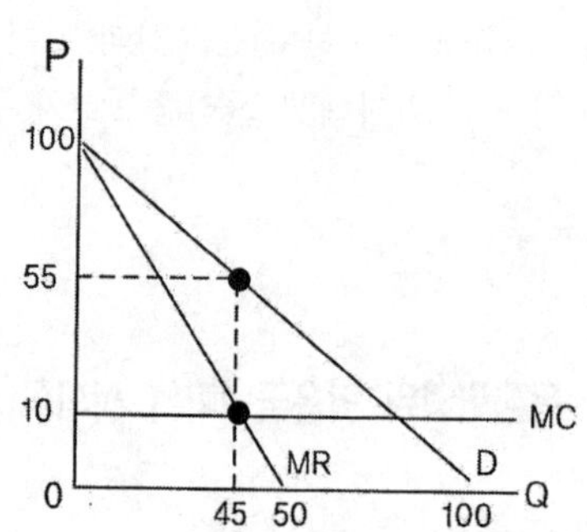

Ⅱ. 설문 (2)의 해결

1. 로비 비용의 추가

단위당 로비 비용으로 10원이 추가되는 경우 독점 기업의 한계비용(MC)이 10원 추가되어 20원으로 증가하는 효과를 나타내게 된다.

2. 제약회사의 최적 생산량 및 가격

독점 기업인 제약회사는 로비 비용이 추가된 이후에도 MR = MC에서 이윤극대화 생산량(Q*)을 결정하게 된다. MR = 100-2Q로 변화가 없고 MC = 20으로 증가하므로, 최적 생산량 Q* = 40, 독점 가격 P* = 60이 된다.

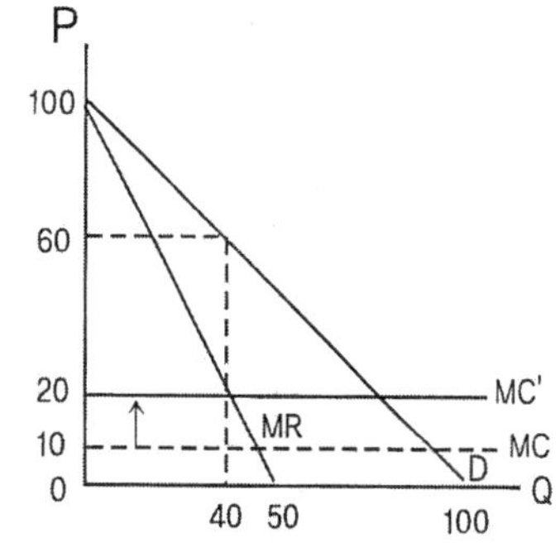

Ⅲ. 설문 (3)의 해결

1. 소득의 한계효용이 1로 일정한 경우

소득의 한계효용이 1로 일정한 경우, MRS_{XM} = MU_X/MU_M에서 MU_M이 일정하므로 X의 소비량이 일정한 한 MRS가 일정하게 된다.

따라서 이 경우 X의 소득효과가 0이라는 것을 의미하고, 가격효과 = 대체효과가 성립하게 되어 보통수요곡선이 보상수요곡선과 같아지게 된다.

2. 사회적 최적 생산량

사회적으로 최적인 생산량은 소비자잉여와 생산자잉여를 극대화 하는 점에서 결정된다. 주어진 Q = 100-p 의 수요곡선이 보상수요곡선과 같다고 할 때, P = MC가 되는 e점에서 소비자잉여와 생산자 잉여의 합(빗금친 부분)이 극대화됨을 알 수 있다.

따라서 P* = 10, Q* = 90 수준에서 사회적 최적 생산량(Q*)이 결정된다.

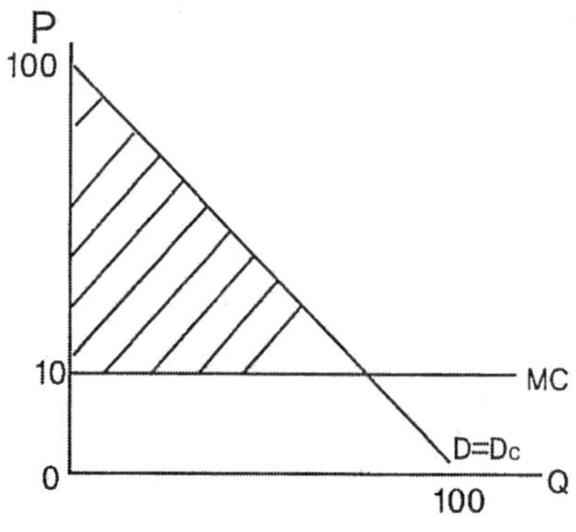

독점기업의 가격차별

외시 제42회(08년)

제53회 행정고시 재경직 합격 노 경 민

어떤 상품에 대한 시장수요가 P=400-Q로 주어졌다. 이 상품은 독점기업에 의해 공급되며, 한계비용은 MC=80으로 일정하다고 가정한다.(총 30점)
(단, P는 가격, Q는 수요량이다)
(1) 이 상품을 단일 가격으로 판매할 경우, 가격과 생산량 및 독점이윤을 구하시오. (10점)
(2) 세 가지의 다른 가격, 즉 P_1 , P_2 , P_3 로 가격차별을 실시할 경우, 기업의 이윤을 극대화하는 P_1 , P_2 , P_3 를 구하고, 각각의 가격에 대응하는 생산량을 구하시오.(단, P_1 〉 P_2 ,〉 P_3 이다)(10점)
(3) 완전가격차별(제1급 가격차별)이 가능하다고 할 때, 이 기업이 선택할 생산량과 그 생산량에서의 소비자잉여를 구하시오. (10점)

C/O/N/T/E/N/T/S

Ⅰ. 설문 (1)의 해결

1. 독점 기업의 가격설정

독점 기업은 단일가격을 책정하는 경우,

Max PQ - TC 에 의해 일계조건인 MR=MC에서 이윤극대화 생산량과 독점 가격을 결정하게 된다.

2. 단일가격 책정시 가격, 생산량, 독점이윤

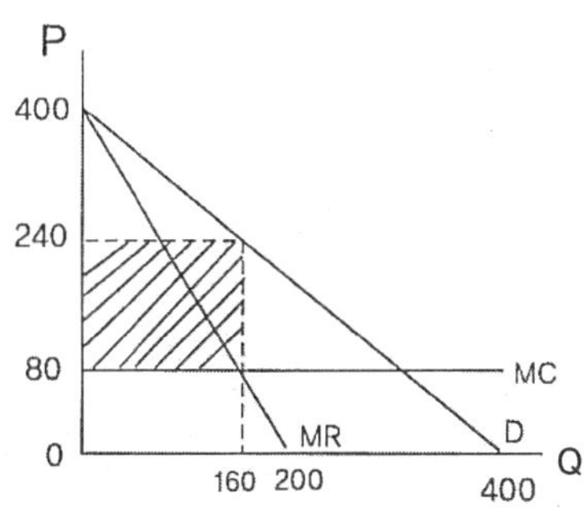

수요곡선에 의해 MR=400-2Q, MC=80 이므로 독점기업의 생산량 Qm=160 이 되고, 독점 가격 Pm=240 이 된다.

독점이윤은 빗금친 사각형의 크기로 Π = P· Q - TC = 240×160 - 160×80 = 25600 이 됨을 알 수 있다.

Ⅱ. 설문 (2)의 해결

1. 독점 기업의 이윤극대화

Max Π = P1·Q1 + P2·(Q2-Q1) + P3·(Q3-Q2) - TC(Q3)
= P1·(400-P1) + P2· (P1-P2) + P3·(P2-P3) - 80(400-P3)
= -P12 - P22- P32 + P1P2 + P2P3 +400P1 + 80P3 -32000

f.o.c. : dΠ/P1 = -2P1 + P2 +400 = 0
dΠ/P2 = -2P2 + P1 +P3 = 0
dΠ/P3 = -2P3 + P2 +80 = 0

위의 식들을 연립하여 풀면 P1=320, P2=240, P3=160 이 됨을 알 수 있다.
이 때 각각의 가격에 대응하는 생산량은 Q1=80, Q2=160, Q3=240 이 된다.
이와 같이 수요곡선에 따라 몇 개의 구간을 설정하여 가격 차별을 하는 방식을 '제2급 가격차별' 이라 하고, 이 때 독점 이윤은 57,200으로 증가한다.

2. 그래프의 도해

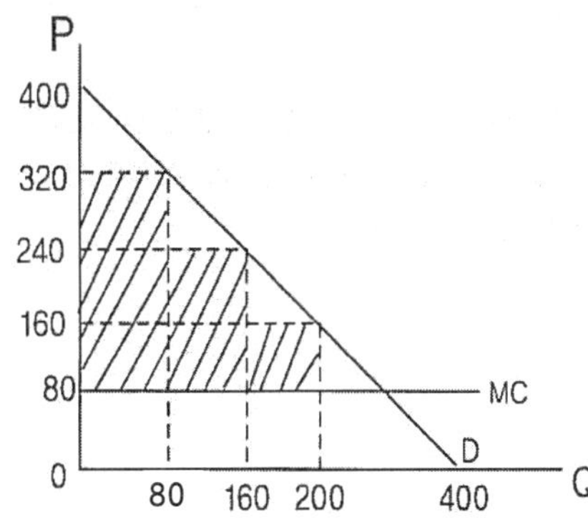

수요곡선(D) : Q = 400-P
MC = 80
빗금친 부분의 크기 : 독점이윤

Ⅲ. 설문 (3)의 해결

1. 완전가격차별 시 기업의 생산량

완전가격차별(제1급 가격차별)이 가능한 경우 독점 기업은 이윤극대화를 위해 개별 수요자들의 최대지불가격만큼을 가격으로 책정해 받아낼 것이다. 이 때 독점 기업은 Q*만큼을 생산하게 되고, 빗금 친 삼각형만큼의 이윤을 얻는다.

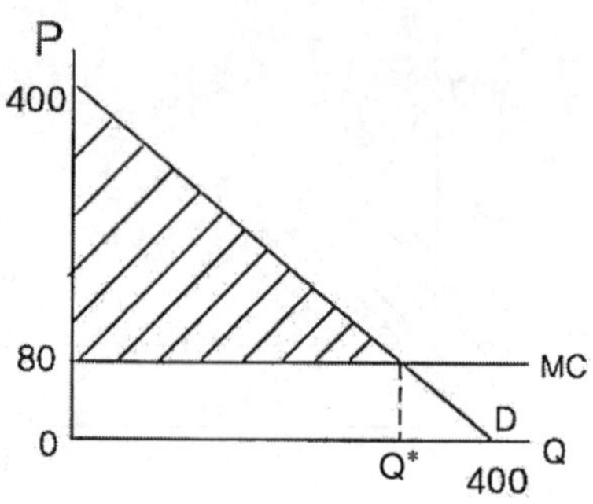

2. 완전가격차별시 소비자 잉여

위 그래프와 같이 완전가격차별의 경우 생산량(Q*)은 완전경쟁시장의 생산량과 같아져 비효율성이 제거되지만, 소비자 잉여가 전부 독점 이윤으로 흡수되는 것을 볼 수 있다. 따라서 소비자 잉여는 0이 되고, 독점 이윤이 극대화 되어 공평성의 문제가 발생한다.

기 출

자연독점산업

행시 제45회(01년) 재정학

철도사업은 공공부문에 의해 운영이 되고 요금은 철도청의 정책 결정에 의해 일반적으로 결정된다. 그런데 많은 국민들은 철도사업이 반드시 공공부분에 의해 운영되어야 하는가에 대하여 의문을 제기하고 있다. 이와 관련하여 다음 물음에 답하시오. (총30점)

(1) 만일 철도사업이 민간 기업에 맡겨져서 자율적으로 요금이 결정되는 경우 어떤 결과가 나타나게 되는가?

(2) 철도청에서 철도요금을 결정하는 경우 만일 효율적인 측면만을 고려해서 요금을 결정하는 경우에는 어떤 조건을 만족하는 요금 체계가 이뤄져야 하는가?

(3) 만일 철도 당국이 저소득층이 많이 이용하는 등급의 철도요금을 결정할 때 효율성의 측면만을 고려하지 않고 소득분배적인 측면을 동시에 고려해 원가에 미치지 못하는 요금을 책정하는 경우 어떤 문제점들이 발생하게 되는가?

C/O/N/T/E/N/T/S

Ⅰ. 자연독점의 발생

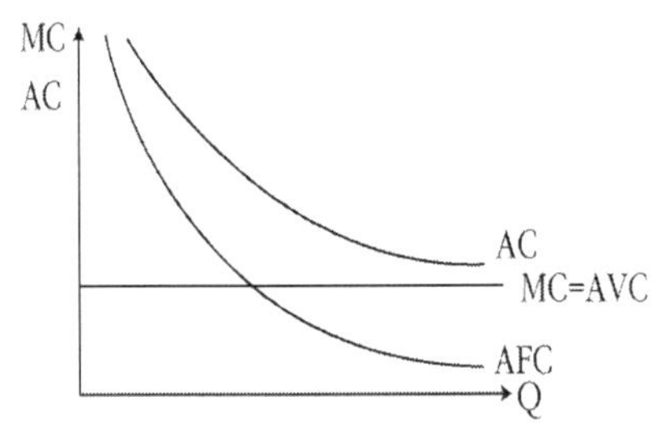

논의의 단순화를 위해 철도 운영의 총가변비용은 생산량에 비례한다고 하자. 이때 MC=AVC이고, 초기 고정비용이 클 경우 우하향하는 평균고정비용(AFC)과 AVC의 합인 AC곡선은 우하향하는 형태가 된다(좀 더 일반화하여, MC가 체증하는 경우라 하더라도 AFC의 하락분이 더 큰 부분에서 평균비용은 하락한다).

철도와 같은 산업의 경우 철로, 역사의 설치 등 그 초기고정비용이 매우 크다고 할 수 있으므로 위와 같은 AC가 하락하는 구간에서 균형이 도출되는 것이 일반적이다. 즉 규모의 경제로 인한 자연독점이 발생하게 된다.

Ⅱ. 민간자율요금의 경우-[설문의 (1)]

1. 상황의 도해

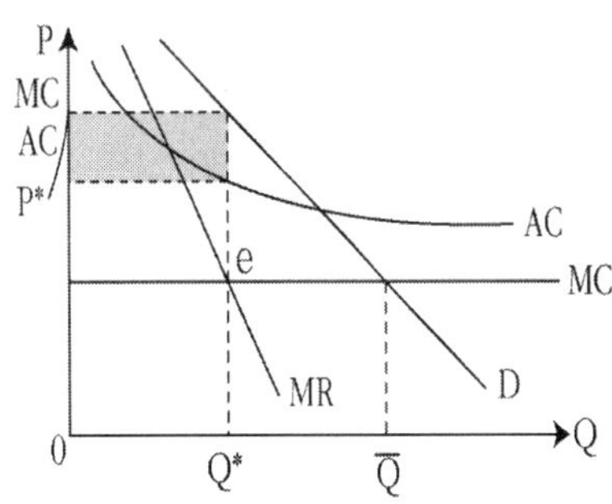

독점화된 민간기업은 이윤극대화점에서 생산하므로, MR=MC인 e점에서 Q^*만큼의 생산을 하며 이때 P^*의 독점가격을 책정할 것이다.

2. 정리

규모의 경제로 인한 자연독점기업은 바람직한 생산량(MC=P를 만족하는) $\bar{Q}$를 달성할 유인이 없어 이윤극대화점인 Q^*만큼 (과소)생산하게되고, 이때 빗금친 부분만큼의 독점이윤을 누린다. 즉 가격은 높고 생산량은 적으므로 소비자 후생이 감소하게 된다.

Ⅲ. 철도청의 효율성 요금-[설문의 (2)]

1. 상황의 도해

효율적인 요금은 P=MC인 e점(즉 $\overline{P}$)에서 달성되며 이때 생산량은 $\overline{Q}$이다.

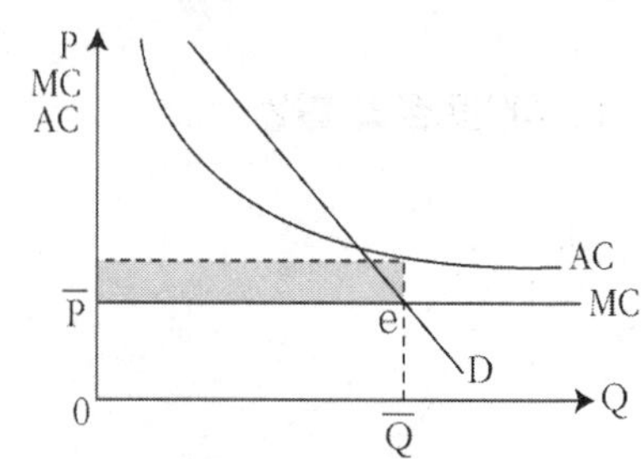

2. 정리

P=MC의 조건을 만족할 경우 철도청은 효율적인 생산량을 달성한다. 다만 표시된 영역만큼의 손실이 발생하여 이에 대한 대책(보조금 정책 등)이 필요하다.

Ⅳ. 저등급철도요금의 인하-[설문의 (3)]

1. 상황의 도해

정부가 소득재분배를 고려하여 인위적으로 P′의 저가정책을 저등급철도에 적용시킬 경우, P′의 가격에서 Q′의 소비가 이루어진다.

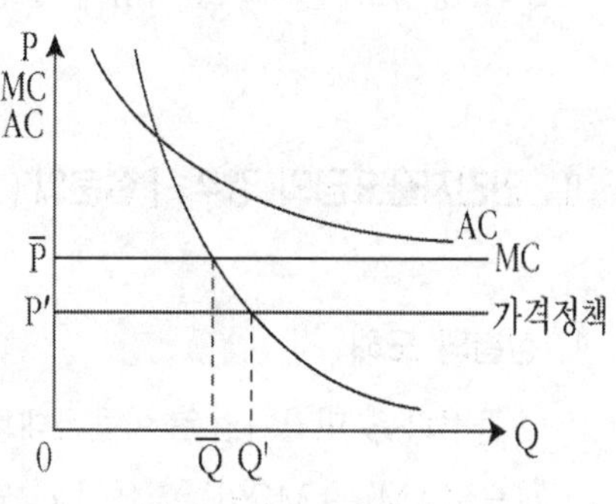

2. 정리

효율적인 생산량과 가격 ($\overline{Q}$, $\overline{P}$)에서 보다 더 낮은 가격에서 많은 생산이 이루어지므로 과다소비의 현상이 벌어진다. 이때 소비자의 후생은 증가한다.

3. 문제점

기차의 과다소비는 ① 철도청의 적자를 악화시키며 ② 대체 관계에 있는 이동수단(예를 들어 고속버스)의 이용을 줄어들게 하여 자원배분을 왜곡시킨다.

다만 적자의 문제는 가격차별, 즉 고등급 철도요금의 인상(P>AC)으로 보전이 가능하다. 이때 적절한 요금체계의 구상은 또 다른 문제가 될 것이다.

기 출

독점시장

외시 제35회(01년) · 제38회(04년)

- 완전경쟁시장과 독점시장의 균형이 성립되는 과정을 설명하고, 이 두 균형을 파레토효율성의 관점에서 설명하라. ▶외시 제35회 (30점)
- 독점기업의 수요곡선은 D(p) = 100 - 2p라고 하자. 이 기업은 x1, x2의 생산 요소를 이용하여 생산하며, 산출량과의 관계는 다음의 생산함수 y=f(x1, x2)=min{x1,x2}로 주어져 있다. 각 생산요소의 가격은 1로서 같다고 하자. ▶외시 제38회 (40점)

(1) 이 기업의 생산함수에 대한 특성을 논하고, 독점기업의 단기균형에서 수요의 탄력성에 대하여 설명하라. 또한 이 기업의 비용함수를 도출하고, 독점이윤을 극대화하기 위한 생산량과 가격을 구하라. (20점)

(2) 정부는 독점으로 인한 후생의 손실을 줄이기 위하여 한계비용에 의한 가격규제를 실시하기로 하였다. 이 경우 가격상한은 얼마로 정해야 하는가? 한편, 정부가 독점의 폐해를 치유하기 위해서 이윤세(profits tax)를 부과하기로 결정하였다면 독점기업의 산출량결정에 어떤 영향을 미치는가를 설명하라. (20점)

advice

이 독점기업의 생산함수는 레온티에프형으로 두 생산요소는 완전보완의 관계에 있다. 독점기업은 수요가 탄력적인 곳에서 생산한다. 조건을 이용해 비용함수 C=f(Q)를 구하고 이를 생산함수와 비용함수를 이용해 이윤극대화(MR=MC) 생산량과 가격을 계산한다.

한계비용 가격규제시 가격상한은 한계비용과 수요곡선이 만나는 곳에서 결정하며 이윤세는 산출량 결정에 아무런 영향을 미치지 않음을 이윤극대화식을 이용하여 보여준다.

경제학

3급가격차별

제50회 행정고시 재경직 합격 권 오 흥

소비자를 두 개의 집단으로 구별하여 3급가격차별을 하는 독점기업이 있다. 각각의 집단별 역수요함수는 다음과 같다.

$1\,GROUP: \; P = 100 - X_1$

$2\,GROUP: \; P = 50 - \frac{1}{2}X_2$

이 독점기업의 한계비용은 20으로 일정하다고 하자.

(1) 이 독점자가 이윤극대화를 이루기 위해 각각의 집단에 부과할 가격과 생산량을 구하시오.(10점)

(2) 만약 독점자가 가격차별을 실시하지 못하고 단일가격을 부과해야 한다면 이 때의 이윤극대화를 위한 가격과 생산량을 구하시오.(10점)

C/O/N/T/E/N/T/S

Ⅰ. 가격차별시의 가격과 생산량 : 설문(1)의 해결

1. 3급가격차별(The 3rd-degree discrimination)의 의미

소비자를 지불용의에 따라 몇 개의 그룹으로 나누고 각 그룹에 대해 다른 가격을 부과하는 독점적인 가격설정행위를 말한다.

2. 3급가격차별이 가능할 조건

(1) 소비자를 쉽게 구분할 수 있어야 하고,

(2) 소비자 그룹간에 전매가 불가능해야 한다.

3. *GROUP*에 따른 수요곡선, 한계수입곡선

	1 *GROUP*	2 *GROUP*
수요곡선	$P = 100 - X_1$	$P = 50 - \frac{1}{2}X_2$
총수입함	$TR = (100 - X_1)X_1$	$TR = (50 - \frac{1}{2}X_2)X_2$
한계수입	$MR = 100 - 2X_1$	$MR = 50 - X_2$

4. 이윤극대화 산출량과 가격의 도출

1 *GROUP*의 경우 $MR_1 = MC$ 에서, $100 - 2X_1 = 20$이고

$\therefore X_1 = 40$, $P_1 = 60$ 이다.

마찬가지로 구하면, 2 *GROUP*의 경우 $X_2 = 30$, $P_2 = 35$이다.

5. 그래프의 도해

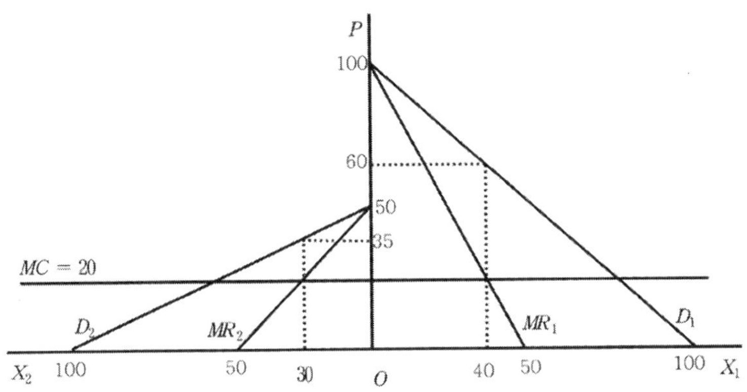

Ⅱ. 가격차별을 실시하지 못하는 경우 : 설문(2)의 해결

1. 결합된 수요곡선의 도출

(1) $P \geq 50$인 경우 : 오직 1집단의 수요곡선만이 영향을 미치므로, $P = 100 - X$이다.

(2) $P < 50$인 경우 : 1집단과 2집단의 수요곡선을 합하여 구한다.

$X_1 = 100 - P$, $X_2 = 100 - 2P$를 수평합 한다.

$X = X_1 + X_2 = 200 - 3P$이므로 정리하면, $P = \frac{200}{3} - \frac{1}{3}X$이다.

2. 한계수입곡선 (MR)의 도출

한계수입곡선의 의미상, 산출량의 변화에 초점을 맞추므로, X를 기준으로 나눈다.

(1) $X \leq 50$인 경우 ($\because P \geq 50$인 경우)에는 $MR = 100 - 2X$

(2) $X > 50$인 경우 ($\because P < 50$인 경우)에는 $MR = \frac{200}{3} - \frac{2}{3}X$

3. 이윤극대화의 산출량과 가격

$MR = MC$를 고려할 때, $X \leq 50$, $X > 50$인 경우에 따라 나누어 살펴보도록 한다.

(1) $X \leq 50$인 경우에는 $X = 40$에서, $\pi = PX - 20X = 1600$이다.

(2) $X > 50$인 경우에는 $X = 70$에서, $\pi = PX - 20X = \frac{4900}{3} \fallingdotseq 1633$

4. 그래프의 도해

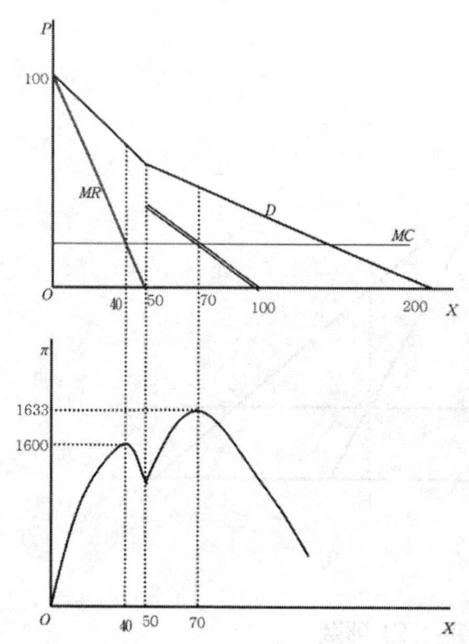

Ⅲ. 과점시장 및 기타이론

기 출

꾸르노 모형

황 종 휴 강사

행시 제47회(03년)

어떤 공동체는 n명의 구성원으로 이루어져 있는데, 이들은 공동의 자원을 이용하여 동질의 재화를 생산한다. qi는 i번째 구성원의 생산량이며, $Q = q_1 + \cdots + q_n$으로 정의된다($i = 1, 2, \cdots, n$). 생산에 있어 한계비용 및 평균비용은 항상 c로 일정하며, 총 생산량이 Q인 경우 시장가격은 $P(Q) = a - Q$로 결정된다. (다만, $0 < c < a$이다.) (총 40점)

(1) 각 구성원들이 꾸르노(Cournot)모형의 전제대로 행동한다는 것의 의미는 무엇인가? 내쉬(Nash) 균형하의 각 구성원의 산출량 및 이윤은 각각 얼마인가? (10점)

(2) 모든 구성원이 협의체를 구성하여 공동이윤을 극대화 한 후 생산량 및 이윤을 균등분배하기로 하였다. 각 구성원의 생산량 및 이윤의 수준은 각각 얼마인가? (10점)

(3) 위 (1) 및 (2)의 결과는 구체적으로 공유의 비극이 발생하는 원인을 어떻게 설명하고 있는가? (10점)

(4) 구성원의 수인 n값과 연관지어 공유의 비극을 해결할 수 있는 방안에 대해 설명하라. (10점)

C/O/N/T/E/N/T/S

Ⅰ. [설문의 (1)]

각 구성원들이 꾸르노 모형의 전제대로 행동한다는 것은 전략변수를 수량 변수로 보았을 때 내쉬전략을 택한다는 것을 의미한다. 즉, 각 기업은 기타 기업의 생산량을 주어진 것으로 본 후 자신의 이윤을 극대화하는 생산량을 선택한다.

기업에게 있어서 $\frac{\partial qi}{\partial qj} = 0 \ (i \neq j)$가 된다는 것이다.

$\pi i = (a - Q)q_i - c \cdot q_i$이며 $Q = \sum_{i=1}^{n} qi$이다.

이때 문제의 상황에서 각 기업은 공동의 생산요소로 동질의 재화를 생산하며 각 기업의 비용 구조는 동질적이며 선형(symmetric linear)이다.
따라서 $q_1=q_2=\cdots\cdots=q_n$임을 알 수 있다.

$TR_i=(a-Q)q_i$이므로

$MR_i=\frac{\partial TRi}{\partial qi}=a-2q_i-(q_1+q_2+\cdots\cdots+q_{i-1}+q_{i+1}+\cdots\cdots q_u)$가 된다.

그런데 $q_1=q_2=\cdots\cdots=q_1$이므로

$MRi=a-2qi-(n-1)qi=a-(n+1)qi$가 된다.

따라서 MRi=MCi를 통하여 qi*를 구하면, $a-(n+1)qi=C$

$\therefore\ qi=\frac{a-c}{n+1}$가 된다.

$qi=\frac{a-c}{n+1}$이므로 $Q=n\cdot\frac{a-c}{n+1}$가 된다.

따라서 $p=a-Q=\frac{na+a-na+nc}{n+1}=\frac{a+nc}{n+1}$

$\pi i=p\cdot qi-c\cdot qi$이므로 $\pi i=\frac{(a-c)^2}{(n+1)^2}$가 된다.

Ⅱ. [설문의 (2)]

공동이윤(결합이윤)이 극대화되도록 행동하는 것은 과점기업들이 카르텔을 형성하여 독점기업처럼 행동하는 것으로 볼 수 있다.

p=a-Q이므로 MR=a-2Q이고 MC=C이다. 따라서 균형 총 생산량 Q* 는 a-2Q=C로부터

$Q^*=\frac{a-c}{2}$가 된다. $\therefore\ p^*=\frac{a+c}{2}$

따라서 $qi^*=\frac{a-c}{2n}$가 되므로

$\pi i=p\cdot qi-cqi=\frac{a^2-c^2}{4n}-\frac{ac-c^2}{2n}=\frac{a^2-c^2-2ac+2c^2}{4n}=\frac{(a-c)^2}{4n}$이 된다.

Ⅲ. [설문의 (3)]

공유의 비극이란 공동의 자원을 소비하는 과정에서 그 자원의 소유권이 명확히 규정되어 있지 못한 결과 사용자 전체의 공동편익이 극대화되지 못하는 현상을 말한다.

비협조적 꾸르노 균형에서의 총 결합이윤은 $\frac{n(a-c)^2}{(n+1)^2}$이 되며, 협의체 구성시의 총 결합이윤은 $\frac{n(a-c)^2}{4n}$이 된다. 이때, n의 값과 상관없이 전자의 크기가 항상 후자보다 적게 나타나며, 이는 공동자원에 대한 소유권 귀속이 명확하게 이루어지지 않았을 때 공유의 비극이 나타남을 시사하는 것이다.

Ⅳ. [설문의 (4)]

n의 값이 그리 크지 않을 때에는 설문 (2)에서 제시된 것처럼 협의체(또는 카르텔)를 구성하여 공유의 비극을 방치할 수 있다. 그러나 n의 값이 커지게 되면 협의체 구성을 통한 문제의 해결이 현실적으로 상당히 어려워지게 된다. 이때, 기존의 공동 자원의 소유권을 누군가에게 귀속시킨 후 자원(생산요소) 사용에 대한 대가를 치루게 한다면 공유의 비극을 회피할 수 있다. 즉 n의 값이 커서 협의체 구성이 어려운 경우에는 공동 자원의 소유권을 확립한 후, 구성원에게 자원 한단위 사용시 $(n-1)(a-c)/2n$ 만큼의 사용료를 징수할 경우 사장 스스로 결합이윤이 극대화되는 생산량을 달성하게 된다.

과점시장분석

행시 제50회(07년)

제50회 행정고시 재경직 합격 권 오 흥

어떤 산업이 두 개의 기업으로 구성된다고 하자. 두 기업의 생산비용은 0이고 시장수요함수는 $q=120-4p$이다. (총 30점)

(단, 사회후생은 소비자 잉여와 생산자 잉여의 단순 합이라고 가정한다)

(1) 두 기업이 꾸르노(Cournot)방식으로 경쟁한다면, 각 기업의 반응함수(reaction function)는 무엇인가? (6점)

(2) 꾸르노 균형가격과 균형생산량, 그리고 사회후생을 구하시오. (6점)

(3) 두 기업이 베르뜨랑(Bertrand)방식으로 경쟁할 경우의 균형가격과 균형생산량, 사회후생을 구하시오. (6점)

(4) 두 기업이 합병한 경우의 균형가격과 균형생산량, 사회후생을 구하시오. (6점)

(5) 정부가 위의 여러 가지 방식(꾸르노, 베르뜨랑, 합병)을 선택할 수 있다면, 정책당국자로서 선택해야 할 방식의 순서와 그 이유를 기술하시오. (6점)

C/O/N/T/E/N/T/S

Ⅰ. [설문의 (1)]

시장의 역수요 곡선은 $P=30-\frac{1}{4}Q$ 로 나타나며, $Q=q_1+q_2$ (단, q_1, q_2 는 기업 1,2의

생산량) 로 나타낼 수 있다.

꾸르노 방식의 경쟁이란, 산출량을 전략 변수로 하여 상대 기업의 생산량을 주어진 것으로 받아들인 후, 자신의 이윤을 극대화 하는 생산량을 결정하는 과점시장의 경쟁방식이다.

기업1과 기업2의 이윤을 π_1, π_2 라 하면 (F.O.C) $\frac{d\pi_1}{dq_1}=0$, $\frac{d\pi_2}{dq_2}=0$ 을 만족시키는 q_1 , q_2 가 기업의 이윤극대화 산출량이 된다.

$Max\pi_1 = p \cdot q_1 = \left(30 - \frac{1}{4}(q_1 + q_2)\right) \cdot q_1$

$\frac{d\pi_1}{dq_1} = 30 - \frac{1}{2}q_1 - \frac{1}{4}q_2 = 0$이 되어 기업1의 반응곡선(Reaction Curve)은

$q_1 = 60 - \frac{1}{2}q_2$ 로 도출 할 수 있다.

마찬가지로

$Max\pi_2 = p \cdot q_2 = \left(30 - \frac{1}{4}(q_1 + q_2)\right) \cdot q_2$ $\frac{d\pi_2}{dq_2} = 30 - \frac{1}{2}q_2 - \frac{1}{4}q_1 = 0$이 되어

기업2의 반응곡선은 $q_2 = 60 - \frac{1}{2}q_1$이 된다.

Ⅱ. [설문의 (2)]

두 반응곡선이 만나는 점에서 기업1과 기업2의 이윤극대화 산출량이 결정되며, 균형생산량은 $q_1 = q_2 = 40$ 이, 균형가격은 $P = 10$ 이 된다. 이를 그래프로 나타내면 아래와 같다.

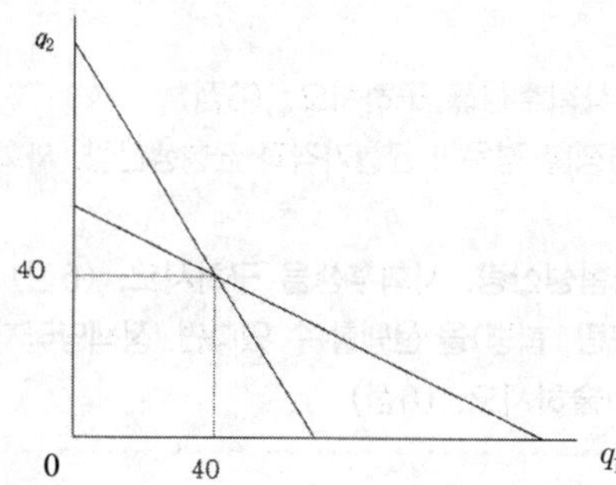

이때 사회 후생은 소비자 잉여와 생산자 잉여의 합으로 구해지는 바, 생산자 잉여는 기업의 이윤에서 생산비용을 뺀 값이며 소비자 잉여는 역수요 곡선을 통해 도출 할 수 있다.

소비자 잉여의 크기는

$\frac{1}{2} \cdot 20 \cdot 80 = 800$ 으로,

생산자 잉여의 크기는

$\pi_1 + \pi_2 - (c_1 + c_2) = 2 \cdot 40 \cdot 10 = 800$ 으로 구해지며, 따라서 총 사회후생은 1600 이 된다.

경제학

Ⅲ. [설문의 (3)]

베르뜨랑 방식의 경쟁이란, 기업이 가격을 전략변수로 삼아 상대 기업의 가격을 주어진 것으로 받아들인 후 자기기업의 이윤을 극대화 하는 가격을 결정하는 경쟁방식을 의미한다.

$Max\ \pi_1=(p_1-c_1)\cdot q_1(p_1,p_2)$, $q_1(p_1,p_2)$ 는 기업1의 잔여수요함수이며 만약 두 재화가 완전대체재라면 잔여수요함수가 아닌 기업1의 수요함수가 된다.

$$q_1(p_1,p_2)=\begin{cases}0 & (p_1>p_2)\\ \frac{1}{2}(120-4p_1) & (p_1=p_2)\\ 120-4p_1 & (p_1<p_2)\end{cases}$$

$$Max\ \pi_1(p_1,p_2)=\begin{cases}0 & (p_1>p_2)\\ \frac{1}{2}(120-4p_1)\cdot(p_1-c) & (p_1=p_2)\\ (120-4p_1)\cdot p_1-c(120-4p_1) & (p_1<p_2)\end{cases}$$

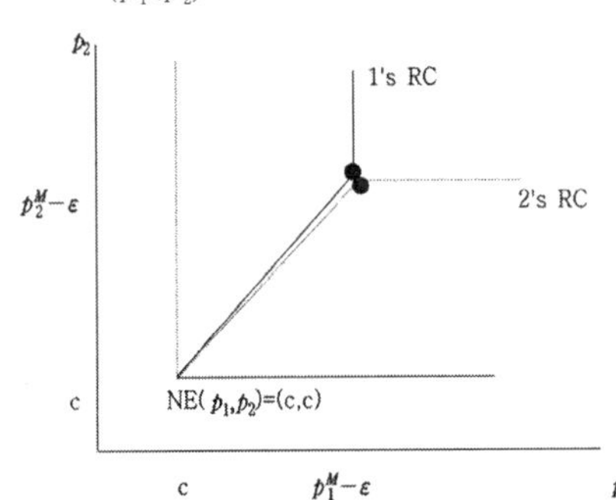

두 기업의 반응곡선은

$p_1=p_2=mc$ 에서 만나며, 유일한 내쉬 균형은 한계생산비용이 곧 가격이 되는 점에서 형성된다. 설문의 경우 한계비용이 0 이므로 균형시장가격 P=0 이 되고 균형생산량 Q=120이며 따라서 각 기업은 60씩 생산하게 된다. 이때 생산자잉여는 0 이며 소비자잉여는 $\frac{1}{2}\cdot 30\cdot 120=1800$ 이 되어 모든 사회 잉여는 소비자잉여로 귀속되며 자중손실이 발생하지 않아 완전경쟁시장과 같은 효율성을 달성할 수 있다.

Ⅳ. [설문의 (4)]

두 기업이 합병을 하는 경우 시장은 독점시장과 같은 형태가 되어 $MR=MC$ 가 되는 수준에서 생산량을 결정한다.

따라서

$MR = \frac{d\pi}{dQ} = 30 - \frac{1}{2}Q = MC = 0$을 만족시키는 균형생산량은 60, 균형가격은 15가 되며, 소비자잉여는 $\frac{1}{2} \cdot 15 \cdot 60 = 450$, 생산자잉여는

$60 \cdot 15 = 900$ 이 되어 총 사회후생의 크기는 1350 이 된다.

V. **[설문의 (5)]**

정책당국자는 정책의 목표가 사회후생 극대화 또는 소비자 후생 극대화에 있다면, 베르뜨랑, 꾸르노, 합병의 순서로 정책을 선택해야 한다.

꾸르노, 베르뜨랑, 합병의 방식 중 완전경쟁시장에 가까운 것은 베르뜨랑 경쟁방식에 의한 생산방식이다. 만약 재화 간 차별성이 없는 동질재화를 생산함을 가정하는 경우, 가격을 전략변수로 삼아 경쟁하는 기업들은 상대방이 책정하는 가격보다 약간 낮은 가격만 설정하여도 시장의 수요를 모두 자신의 것으로 만들 수 있기 때문에 제품의 가격을 낮출 유인이 존재하며 이는 제품의 가격이 한계비용과 같아질 때 까지 계속된다. 따라서 동질과점 하 베르뜨랑 경쟁방식은 자중손실을 유발하지 않고 사회후생을 극대화시켜주기 때문에 정책당국자가 선택하기에는 최선의 방식이 될 수 있으며, 그 다음으로는 수량으로 경쟁하는 꾸르노 방식을, 그리고 마지막으로 독점 하의 사회후생수준을 가져다주는 합병의 방식을 선택해야 한다.

꾸르노경쟁과 러너지수

제53회 행정고시 재경직 합격 이 선 식

행시 제54회(10년)

동질적 상품을 판매하는 기업들이 꾸르노 경쟁(Cournot competition)을 하는 과점시장에서 각 기업의 추측된 변화(conjectural variation)는 0이라고 가정했을 때, 각 기업의 시장지배력을 측정하는 러너지수(즉, 가격과 한계비용의 차이)는 어떤 요인들에 의해서 결정되는가? (총 14점)

C/O/N/T/E/N/T/S

Ⅰ. 꾸르노경쟁과 기업의 추측된 변화(CV)가 0이라는 가정의 의미

과점시장에서 기업은 전략적 상황에 직면해 있으며, 수량변수를 전략변수로 사용하고, 상대방의 전략이 정해져있다고 가정한뒤에 자신의 이윤을 극대화하는 내쉬전략을 사용한다.

Ⅱ. 러너지수의 정의

러너지수는 시장에서 기업의 독점도를 나타내는 지표로서 다음과 같이 나타낼 수 있다.

$$L = \frac{P - MC}{P}$$

Ⅲ. 꾸르노경쟁균형에서의 러너지수

1. 모형의 가정

시장의 수요함수는 Qd = 1 - P 이며, 개별 기업의 한계비용이 c이며, n개의 기업이 꾸르노 경쟁을 하는 과점시장을 가정한다.

2. 꾸르노경쟁균형의 도출

개별기업의 최적반응 함수 : $q_i = \dfrac{1 - \sum_{i \neq j} q_i - c}{2}$

꾸르노 경쟁균형에서의 개별기업의 생산량 : $q_i = \dfrac{1 - c}{1 + n}$

시장 전체의 생산량 : $Q = \dfrac{n(1 - c)}{1 + n}$

시장 가격 : $P = \dfrac{1 + nc}{1 + n}$

3. 러너지수의 도출

꾸르노 경쟁균형에서 개별기업의 러너지수는 다음과 같다

$$L = \frac{P - MC}{P} = \frac{1-c}{1+nc}$$

Ⅳ. 결 론 (러너지수를 결정하는 요인)

1. 기업의 한계비용 (c)

기업의 한계비용이 증가하면 러너지수는 작아진다. 한계비용의 증가는 꾸르노 경쟁균형의 시장가격(P)를 상승시키지만, 그것보다는 러너지수 자체가 감소하는 효과가 크기 때문이다.

2. 과점기업의 수 (n)

n이 커질수록 러너지수는 작아진다. 이는 기업의 수가 증가할수록 독점도가 감소하는 것을 말해준다.

베르뜨랑 경쟁

제56회 행정고시 재경직 합격 한 0 0

행시 제57회(13년)

기업 1과 기업 2의 수요함수가 아래와 같고 두 기업이 동시에 가격전략을 결정하는 베르뜨랑(Bertrand) 경쟁을 한다고 가정한다. (단, 고정비용과 한계비용은 0이라고 가정한다) (총 40점)

기업 1 : $Q_1 = 24 - 2P_1 + P_2$

기업 2 : $Q_2 = 24 - 2P_2 + P_1$

(1) 각 기업들이 비협조적 가격경쟁을 선택하는 경우와 협조적 가격경쟁을 선택하는 경우의 균형 가격전략을 각각 구하시오. (10점)

(2) 두 기업이 두 가지의 가격전략 중 하나를 선택하여 사용하는 경우, 각 기업의 이윤을 도출하여 다음 보수행렬(payoff matrix)을 완성하고 이 때의 Nash균형을 구하시오. (10점)

기업2 \ 기업1	비협조적 가격전략	협조적 가격전략
비협조적 가격전략		
협조적 가격전략		

(3) 이 때, 기업 1이 "만약 기업 2가 협조적 전략을 선택한다면, 기업 1도 반드시 협조적 전략을 선택하겠다."라고 맹세한다면, 그 맹세가 믿을만한 맹세(credible commitment)인가? 만약 그렇다면 그 이유를 설명하고, 그렇지 않다면 믿을만한 맹세로 만들 수 있는 전략적 방안을 설명하시오. (10점)

(4) 두 기업이 동시에 가격전략을 결정하는 대신 기업 1이 가격을 먼저 결정하고 기업 2가 그 결정에 따라 자신의 가격을 결정할 경우, 비협조적 가격경쟁 결과는 어느 기업에게 더 보수가 높을 것인가? 그 이유를 설명하시오. (10점)

경제학

C/O/N/T/E/N/T/S

Ⅰ. 설문 (1)의 해결

1. 비협조적 가격경쟁의 경우

(1) 비협조적 가격경쟁의 의의

비협조적 가격경쟁이란 기업들이 각각 상대 기업의 가격을 주어진 것으로 보고 자신의 이 윤을 극대화하는 가격을 선택하는 것을 말한다.

(2) 기업 1의 이윤극대화와 반응곡선

$Max\Pi_1 = P_1Q_1$

$= P_1(24-2P_1+P_2)$

$\dfrac{\sigma\Pi_1}{\sigma P_1} = 24-4P_1+P_2=0$ … 기업 1의 반응곡선(R_1) : $P_1 = 6+\dfrac{1}{4}P_2$

기업 1은 $P_1 = 6+\frac{1}{4}P_2$에 의해 자신의 가격을 결정한다.

(3) 기업 2의 이윤극대화와 반응곡선

$Max\Pi_2 = P_2Q_2$

$= P_2(24-2P_2+P_1)$

$\dfrac{\sigma\Pi_2}{\sigma P_2} = 24-4P_2+P_1=0$ … 기업 2의 반응곡선(R_2) : $P_2 = 6+\dfrac{1}{4}P_1$

기업 2는 $P_2 = 6+\frac{1}{4}P_1$에 의해 자신의 가격을 결정한다.

(4) 비협조적 가격경쟁의 균형

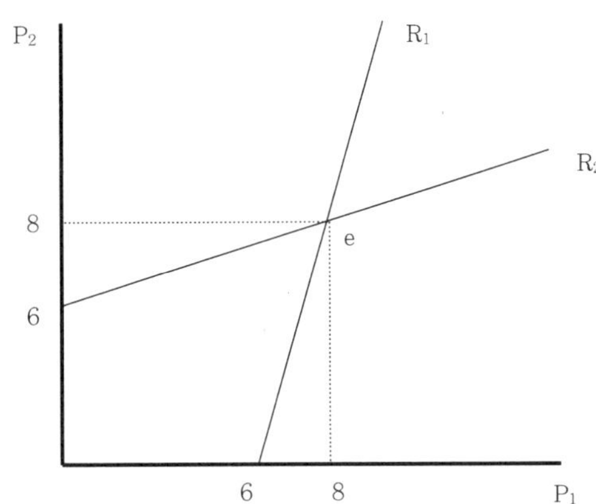

기업 1과 기업 2의 반응곡선이 만나는 점에서 비협조적 가격경쟁의 균형이 결정되므로 균형은 $P_1=P_2=8$ 이다. (e점)

2. 협조적 가격경쟁의 경우

(1) 협조적 가격경쟁의 의의

협조적 가격경쟁이란 시장 내 기업들이 전체의 이윤을 극대화하기 위해 카르텔과 같이 담합하는 것을 의미한다.

(2) 협조적 가격경쟁의 균형

$$Max\Pi = PQ_1 + PQ_2$$
$$= P(24-2P+P)+P(24-2P+P)$$
$$= P(48-2P)$$
$$\frac{\delta\Pi}{\delta P} = 48-4P=0 \cdots \ \therefore \ P=12$$

협조적 가격경쟁을 할 경우 각 기업은 $P=P_1=P_2=12$에서 가격이 결정된다. (f점)

Ⅱ. 설문 (2)의 해결

1. Nash 균형의 의의

Nash 균형이란 상대의 전략이 주어져 있다고 보고, 자신의 보수를 극대화하기 위한 전략을 선택했을 때의 전략의 짝을 의미한다.

2. 각 기업의 보수

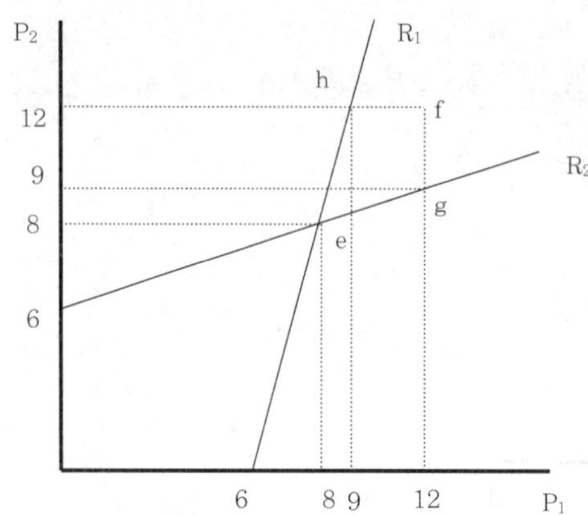

(1) 비협조적 가격경쟁의 경우 (e점)

$\Pi_1 = P_1Q_1 = 8\times(24-16+8) = 128$

$\Pi_2 = P_2Q_2 = 8\times(24-16+8) = 128$

(2) 기업 1 협조, 기업 2 비협조의 경우 (g점)

$\Pi_1 = P_1Q_1 = 12\times(24-24+9) = 108$

$\Pi_2 = P_2Q_2 = 9\times(24-18+12) = 162$

(3) 기업 1 비협조, 기업 2 협조의 경우 (h점)

$\Pi_1 = P_1Q_1 = 9\times(24-18+12) = 162$

$\Pi_2 = P_2Q_2 = 12\times(24-24+9) = 108$

(4) 협조적 가격경쟁의 경우 (f점)

$\Pi_1 = P_1Q_1 = 12\times(24-24+12) = 144$

$\Pi_2 = P_2Q_2 = 12\times(24-24+12) = 144$

3. 보수행렬과 Nash 균형

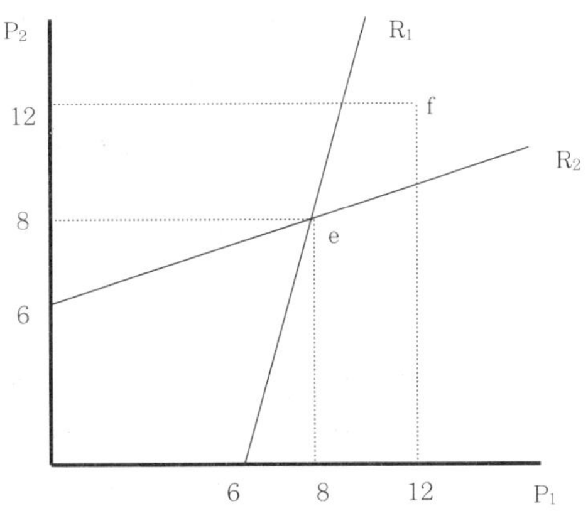

기업 1의 경우 기업 2가 비협조적 가격전략을 택할 경우 비협조를, 기업 2가 협조적 가격전략을 택할 경우 비협조 가격전략을 택할 때가 우월하다. 기업 2의 경우도 기업 1의 각각의 전략에 대해 비협조적 가격전략을 택할 때가 보수가 크다. 따라서 Nash 균형은 기업 1, 기업 2 모두 비협조적 가격전략을 선택하는 (128, 128)이 된다.

기업 1 \ 기업 2	비협조적 가격전략	협조적 가격전략
비협조적 가격전략	128* / 128*	162 / *108
협조적 가격전략	108 / 162*	144 / 144

Ⅲ. 설문 (3)의 해결

1. 기업 1의 맹세의 신빙성

기업 1은 기업 2가 협조적 가격전략을 선택할 경우, 맹세에 따라 협조적 가격전략을 택한다면 144의 이윤을 얻지만 비협조적 가격전략을 택할 경우는 162의 보수를 얻는다. 따라서 맹세를 지키기 보다는 맹세를 어기고 비협조적 가격전략을 택할 유인이 크므로 맹세는 믿을만 하지 않다.

2. 믿을만한 맹세가 될 전략적 방안

(1) 방아쇠 전략

방아쇠 전략이란 상대가 약속과 달리 비협조로 나올 경우 영원히 비협조전략을 택하는 것을 말한다. 만약 기업 2가 방아쇠 전략을 택하고, 기업 1이 맹세를 지키지 않을 때의 보수의 현재가치($PV_1 = 162 + \frac{128}{(1+r)^2} + \frac{128}{(1+r)^3} + \cdots$)보다 기업 1이 맹세를 지킬 때의 보수의 현재가치($PV_1' = 144 + \frac{144}{(1+r)^2} + \frac{144}{(1+r)^3} + \cdots$)가 더 크다면 믿을만한 맹세가 될 수 있다.

(2) Tit-for-Tat 전략

Tit-for-Tat 전략이란 상대가 약속과 달리 비협조로 나올 경우 다음게임에 대하여만 비협조 전략을 택하고 다시 협조로 돌아오는 것을 말한다. 만약 기업 2가 Tit-for-Tat 전략을 택하고, 기업 1이 맹세를 지키지 않을 때의 보수 현재가치 ($PV_1 = 162 + \frac{128}{(1+r)^2} + \frac{144}{(1+r)^3} + \cdots$)보다 기업 1이 맹세를 지킬 때의 보수의 현재가치 ($PV_1' = 144 + \frac{144}{(1+r)^2} + \frac{144}{(1+r)^3} + \cdots$)가 더 크다면 믿을만한 맹세가 될 수 있다.

(3) 벌금의 부과

기업 1이 맹세를 어길 경우 추가적으로 얻게 되는 이윤 이상의 금액으로 벌금을 부과할 수 있도록 한다면 믿을만한 맹세가 될 수 있다.

(4) 기타 전략

기업 1의 CEO가 맹세를 지키라고 말해놓고 휴가를 떠나는 등의 행동을 한다면 맹세에 대한 신빙성이 높아질 수 있다.

Ⅳ. 설문 (4)의 해결

1. 순차적 가격결정의 의의

기업 1이 먼저 가격결정을 하고 기업 2가 나중에 가격결정을 하는 순차적 가격결정의 경우 기업 1은 기업 2의 반응함수를 자신의 수요함수에 대입하여 이윤극대화하는 가격을 결정한다. 그러나 기업 2의 경우는 기업 1의 가격을 보고 자신의 반응함수에서 가격을 결정함으로써 이윤을 극대화한다.

2. 가격의 결정과 각 기업의 보수

(1) 기업 1의 경우

$Max\Pi_1 = P_1Q_1$

$= P_1(24-2P_1+P_2)(P_2 = 6+\frac{1}{4}P_1$ 이므로)

$= P_1(24-2P_1+6+\frac{1}{4}P_1)$

$= P_1(30-\frac{7}{4}P_1)$

$\frac{\delta\Pi_1}{\delta P_1} = 30-\frac{7}{2}P_1 = 0 \ \cdots \therefore P_1 = \frac{60}{7}$

$P_1 = \frac{60}{7}$ 이므로, $\Pi_1 = P_1Q_1 = \frac{60}{7}(30-\frac{7}{4}\times\frac{60}{7}) = \frac{6300}{49}$ 이다.

(2) 기업 2의 경우

$P_2 = 6+\frac{1}{4}P_1$, $P_1 = \frac{60}{7}$ 이므로 $P_2 = \frac{57}{7}$ 이다.

$P_1 = \frac{60}{7}$ 이므로, $\Pi_2 = P_2Q_2 = \frac{57}{7}(24-2\times\frac{57}{7}+\frac{60}{7}) = \frac{6498}{49}$

(3) 결과와 그에 대한 이유

기업 1의 이윤보다 기업 2의 이윤이 더 크다. 이는 기업 1이 먼저 가격결정을 하고 기업 2가 나중에 가격을 결정하므로, 기업 1보다 약간 낮은 가격을 선택하여 수요를 더 크게 할 수 있기 때문이다. 즉, 기업 2의 경우 추종자로서의 이익을 얻게 되어 기업 1보다 더 큰 이윤을 얻게 된다.

교/수/강/평

김 윤 영(단국대학교 경제학부 교수)

게임이론은 이제 미시경제학 등에서 기본적인 학습내용이 되었다. 게임이론은 문제가 복잡해지는 경우 논리적 사고를 요하는 분야이다. 모범 답안이 문제를 잘 해결하고 있으나 설문 (1)에서는 보완할 점이 있다. 먼저 이윤 극대화 문제를 풀면서 2계 조건은 생략하였는데 이를 추가하는 것이 맞다. 다음으로 협조적 가격경쟁을 하는 경우의 문제해결에서 두 기업의 가격을 동일하다고 놓고 문제를 풀었는데 이는 사후적으로는 맞지만 엄밀하게 사전적으로는 불완전한 문제 풀이이다. (이윤함수가 두 기업이 서로 다르면 이는 오답이 된다). 수정하면 두 기업의 협조적 이윤함수는 $\Pi = P_1Q_1+P_2Q_2$가 되고 여기서 P_1 과 P_2는 모범답안과 달리 사전적으로 같다고 제약되지 않는다. 다음으로 $\max_{P_1, P_2}\Pi = P_1Q_1+P_2Q_2$의 문제를 풀면 $P_1 = P_2$ 를 얻을 수 있고 극대화의 2계 조건 역시 만족됨을 보일 수 있다.

과점시장

제49회 행정고시 재경직 합격 강 욱

■ 두 기업으로 구성되어 있는 과점시장의 수요곡선이 $P(Q_1+Q_2)=a-b(Q_1+Q_2)$ 이고 각 기업의 한계비용이 0 일 경우를 가정하자. 이 경우 다음 시장의 균형산출량과 균형가격을 도출하라.

(1) 꾸르노 모형(10점)

(2) 스타켈버그 모형(15점)

(3) 카르텔 모형(15점)

(4) 베르뜨랑 모형(10점)

C/O/N/T/E/N/T/S

Ⅰ. 의 의

과점시장이란 둘 이상의 그러나 아주 많지도 않은 수의 공급자가 존재하는 시장이다. 둘 이상이라는 점에서 독점과 다르고 많은 공급자가 존재하지 않는다는 점에서 완전경쟁시장과는 다르며 따라서 두 시장과는 다른 양상으로 가격과 공급량이 결정된다.

Ⅱ. 가 정

과점시장의 두 기업은 생산조건이 같고 소비자의 만족이 같은 동질 제품을 생산하고 같은 비용조건과 같은 시장 수요함수에 직면한다는 대칭적 과점을 가정한다.

Ⅲ. 전략적 상황

과점하에서는 각 기업은 자신의 이윤이 자신의 의사결정 뿐만 아니라 이와 대응된 상대방의 반응에 의해서도 영향을 받게 되는 전략적 상황에 처하게 된다. 따라서 기업 상호간에 강한 상호 의존성을 띄게 되고 산출량과 이윤에 서로 영향을 미치게 된다.

Ⅳ. 설문 (1)에 관하여

1. 꾸르노 모형의 특징

꾸르노 모형은 산출량의 추측된 변화에 입각한 모형으로써 각 기업은 상대방이 산출량을 변화시키지 않을 것이라는 추측하에서 자신의 행동을 선택한다. 각 기업의 전략변수는 수량이며 추종자 - 추종자 모형이라고 할 수 있다.

2. 균형산출량과 균형가격

$P(Q)=a-bQ,\ Q=Q_1+Q_2$

기업 1의 목적식 $\text{Max } TR1=P*Q_1=aQ_1-bQ_1^2-bQ_1Q_2$

기업 1의 제약식 $s.t\ \partial Q_2/\partial Q_1=0\ ,\partial Q_1/\partial Q_2=0$

F.O.C w.r.t Q_1

$MR_1=a-2bQ_1-bQ_2=0$

* 기업1의 반응곡선

$Q_1=a-bQ_2/2b$ --(1)

대칭적 과점 이므로 기업 2의 반응곡선은 $Q_2=a-bQ_1/2b$ --(2)

제약식하에서 (2)식을 (1)식에 대입하여 풀면 $Q_1=Q_2=a/3b,\ P=a/3$

3. 꾸르노 균형의 특징과 한계

꾸르노 균형은 Nash 균형이고 불완전 정보게임의 정태적 균형을 나타낸다. 하지만 균형의 한계는 현실적으로 가격경쟁이 보통이므로 꾸르노 균형은 비현실적이라는 것과 동태적이고 순차적인 게임의 균형을 설명할 수 없다는 것이다. 그리고 비용구조가 동일한 대칭적 게임이라는 점에서 소극적 대칭적 과점이론이라는 한계를 가진다.

Ⅴ. 설문 (2)에 관하여

1. 슈타켈버그 모형의 특징

슈타켈버그 모형은 산출량의 추측된 변화에 입각한 모형으로 첫 번째 기업이 선도자이고 두 번째 기업이 추총자로서 행동하는 수량선도자 모형이라 한다. 전략변수는 수량이고 선도자 - 추종자 모형으로 비대칭적 과점이론이다. 선도자는 상대방의 반응을 미리 짐작하고 이에 입각하여 자신의 생산량을 결정한다.

2. 균형산출량과 균형가격

(1) 선도자

선도자의 목적식 Max $TR_1 = PQ_1 = aQ_1 - bQ_1^2 - bQ_1Q_2$

선도자의 제약식 s.t $Q_2 = R(Q_1)$ $\partial Q_2/\partial Q_1 \neq 0$

선도자는 선도자의 생산량을 주어진 것으로 한 추종자의 반응곡선을 제약식으로 한다.

(2) 추종자

추종자의 목적식 Max $TR_1 = PQ_1 = aQ_1 - bQ_1^2 - bQ_1Q_2$

추종자의 제약식 s.t $Q_1 = Q_1$,$\partial Q_1/\partial Q_2 = 0$

추종자의 경우는 꾸르노 모형의 경기자처럼 행동하게 된다.

(3) 균형산출량

추종자의 반응곡선은 꾸르노 모형과 같으므로

$Q_2 = a - bQ_1/2b$ 이고

이를 선도자의 목적식에 대입하여 미분하면

$MR = a - 2bQ_1 - a/2 + bQ_1 = 0$이므로 풀면 $Q_1 = a/2b$, $Q_2 = a/4b$ 이다.

(4) 균형가격

이때의 균형가격은

$P = a - b(Q_1 + Q_2) = a - b * 3a/4b = 1/4a$ 이다.

3. 슈타켈버그 균형의 특징

슈타켈버그 모형의 경우 선도자의 생산량과 이윤은 추종자의 그것보다 많으며 전체 생산량은 꾸르노 모형보다 많다는 특징이 있다. 가격 또한 꾸르노모형에 비해서 낮다. 그리고 선도자가 추종자의 반응곡선을 고려하여 최적선택을 한다는 점에서 순차게임, 동태적 게임의 균형의 모습을 보여 준다. 게임적 측면에서 완비정보, 비대칭적 게임의 모습을 보인다. 다만 선도자가 추종자의 반응곡선을 모를 수 있다는 한계가 있을 수 있다.

Ⅵ. 설문 (3)에 관하여

1. 카르텔 모형의 의의

카르텔이란 여러 기업이 완전한 담함에 의해서 하나의 기업처럼 행동하는 것으로 각자 기업의 이윤극대화 과정에서 나온 것이다. 카르텔 모형은 생산비용이 다른 공장을 여러 개 보유하고 있는 독점기업의 행태와 같다. 즉 다공장 독점과 동일하다고 할 수 있다.

2. 카르텔의 이익

카르텔을 할 경우에 상대방의 행동에 따라서 자신의 이윤이 달라지는 과점시장의 전략적 상황에서 오는 불확실성을 제거할 수 있고 사실상 하나의 기업으로 행동하게 되어 독점기업의 지위를 향유할 수 있으며 새로운 기업의 진입을 봉쇄할 수 있다는 장점이 있다.

3. 균형산출량과 균형가격

(1) 균형산출량

카르텔은 여러 기업이 담합하여 하나의 독점기업처럼 행동하기 때문에 독점시장의 이윤극대화 조건에 따라 균형산출량을 구할 수 있다.

Max $TR=\{a-b(Q)\}*Q$

F.O.C w.r.t Q

$MR=a-2bQ=0$

$Q = Q_1+Q_2 = a/2b$

대칭적 과점하의 카르텔의 경우에는

$Q_1=Q_2 = a/4b$가 된다.

(2) 균형가격

$Q = Q_1+Q_2 = a/2b$ 이므로

가격 $P=a/2$ 이다.

4. 카르텔 균형의 특징

카르텔 균형은 독점기업의 균형과 같으므로 꾸르노 균형과 슈타켈버그 균형보다 생산량이 더 작으나 가격은 더 높은 수준에서 형성된다.

5. 카르텔의 불안정성

카르텔의 경우는 협정가격에서의 이탈유인인 가격의 불안정성과 할당 수량에서의 이탈

유인인 수량의 불안정성이 있다. 특히 카르텔에 참여하는 기업의 수가 많아 개별행동의 적발이 힘들거나 개별 행동을 취하는 기업에 대한 신속한 보복이 힘들 때, 개별 행동을 취하는 기업에게 치명적인 타격을 입히기 힘들 때, 상품이 이질적이이서 가격의 차이가 품질의 차이를 반영하는지 알기 힘들 때, 경기가 침체되어 수요부족으로 인한 이윤의 저하가 심각한 문제로 등장할 때 카르텔 위반 가능성이 크다. 카르텔을 유지하기 위해서 과잉 설비를 가지고 있는 경우, 제품생산을 다양화 하는 경우, 광고를 하는 경우 등이 있다.

Ⅶ. 설문 (4)에 관하여

1. 베르뜨랑 모형의 특징

베르뜨랑 모형은 꾸르노모형, 슈타켈버그 모형과는 다르게 가격의 추측된 변화에 입각한 모형으로써 상대방의 가격과 관련하여 자신의 가격을 결정하는 모형이다. 전략변수는 가격이고 꾸르노모형과 같이 추종자 - 추종자 모형이다. 일반적으로는 대칭적과점을 가정하나 재화가 이질적인 경우 차별과점 베르뜨랑 모형도 성립가능하다.

2. 균형산출량과 균형가격

(1) 균형산출량

동질적 Bertrand 모형에서 균형은 완전경쟁시장과 같다. 이는 가격을 상대방보다 낮출 경우에 수요가 모두 자신 쪽으로 오기 때문이며 가격이 상대방보다 높을 경우엔 자신의 수요가 0으로 떨어지는 대칭적 과점상황이기 때문이다. 결국 기업들은 자신의 한계비용까지 가격을 낮추게 된다. 설문에서 한계비용은 0이므로 $P=a-bQ=0$

$Q=Q_1+Q_2=a/b$

각 개별 기업의 생산량은

$Q_1=Q_2=a/2b$ 가 된다.

(2) 균형가격

균형 가격은 한계비용과 같으므로 균형가격은 0이다.

3. 베르뜨랑 균형의 특징과 한계

베르뜨랑 균형의 경우는 완전경쟁시장의 균형 조건과 일치($P1=P2=MC$) 한다. 따라서 각 기업은 초과 이윤을 얻을 수 없다. 그리고 베르뜨랑 균형은 Nash균형이며 게임적으로는 불완전 정보게임의 정태적 균형이라 할 수 있다. 다만 동질적 상품의 대칭적 게임으로 동태적 순차게임의 균형을 설명할 수 없는 한계가 있다.

4. 차별과점의 베르뜨랑 모형

차별과점의 경우 한계비용보다 높은 가격을 책정하여 높은 초과 이윤을 얻을 수 있다 (성백남, 정갑영 책참조).

Ⅷ. 결 론

과점시장에서 전략적상황에 처한 기업들은 다른 기업들의 행동에 자신의 생산량과 이윤이 영향 받게 된다. 이중에서 카르텔의 생산량이 가장 작으며 가격은 제일 높다. 그다음 꾸르노 모형, 슈타켈 버그 모형, 베르뜨랑 모형 순으로 생산량이 많아져 완전 경쟁 시장에 가까워지고 가격은 낮아진다.

- 답안에는 기술을 하지 않았지만 반응곡선을 나타내 주면 좋습니다. 과점시장의 경우 일반적인 목차는 다음과 같으니 참고 하시기 바랍니다.
  (1) 의의 → (2) 기본가정 → (3) 이윤극대화식, 제약식 → (4) 반응곡선 도출 및 의의, Nash 전략과의 관계 → (5) 시장 산출량 수준과 시장 가격의 도출 → (6) 경제적 의미 및 비교

경제학

복점시장과 수출보조금의 효과

제48회 행정고시 재경직 합격 이 한 샘

1. A국의 기업 1과 B국의 기업 2는 C국에 동일한 상품 X를 수출한다. C국에서는 기업 1, 2의 상품만 거래되며 X에 대한 수요는 $P = a - Q$ ($Q = q_1 + q_2$, q_i는 기업 i의 생산량)로 주어지고 각 기업의 비용함수는 $C = cq_i$ 이다.

(1) 최초 기업 1, 2의 균형생산량과 이윤을 구하라.(10점)

(2) A국이 기업 1에 보조금을 주는 경우 각 기업의 균형생산량과 이윤, 그리고 보조금의 크기를 구하라. 단, 보조금의 크기는 $S = sq_i$ 이다.(10점)

(3) A국에 이어 B국 역시 보조금을 지급하는 경우 각 기업의 균형생산량, 이윤을 구하라.(10점)

C/O/N/T/E/N/T/S

Ⅰ. 복점시장과 쿠르노 모형
Ⅱ. 설문 (1)의 해결
  1. 기업의 이윤극대화 원리
  2. 반응곡선의 도출과 균형생산량
  3. 각 기업의 이윤
Ⅲ. 설문 (2)의 해결
  1. 기업의 반응곡선과 생산량 도출
  2. 정부의 효용극대화와 보조금의 크기
  3. 소결
Ⅳ. 설문 (3)의 해결
  1. 기업의 반응곡선과 생산량 도출
  2. 정부의 효용극대화과 보조금의 크기
  3. 소결

Ⅰ. 복점시장과 쿠르노 모형

현재 C국의 시장은 기업 1, 2의 상품만으로 구성되는 복점시장(Duopoly)이다. 쿠르노 모형은 복점기업의 최적화 과정에서 수량을 전략변수로 사용하며 상대방의 반응을 고려한 반응곡선을 활용한다. 설문 (2)와 (3)에서는 정부의 보조금까지 고려하는 바, 두 단계로 나누어 기업의 이윤극대화를 통해 생산량을 구한 후, 정부의 효용극대화를 통해 최적보조금을 도출한다.

Ⅱ. 설문 (1)의 해결

1. 기업의 이윤극대화 원리

설문의 상황에서는 두 기업의 수요 및 비용 구조가 대칭적이며, 복점시장에서의 각 기업은 상대방의 산출량을 고려하여 다음과 같은 이윤극대화 과정을 수행한다.

$Max\,\pi_i = pq_i - C = (a-Q)q_i - cq_i \quad = (a - q_1 - q_2)q_i - cq_i$ …①

2. 반응곡선의 도출과 균형생산량

기업 1의 반응곡선을 구하기 위해

①로부터 1계조건을 구하면

F.O.C $\frac{\partial \pi}{\partial q_1} = a - q_1 - q_2 - q_1 - c = 0$

$q_1 = \frac{a-c-q_2}{2}$ …②

기업 2의 반응곡선 역시 대칭적 구조 하에서 $q_2 = \frac{a-c-q_1}{2}$ …③

q_1과 q_2를 구하기 위해 ②,③을 연립하여 풀면 $q_1 = q_2 = \frac{a-c}{3}$이고

이를 그래프로 나타내면 다음과 같다.

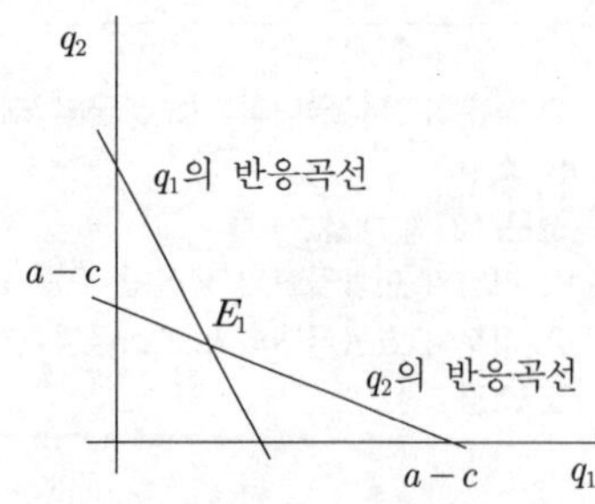

3. 각 기업의 이윤

$Q = q_1 + q_2 = \frac{2(a-c)}{3}$ 이므로

$P = \frac{a+2c}{3}$ 이다.

$\pi = Pq_i - cq_i$ 이므로

$\pi_1 = \pi_2 = \frac{(a-c)^2}{9}$

Ⅲ. 설문 (2)의 해결

1. 기업의 반응곡선과 생산량 도출

현재 A국에서만 기업 1에게 보조금 S를 지급하므로 기업 1, 2의 이윤극대화는 다음과 같다.

$$Max\,\pi_1 = Pq_1 - C + S = Pq_1 - (c-s)q_1$$
$$= (a - q_1 - q_2 - c + s)q_1 \cdots ④$$

$$Max\,\pi_2 = Pq_2 - C = Pq_2 - cq_2 \quad = (a - q_1 - q_2 - c + s)q_2 \cdots ⑤$$

F.O.C

$$\frac{\partial \pi_1}{\partial q_1} = a - q_1 - q_2 - q_1 - c + s = 0$$

$$\frac{\partial \pi}{\partial q_2} = a - q_1 - q_2 - q_1 - c = 0$$

반응곡선은 각각

$q_1 = \frac{a-c+s-q_2}{2}$, $q_2 = \frac{a-c-q_1}{2}$ 이고

연립하여 풀면

$q_1 = \frac{a-c+2s}{3}$, $q_2 = \frac{a-c-s}{3}$ 이다. ⋯ ⑥

2. 정부의 효용극대화와 보조금의 크기

정부의 효용극대화는 사회적 잉여를 최대로 하며 사회적 잉여(SS)는 기업의 이윤에서 보조금을 뺀 크기, 즉 $SS = \pi_1 - S$이다.

$$Max\;\; SS = \pi_1 - S$$
$$= (\frac{a-c+2s}{3})^2 - s(\frac{a-c+2s}{3})$$

$$= (\frac{a-c+2s}{3})(\frac{a-c-s}{3})$$

$$\text{F.O.C} \quad \frac{dSS}{ds} = 2(a-c-s)-(a-c+2s) = 0$$

$$\therefore\ s = \frac{a-c}{4}$$

3. 소결

위에서 구한 s를 ⑥에 대입하면

$q_1 = \frac{a-c}{2}$, $q_2 = \frac{a-c}{4}$이며,

$\pi_1 = \frac{(a-c)^2}{4}$, $\pi_2 = \frac{(a-c)^2}{16}$,

$s = \frac{a-c}{4}$이다. 즉 보조금을 지급한 A국의 기업 1의 생산량이 증가하고 이윤 역시 증가하였으며, 기업 2의 생산량과 이윤은 감소함을 알 수 있다.

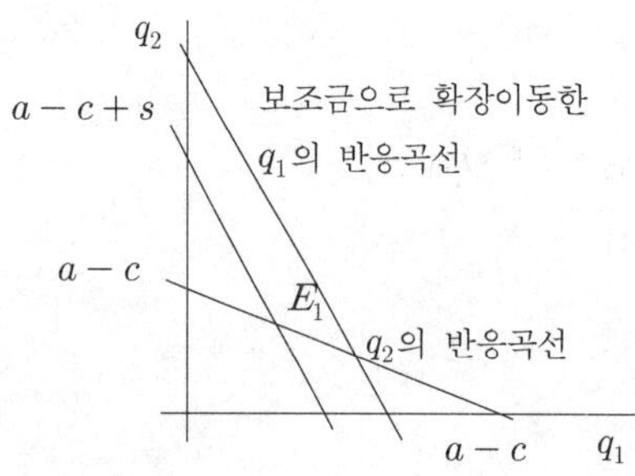

Ⅳ. 설문 (3)의 해결

1. 기업의 반응곡선과 생산량 도출

이제 A국 뿐만 아니라 B국까지도 기업에 보조금을 지급하고 기업의 이윤극대화는 모두 ④와 같이 된다.

$$Max\pi_1 = Pq_1 - C + S_1 = Pq_1 - (c - s_1)q_1 = (a - q_1 - q_2 - c + s_1)q_1$$

$$Max\pi_2 = Pq_2 - C + S_2 = Pq_2 - (c - s_2)q_2 = (a - q_1 - q_2 - c + s_2)q_2$$

1계조건을 이용하여 기업의 반응곡선을 구하면

$q_1 = \frac{a-c+2s_1-s_2}{3}$, $q_2 = \frac{a-c+2s_2-s_1}{3}$

2. 정부의 효용극대화과 보조금의 크기

$$Max\ \ SS_1 = \pi_1 - S_1 = (\frac{a-c+2s_1-s_2}{3})^2 - s_1(\frac{a-c+2s_1-s_2}{3})$$

$$= (\frac{a-c+2s_1-s_2}{3})(\frac{a-c-s_1-s_2}{3})$$

1계조건을 통해

$s_1 = \frac{a-c-s_2}{4}$ 이고,

정부 역시 대칭적 구조이므로

$s_2 = \frac{a-c-s_1}{4}$ 으로 연립하여 풀면

$s_1 = s_2 = \frac{a-c}{5}$

3. 소결

두 국가 모두 기업에 보조금을 지급한 결과 보조금의 크기는

$s_1 = s_2 = \frac{a-c}{5}$,

기업산출량 및 이윤은

$q_1 = q_2 = \frac{2(a-c)}{5}$ 이며, $\pi_1 = \pi_2 = \frac{4(a-c)^2}{25}$ 이다.

보조금 지급으로 인해 기업이 인식하는 비용이 감소하고 그에 따라 두 기업 모두 산출량과 이윤이 증가하였다.

전략적 무역정책

제50회 행정고시 재경직 합격 권 오 흥

한국의 삼성전자와 일본의 NEC가 생산한 메모리 반도체를 미국시장에 수출할 경우 수량경쟁(Cournot competition)을 할 경우 한국 정부의 최적의 전략적 무역정책은 어떤 형태를 띠는가? 위의 양국 기업이 차별화된 제품을 수출하면서, 가격경쟁을 할 경우 최적의 전략적 무역정책은 무엇인가?(30점)

C/O/N/T/E/N/T/S

Ⅰ. 전략적 무역정책의 의미

기회비용이 작은 산업을 집중 투자하여 이익을 높이는 것을 비교우위라고 하는데, 국가간의 무역에서 이러한 비교우위에 입각하여 특정산업을 선택, 집중 육성함으로서 상대국과의 교역에서 이익을 추구하는 정책을 말한다.

Ⅱ. 수량경쟁을 하는 경우 최적의 전략적 무역정책

1. 모형의 가정

$$P = 80 - Q$$

$$Q = q_1 + q_2$$

$$AC = MC = 20$$

2. 무역정책이 없는 경우 (꾸르노 균형)

(1) 삼성전자의 반응곡선

$\pi_1 = Pq_1 - c_1q_1 = (80 - q_1 - q_2)q_1 - 20q_1$ 인 이윤함수에 대해 극대화 조건을 구하면,

$\frac{d\pi}{dq_1} = -2q_1 + (60 - q_2) = 0$ 이 되고, 이를 정리하면 $q_1 = \frac{60 - q_2}{2}$ 인 삼성전자의 반응곡선이 도출된다.

(2) NEC의 반응곡선

역시 위와 같은 방법으로 하면, $q_2 = \frac{60 - q_1}{2}$ 로 구할 수 있다.

따라서 $q_1 = q_2 = 20$, $Q = 40$, $P = 40$, $\pi_1 = \pi_2 = 400$ 이 된다.

3. 무역정책을 실시하는 경우 (수량선도자 모형)

(1) 삼성전자와 NEC가 수량경쟁을 하고 있는 상황에서 최적의 전략적 무역정책은 삼성전자에 대한 보조금을 주어 수량선도자로 만드는 것이다.

(2) 수량선도자인 삼성전자를 가정한다면, 삼성전자는 NEC의 반응곡선을 자신의 이윤함수에 반영하여 이윤을 극대화하고자 하므로,

$\pi_1 = Pq_1 - c_1q_1 = (80 - q_1 - q_2)q_1 - 20q_1 = (80 - q_1 - \frac{60 - q_1}{2})q_1 - 20q_1$ 인 이윤함수를 갖게 된다. 이를 미분하면, $q_1 = 30$, $q_2 = 15$ 가 된다.

(3) 보조금으로서 $q_1 = q_2 = 20$ 을 $q_1 = 30$, $q_2 = 15$ 로 변화시키기 위해서는 $q_1 = \frac{60 - q_2 + s}{2}$ 에서 $s = 15$ 가 되어야 한다. 즉 삼성전자에 대한 보조금의 크기는 15가 된다.

(4) 이 경우 $Q = 45$, $P = 35$ $\pi_1 = 450$, $\pi_2 = 225$ 이다.

4. 무역정책 실시 전과 후의 비교

보조금 정책 실시로 인하여 우리나라 기업인 삼성전자의 이윤은 증가하였으나, 일본의 NEC는 이윤이 감소하였다. 이는 개방경제 시대에 이른 현 시점에서는 상대국인 일본의 반발이 예상되어 실시가 어렵다고 보이며, 실제로 이에 해당하는 사례가 전무하다는 점에서 그 한계점을 갖는다고 보여진다.

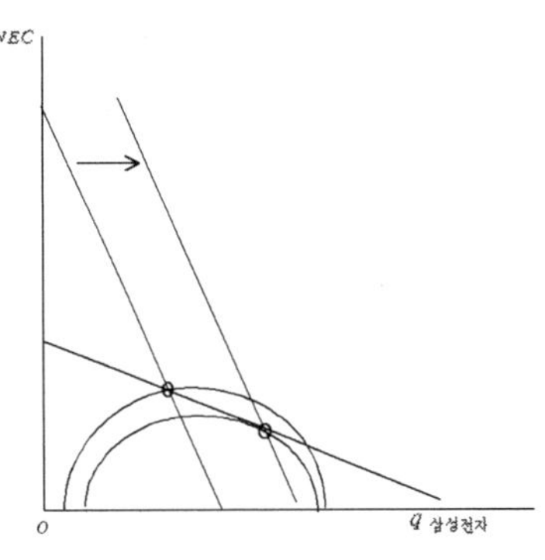

Ⅲ. 가격경쟁을 하는 경우 최적의 전략적 무역정책

1. 모형의 가정

$q_1 = 20 - P_1 + P_2$

$q_2 = 20 + P_1 - P_2$

$MC = AC = 0$

2. 무역정책이 없는 경우 (베르트랑 모형)

(1) 삼성전자의 반응곡선

$\pi_1 = P_1q_1 - c_1q_1 = (P_1 - c_1)q_1 = P_1(20 - P_1 + P_2)$인 이윤함수에 대해 극대화 조건을 구하면, $\frac{d\pi}{dP_1} = -2P_1 + (20 + P_2) = 0$ 이 되고, 이를 정리하면 $P_1 = \frac{20 + P_2}{2}$인 삼성전자의 반응곡선이 도출된다.

(2) NEC의 반응곡선

역시 위와 같은 방법으로 하면, $P_2 = \frac{20 + P_1}{2}$로 구할 수 있다.

따라서 $P_1 = P_2 = 20$, $Q = 40$, $q_1 = q_2 = 20$, $\pi_1 = \pi_2 = 400$이 된다.

3. 무역정책을 실시하는 경우 (가격선도자 모형)

(1) 삼성전자와 NEC가 가격경쟁을 하고 있는 상황에서 최적의 전략적 무역정책은 삼성전자에 대한 조세를 부과하여 가격선도자로 만드는 것이다.

가격선도자인 삼성전자를 가정한다면, 삼성전자는 NEC의 반응곡선을 자신의 이윤함수에 반영하여 이윤을 극대화하고자 하므로, $\pi_1 = P_1q_1 - c_1q_1 = (P_1 - c_1)q_1 = P_1(20 - P_1 + P_2)$ $= P_1(20 - P_1 + \frac{20 + P_1}{2})$인 이윤함수를 갖게 된다.

이를 미분하면, $P_1 = 30$, $P_2 = 25$가 된다.

(2) 조세를 부과함으로서 $P_1 = P_2 = 20$를 $P_1 = 30$, $P_2 = 25$로 변화시키기 위해서는 $P_1 = \frac{20 + P_2 + t}{2}$에서 $t = 15$가 되어야 한다. 즉 삼성전자에 대한 조세의 크기는 15가 된다. 이 경우 $q_1 = 15$, $q_2 = 25$ $Q = 40$, $\pi_1 = 450$, $\pi_2 = 625$이다.

4. 무역정책 실시 전과 후의 비교

조세정책의 실시로 인하여 삼성전자의 이윤이 증가하였다. 이는 수량경쟁시 보조금을 준 경우와 같다. 다른 점은 수량경쟁시의 보조금 정책이 일본기업의 이윤을 감소시킨데 반해, 가격경쟁의 조세 정책은 일본기업의 이윤을 오히려 크게 증가시켰다는 점이다. 이를 통해서 볼 때, 가격경쟁의 조세 정책은 수량경쟁의 보조금 정책에 비해 상대국의 반발을 적게 살 수 있다는 장점이 있다고 할 수 있겠다.

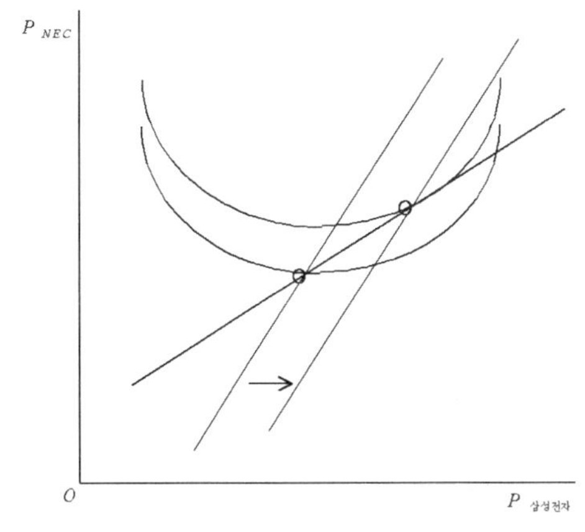

과점시장의 후생분석

제53회 행정고시 재경직 합격 노 경 민

모든 면에서 동일한 2개의 기업(기업1, 기업2)이 있다고 하고 각각의 생산량을 Q1, Q2라고 할 때, 시장의 가격 P = 80 - Q 로 결정된다(단, Q = Q1+Q2). 이 경우 이 제품의 생산의 한계비용이 20으로 일정할 때, 다음에 답하라(총 50점).

(1) 두 기업이 하나의 기업처럼 행동하는 경우의 산출량과 가격, 기업의 이윤을 도출하라.(10점)
(2) 두 기업이 모두 추종자로서 꾸르노-내쉬적인 방식으로 대응할 때의 각 기업의 균형산출량과 가격 및 이윤을 도출하라.(10점)
(3) 만약 기업1이 선도자로서 행동하는 경우 두 기업의 산출량과 가격 및 이윤을 도출하라. 결과에 의할 때, 기업1은 선도자로서 행동할 유인이 있는가?(20점)
(4) 설문 (1), (2), (3)의 경우 각각 사회후생의 변화를 비교하라.(10점)

C/O/N/T/E/N/T/S

Ⅰ. 설문(1)의 해결

1. 독점기업의 이윤극대화

두 기업이 하나의 기업처럼 행동하는 경우, 두 기업은

Max $\Pi = PQ - TC$ s.t. $P = 80-Q$, $MC=20$

f.o.c. : $\partial\Pi/\partial Q = \partial\{(80-Q)Q-20Q\}/\partial Q = 2Q-60 = 0, Q = 30$

즉, 이윤극대화 1계조건인 MR=MC에 의해 독점 생산량 Q는 30이 된다.

2. 독점가격 및 기업의 이윤

독점 생산량 Q=30이므로 수요곡선 P = 80-Q에 의해 독점가격 P = 50이 되고, 두 기업의 총이윤 $\Pi = PQ - TC = 50\times30 - 20\times30 = 900$이 됨을 알 수 있다.

3. 그래프의 도해

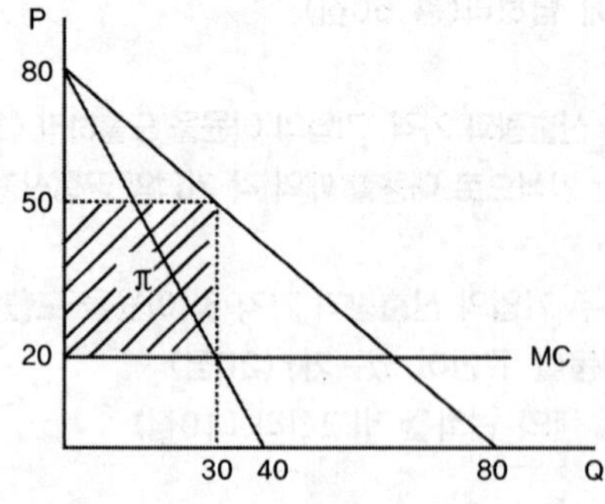

Ⅱ. 설문(2)의 해결

1. 두 기업의 이윤극대화 및 반응곡선

두 기업 모두 추종자로서 행동하는 경우, 기업1은 기업2의 수요 Q_2를 고려하여 이윤극대화 생산량(Q_1)을 결정하게 된다.

Max $\Pi = PQ - TC = \{80-(Q_1+Q_2)\} \cdot Q_1 - TC(Q_1)$

f.o.c. : $\partial \Pi / \partial Q_1 = 80-2Q_1-Q_2 = 0$

즉 1계조건에 의해 기업1의 반응곡선 R_1은 $Q_1 = 60-Q_2 / 2$ 가 된다.

기업2 역시 동일한 수요와 비용 조건을 가지므로 이윤극대화 1계 조건에 의해 반응곡선 R_2는 $Q_2 = 60-Q_1 / 2$ 가 됨을 알 수 있다.

2. 꾸르노 균형의 도출

기업1의 반응곡선(R1)과 기업2의 반응곡선(R2)을 연립하여 두 기업 모두가 추종자일 때 꾸르노 균형을 도출하면,

$Q_1 = 60-Q_2 / 2, Q_2 = 60-Q_1 / 2$를 연립하여 $Q_1 = Q_2 = 20$ 이 됨을 알 수 있다.

따라서 시장전체의 균형생산량 $Q = Q_1+Q_2 = 40$, 균형 가격 $P = 40$ 이 되고, 기업의 합계 이윤 $\Pi = PQ - TC = 40 \times 40 - 20 \times 40 = 800$ 이 된다. ($\Pi_1 = \Pi_2 = 400$)

3. 그래프의 도해

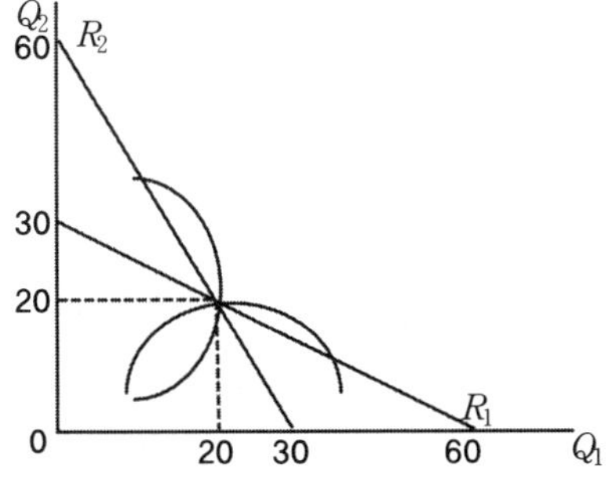

Ⅲ. 설문(3)의 해결

1. 기업1(선도자)의 이윤극대화

기업1은 기업2의 반응곡선 상에서 자신의 이윤이 극대화 되는 산출량을 선택한다.

Max Π = PQ - TC = {80-(Q_1+Q_2)} · Q_1 - TC(Q_1) s.t. Q_2 = (60-Q_1) / 2
이를 정리하면 Max Π = PQ - TC = {80-Q_1+(60-Q_1)/2} · Q_1 - 20Q_1
f.o.c. : $\partial \Pi / \partial Q_1 = 80-2Q_1-30+Q_1-20 = 0,\ Q_1 = 30$
이를 기업2의 반응곡선에 대입하면 Q_2 = 15 가됨을 알 수 있다.

2. 슈타켈버그 균형가격 및 기업의 이윤

이와 같이 두 기업 중 한 기업이 선도자로, 다른 기업은 추종자로 행동하는 경우의 균형을 '슈타켈버그 균형' 이라 하며, 이 경우 총 생산량 Q = Q_1+Q_2 = 45, 수요곡선에 의해 균형 가격 P = 35으로 설정된다.

한편 각 기업의 이윤은 기업1의 경우 Π_1 = PQ_1 - TC(Q_1) = 35×30 - 20×30 = 450, 기업2의 경우 Π_2 = PQ_2 - TC(Q_2) = 35×15 - 20×15 = 225 가 된다.

3. 그래프의 도해

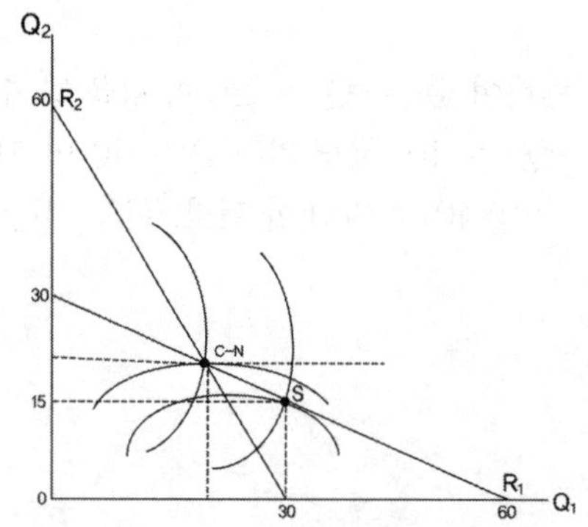

4. 선도자의 유인

기업1의 경우 선도자로 행동함으로써 두 기업 모두 추종자로 행동 할 때 균형인 꾸르노 균형보다 이윤이 400에서 450으로 증가하게 됨을 알 수 있다. 이렇게 과점 시장에서 수량을 전략변수로 경쟁하는 경우 선도자 위치를 차지하는 기업이 더 큰 이윤을 보게 되는데 이를 '선도자의 이익' 이라 한다.

따라서 각 기업은 수량을 전략변수로 경쟁할 때, 선도자로 행동할 유인을 각각 갖게 된다. 하지만 두 기업 모두 선도자로 행동하는 경우 모두 추종자로 행동하는 꾸르노 균형의 경우보다 이윤이 더 감소하는 '슈타켈버그 전쟁' 상태가 발생할 수도 있다.

Ⅳ. 설문(4)의 해결

1. 사회적 순손실(SWL)

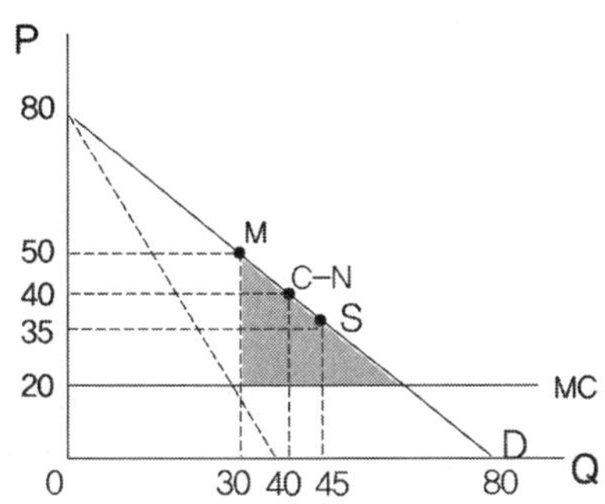

파레토 효율적인 완전경쟁시장에 비해 독점 시장, 혹은 과점 시장에서의 자원배분의 비효율성을 '사회적 순손실'이라 한다. 이는 빗금친 삼각형의 크기인 사회적 잉여의 감소분으로 나타낼 수 있다.

2. 각 시장의 사회 후생 변화 비교

완전경쟁시장, 슈타켈버그 균형, 꾸르노-내쉬 균형, 독점 시장으로 갈수록 총 산출량(Q)은 감소하는 반면, 가격은 상승하게 된다. 따라서 사회후생수준은 완전경쟁시장 〉 과점시장 〉 독점시장 순으로 나타남을 알 수 있다.

제5장 게임이론 및 정보경제이론

기 출

역선택

행시 제44회(00년)

제43회 행정고시 재경직 합격 김 석 기

현재 우리나라의 쇠고기판매점을 수입쇠고기와 한우쇠고기 중 어느 한 가지만을 취급하도록 규제하고 있는데, 최근 미국은 이 규제의 철폐를 요구하고 있다. 현행제도와 한 정육점에서 두 가지를 통합 판매하는 제도의 경제적 기능 내지는 효과를 역선택(adversity)현상의 관점에서 비교하라. (30점)

C/O/N/T/E/N/T/S

Ⅰ. 역선택의 의의

정보가 비대칭적인 상황 중 '감추어진 정보'로 인해 가장 바람직하지 않은 거래상대방과 거래하게 되는 것을 역선택의 문제라고 한다.

Ⅱ. 설문에서의 역선택 발생가능성

수입쇠고기와 한우쇠고기는 외관상 구별이 곤란하다. 쇠고기판매점을 수입쇠고기와 한우쇠고기 중 어느 한 가지만을 취급하도록 규제하는 대신, 한 정육점에서 두 가지를 통합판매하는 제도를 도입한다면 정보의 비대칭상황이 발생하게 된다.

즉, 판매자의 경우 어떤 것이 수입쇠고기이고, 어떤 것이 한우쇠고기인지 알 수 있지만 소비자의 경우에는 알 수가 없는 것이다.

Ⅲ. 간단한 모형을 통한 비교 · 설명

1. 기본모형설정

소비자는 수입쇠고기에 6,000원, 한우쇠고기에 10,000원까지 지불할 용의가 있고, 판매자는 수입쇠고기는 5,000원, 한우쇠고기는 9,000원을 받으면 판매할 용의가 있다. 한편, 시장에서는 수입쇠고기와 한우쇠고기가 각각 1/2씩 유통되고 있다고 가정한다.

2. 분리판매하는 경우

각각의 정육점에 대한 감독이 원할하다면, 수입쇠고기 매장에서는 5,000원에서 6,000원 사이의 가격에 쇠고기가 거래되고, 한우쇠고기 매장에서는 9,000원에서 10,000원의 가격에 거래가 이루어질 것이다.

3. 통합판매하는 경우 - 역선택의 문제 발생

한 곳의 정육점에서 한우와 수입쇠고기를 모두 판매한다면, 판매자가 수입쇠고기를 한우라고 판매해도 소비자는 알 수 없다. 시장에 유통되는 쇠고기의 1/2이 수입쇠고기이므로, 소비자는 쇠고기에 대해 확률적 기대치인 8,000원을 지불할 용의가 있을 것이다. 한편, 판매자의 입장에서는 한우쇠고기에 대해 9,000원 이상을 받아야 판매할 용의가 있으므로, 시장에서는 한우쇠고기가 거래될 수 없고 수입쇠고기만 유통될 것이다.

4. 역선택의 문제

이처럼 정보가 비대칭적인 상황에서는, 한우쇠고기에 대해 소비자가 지불할 용의가 있는 금액이 판매자가 받고자 하는 금액보다 높아도 거래가 이루어지지 않는 상황이 발생할 수 있는 것이다. 궁극적으로 시장에서는 품질이 낮은 수입쇠고기만 거래가 이루어질 곳이고, 이러한 상황을 역선택의 문제라고 한다. 역선택은 정보의 비대칭성이 시장가격기구에 의한 최적의사결정에 교란을 야기시키는 시장실패의 하나이다.

도덕적 해이

김 진 욱 강사

행시 제48회(04년)

근로자의 노력수준(a)이 높을수록 기업의 이윤(π)이 높을 가능성이 증가한다. 근로자의 노력수준별 높은 이윤(π=250)및 낮은 이윤(π=50)의 발생확률은 아래 표와 같으며, 근로자의 효용함수는 그의 임금(w) 및 노력수준(a)의 함수 $u(w,a)=\sqrt{w}-a$로 주어져 있다고 하자. 또한 근로자의 노력수준은 근로자만 알며 기업은 알지 못한다고 가정하자. (20점)

이윤 / 노력수준	π=250	π=50
a=5	0.7	0.3
a=0	0.2	0.8

(1) 도덕적 해이의 개념을 간략히 서술하고,
(2) 기업이 근로자에게 고정급을 지급할 경우 도덕적 해이가 발생함을 위 예를 이용하여 설명하라.

C/O/N/T/E/N/T/S

Ⅰ. 설문의 (1)

도덕적 해이란 숨겨진 행동이 문제가 되는 비대칭 정보의 상황에서 정보를 가진 측이 정보를 가지지 못한 측의 입장에서 볼 때 바람직하지 못한 행동을 하게 되는 것을 의미한다.

이러한 도덕적 해이의 문제는 보험시장에서의 주의의무태만, 금융시장에서의 과다투자유발, 상품시장에서의 질 낮추기 등 다양한 형태로 발생할 수 있으며, 주어진 문제의 경우는 노동시장에서 근로자와 기업간의 관계에서 도덕적 해이가 문제가 되는 주인－대리인관계의 문제로 파악할 수 있다.

이러한 도덕적 해이는 정보를 가진 측과 가지지 못한 측의 목적함수가 일치하지 않는, 이해관계의 불일치에서 비롯하므로 주인－대리인관계에서 도덕적 해이를 해결하는 기본적인 방안은 본인과 대리인의 이해관계를 일치하도록 유인구조로 설계하는 것이다.

Ⅱ. 설문의 (2)

1. 분석의 기본전제

주어진 문제의 상황은 기업가는 근로자의 노력수준을 관찰할 수 없으며, 결과인 이윤수준이 $\pi=250$, $\pi=50$으로 나타나는 것과 노력수준과의 일의적인 관계가 존재하지 않으므로 전형적인 비대칭정보의 상황이라 할 수 있다.

이 경우 정보를 가진 노동자측에서 정보를 가지지 못한 기업의 입장에서 볼 때 바람직하지 못한 행동을 하게 됨을 통해 도덕적 해이가 발생함을 증명할 수 있다.

2. 증명

(1) 노동자와 기업의 목적함수

노동자의 기대효용극대화의 문제 : $\max EU(w), U(w, a)=\sqrt{w}-a$

기업의 기대이윤극대화문제 : $\max EP(\pi), P(\pi, w)=\pi-w$

(2) 기업의 기대이윤

노동자가 열심히 일하는 경우(a=5)

$EP_5=(0.7\times250+0.3\times50)-w_0=190-w_0$

노동자가 열심히 일하지 않는 경우(a=0) :

$EP_0=(0.2\times250+0.8\times50)-w_0=90-w_0$

로서 노동자가 열심히 일하는 것이 기업입장에서 바람직하다($EP_5>EP_0$).

(3) 노동자의 기대효용

노동자가 열심히 일하는 경우(a=5) : $EU_5=\sqrt{w_0}-5$

노동자가 열심히 일하지 않는 경우(a=0) : $EU_0=\sqrt{w_0}-0$

즉, a=0인 경우의 기대효용이 더 크기 때문에($EU_5<EU_0$) 일을 열심히 할 유인이 없다. 즉 정보를 가지지 못한 측(기업)에서 볼 때 노동자들이 바람직하지 못한 행동을 하게 된다.

3. 현실적인 대책

이러한 상황을 극복하기 위하여 기업은 성과급, 이윤공유 등의 유인구조를 제시하여 기업과 노동자의 후생을 동시에 증대시키는 파레토 개선을 이룰 수 있으며, 도덕적 해이를 막기 위해 효율성 임금을 지급하기도 한다.

내쉬균형과 전략적 무역정책의 효과

제25회 입법고시 수석합격 박 기 현

행시 제53회(09년)

한국의 A기업과 일본의 B기업이 시장진입과 관련하여 서로 경쟁관계에 있다고 하자. 두 기업 모두 제품을 생산하여 세계시장에서 경쟁하는 경우 각각 천만 달러의 손해를 입을 것이고, 어느 한 기업만 생산하고 다른 기업이 포기한다면 생산하는 기업의 이익은 8천만 달러가 되나 포기한 기업의 이익은 0이 되며, 둘 다 포기하는 경우 두 기업의 이익은 모두 0이 될 것이라고 한국정부는 예측하였다. 문제를 단순히 하기 위해 이익을 제외한 다른 조건들은 모두 동일하다고 가정한다. (총 20점)

(1) 위 상황을 보수행렬로 표현하고 내쉬균형을 구하시오. (4점)

(2) 한국정부가 자국기업에게 유리한 균형을 얻을 수 있도록 사용할 수 있는 정책을 예를 들어 제시하고 그러한 정책이 게임의 결과를 어떻게 바꾸는지 설명하시오. (8점)

(3) B기업의 수익에 대한 한국정부의 예측에 오류가 존재하여 위와 같은 정부의 전략적 정책이 성공하지 못하는 경우를 예를 들어 설명하시오. (8점)

C/O/N/T/E/N/T/S

Ⅰ. 설문 (1)문의 해결

1. 보수행렬의 도출(단위 : 만 달러)

A기업 \ B기업	생산	생산포기
생산	(-1000, -1000)	(8000, 0)
생산포기	(0, 8000)	(0, 0)

2. 내쉬균형의 도출

(1) 내쉬균형의 의의

각 경기자가 상대방의 전략을 주어진 것으로 보고 자신에게 최적인 전략을 선택할 때 이 전략을 내쉬전략이라 하고, 내쉬전략의 짝을 내쉬균형이라고 한다.

(2) 내쉬균형의 도출

A기업이 생산하는 경우 B기업은 생산포기를 선택하게 되고 이때 A기업이 행동을 바꿀유인이 없으므로 (생산, 생산포기)가 내쉬균형이 된다. 마찬가지로 (생산포기, 생산)의 짝도 내쉬균형이 된다. 즉 내쉬균형이 2개 존재한다.

Ⅱ. 설문 (2)문의 해결

1. 전략적 무역정책의 실시

설문에서와 같이 세계시장이 완전경쟁적이지 못하고 독과점적일 때, 때로는 정부의 개입이 상대국의 후생 감소와 자국의 후생 증대를 가져올 수도 있다. 이와 같은 전략적 무역정책의 일환으로 한국정부의 A기업에 대한 보조금 지급의 경우를 살펴보자.

2. 보수행렬의 도출

한국 정부가 A기업의 생산을 장려하기 위해 2000만달러의 생산보조금을 지급했다고 하자. 그러면 게임의 구조가 아래와 같이 변한다.

A기업 \ B기업	생산	생산포기
생산	(1000, -1000)	(10000, 0)
생산포기	(0, 8000)	(0, 0)

3. 내쉬균형의 도출

이제 A기업은 B기업의 생산전략과 무관하게 무조건 생산을 하는 것이 더 큰 이익을 얻는 길이므로 생산을 하게 된다. 즉 생산이라는 우월전략을 갖는다. 이 때 B기업은 생산을 포기하는 것이 더 유리하게 되므로 최종 균형은 (생산, 생산포기)가 된다.

만일 처음에 B기업이 생산을 하고 있었다면 정부의 보조금 지급으로 A기업이 B기업이 얻고 있던 이익 8000만 달러를 얻게 되므로 보조금 2000만 달러를 제외한 6000천만 달러만큼의 순이익을 한국이 얻게 된다.

Ⅲ. 설문(3)문의 해결

1. 전략적 무역정책의 한계

그러나 전략적 무역정책은 일정한 한계를 갖고 있다. 우선 이런 정책이 사용될 수 있는 산업이 현실 세계에서 많다고 볼 수 없다. 또 상대국의 보복을 불러와 무역전쟁을 일으킬 소지가 많다. 그리고 정부가 정확한 보수행렬을 구성할 만큼의 정보를 얻기가 쉽지 않다. 세 번 째의 경우를 좀 더 살펴보자.

2. 보수행렬의 도출

정부가 예상한 것과 달리 B기업의 생산성이 높아 실제로는 이익이 각 경우에 있어서 2000만 달러 더 많다고 하자. 그렇다면 실질 보수 행렬은 아래와 같다.

A기업 \ B기업	생산	생산포기
생산	(1000, 1000)	(10000, 0)
생산포기	(0, 10000)	(0, 0)

3. 균형의 도출

A기업과 B기업은 모두 상대방의 전략과 무관하게 생산을 하는 것이 유리한 우월 전략 이므로 균형은 두 기업이 모두 생산하는 (생산, 생산) 점이 된다.

그런데 A국의 경우 보조금 2000만 달러를 감안할 경우 실제로는 1000만 달러의 순손실을 입게 되며 B국 역시 단독 생산시의 이익보다 작은 이익만을 얻게 된다. 전세계적으로 A국이 전략적 무역정책을 사용하지 않는다면 1조 달러의 이익을 얻지만 A국의 개입이 있을 경우 0의 순이익만을 얻게 된다.

카르텔과 내쉬모형

행시 제55회(11년)

제54회 행정고시 재경직 합격 윤 주 현

특정재화의 공급이 갑과 을 2개 기업에 의해서 이루어지고, 이 재화에 대한 수요는 다음과 같다. 이 재화의 생산비용은 없는 것으로 가정한다. (총 30점)

가격(원)	12	11	10	9	8	7	6	5	4	3	2	1	0
수량(개)	0	100	200	300	400	500	600	700	800	900	1000	1100	1200

(1) 두 기업이 카르텔을 구성하여 생산량을 각각 반으로 배분할 경우 갑의 생산량과 이윤을 구하고, 이를 기초로 카르텔이 유지되기 어려운 이유를 설명하시오. (12점)
(2) 내쉬(Nash)균형을 설명하고 내쉬균형에서 갑의 생산량과 이윤을 구하시오.(10점)
(3) 갑과 을이 독자적으로 이윤극대화를 하는 경우의 시장생산량과 가격수준을 완전경쟁시장, 독점시장과 각각 비교하여 설명하시오.(8점)

C/O/N/T/E/N/T/S

Ⅰ. 설문 (1)의 해결

1. 문제풀이의 방향

명시적 담합모형인 카르텔 모형에서 카르텔의 목적은 결합이윤(joint profits)의 극대화이다. 즉 이는 다공장 독점과 같은 경우로서 설문에서 제시된 정보를 바탕으로 결합이윤을 극대화하는 생산량을 우선적으로 도출한다.

2. 갑의 생산량과 이윤

(1) 결합이윤을 극대화하는 생산량

생산비용이 없으므로 ($TC_{갑}=TC_{을}=MC_{갑}=MC_{을}=0$) 가격과 수량을 곱한 총수입이 이윤과 같다. ($TR=\pi$)

가격	12	11	10	9	8	7	6
수량	0	100	200	300	400	500	600
결합이윤	0	1100	2000	2700	3200	3500	3600

가격	5	4	3	2	1	0
수량	700	800	900	1000	1100	1200
결합이윤	3500	3200	2700	2000	1100	0

위 표를 보면 시장생산량이 600이 되어 가격이 6이 될 때 결합이윤이 3600으로 가장 많다. 설문에서 생산량은 절반씩 배분한다고 하였으므로, 갑과 을은 각각 300씩 생산하여 1800씩의 이윤을 얻게 된다.

(2) 결론

갑의 생산량 = 300 , 갑의 이윤 = 1800

3. 카르텔이 유지되기 어려운 이유

(1) 이탈의 유인

갑의 입장에서, 을이 300을 생산할 경우 자신은 독자적으로 400을 생산한다면 시장생산량은 700이 되고 시장가격은 5가 되어 을의 이윤은 1500으로 감소하는 반면 갑 자신의 이윤은 2000으로 증가하므로 독자적 행동을 통한 카르텔 이탈의 유인이 존재한다. 이는 을의 입장에서도 역시 마찬가지이다.

(2) 카르텔 유지에 영향을 미치는 요인

위와 같이 갑과 을은 카르텔 이탈의 유인이 존재하는데, 이러한 이탈행위를 적발하는 것이 어렵고, 이탈시 이탈자에 대한 보복의 강도가 약하다면 카르텔은 유지되기 매우 어렵다.

Ⅱ. 설문 (2)의 해결

1. Nash 균형

상대방의 전략을 주어진 것으로 보고 이에 대한 자신의 최적 대응이 되는 전략을 내쉬전략이라 하며, 게임의 참여자들이 모두 내쉬전략을 사용하는 가운데 달성되는 균형을 내쉬균형이라 한다. 내쉬 균형에서는 독자적 행동을 통하여 자신의 보수를 증가시킬 수 없다.

2. 내쉬균형에서 갑의 생산량과 이윤

(1) 문제풀이 방향

설문에서는 수요함수가 주어지지 않았으며, 연속적 함수의 가정이 주어지지 않았으므로 수식을 통하여 풀지 않고, 대신 보수행렬을 통하여 더 이상 이탈유인이 없는 내쉬균형을 도출한다.

(2) 보수행렬을 통한 풀이

	을 생산량			
갑 생산량		300	400	500
	300	(1800, 1800)	(1500, 2000)	(1200, 1200)
	400	(2000, 1500)	(1600, 1600)	(1200, 1500)
	500	(2000, 1200)	(1500, 1200)	(1000, 1000)

(단, 보수행렬에서 괄호안의 숫자는 (갑의이윤, 을의이윤) 을 나타낸다.)

① 갑이 300을 생산한다면 을은 400 또는 500을 생산하는 것이 최적대응이다.
갑이 400을 생산한다면 을은 400을 생산하는 것이 최적대응이다.
갑이 500을 생산한다면 을은 300 또는 400을 생산하는 것이 최적대응이다.

② 을의 생산량에 대하여 갑의 최적대응 또한 위와 같다.

③ 즉 갑과 을은 상대방의 생산량과 무관하게 자신은 항상 400을 생산하는 것이 최적대응이 된다.

④ 갑과 을이 각각 400씩 생산하는 전략은 내쉬전략이 되며, 이와같이 내쉬전략의 짝으로 이루어진 내쉬균형 상태에서 독자적 행동으로 인하여 자신의 이윤을 증가시킬 수 없으므로 안정적이다(본 답안에서는 답안의 간결한 표현을 위하여 각각의 생산량이 300, 400, 500 인 경우만 고려하였으나, 모든 경우에 있어 갑과 을이 각각 400씩 생산하는 것이 내쉬균형이 된다).

(3) 결과

설문의 풀이 결과 내쉬균형은 갑과 을이 각각 400씩 생산하는 상태이며 내쉬균형에서 갑의 생산량 = 400, 갑의 이윤 = 1600이다.

Ⅲ. 설문 (3) 의 해결

1. 완전경쟁시장의 경우

수요자와 공급자가 모두 가격수용자(price taker)로서 행동하며 이때 시장가격은 한계비용과 일치 $(P=MC)$ 하는 수준에서 형성된다. 설문의 경우 생산비용이 없어 한계비용이 0 이므로 이때 가격수준 = 0 , 시장생산량 = 1200이다.

2. 독점시장의 경우

공급자가 유일하며 가격설정력을 갖게 되므로 독점적 공급자는 자신의 이윤을 극대화하는 수준의 가격을 설정한다. 이는 앞서 살펴본 설문(1)의 결과와 같고, 이때의 가격수준 = 6 , 시장생산량 = 600 이다.

3. 갑과 을이 독자적으로 이윤극대화를 하는 경우

비협조적 과점시장을 의미하는 것으로서, 전략변수를 생산량으로 하며 내쉬전략을 구사하는 꾸르노 모형을 상정할 경우 이는 앞서 살펴본 설문(2)의 결과와 같다. 이때의 가격수준 = 4 , 시장생산량 = 800 이다.

4. 결과의 비교

	완전경쟁시장	독점시장	독자적 이윤극대화
가격수준	0	6	4
시장생산량	1200	600	800
소비자잉여	6600	1500	2800
생산자잉여	0	3600	3200
총 잉여	6600	5100	6000
후생손실	0	1500	600

(1) 갑과 을이 독자적으로 이윤극대화를 하는 경우 가격수준은 독점시장보다는 낮지만, 완전경쟁시장보다는 높고, 시장생산량은 독점시장보다는 많지만 완전경쟁시장보다는 적다.

(2) 효율성 측면에서(총 잉여 기준) 독점시장보다는 우월하다고 할 수 있지만, 완전경쟁시장 보다는 열등하다는 평가가 가능하다.

(3) 공평성 측면에서는 일률적인 평가를 내리기 어렵다. 다만 생산자보다는 소비자가 상대적으로 약자임을 상기한다면 공평성을 소비자잉여 측면에서 생각해 볼 수 있는데, 그렇다면 갑과 을이 독자적으로 이윤극대화를 하는 경우 독점시장보다는 우월하지만 여전히 완전경쟁시장보다는 열등하다는 평가를 할 수 있겠다.

/관/련/기/출

보험시장에서의 도덕적 해이, 역선택

제53회 행정고시 재경직 합격 노 경 민

외시 제43회(09년)

아무런 건강검진도 하지 않고 누구나 가입할 수 있는 질병보험이 요즈음 인기를 얻고 있다. 모든 질병보험이 이러한 방식으로 가입자를 모집하게 된다면 보험시장이 효율적으로 운영될 수 있는지를 알아보고자 한다. (총 30점)

(1) 보험시장이 효율적으로 운영될 수 없게 만드는 두가지 현상이 무엇이며 이러한 현상이 발생하는 원인에 대하여 위에서 언급한 질병보험 시장을 이용하여 설명하시오.(10점)

(2) 두 가지 현상을 극복하는 해결책은 무엇인지 설명하시오.(10점)

(3) 질병보험 시장 이외에 위와 같은 문제가 발생하는 다른 예가 있는지 현실 경제에서 찾아보고 설명하시오.(10점)

C/O/N/T/E/N/T/S

Ⅰ. 설문 (1)의 해결

1. 보험시장이 효율적으로 운영될 수 없게 하는 현상

보험시장이 효율적으로 운영될 수 없게 하는 두 가지 현상으로 역선택과 도덕적 해이를 들 수 있는데 두 현상 모두 정보 비대칭성에 기인하여 발생한다.

먼저 역선택의 경우 감추어진 특성이 문제가 되는 상황에서 시장의 거래, 혹은 균형이 특정 경제주체에게 불리한 방향으로 전개되는 현상을 의미한다. 한편 도덕적 해이의 경우 감추어진 행동이 문제되는 상황에서 정보를 가진 측이 정보를 가지지 못한 측에서 볼 때 바람직하지 못한 행동을 하는 것을 의미한다.

2. 현상의 원인

(1) 역선택의 원인

보험회사는 가입자 개개인의 발병확률을 알지 못하므로 정보 비대칭 상황에 직면하게 된다. 발병확률이 높은 H타입의 가입자와 낮은 L타입의 가입자가 있다고 할 때, 보험회사는 정보 비대칭에 직면하여 평균적 발병확률에 근거하여 예산선 A와 같은 보험 상품을 제공할 것이다.

이 경우 L타입의 가입자는 초기부존점(I)에서의 효용이 보험 가입 시보다 더 높기 때문에 보험에 가입하지 않게 되고, H타입 사람만 가입하게 되어 보험회사는 정상이윤을 얻지 못하고 시장은 유지되지 못하게 된다.

(2) 도덕적 해이의 원인

질병보험에 가입한 가입자의 경우 질병에 걸리더라도 재정적 부담이 줄어들기 때문에 보험 가입 후에 가입 전보다 질병 예방을 위한 노력을 게을리 할 수 있다. 이는 가입자의 질병 노력 수준에 대한 정보가 비대칭적이기 때문에 보험회사 입장에서 바람직하지 못하도록 가입자가 행동하게 되는 도덕적 해이 상황이 발생하는 것이다.

Ⅱ. 설문 (2)의 해결

1. 역선택의 해결책

(1) 균형의 조건

역선택 하에서 균형이 성립하기 위해서는 '참여제약'과 '자기선택제약'의 두 가지 조건이 요구된다. 먼저 '참여제약'의 경우 참여하는 사업자는 정상이윤을 얻으며, 가입자들은 모두 보험 가입으로 가입 전보다 효용이 증가해야한다는 조건이다. 한편 '자기선택제약'의 경우 감추어진 속성을 가진 가입자들이 자신의 속성에 따라 선택하는 것이 자신에게도 유리하기 때문에 자신의 속성을 스스로 드러내도록 하는 조건을 말한다.

(2) 현실적 해결 방안

현실적으로 보험시장의 역선택을 막기 위해 보험회사는 감추어진 상대의 유형을 알아내려는 선별노력을 기울이고 있다. 이러한 선별의 방법으로 건강검진, 또는 병력에 대한 사전 조사, 발병 횟수에 따라 보험료를 탄력적으로 조정하는 탄력보험, 보험 상품의 다양화 등을 들 수 있다.

2. 도덕적 해이의 해결책

도덕적 해이의 경우 '참여제약'과 '유인일치제약'의 두 가지 조건이 요구된다. '참여제약'의 경우 역선택의 경우와 동일하고, '유인일치제약'의 경우 대리인이 주인의 이익을 위해 일을 하는 것이 자신에게도 최적의 대안이 되도록 유인 구조를 설계해야 하는 조건을 의미한다.

Ⅲ. 설문 (3)의 해결

1. 역선택의 경우

(1) 노동시장의 역선택

기업이 노동자를 채용함에 있어 노동자의 능력에 대한 정보가 비대칭적으로 존재하는 경우 고능력 노동자가 시장에서 사라지고 저능력 노동자만 시장에 남게 되는 역선택 현상이 발생할 수 있다. 이를 위해 기업은 교육 연수, 학위, 자격증, 인턴제도 등을 통해 선별 노력을 기울이고 있다.

(2) 중고차 시장의 역선택

중고차 시장의 경우 중고차에 대한 정보가 구매자와 판매자 간에 비대칭적으로 존재하므로 고품질의 중고차는 시장에서 사라지고 저품질의 중고차만 남게 되는 역선택 현상이 발생할 수 있다. 이를 위해 기업은 일정기간 무상 A/S 제도, 품질보증제도 등을 통하여 신호발송함으로써 역선택을 해결하려 한다.

2. 도덕적 해이의 경우- 주주 · 경영자간의 도덕적 해이

주주들이 전문 경영인을 통해 회사를 경영하려 할 때 주주들과 전문 경영인과의 이해관계가 다르고, 주주는 전문 경영인의 이윤극대화를 위한 노력정도를 알 수 없는 경우 전문 경영인이 주주의 이익을 극대화하지 않게 된다. 이에 주주는 관찰 가능한 성과에 기초하여 보수구조를 설계함으로서 유인을 일치시키려는 노력을 하게 된다.

정보의 비대칭으로 인한 역선택

제49회 행정고시 재경직 합격 강 욱

사람들은 질병에 걸릴 경우에 상당한 치료비가 든다. 여기엔 발병확률이 높은 사람들과 낮은 사람의 두 부류가 있다고 가정하자.

(1) 두 부류의 사람들이 같은 비율로 섞여 있고 치료비도 누구에게나 같다고 할 때 이러한 상황을 그림으로 나타내시오.(5점)
(2) 보험회사가 건강진단등을 통해서 한 개인이 질병에 걸릴 확률을 정확히 안다고 하자. 이때 보험의 시장의 균형은 어떻게 되는가.(10점)
(3) 보험회사가 발병확률에 대한 정보는 있지만 누가 발병확률이 높은 사람인지는 분간할 수 없는 비대칭적 상황하에서 균형은 어떻게 이동하는지 나타내시오.(12점)
(4) 공동균형(Pooling equilbrium)을 도출해 보시오.(8점)
(5) 비대칭적 정보해결책으로 자기 선택장치(self-selection)를 설명하고 분리균형을 도출하시오.(15점)

C/O/N/T/E/N/T/S

Ⅰ. 의 의

정보가 한쪽에만 존재하고 다른 한 쪽에는 존재하지 않는 상황을 비대칭정보 상황이라고 한다. 이 중 감추어진 특성이 문제되는 상황에서 정보를 갖지 못한 측의 입장에서 볼 때 바람직하지 못한 상대방과 거래를 할 가능성이 높아지는 것을 역선택이라고 한다. 설문에서도 보험회사와 보험가입자 사이에 정보의 비대칭이 존재하여 역선택이 일어나는 상황이다.

Ⅱ. 설문 (1)에 관하여

1. 모형의 가정

건강 보험 시장에서 경기자는 보험회사와 환자이고 환자의 경우에는 발병확률이 높은 H-TYPE과 발병확률이 낮은 L-TYPE가 섞여 있으며 두 부류의 사람들의 비율은 같다. 환자의 발병확률은 P라고 하고 치료비는 C라고 하며 초기부존점은 W라 한다. 또한 보험회사는 위험중립적이고 환자는 위험기피적이라 가정한다.

2. 상태공간도해

발병하지 않으면 초기부존 자산인 W가 유지 되지만 발병할 경우엔 치료비가 소요되어 자산이 W-C 로 줄어든다. 이와 같은 상황을 상태공간에 나타내면 다음과 같다.

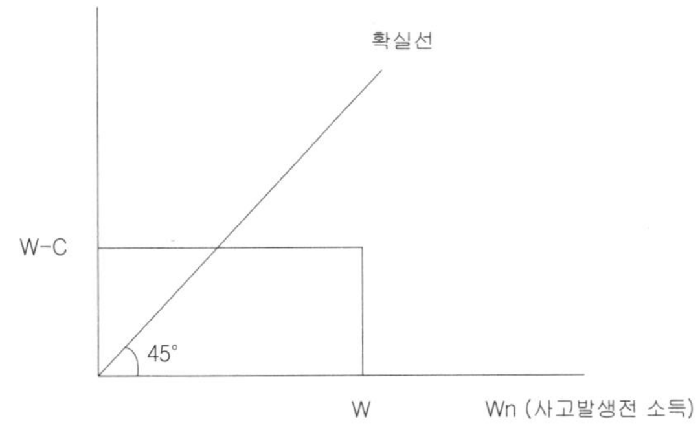

Ⅲ. 설문 (2)에 관하여

1. 개인의 최적행위

발병확률이 높은 사람의 발병확률을 P_H라 하고 발병확률이 낮은 사람의 발병확률을 P_L 이라고 하자. 이때의 각각의 부류 사람들은 기대효용을 극대화하려 할 것이며 이는 그들이 직면하는 예산제약하에서 이루어 질 것이다.

(1) 발병확률이 높은 사람의 최적행위

$$\text{Max } EU(W_H) = P_H U(W-C) + (1-P_H)U(W)$$

$$\text{s.t } P_H(W-C) + (1-P_H)W = EW_H$$

(2) 발병확률이 낮은 사람

$$\text{Max} EU(W_L) = P_L U(W-C) + (1-P_L)U(W)$$

$$\text{s.t } P_L(W-C) + (1-P_L)W = EW_L$$

2. 상태공간에의 도해

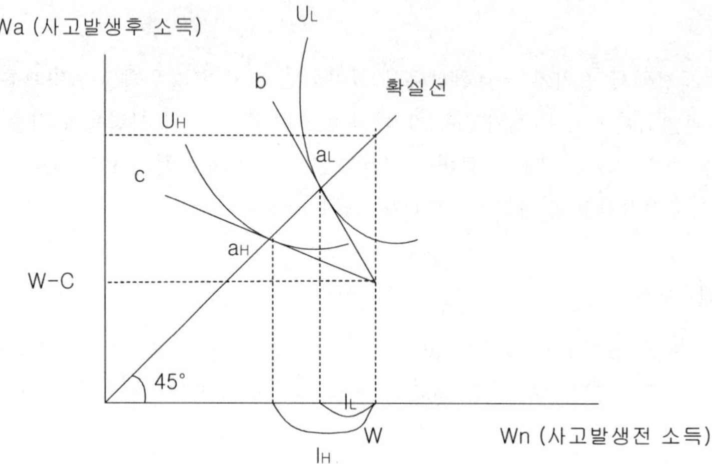

$a_H(I_H, C_H) a_L(I_L, C_L)$

발병확률이 높은 부류 a_H : $I_H = P_H * C_H$

발병확률이 낮은 부류 aL : $IL = P_L * C_L$ (I : 보험료, P : 발병확률, C : 보험금)

3. 함의

보험가입자는 확실선 상에서 자신의 기대효용을 극대화여 모든 위험을 제거할 수 있고 보험회사의 기대 이윤은 0이 된다.

위와 같은 대칭적 정보하에서 보험회사와 보험가입자 간에 파레토 효율적인 위험분담이 이루어짐을 알 수 있다.

Ⅳ. 설문 (3)에 관하여

1. 비대칭 정보하의 보험회사의 선택

보험회사가 보험 가입자간의 발병확률을 정확히 알 수 없어 각각의 부류의 사람들을 구분해 낼 수 없는 비대칭정보의 상황에서, 보험회사가 각 부류의 구성비율만을 알고 있다면 평균사고 확률(PA)을 계산하여 보험 상품을 제공할 것이다.

2. 상태공간에의 도해

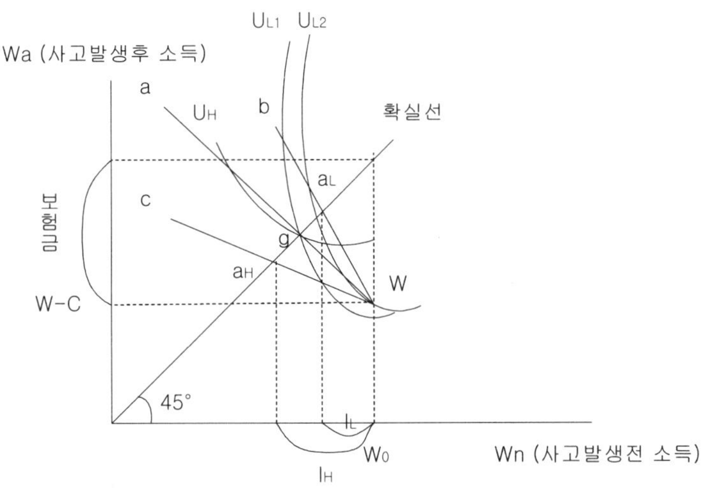

(평균발병확률)

$P_A = \{H/(H+L)\} * P_H + \{L/(H+L)\} * P_L$

공정한 보험이 되기 위해서는 다음식도 만족해야 한다.

g : $I_A = P_A * C_A$

(I : 보험료, P: 발병확률, C: 보험금)

즉 보험사는 평균 발병확률에 기초하여 보험 상품을 제공하게 되어 g라는 보험 상품을 제공하게 된다.

3. 개인의 최적화 행동과 균형의 이동

발병확률이 낮은 사람의 경우는 새로운 선인 a의 어떤 점 보다 초기부존점인 w에서 얻는 효용이 크다. 따라서 발병확률이 낮은 부류의 경우에는 새롭게 제공된 g라는 보험 상품을 선택할 유인이 없고 초기부존점인 w를 선택하는 것이 유리하다.

발병확률이 높은 사람의 경우는 새로운 보험상품인 g를 선택할 경우 기존의 보험상품 보다도 효용이 상승하기 때문에 가입할 유인이 있다.

즉 발병확률이 낮은 사람은 w를 선택하고 발병확률이 높은 사람만이 g라는 보험 상품에 가입하게 되는 것이 새로운 균형이 된다.

4. 보험회사의 이윤

발병확률이 높은 사람의 경우만 새로운 보험에 가입하기 때문에 보험회사는 정상이윤을 얻지 못하게 되는 불리한 선택에 직면하게 된다. 즉 발병률이 높은 사람들에게는 IH

의 보험료를 받고 보험금을 지급해야만 정상이윤이 발생하나 더 낮은 보험료를 받기 때문에 보험회사는 이윤을 얻지 못하게 된다.

V. 설문 (4)에 관하여 – 공동균형

1. 공동균형의 의의

발송자가 유형에 관계없이 항상 같은 행동을 선택하여 나타나는 균형으로써 수신자는 발송자의 행동을 관찰하여 추가정보를 얻을 수 없는 균형을 말한다.

2. 공동균형의 도출

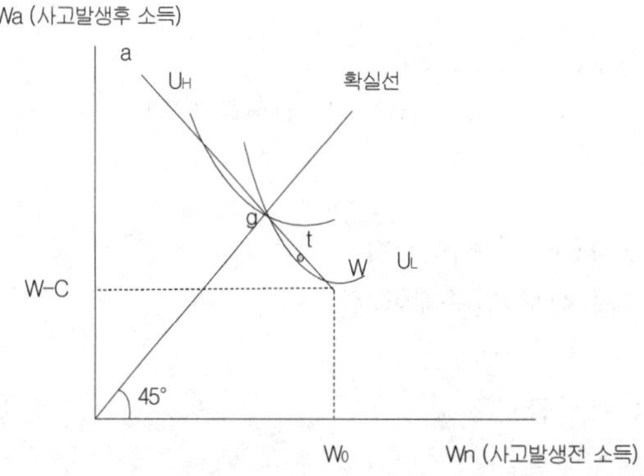

평균 발병확률에 기초하여 g라는 단일 보험이 제시된 경우 발병확률이 낮은 사람과 발병확률이 높은 두 부류의 사람들 모두 보험가입전보다 효용이 증가하므로 모두 보험에 가입하게 되어 공동균형이 이루어지게 된다.

3. 공동균형의 불안정성

하지만 다른 보험회사가 t라는 보험을 제시할 경우

$U_H(g) > U_H(t)$ 이지만

$U_L(g) < U_L(t)$ 이다.

즉 발병확률이 높은 타입의 경우엔 g라는 상품에서의 효용이 더 높지만 발병확률이 낮은 타입이 경우엔 g보다 새로 제시된 t라는 상품에서의 효용이 더 높으므로 모두 t 상품을 구입하게 된다. 따라서 처음 보험회사는 정상이윤을 남길 수가 없다. 따라서 처음의 균형은 유지될 수 없다. 결국 경쟁적인 시장에서는 정상이윤을 가져오는 공동균형은 존재하지 않는다.

Ⅵ. 설문 (5)에 관하여

1. 자기선택장치(self-selection mechanism)의 의의

자기선택장치란 감추어진 속성을 가진 사람들이 자신의 속성을 드러내는 선택이 가장 유리한 선택이 되기 때문에 스스로 자신의 속성을 드러내도록 고안된 장치로 자기선택장치로 비대칭정보 상황하의 역선택을 해결할 수 있다.

2. 자기선택장치의 조건

보험상품이 자기선택장치로서 역할을 하기 위해서는 다음과 같은 조건이 만족해야 한다.

$$U_H(I_H, C_H) \geq U_H(I_L, C_L)$$
$$U_L(I_H, C_H) \leq U_L(I_L, C_L)$$
$$U_H(I_H, C_H) = (1-P_H)U(W_0-I_H) + P_H U(W_0-D-I_H+C_H)$$
$$U_L(I_L, C_L) = (1-P_L)U(W_0-I_L) + P_L U(W_0-D-I_L+C_L)$$

즉 발병가능성이 높은 부류의 사람들은 발병확률이 낮은 보험에 가입했을 때 효용보다 발병가능성이 높은 계약을 해야 효용이 더 높고, 발병가능성이 낮은 부류의 사람들은 발병확률이 높은 보험에 가입했을 때 효용보다 발병가능성이 낮은 계약을 해야 효용이 더 높아야 한다는 것이다. 이러한 조건이 충족되는 경우엔 분리균형이 달성되므로 역선택의 문제가 해결된다.

3. 분리균형(separating equilibrium)의 의의

분리균형이란 정보보유자가 자신의 유형에 따라 다른 행동을 선택하여 나타나는 균형으로 수신자는 발송자의 행동을 관찰함으로써 그의 유형을 정확히 유추할 수 있는 균형을 말한다. 분리균형이 성립하기 위해서는 자기선택조건과 보험을 구입하는 것이 그렇지 않은 경우보다 항상 높은 효용을 가져다준다는 참여조건과 보험회사는 적어도 정상이윤을 얻는다는 조건이 추가로 필요하다.

4. 분리균형의 도출

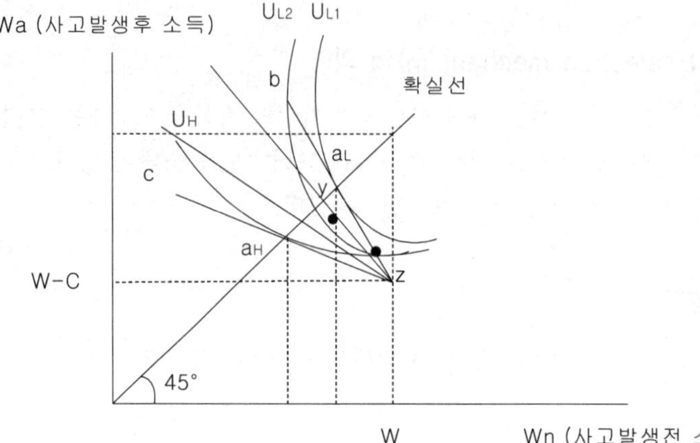

비대칭정보하에서 aH, aL 의 보험이 제공될 경우엔 모두 aL을 선택하게 되므로 균형이 아니다. 분리균형이 될 수 있는 조건을 만족하는 것은 aH과 z이다.

$U_H(aH) \geq U_H(z)$ ⇒ 발병확률이 높은 사람들은 aH를 선택한다.
$U_L(aH) \leq U_L(z)$ ⇒ 발병확률이 낮은 사람들은 z를 선택한다.

5. 분리균형이 성립되지 않는 경우

(1) 발병확률이 낮은 사람들의 비율이 높은 경우

발병확률이 낮은 사람들의 비율이 높은 경우엔 타보험사가 y 와 같은 보험을 제시하면 제시한 보험사는 정상이윤 이상을 얻으면서 발병확률과 관계없이 모든 부류의 사람을 가져갈 수 있다. 다만 발병확률이 높은 사람들의 비율이 높은 경우에는 분리균형이 존재한다. 또한 각부류의 사람들 간에 사고 확률의 차이가 그다지 크지 않은 경우도 분리균형이 존재하기 어렵다.

(2) 분리비용의 문제

발병확률의 낮은 부류의 사람들이 발병확률이 낮은 사람으로부터 분리되기 위해서 부담해야하는 비용이 작아야 한다. 즉 발병확률이 낮은 사람들이 확실선상의 완전한 보험을 구입하지 못하고 그것보다 훨씬 못한 다른 보험 z를 구입해야하기 때문에 지불하는 비용이 작아야 한다는 것으로 이는 위험에 대한 태도와 관련이 있다.

〈첨가〉

aH, z는 Nash 균형이 아니다. 완전경쟁시장에서 y를 제시하는 보험회사는 이윤을 얻으며 균형을 이룬다. 하지만 (aH, z)는 reactive equilibrium이다. 아래 그림을 보자.

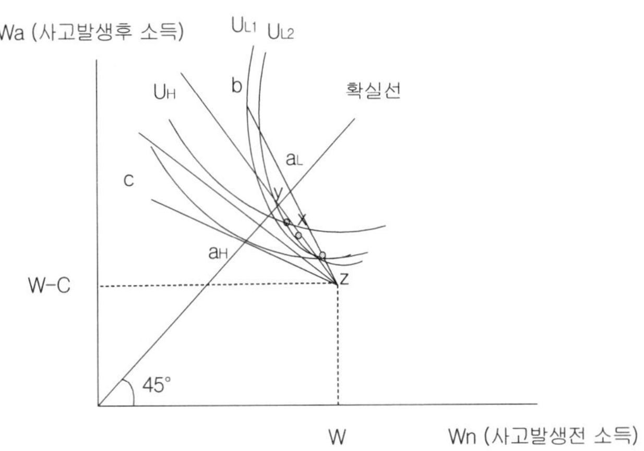

첫 번째 보험회사가 y를 제시하게 되면 두 번째 보험회사가 x를 제시하게 된다. 이때 두 번째 보험회사가 발병확률이 낮은 부류의 사람들을 모두 가져 갈 수 있다. 따라서 처음에 y를 제시한 보험회사는 발병확률이 높은 부류의 사람들만을 가져가게 되어서 손해를 보게 된다.

즉 이 경우 y를 제시하면 x를 제시하는 회사가 반드시 존재하므로 y를 제시하지 않게 되고 (aH, z)는 reactive equilibrium이 된다.

보험시장 분석

제50회 행정고시 재경직 합격 권 오 흥

화재보험에 가입하려는 사람들을 생각해 보자. 편의상 이 사람들은 모두 100원 상당의 주택을 보유하고 있다고 가정하자. 그리고 화재 시에는 100원의 손실이 발생한다고 가정한다. 현재 파악된 바로는 화재확률이 높은 타입($H-type$)과 화재확률이 낮은 타입($L-type$)의 두 가지 타입의 사람들이 절반씩 존재한다. 또한 $H-$타입의 화재확률은 40%(0.4), $L-$타입의 화재확률은 20%(0.2)으로 파악되고 있다. 화재보험시장은 경쟁적이며 모든 사람들은 위험기피적인데 $U(W) = \sqrt{W}$와 같은 효용함수를 가지고 있다고 하자. 여기서 W는 재산의 규모를 나타낸다. (총 50점)

(1) 보험회사는 보험에 가입하려는 사람들의 타입에 대해 완전한 정보를 가지고 있다고 하자. 화재발생시 100원의 보험금을 받는 보험에 가입하려는 경우 공정한 보험이 되기 위해서는 각각 얼마의 보험료가 책정되어야 하는가? 그리고 이 경우 보험시장의 균형이 성립하는지 설명하시오.(15점)

(2) 이제 보험가입자들은 자신의 타입을 알지만 보험회사는 단지 평균 화재확률만을 알 수

있다고 하자. 이 경우 공정한 보험이 되기 위해서는 보험료는 얼마가 되어야 하는가? 그리고 이 경우 보험시장의 균형이 성립하는지 설명하시오.(15점)

(3) $H-$ 타입과 $L-$ 타입을 구분할 수 없는 보험회사의 입장에서는 다음과 같은 두 가지 보험 상품을 제공하려고 한다.

a - 타입보험 : 기초공제액 56원, 보험료 19원

b - 타입보험 : 기초공제액 15원, 보험료 36원

여기서 기초공제액이란 사고 시 피해액이 이 금액의 범위 안에 든다면 본인이 부담하는 금액을 말하며 피해액이 큰 경우에는 이 금액을 공제한 후 보험회사가 보험금을 지급한다.

이 때 보험회사가 의도한 대로 보험가입자들을 차별화하기 위해서는 어떤 조건이 충족되어야 하는지 그리고 이것이 항상 보험시장의 균형을 달성할 수 있는지 설명하시오.(20점)

(이영환 교수님 문제집)

C/O/N/T/E/N/T/S

Ⅰ. 설문 (1)의 해결

1. 공정한 보험의 의미

보험회사의 이윤을 0으로 하는 보험을 공정한 보험이라고 하고 그 때 적용되는 보험료를 공정보험료라고 한다.

2. 보험료의 책정

H타입의 공정보험료 : 0.4×100원 $= 40$원

L타입의 공정보험료 : 0.2×100원 $= 20$원

3. 보험시장의 균형

정보가 완전하게 구비되어 있으므로 보험회사는 두 사람 각각에게 공정한 보험을 제

공할 수 있다. 이 경우 두 사람은 모두 완전보험을 구입하고 보험회사는 0의 이윤을 얻는다. 즉 완전정보균형이 성립한다.

보험회사의 기대이윤

$= 0.5\{0.4\times(40-100)+0.6\times40\}+0.5\{0.2\times(20-100)+0.8\times20\}=0$

4. 보험 가입 여부

(1) $H-type$

V_H: 가입 이전 $= 0.4\times\sqrt{0}+0.6\times\sqrt{100}=6$

V_H' : 가입 이후 $= 0.4\times\sqrt{100-100+100-40}+0.6\times\sqrt{100-40}=\sqrt{60}$

(2) $L-type$

V_L: 가입 이전 $= 0.2\times\sqrt{0}+0.8\times\sqrt{100}=8$

V_L' : 가입 이후 $= 0.4\times\sqrt{80}+0.6\times\sqrt{80}=\sqrt{80}$

(3) 소결

$H-type$, $L-type$ 모두 보험에 가입한다. ($V_H' > V_H$, $V_L' > V_L$)

5. 보수표와 예산선, 등기대치선의 도출

(1) 보수표의 구성

		확률	초기 자원배분	보수구조
높은 확률	화재	0.4	0	$W_f=0+K-I=0+K-0.4K=0.6K$
	평상	0.6	100	$W_n=100-I=100-0.4K$
낮은 확률	화재	0.2	0	$W_f=0+K-I=0+K-0.2K=0.8K$
	평상	0.8	100	$W_n=100-I=100-0.2K$

(2) 예산선 : 보수구조에서 도출

낮은 확률의 사람($L-type$)

$W_n=100-0.2K$, $W_f=0.8K$에서 공통변수인 K로 식을 풀면, 다음과 같다.

$$K=\frac{W_f}{0.8}=\frac{W_n-100}{-0.2}$$

이를 풀면 다음의 식이 도출된다. $W_f=-4(W_n-100)$

높은 확률의 $H-type$도 마찬가지로 도출하면, $W_f=-\frac{3}{2}(W_n-100)$ 이 된다.

(3) 등기대치선 : 확률구조에서 도출

초기부존점 (100, 0)과 같은 기대치를 지닌 점들은 다음 식을 만족한다.

$p\times W_f+(1-p)\times W_n=p\times0+(1-p)\times100$

위의 식을 풀면, $p(W_f - 0) = -(1-p)(W_n - 100)$이고,

결국, $W_f = -\frac{1-p}{p}(W_n - 100)$ 이 된다.

$H-type$은 $p = 0.4$, $L-type$은 $p = 0.2$이므로,

$L-type$ 의 등기대치선 : $W_f = -4(W_n - 100)$

$H-type$ 의 등기대치선 : $W_f = -\frac{3}{2}(W_n - 100)$

6. 그래프의 도해

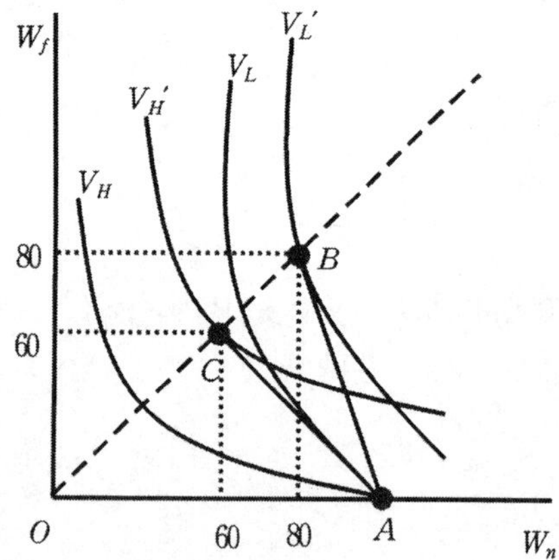

A : 초기점 (V_L, V_H)
B : $L-type$ 보험가입 (V_L')
C : $H-type$ 보험가입 (V_H')

Ⅱ. 설문 (2)의 해결 : 공동균형(*pooling equilibrium*)의 문제

1. 정보비대칭의 상황과 역선택의 문제

- *hidden characteristic*, *ex-ante problem*
- *adverse selection*
- 평균적 확률에 근거한 보험상품의 공동균형(단일한 보험 상품을 제공하고도 여전히 정상이윤을 얻으면서 시장균형을 달성할 수 있는 선별균형을 공동균형이라고 한다.)

2. 보험료의 책정

(1) 평균적인 사고확률 $= \frac{1}{2} \times 0.2 + \frac{1}{2} \times 0.4 = 0.3$

(2) 보험료 $0.3 \times 100 = 30$

3. 보험시장의 균형여부

보험회사의 기대이윤 (EP)

= 0.5×〔0.4×(30원-100원)+0.6×(30원)〕+0.5×〔0.2×(30원-100원)+0.8×(30원)〕

= 0.5(-28 + 18) + 0.5(-14 + 24)

= 0

따라서, 보험시장의 균형이 성립한다.

4. 보험가입 여부

(1) $H-type$

V_H: 가입 이전 $= 0.4 \times \sqrt{0} + 0.6 \times \sqrt{100} = 6$

V_H' : 가입 이후 $= 0.4 \times \sqrt{100-100+100-30} + 0.6 \times \sqrt{100-30} = \sqrt{70}$

(2) $L-type$

V_L: 가입 이전 $= 0.2 \times \sqrt{0} + 0.8 \times \sqrt{100} = 8$

V_L' : 가입 이후 $= 0.2 \times \sqrt{70} + 0.8 \times \sqrt{70} = \sqrt{70}$

(3) 소결 : *pooling equilibrium*

$H-type$, $L-type$ 모두 보험에 가입한다. ($V_H' > V_H$, $V_L' > V_L$)

5. 그래프의 도해 : 공동균형의 성립과 유지여부

(1) 그러나, 공동균형의 상태는 오래 유지될 수 없다. 그 이유는 빗금영역을 제공하는 기업이 등장할 경우 $L-type$만 흡수하여 역선택이 발생하기 때문이다.

(2) 최적 선택

완전한 정보와 비교하면 L타입은 H타입과 구분되지 않기 때문에 부당하게 높은 보험료를 부담해야 하는 입장에 있다. 따라서 L타입은 이것보다 자신에게 조금이라도 유리한 보험이 제공되면 이 보험에 가입할 이유가 없다.

예를 들어 다른 보험회사가 L타입을 겨냥해서 보험금 100원에 25원의 보험료를 부담하는 보험을 제시하다면 L타입은 당연히 이 보험에 가입할 것이다. 따라서 원래의 보험 상품은 더 이상 시장의 균형을 달성하지 못한다.

그리고 이러한 논리는 새로운 보험을 제공한 회사의 경우에도 적용되어 또 다른 보험회사가 이것보다 유리한 보험을 제공하면 보험가입자는 새로운 보험으로 이동하게 된다.

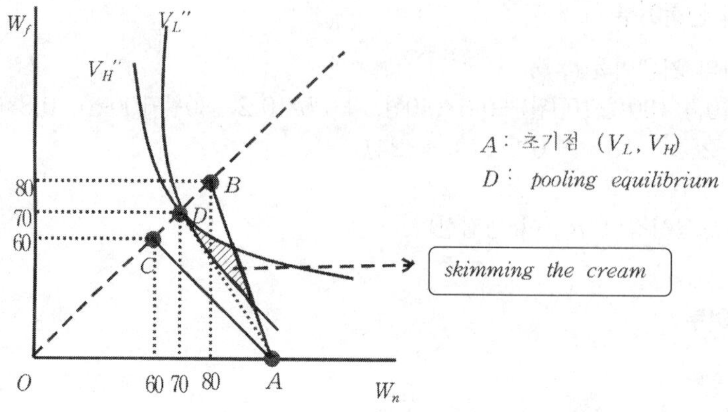

6. 소결

단일한 보험을 통해서 비대칭정보의 상황을 극복하고 보험시장의 균형을 달성하는 것은 불가능하다. 이와 같이 단일한 보험을 통해 시장 균형이 성립한다면 이것을 공동균형이라고 한다. 하지만 공동균형은 일반적으로 (지속)불가능하다는 것이 입증되었다.

이영환 해설미시 참고 문구

D는 보험회사가 제공하는 기존의 보험을 나타낸다고 하자. 이제 다른 보험회사가 새로운 보험 〈빗금〉을 제공한다고 하자. 그러면 무차별곡선의 특성상 $H-type$은 기존의 보험 D를 선호하겠지만, $L-type$은 새로운 보험 〈빗금〉을 선호한다. 만약 기존의 보험 D가 두 타입의 평균 사고확률에 기초한 공정한 보험이라면, 이제 $L-type$이 새로운 보험 〈빗금〉으로 이동함에 따라 기존의 D는 더 이상 시장에서 존속할 수 없게 된다. 왜냐하면 이 상품을 제공하는 보험회사는 적자를 볼 것이기 때문이다. 이것이 바로 보험회사가 보험가입자들의 사고확률을 모르는 경우 단일한 보험을 제공하면서 시장균형을 달성하는 공동균형이 불가능한 이유이다. 하나의 보험에 대해서는 반드시 $L-type$을 유인할 수 있는 다른 보험을 제공할 수 있기 때문이다. 이것은 보험가입자들의 무차별곡선이 단일교차 특성을 충족하기 때문이다.

게임이론

제48회 행정고시 재경직 합격 주 원 석

■ 삼성전자(기업1)와 LG전자(기업2)가 신제품개발을 위해 투자를 한다. 삼성전자는 홀수기(t= 1, 3, 5.....) LG전자는 짝수기(t = 2, 4, 6....)에 투자하며 각 기업이 각 기에 투자하는 금액은 0, 1, 2중 하나이다. 총투자금액이 E를 넘는순간 그 회사가 특허를 얻어 P 〉 E 의 수익을 얻는다. 반면에 경쟁회사는 0의 수익을 얻고 이제까지 지출한 투자액은 회수할 수 없다.

(1) 처음의 2기를 게임트리로 표시하라. (10점)

(2) E = 3인 경우 부분게임 완전균형을 구하라.(15점)

(3) 일반적인 경우 부분게임완전균형을 구하라.(10점)

(4) 기업 i가 특허를 받기에 필요한 총투자금액을 E_1, $i=1,2$로 표시하자 $E_1 \le E_2$인 경우 부분게임완전게임 구하라.

$E_1 \ge E_2$인 경우는 어떠한가 (15점)(게임이론 왕규호, 조인구著 참고)

C/O/N/T/E/N/T/S

Ⅰ. 논의의 전제

설문에서 처음 삼성전자가 투자하였을때 LG전자는 그에 따라 자신의 투자금액을 정하며 다시 이는 다음기에 삼성전자의 결정에 영향을 끼치는 반복 순차형게임이다. 설문에 나와있지는 않지만 전기 경쟁기업의 투자금액을 알며 그에 반응한 수익도 확실히 예상하는 완전정보상황을 가정하기로 한다.

Ⅱ. 설문(1)의 해결

처음 2기간의 상황을 게임트리로 나타내면 다음과 같다.

(E가 주어지지 않았으므로 각각의 보수를 적을 필요는 없다)

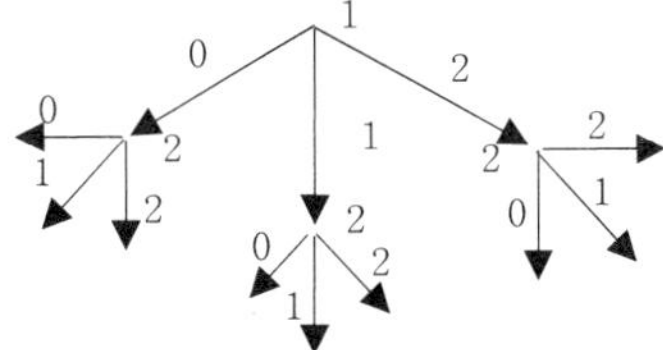

Ⅲ. 설문(2)의 해결

1. 부분게임완전균형(SPNE)의 의미

다수의 내쉬균형이 존재하는 게임에서 신뢰할 수 없는 위험이 제거된 상태에서 내쉬균형을 부분게임완전균형이라 한다. 이는 전체게임에서 내쉬균형이자 모든 부분게임에서 내쉬균형인 전략의 배합을 의미한다.

2. 문제에서 SPNE

기업1이 1기에 1 또는 2를 투자하면, 기업2가 2기에 어떤 투자를 하더라도 3기에 기업1이 2 또는 1을 투자하여 이익을 선점한다. 따라서 기업2는 2기에 아무런 투자를 하지 않는 것이 최적대응이다. 기업1이 1기에 0을 투자하면, 기업2로서는 2기에 투자를 하고 4기에 1 또는 2를 투자하여 이익을 얻는다. 따라서 E=3인 경우 기업1 입장에서는 기업2의 투자전략에 상관없이 1기에 무조건 투자하는 것이 우월전략이 된다.

이 경우 기업1이 1기에 1 또는 2를 투자하고, 2기에 기업 2는 아무런 투자를 하지 않으며, 3기에 기업 1이 나머지 금액을 투자하여 P의 수익을 얻는 것이 유일한 부분게임 완전균형이다.

Ⅳ. 설문(3)의 해결

$E \leq 2$이면 기업 1이 1기에 바로 투자하는 것이 부분게임 완전균형이다.

$E \geq 3$이면 최소한 두 기 이상의 투자가 필요하다. 기업 1이 먼저 투자를 시작하므로, 계속해서 2를 투자하면 기업 2보다 먼저 필요한 금액을 투자할 수 있다. 따라서 기업 2는 투자를 하면 손해만 본다. 그러므로 기업 1이 계속 투자하고 기업 2는 투자하지 않는 것이 부분게임완전균형이다.

Ⅴ. 설문(4)의 해결

1. $E_1 \leq E_2$인 경우

기업1이 먼저투자하고 수익을 내기위한 투자금액도 작으므로 기업1이 먼저 E_1을 달성한다. 따라서 게임에서 유일한 SPNE는 기업1은 계속투자하고 기업2는 투자를 하지 않는것이다.

2. $E_1 \geq E_2$인 경우

이 경우 기업1에게 필요한 투자량과 기업2에게 필요한 투자량의 차이에 따라 SPNE

가 달라진다.

먼저 $E_2 < E_1 < E_2+2$인 경우 기업1이 먼저 투자를 시작하여 필요한 E_1을 채울 수 있다. 이 경우에도 기업1은 계속투자, 기업2는 투자를 하지 않는 것이 SPNE가 된다.

$E_1 = E_2+2$인 경우에는 기업1이 먼저 2만큼을 투자한다면 추가 투자 금액 E_1-2는 기업2의 투자 금액 E_2와 동일하다. 그러나 사실상 기업 2가 먼저 투자를 시작하는 것과 같으므로, 기업2가 먼저 필요한 투자액을 만족시킨다. 이 경우 기업 1이 투자하면 투자 금 액만 손해본다. 이경우에는 기업1은 투자하지 않는 것, 기업2는 투자하는 것이 SPNE가 된다.

$E_1 > E_2+2$인 경우에도 동일하다.

도덕적 해이

제48회 행정고시 재경직 합격 이 한 샘

한 명의 주주(P)로 구성된 어떤 기업이 새로운 CEO(A)를 임명하였다. A는 a의 노력을 투입하여 산출물 X를 생산하고 P는 a를 직접 관찰하지 못하는 대신 X를 관찰할 수 있다. X의 가격은 1로 두며, A의 생산함수는 각각 $\frac{1}{2}$의 확률로 $X=3a$, $X=a$로 나타나고, A의 노력에 따른 비용함수는 $C(a)=\frac{1}{2}a^2$이다. P는 위험중립적임을 가정하고, A의 효용함수는 $U=S-C(a)$로 주어질 때 다음 물음에 답하라.

(1) 사회적으로 최적상태를 만드는 A의 노력수준 a를 구하여라.(10점)

(2) P가 A의 보수를 $S=S_0$(상수)로 책정할 때 A의 노력수준을 구하고 사회최적상태가 가능한지 판단하라.(10점)

(3) A의 보수가 각각 $S=X-k$와 $S=bX$ (단 b는 $0 \le b \le 1$인 상수)로 주어질 때 사회최적상태가 이루어지는지 판단하라.(10점)

C/O/N/T/E/N/T/S

Ⅰ. 도덕적 해이의 개념

비대칭 정보 특히 숨겨진 행동으로 인해 거래 당사자의 이해가 상충하는 경우 도덕적 해이가 발생한다. 정보를 가진 측이 정보를 가지지 못한 측에 불리하게 행동함에 따라 나타난다. 설문의 경우 주주 P와 CEO A 간의 계약관계에서 A의 노력수준 a에 대해 주주가 관찰할 수 없어 정보가 비대칭적으로 분포하고 A는 P의 이익극대화가 아닌 자신의 이익을 극대화하려는 유인을 가지게 된다. 도덕적 해이의 해결방법으로 유인설계가 제시되며 설문에서는 임금스케쥴을 통해 유인을 설계하고 있는 바, 각각의 임금스케쥴에 따라 사회 최적상태가 달성되는지 살펴본다.

Ⅱ. 설문 (1)의 해결

1. 사회최적상태의 의미

설문의 상황에서는 P와 A만은 전제하므로 사회의 잉여는 P의 이윤과 A의 효용의 합으로 구성된다고 할 수 있다. P의 이윤은 가격이 1로 주어지므로 생산량에서 A에게 지급한 임금을 제외하여 구한다. A의 효용은 $U=S-C(a)$로 주어져 있다. 따라서 사회잉여 S는

$S=\pi_P+U_A=X-S+S-C(a) \ =X-C(a)$

2. 사회최적상태를 달성하는 노력수준 a의 도출

생산량 X와 관련하여 불확실성이 내재되어 있어 $\frac{1}{2}$의 확률로 생산량이 변하므로 기댓값을 설정하면

$Max S=X-C(a) \ =\frac{1}{2}3a \ +\frac{1}{2}a-\frac{1}{2}a^2=2a-\frac{1}{2}a^2$

$=\frac{1}{2}3a \ +\frac{1}{2}a-\frac{1}{2}a^2=2a-\frac{1}{2}a^2$

F.O.C $\frac{dS}{da}=2-a=0$

따라서 사회잉여를 극대화시키는 A의 노력수준은 $a=2$이고, 사회최적상태의 잉여는 $S=2$이다.

Ⅲ. 설문 (2)의 해결

1. $S=S_0$의 의미

설문 (2)에서 제시된 임금스케쥴은 어떠한 상황에서도 일정한 임금을 지급하는 고정급이며 생산의 불확실성에 대한 위험을 모두 기업이 부담하는 형태이다.

2. A의 노력수준의 도출

A의 노력수준을 구하기 위해서는 A의 효용극대화 문제를 고려하고 효용함수에 $S = S_0$를 대입한다.

$$Max \;\; U_A = S - C(a) = S_0 - \frac{1}{2}a^2$$

$$\text{F.O.C} \;\; \frac{dU_A}{da} = -a = 0$$

$a = 0$으로 A는 자신의 효용을 극대화하기 위해서는 아무런 노력도 하지 않음을 알 수 있다. 이는 자신의 노력수준에 따라 나타난 성과에도 불구하고 임금에 전혀 반영되지 않으므로 노력할 유인이 없는 데에 기인한다. 고정급 체계로 인해 노력수준을 0으로 하고 사회적 비효율이 발생함을 알 수 있다.

Ⅳ. 설문 (3)의 해결

1. $S = X - k$의 경우

임금이 $S = X - k$으로 주어지면 A는 자신의 생산량에서 일정량 k만을 P에게 지급하며 나머지를 모두 가진다. 즉 residual claimant를 가지며 효용극대화는 다음과 같이 설정된다.

$$Max \;\; U_A = S - C(a)$$

$$= X - k - \frac{1}{2}a^2 = 2a - k - \frac{1}{2}a^2$$

설문 (1)에서와 같이 불확실성으로 인해 X는 기댓값을 적용하여 $X = 2a$로 하였다.

$$\text{F.O.C} \;\; \frac{dU_A}{da} = 2 - a = 0$$

A의 노력수준은 $a = 2$로 결정됨을 알 수 있으며 이는 설문 (1)에서 구한 사회최적상태를 달성하는 a의 수준과 일치한다. P에게 지급하는 k를 제외한 나머지가 모두 자신의 보수가 되므로 A는 최선의 노력을 다할 것이므로 최적상태가 가능한 것이다.

2. $S = bX$의 경우

$S = bX$의 임금체계는 생산량을 일정비율로 P와 A가 공유하는 체계이다.

$$Max \;\; U_A = S - C(a)$$

$$= bX - \frac{1}{2}a^2 = 2ab - \frac{1}{2}a^2$$

$$\text{F.O.C} \;\; \frac{dU_A}{da} = 2b - a = 0$$

A의 노력수준은 $a = 2b$이며 $0 \le b \le 1$이므로 고정급 체계보다는 우월하나 residual claimant의 경우보다는 열등하다는 점을 알 수 있다. 사회최적상태는 이루어지지 않는다.

노동시장에서의 주인 - 대리인 문제

제48회 행정고시 재경직 합격 이 한 샘

한 기업의 단기 판매수익이 $R = 10e - e^2$와 같이 표현된다고 하자. e는 대표적 근로자(모든 근로자가 똑같다고 가정함)가 기울이는 노력의 크기를 나타낸다. 이 근로자는 자신의 임금에서 자신의 노력에 따른 기회비용을 뺀 순임금을 극대화하는 노력의 수준을 선택한다. 여기서 노력 1단위당 비용은 1이라고 가정한다. 이제 다음과 같은 임금 체계 하에서 근로자의 노력수준과 기업의 이윤(수입-원금)을 구하시오. 그리고 주인-대리인 문제를 다루기 위한 이러한 방법들이 서로 다른 결과를 가져오는 이유에 대해서 설명하시오.(20점)

(1) $w = 2$ ($e \ge 1$인 경우), 그 밖의 경우에는 $w = 0$

(2) $w = \frac{R}{2}$

(3) $w = R - 12.5$

C/O/N/T/E/N/T/S

Ⅰ. 주인 - 대리인 문제의 개념

정보의 비대칭 상황 중에서도 사후적 행동으로 인한 문제를 도덕적 해이라고 한다. 주인 대리인 문제는 주인(Principal)과 대리인(Agency)간의 비대칭 정보로 인해 양자의 이해관계가 상충되는 상황을 말한다. 대리인은 주인의 이익이 아닌 자신의 이익을 극대화하고자 하고 이에 대한 감시 및 통제가 어려워 비효율이 발생한다. 설문에서는 대리인인 근로자의 이익 극대화 과정이 주인의 이익 극대화 과정에 부합하는 임금스케쥴을 구성하고자 한다.

Ⅱ. 근로자의 노력수준과 기업이윤의 결정과정

노동자는 지급받는 임금에서 노력에 따르는 비용을 제하여 순임금을 극대화한다.

$max\ u = w - e$

순임금 극대화를 통해 노력수준이 결정되고 결정된 e를 통해 기업이윤을 구한다.

$\pi = R - w = 10e - e^2 - w$

Ⅲ. 노력수준과 이윤의 도출

1. (1)의 경우

(1) 임금체계의 의미

(1)의 임금체계는 고정급으로서 노력수준이 $e \geq 1$인 경우 결과에 상관없이 항상 일정한 임금을 지급한다.

(2) 노력수준과 이윤의 결정

근로자는 $e \geq 1$의 경우와 그 밖의 경우로 나뉘어 임금을 받고 순임금도 달라진다.

(ⅰ) $e \geq 1$이면 $u = 2 - e$이고 u를 극대화하는 노력수준은 1이다.

(ⅱ) 그 외의 경우에는 $u = 0 - e$이므로 u를 극대화하는 노력수준은 1이 된다.

또한 $e = 1$일 때 이윤은 $\pi = 10 - 1 - 2 = 7$이 된다.

2. (2)의 경우

(1) 임금체계의 의미

(2)의 경우는 임금을 판매수익의 일부분으로 지급하는 성과급에 해당된다. 판매수익이 높아질수록 근로자는 높은 임금을 받는다.

(2) 노력수준과 이윤의 결정

$w = \frac{R}{2}$이므로

$u = \frac{R}{2} - e = \frac{10e - e^2}{2} - e$ 이다.

$\frac{du}{de} = 5 - e - 1 = 0$이므로

노력수준은 4가 되고 이윤은 $\pi = 40 - 16 - 12 = 12$이다.

3. (3)의 경우

(1) 임금체계의 의미

(3)의 체계는 판매 수익의 일정부분을 기업이 가지고 나머지는 근로자가 가진다. 현

경제학

실적으로 이러한 체계는 프랜차이즈의 경우에 나타나며 이 경우 대리인잔여청구권(residual claimant)을 가진다고 한다.

(2) 노력수준과 이윤의 결정

$u = R - 12.5 - e = 9e - e^2 - 12.5$

$\frac{du}{de} = 9 - 2e = 0$이므로 $e = 4.5$가 되고 기업이윤은

$\pi = R - 12.5 - R = 12.5$로서 항상 일정하다.

4. 결과의 해석

각 임금체계에 따라 근로자의 노력수준은 각각 1, 4, 4.5로서 가장 노력수준이 높은 것은 세 번째 경우이다. 고정급의 경우에는 자신의 노력수준에 관계없이 일정한 임금을 받으므로 임금을 받을 수 있는 한도 내에서 최소한의 노력수준을 선택한다. 성과급의 경우에는 자신의 노력에 따라 판매수익이 달라지고 임금도 달라지므로 노력수준을 보다 높인다. 잔여청구권자로서의 근로자의 경우는 고정급과 반대로 기업이 일정금액만 가지고 나머지는 근로자가 가지게 되며 노력수준은 가장 크다.

노동시장에서의 신호균형

제47회 행정고시 재경직 합격 박 달

노동시장에는 능력 있는 사람들과 능력 없는 사람들이 각각 100명씩 섞여있다고 한다. 어떤 기업이 임금을 한계생산물가치만큼 책정한 후 10년 계약으로 사원을 모집하려고 한다. 능력 있는 사람들은 생산성이 높아서 그의 한계생산물의 가치는 1년에 200만원이고 능력 없는 사람들은 1년에 160만원이라고 하자. 여기서 생산물 시장은 완전경쟁시장이다.

(1) 기업이 능력 있는 사람과 능력 없는 사람을 구별하지 못하면 어떤 연봉체계를 제시할 것으로 예상되는가? 그 경우 어떠한 결과가 예상되는가?(10점)

(2) 능력 있는 사람은 1년의 교육을 이수하는데 50만원의 비용이 소요되고 능력 없는 사람은 100만원이 소요된다고 하자. 이러한 상황에서 교육년수를 능력에 대한 신호로 사용하여 신호균형을 달성하기 위한 기준 교육년수를 제시하고 사회적으로 최적이 되는 기준 교육년수를 구하라. 단 교육과 생산성과는 무관하며 교육년수는 1년 단위이고 분할 불가하다.(10점)

(3) 위2번의 상황에서 정부는 인적자본을 축적하고 지식한국을 달성하기 위해서 교육년수 1년당 일인당 30만원의 보조금을 지급하기로 했다. 노동자의 행동에 어떠한 영향을 미치겠는가. 여기에 기업은 어떻게 대응하겠는가?(10점)

(4) 이제 2번의 상황에서 교육년수에 따라 생산성이 증가하여 1년 동안의 한계생산물의 가치가 교육기간이 1년 증가할 때마다 6만원씩 증가한다고 가정하자. 이 경우 기업이 신호균형을

이루기 위해서는 기준 교육년수를 어떻게 설정하겠는가? 교육이 생산성향상에 기여하지 못하는 2번의 경우와 비교하여 사회적인 순편익은 어떻게 변하는가? 이 경우 교육은 능력 있는 근로자에게 어떠한 의미를 지니는지 2번의 경우와 비교하여 설명하시오. 단, 기업은 신호균형에만 관심을 가질 뿐 노동자의 생산성향상에는 관심 없으며 사회적 제도적 한계로 인해 최대 교육가능 연수는 30년이다.(10점)

C/O/N/T/E/N/T/S

Ⅰ. 구별이 불가능할 경우 연봉 체계와 결과

구별이 불가능할 경우 기업은 VMP(한계생산물가치)의 기대가치만큼 연봉을 제시할 것이다. 따라서 200×100/200+160×100/200=180

두 종류의 노동자에게 동일하게 180만원씩 제시할 것이다. 따라서 능력있는 사람의 경우 자신의 VMP보다 낮은 연봉을 받게되므로 시장에서 탈퇴하고 능력없는 사람만 남게 되는 역선택이 나타나게 될 것이다.

Ⅱ. 교육과 생산성이 무관한 경우 신호균형의 도출

1. 신호균형(signaling equilibrium)의 개념

신호이란 숨은 정보를 추측할 수 있게 하는 관찰 가능한 지표를 의미하며 신호균형이란 작은 양의 정보를 가진 사람이 많은 양의 정보를 가진 사람이 제공한 신호에 의하여 상대방의 숨은 정보를 예측한 경우 예측이 사실로 판명되면 예측방법을 바꿀 필요가 없는데 이러한 상황을 신호균형이라 한다.

2. 신호균형의 도출

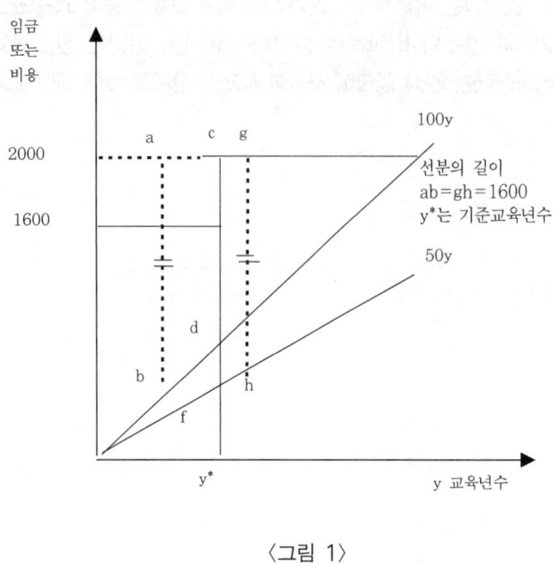

〈그림 1〉

신호균형이 달성되기 위해서는 〈그림1〉에서 능력이 없는 근로자 I는(앞으로 I라고 한다) 기준 교육년수 초과시의 최대 순편익의 크기 선분cd가 기준 교육년수 미달시 최대 순편익의 크기 1600보다 작아서 기준교육수준을 미달하고 10년 간의 총연봉 1600만원을 받도록 해야하고 능력 있는 근로자 S는(앞으로 S라고 한다) 기준 교육년수 충족시 최대 순편익의 크기인 선분cf가 미달하는 경우의 최대 순편익의 크기 1600보다 커서 기준 교육년수를 만족시키고 2000만원을 받아야 한다.

따라서 이를 구하면

I의 경우 $1600>2000-100y^*$, $4<y^*$ S의 경우 $1600<2000-50y^*$, $y^*<8$

교육년수는 1년 단위여야 하므로 기준 교육년수는 5,6,7년이다.

3. 사회적 최적 기준교육년수

신호균형이 이루지고 있는 상태에서 S와 I의 순편익의 합이 극대화되는 기준 교육년수가 사회적최적기준교육년수라고 할 수 있다. 순편익의 합을 B라 하면 B=S의 총순편익+I의 총순편익$=(2000-50y^*)100+1600\times100$이고 $y^*=5.6.7$이다.

B는 y^*가 5일 때 극대화되므로 사회적최적기준교육년수는 5이고 이때 사회총순편익은 335,000만원이다.

Ⅲ. 정부가 보조금을 지급하는 경우의 노동자와 기업에 미치는 영향

1. 보조금지급의 의미

보조금을 지급함에 따라 두 노동자 S와 I 모두 교육비가 30만원씩 절감되므로 실질교육비가 각각 70만원과 20만원이 된다. 이를 그림으로 나타내면 〈그림2〉와 같다.

2. 노동자의 행동

근로자 I의 경우 보조금지급하에서 기업의 기준 교육년수가 5년이라면 5년 교육시 순편익은 2000-70×5=1650이므로 기준교육년수 미달시 최대 순편익 1600보다 커서 5년의 교육을 받고 연봉 200을 받는 것을 선택한다. 따라서 신호균형은 무너진다. 만약 기준 교육년수가 6 또는 7년인 경우에는 각각 1580, 1510만원이므로 노동자의 행동에 변화는 없고 신호균형은 유지된다. 근로자 S의 경우에는 기준 교육년수가 어떤 것이든지 기준 교육년수를 이수하는 것이 순편익이 극대화되므로 상관없이 행동에 변화는 없다. 다만, 총편익은 증가한다.

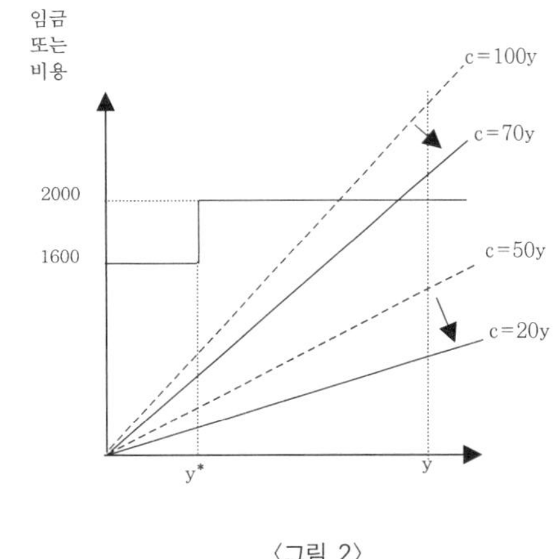

〈그림 2〉

3. 기업행동의 변화

새로운 비용조건 하에서 신호균형이 이루어지기 위한 기준 교육년수를 구하면

근로자 I는 1600〈2000-70y조건을 만족해야하고 근로자 S는 1600〈2000-20y조건을 만족해야한다. $5\frac{5}{7}$〈y〈20 이므로 y*=6,7,……,19 이다. 만약 기업이 기존에 5년을 기준 교육년수로 설정하였었다면 기준 교육년수를 새로 제시할 것이다. 그러나 6, 7년인 경우 행동에 변화 없다.

Ⅳ. 생산성이 상승하는 경우 신호균형의 도출과 비교

1. 신호균형의 도출

생산성이 상승하는 경우 VMP곡선은 〈그림3〉과 같이 바뀐다. 이 경우 신호균형이 달성하기 위해서는 S와 I는 각각 자신의 VMP곡선에서 임금수준이 결정되도록 기준 교육년수가 결정되어야 할 것이다. 따라서 기준년수 충족시 임금은 w=2000+60y을 지급하고 기준년수 미달시 w=1600+60y를 지급한다. 기준 교육년수가 신호균형을 이루기 위해 근로자 I의 경우 미달시 최대순편익은 y가 0일 때 1600만원이고 충족시 최대순편익은 y가 y*일 때 2000-40y* 이므로 1600>2000-40y* y>10

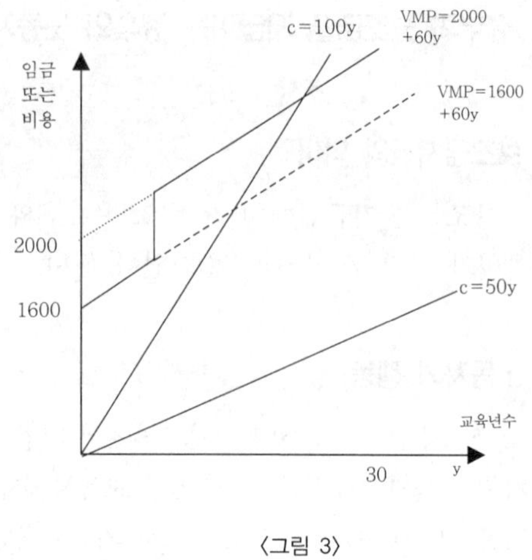

〈그림 3〉

근로자 S의 경우 미달 시 순편익은 1600+10y이고 충족 시 순편익은 2000+10y이므로 y*에 상관없이 항상 기준 교육년수를 충족한다. 다만 교육의 한계기간이 30년이므로 $y \leq 30$ 따라서 가능한 기준 교육년수는 y*=11,12.........30 이다.

2. 사회 총순편익

B=1600×100+(2000+10 y^*)×100 이므로 사회적최적기준교육년수는 30년이고 이때 사회총순편익은 390,000만원이다. 그런데 교육년수가 증가할수록 근로자 S경우에는 순편익이 증가하므로 기업이 정하는 기준년수와 상관없이 30년의 교육을 받을 것이다. 따라서 교육이 생산성에 기여하지 못하는 2번 문제의 경우보다 55,000만원 사회순편익이 증가한다.

3. 의미

2번 문제에서는 S에게 교육의 한계효용이 비용보다 작으므로 교육재를 구입할 유인이 없으며 다만 노동시장에서 신호를 하기 위한 불가피한 수단이 된다.

그러나 4번 문제와 같이 생산성이 증가하는 경우에는 적어도 S에게는 교육의 한계효용이 한계비용보다 크므로 신호의 기능과 효용 증가라는 두 가지 긍정적인 기능을 하게 된다.

제6장 생산요소시장과 소득분배이론

기 출

수요독점시장과 최저임금제

행시 제50회(06년)

제49회 행정고시 재경직 합격 강 욱

다음은 노동(L)을 유일한 가변요소로 사용하는 어느 기업의 생산함수이다.

$$f(L)=30L-L^2/2 \quad L\leq 30$$
$$f(L)=450 \quad L>30$$

이 기업은 생산하는 상품은 완전경쟁 시장에서 판매되며, 가격은 P=2 라고 하자. 이 기업은 생산요소 시장에서는 수요독점자이며, 다음의 노동공급곡선에 직면하고 있다.

$$W(L)=L \quad \text{W는 임금}$$

다음 물음에 답하시오.(총 30점)

(1) 이 기업의 고용량과 임금을 구하시오.(10점)

(2) 수요독점적 착취의 크기를 구하시오.(10점)

(3) 최저임금제가 도입되었을 경우 고용에 미치는 영향에 대해 설명하시오.(10점)

C/O/N/T/E/N/T/S

Ⅰ. 서

Ⅱ. 설문 (1)에 관하여

1. 수요독점상황에서의 균형

생산물 시장에서는 완전경쟁이므로 VMP_L에 의해서 좌우되지만 생산요소 시장에서는 수요독점자이므로 한계요소비용곡선에 따라 공급을 결정하게 된다.

2. VMPL

f(L)=30L-1/2L2 P=2 이므로

미분하면 MP_L=30-L

VMP_L=P * MP_L=2(30-L)=60-2L

3. MFC_L

한계요소비용은 한단위의 요소고용에 따른 총 비용의 변화를 나타내는 것이다.

MFC_L=∂TVC/∂L=∂W(L) * L/∂L=W+∂W * L/∂L 이므로 노동공급곡선보다 상방에 위치한다.

W(L)=L 이므로

TFC=L * W=L * L=L2 이므로

한계요소비용

MFC_L=2L

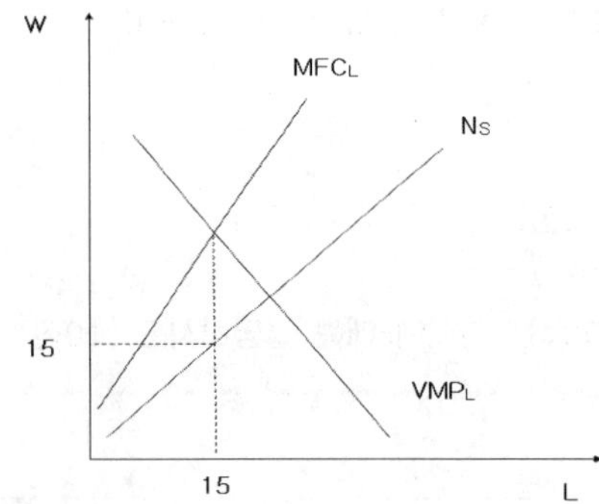

4. 고용량과 임금

VMP_L=MFC_L 에서

60-2L=2LL

고용량 L=15 이고 임금 또한 W=L 이므로 15이다.

Ⅲ. 설문 (2)에 관하여

1. 수요독점적 착취

수요독점적 착취란 완전경쟁적 요소시장에서 수요독점시장으로 시장이 변함에 따라 생산요소 공급자들이 최고로 받을 수 있는 소득과 실제 받고 있는 소득의 차이를 말한다. 수요독점은 지역적 특성이나 전문화된 생산요소 때문에 발생한다.

2. 수요독점적 착취의 크기

고용량이 15일때 한계요소비용은 30이므로 요소가격상으로 15가 차이나고 고용량은 15이므로 수요독점적 착취의 총 크기는 15×15=225 이다.

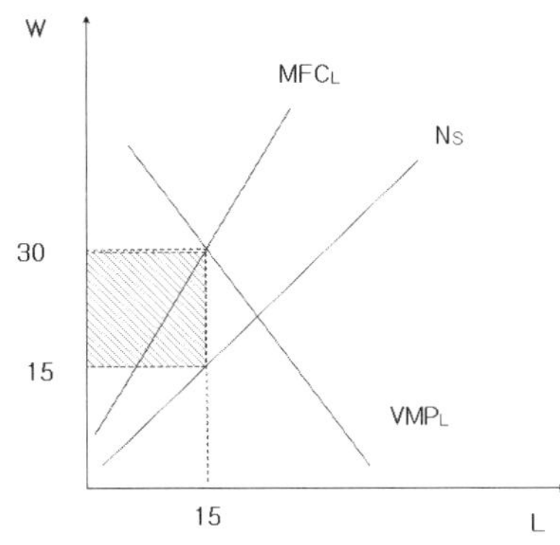

Ⅳ. 설문 (3)에 관하여

1. 최저임금이 15에서 30 사이인 경우

최저임금 설정시 기업은 최저임금이 VMP_L 곡선과 만나는 지점 그리고 이후 수직으로 올라가서 한계 요소비용과 만나는 점부터 한계요소비용곡선 우측을 새로운 한계요소비용곡선으로 인식한다. 최저임금이 수요독점 상황하의 15와 30 사이인 경우에는 노동수요량이 증가하게 된다. 이때는 임금도 증가하고 노동 고용량도 증가하게 되어 최저임금 설정의 효과가 나타나게 된다.

2. 최저임금이 30 이상인 경우

최저임금이 30이상이면 VMP_L 곡선과 만나는 점이 임금으로는 30이상이나 고용량은 최저임금 설정전인 15보다도 작게 된다. 이 경우에 임금상승은 고용량의 감소를 대가로 한 것이다. 즉 수요독점상황하에서는 최저임금제도에 의해 생산요소시장의 수요독점적 착취는 완전히 제거 가능하나 산출물 시장의 공급독점적 착취는 제거할 수 없다.

지니계수

행시 제48회(04년) 재정학

제47회 행정고시 재경직 합격 문 종 숙

우리나라의 지니계수(Gini coefficient)는 1997년 이후 급격하게 상승해 왔다. 이와 관련하여 다음 문제에 답하시오.(총 20점)

(1) 지니계수를 구하는 방법과 한계를 설명하시오. (10점)

(2) 위에서 언급된 지니계수의 변화가 의미하는 바를 설명하고, 그 원인 및 대책을 제시하시오. (10점)

C/O/N/T/E/N/T/S

Ⅰ. 설문 (1)의 해결 1. 지니계수를 구하는 방법 2. 지니계수의 한계	Ⅱ. 설문 (2)의 해결 1. '지니계수 급감'의 의미 2. 원인 및 대책

Ⅰ. 설문 (1)의 해결

1. 지니계수를 구하는 방법

(1) Lorenz curve를 이용하는 방법

지니계수는 Lorenz curve로 나타나는 계층별 소득분배의 불평등도를 표시하는 지표로서 다음과 같이 정의되어 구할 수 있다.

$$\text{Gini계수} = \frac{\alpha}{\alpha+\beta}$$

(2) 수식을 이용하는 방법 Y_i와 Y_j를 각각 i, j번째 사람의 소득이라 할 때

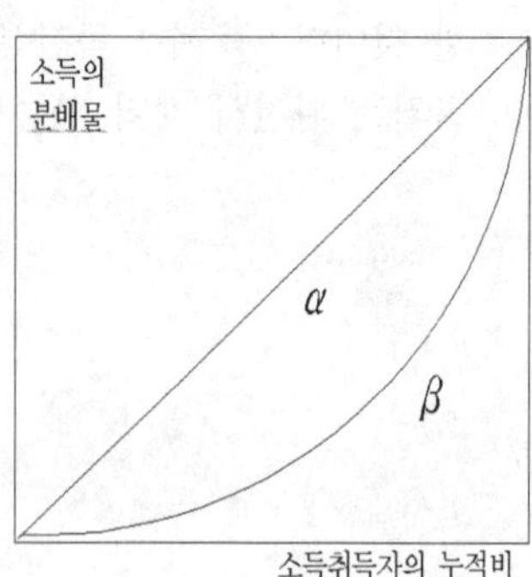

Gini 계수 $= \frac{\triangle}{2\mu} = \frac{\sum_{i=1}^{n}\sum_{j=1}^{n}|Y_i - Y_j|/n(n-1)}{2\mu}$ 을 이용하여 구할 수 있다.

(단, μ ; 평균소득)

2. 지니계수의 한계

(1) 구체적 실상파악의 곤란

Gini계수 (δ)는 $0 \leq \delta \leq 1$의 값을 가지며, ① $\delta = 0$인 경우 완전균등분배로 평등, ② $\delta = 1$인 경우 완전불균등분배로 불평등하다. 그러나 δ만으로는 소득분배의 구체적인 실상파악이 불가능하다.

(2) 또한 $\delta = 0.2$가 $\delta = 0.4$보다 2배 더 평등하다고 볼 수 없다. 즉 서수적 지표일 뿐 기수적 지표는 아니다.

(3) 균등분배 및 불균등분배에 관한 기준설정이 자의적으로 될 소지가 있다.

Ⅱ. 설문 (2)의 해결

1. '지니계수 급감'의 의미

지니계수가 상승하기 위해서는 ① Lorenz curve의 α가 증가하여야 하며, ② 즉, Y_i와 Y_j의 평균소득격차가 커짐을 의미한다.

2. 원인 및 대책

(1) '급격한 상승' 의 원인

실업의 증가 1997년 경제위기 이후 ① 저성장, 고실업의 경제구조가 장기화되며 실업가구가 급증하였고, 이들의 생계유지 문제가 더욱 심각해졌다. ② 이는 내수위축과 경제회복에 대한 비관적 기대를 가져와 생산은 더욱 축소되고 실업은 더욱 증가되었다. ③ 또한 금융시장에서도 'default'를 줄이고, 'BIS 비율'을 유지하고자 대출을 줄이고, 이는 중소기업의 자금압박을 가져와 연쇄부도를 야기하였으며 상대적으로 자체 financing system을 가지고 있는 대기업은 오히려 유리한 입장일 수 있었다.

(2) 대책

① 사회안전망 프로그램을 재정비하여, 저소득층도 기본적으로 기초적 생활을 유지할 수 있도록 (i) 생활보호를 확대하고, (ii) 의료 및 연금보험을 확대하는 한편, (iii) 수

급권자의 생활 실태나 물가 상승률을 고려하여 최저생계비수준을 재조정하여야 한다.② 고소득층에게 중과세하되, 소득의 원천을 파악하여 비근로소득에 보다 고율의 과세를 해야 하며 최근 문제되는 부동산투기도 엄중히 단속하여야 할 것이다.

소득이전으로 인한 경제적 영향

제48회 행정고시 재경직 합격 주 원 석

한국과 일본은 진정한 과거사청산을 위해 과거 일본의 침략에 대한 보상을 새로이 하기로 합의하였다. 새로운 한일협정에 따르면 일본정부는 매년 C(>0)만큼의 보상상금을 한국정부에 영구히 지불 한다고 한다. 논의의 편의상 한국과 일본은 모두 한 가지의 동일한 생산물만을 생산하고 소비하는데, 보상금은 생산물의 형태로 지급되며, 한국 정부는 이 보상금을 모든 가계에 동일한 규모로 나눠 주기로 하였다. 물가와 임금을 포함한 모든 가격이 신축적이며, 조약의 체결사실이 모든 경제주체에게 알려져 있다고 할 때 이 조약이 한국국민경제에 미치는 영향을 분석하라.(총 40점)

(1) 이 조약의 체결이 노동수요곡선과 노동공급곡선에 미치는 영향을 각각 분석하고, 그 결과 노동시장에 어떤 변화가 발생할 것인지를 분석하라.(25점)

(2) 이 조약의 체결이 총수요곡선과 총공급곡선에 미치는 영향을 분석하라.(20점)

C/O/N/T/E/N/T/S

Ⅰ. 논의의 전제
Ⅱ. 설문(1)의 해결
Ⅲ. 설문(2)의 해결

Ⅰ. 논의의 전제

보상금이 지급되었을때 한국에서 가계의 노동공급 및 총생산, 총수요에 어떠한 영향을 주는지 보기로 한다. 먼저 한국의 총생산함수는 Y=Af(L)으로 보기로 한다.

Ⅱ. 설문(1)의 해결

노동공급자의 노동공급에 다른 효용함수는 다음과 같다.

max $u(C, L)$

s.t. $PC \le W(\overline{L} - L) + K$

(P 물가, W 명목임금, C 소비, L 여가, K 자산(wealth), $\overline{L}$: 여가부존량)

노동공급은 가계의 효용극대화에 의해 결정되는데, 생산물을 매년 이전지출의 형태로 받는 것은 그 현재가치만큼 가계의 재산이 늘어난 효과가 있다. 여가가 정상재라고 할때 보상금의 지급은 소득의 증가이고 소득효과로 인해 노동공급이 감소한다. 그에 따라 노동시장에서 노동공급곡선은 좌측으로 이동한다.

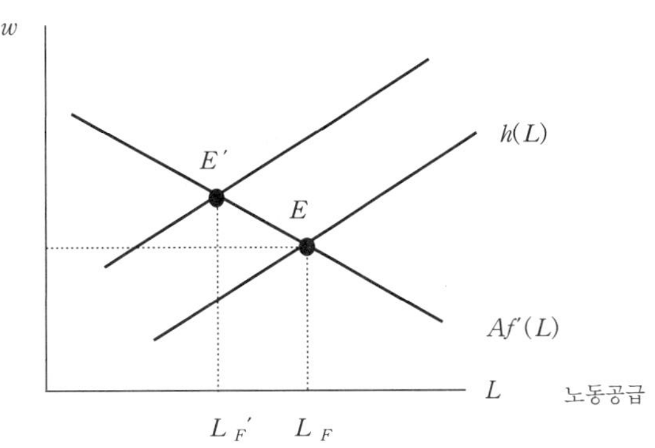

그에 따라 임금은 증가하고 고용량은 감소한다.

Ⅲ. 설문(2)의 해결

먼저 총생산함수는 보상금의 지급에 따라 $Y=Af(L)+C$가 되고 총생산함수곡선은 위쪽으로 평행이동한다. 그러나 앞의 (1)문에서 보았듯이 보상금의 지급은 노동공급을 감소시킨다. 따라서 보상금의 크기 및 지급에 따른 소득효과를 고려해서 총생산의 증감을 고려하여야 하나 여기서는 일단 총생산이 증가한다고 보기로 한다.

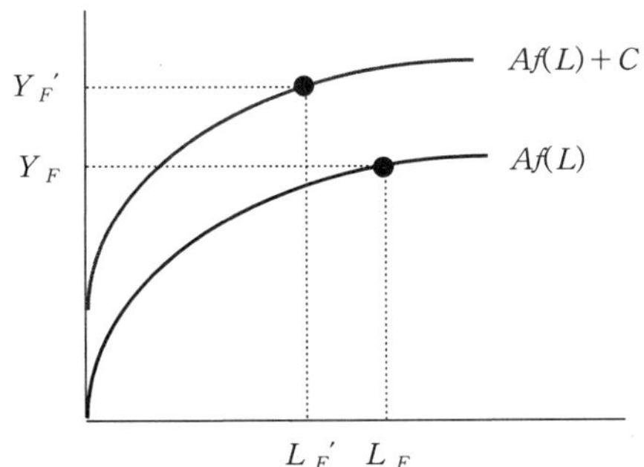

문제에서 모든 가격이 신축적이고 정보가 완전하므로 총공급곡선은 수직선의 형태를 가진다. 보상금의 지급으로 인해 국민총생산이 증가하였다고 했으므로 AS곡선은 우측으로 이동한다. 총수요곡선은 소득의 증가로 인해 소비가 증가하며 결국 AD곡선은 좌측으로 이동한다. 이를 그래프로 나타내면 다음과 같다.

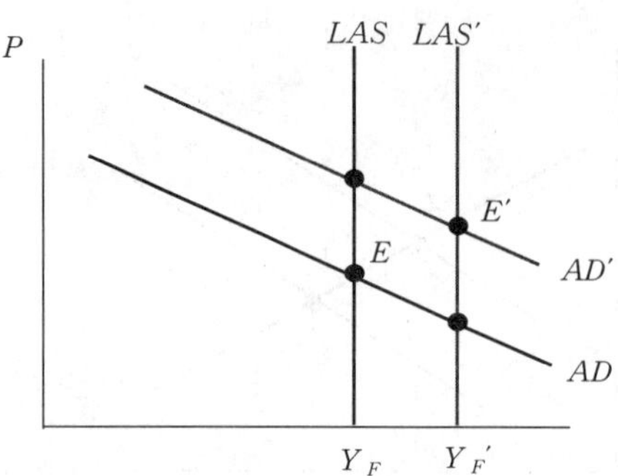

생산요소시장균형

제48회 행정고시 재경직 합격 주 원 석

■ 한 전도유망한 축구선수가 거액의 연봉을 약속받고 한 프로축구구단에 입단하였다. 일단 입단하기만 한다면 소속팀이 선수에 대한 다른 구단에 권리를 팔지 않는 한 그 축구선수는 다른 팀에 소속할 수 없다. (논의의 편의를 위해 구단의 모든선수는 실력이 동일하다 본다.)

(1) 프로축구선수시장에서 축구선수들의 임금과 고용수준을 도출하라. (15점)

(2) 축구선수들이 당하는 착취수준을 도해하시오. (10점)

(3) 축구선수들이 프로축구선수협의회를 결성한다면 이 경우 이들이 받을 수 있는 임금수준은 얼마인가? (15점)

(4) 쌍방독점상황에서 축구선수협의회가 파업한다고 위협했을 때 구단이 이를 믿는다면 가능한 임금수준은 얼마인가, 만약 구단의 해고위협이 더 신뢰성있다면? (10점) (Pindyck 미시경제학 응용)

C/O/N/T/E/N/T/S

Ⅰ. 논의의 전개

설문에서, 일단 한 구단과 계약한다면 사실상 선수계약과 관련한 권리는 구단이 모두 가지게 된다. 이는 노동시장이라는 생산요소시장에서 구단이 선수들에 대하여 수요독점력을 가진다고 볼 수 있다. 여기서는 수요독점인 생산요소시장에서의 고용량과 임금수준을 살펴보기로 한다.

경제학

Ⅱ. 설문(1)의 해결

자본이 일정(K*)하다고 할때 구단측에 있어 이윤극대화하는 선수고용량 및 임금수준은 다음과 같이 결정된다.

$Max\Pi = P(q) \cdot q(L, K^*) - w(L) \cdot L - r \cdot K^*$

위 식을 노동(L)로 미분하고 정리하면 이윤극대화시키는 고용량은 다음과 같이 정리된다.

$MRP_L = MFC$

2계조건) $\frac{\partial MRP}{\partial L} < \frac{\partial MFC}{\partial L}$

이를 그래프로 나타내면 다음과 같다.

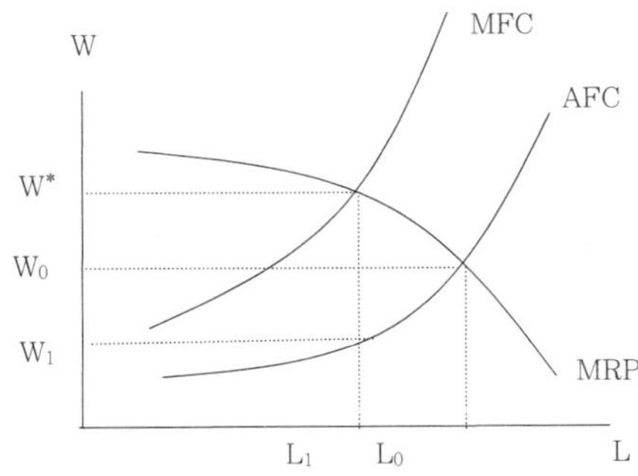

생산요소시장이 수요독점이 아니라면 고용량은 Lo, 축구선수들의 임금은 W_0가 될 것이나 수요독점으로 인하여 임금과 고용수준은 L_1, W_1이 된다.

Ⅲ. 설문(2)의 해결

프로축구 선수들은 수요독점으로 인하여 더 낮은 임금을 받고 있다. 수요독점적 착취란 수요독점적인 요소시장하에서 생산요소의 공급자들이 덜 받게 되는 소득의 크기를 말한다.

설문에서 야구선수들이 당하는 착취수준을 불완전경쟁시장하에서의 임금과 경쟁시장에서 받게되는 임금의 차이로 정의한다면 W_0-W_1이다. 만약 수요독점적 착취를 수요독점적인 상황에서 노동자의 한계생산물가치와 실제받는 임금의 차이로 정의한다면 W^*-W_1으로 볼 수 있다.

Ⅳ. 설문(3)의 해결

선수들이 선수협의회를 결정하여 노동공급량을 통제한다면 노동공급에 있어 독점력을 가지게 되며, 이 경우 노동공급 및 임금은 쌍방독점상황에서 결정된다.

선수들로서는 기업의 MRP곡선을 회사의 노동수요곡선으로 파악하고 그에 따라 노동공급에 따른 한계수입곡선을 도출한다. 임금의 극대화를 위해 노동공급에 따른 한계비용곡선(노동공급곡선)과 한계수입곡선이 일치하는 점에서 노동공급을 결정하려 한다. 그러나 쌍방독점인 상황에서 임금 및 고용량은 기업이 원하는 것과 다름에 따라 결국 균형임금 및 고용량은 시장외적인 요인에 의해 결정된다. 이를 그래프로 나타내면 다음과 같다.

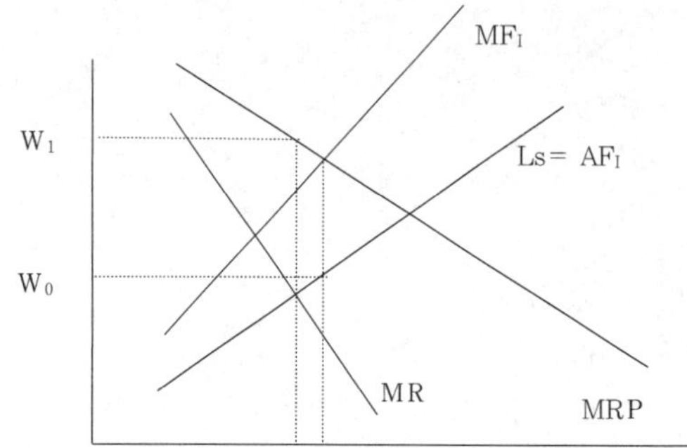

그래프에서 보듯이 야구선수들은 W_1만큼의 임금을 그리고 구단주는 W_0의 임금만 주려한다. 따라서 그 사이에서 임금이 협상이 될 것이다.

V. 설문(4)의 해결

프로축구선수들이 파업을 선언하고 이 선언이 신뢰성 있는 위협이라면 W_1에서 임금이 결정될 것이다. 구단의 해고위협이 더 신뢰성 있다면 W_0에서 임금수준이 결정될 것이다.

제7장 일반균형이론

기 출

계약곡선, 효용극대화와 자원배분

제48회 행정고시 재경직 합격 이 한 샘

행시 제49회(05년)

두 재화(x_1, x_2)와 두 소비자(A, B)가 존재하는 교환 경제를 가정하자. 두 소비자의 선호는 동일하며 다음과 같은 콥-더글라스 효용함수로 표현된다. U(x_1, x) = x_1x_2 여기서 x_1과 x_2는 각각 첫 번째 재화와 두 번째 재화의 소비량을 나타낸다. 이 경제의 총부존량은 (x_1, x_2)=(5, 5)이며, A소비자와 B소비자의 부존량은 각각 (1, 4)와 (4, 1)이다. (총 40점)

(1) 이 경제의 계약 곡선(contract curve)을 구하라. (10점)

(2) 두 소비자가 협상을 통하여 현재의 자원배분 상태에서 다른 상태로 이동하고자 한다. A소비자가 모든 협상력을 가지고 있어 A가 새로운 자원 배분을 제안할 때 B소비자는 그 제안을 받아들이거나 혹은 거부할 권리만 있다고 하자. 이 때 나타나는 새로운 자원배분 상태에 대하여 설명하라. (15점)

(3) 협상이 아닌 시장기구를 통하여 2)에서 나타나는 자원배분 상태로 이동할 수 있는가에 대해 설명하라. (15점)

C/O/N/T/E/N/T/S

Ⅰ. 일반경쟁균형의 의미

일반경쟁균형이란 각 경제주체의 효용이 극대화되고 있으면서, 각 재화에 대한 수요량과 공급량이 일치하고, 동시에 각 경제주체는 가격수용자인 상태를 말한다. 이하에서는 두 재화와 콥-더글라스 효용함수를 가진 두 소비자로 이루어진 순수교환경제 하에서 초기부존상태에서의 협상과 시장기구를 통한 자원배분상태를 도출해본다.

Ⅱ. 설문 (1)의 해결

1. 계약곡선의 개념

계약곡선이란 순수교환경제에서 에지워스 박스 내의 파레토 효율적인 배분을 나나타내는 점들의 집합을 의미하며 이 곡선 상에서는 두 소비자의 한계대체율이 일치하여 무차별곡선이 접한다.

2. 계약곡선의 도출

(1) 수리적 도출

소비자 i 의 $MRS = \dfrac{MU_1^i}{MU_2^i} = \dfrac{X_2^i}{X_1^i}$ 이므로, $\dfrac{{X_2}^A}{{X_1}^A} = \dfrac{{X_2}^B}{{X_1}^B}$ … ①

총부존량이 각각 5이므로

$X^B = 5 - X^A$,

①에 대입하면

$X_1^A = X_1^B$ 또는 $X_2^A = X_2^B$. 단, $0 \le X \le 5$

(2) 그래프 도해

설문에서의 계약곡선은 $X_1^i = X_2^i$, 즉 두 소비자의 원점을 잇는 직선이 된다. 한편 초기부존점을 지나는 두 무차별곡선이 만드는 내부공간을 코어(core)라고 하며 이 내부로 자원배분상태가 옮겨질 때 파레토 개선의 여지가 있다. E에서는 파레토 비효율적인 상태이다.

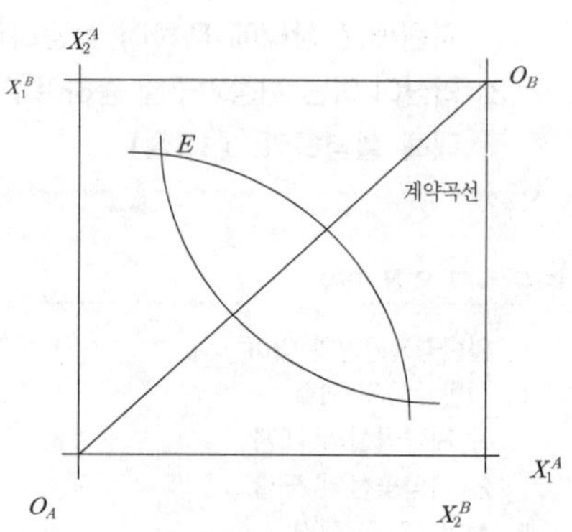

E : 초기부존점 A(1,4), B(4,1)

$X_1^A + X_1^B = 5$

$X_2^A + X_2^B = 5$

Ⅲ. 설문 (2)의 해결

1. 소비자 A의 효용극대화 원리

설문에서 모든 협상력은 A에게 귀속되어 있는 바, A는 B의 현재 효용상태를 예산제약으로 인식하여 자신의 효용을 극대화하려 한다. 즉 B의 효용이 더 이상 악화되지 않는 한도에서 최적화를 달성한다.

$$Max\ \ U_A = X_1^A X_2^A$$

$$s.t\ \ U_B = X_1^B X_2^B = 4$$

2. 새로운 자원배분상태 도출

(1) 수리적 도출

$$L = X_1^A X_2^A - \lambda(4 - X_1^B X_2^B) = X_1^A X_2^A - \lambda(4 - (5 - X_1^A)(5 - X_2^A))$$

위와 같이 Largrange method를 사용하여 일계조건을 구하면,

$$X_1^{A2} - 10X_1^A + 21 = 0$$

$$\therefore\ X_1^A = X_2^A = 3\ \ (\because 0 \le X \le 5)$$

$$X_1^B = X_2^B = 2$$

(2) 그래프 도해 및 의미

A가 모든 협상력을 가지므로 효용극대화를 달성하기 위해, 최초의 B의 무차별곡선에 접하는 상태인 C점에서 자원배분이 이루어진다. C에서 더 이상 파레토 개선을 불가능하므로 파레토 효율은 달성된다. 하지만 이 과정에서는 가격과 초과수요 등이 고려되지 않았으므로 일반경쟁균형이라고는 할 수 없다.

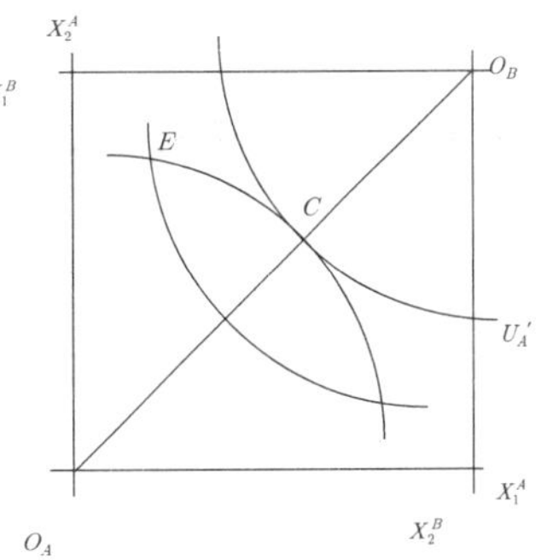

C : 협상 후 자원배분점 A(3,3), B(2,2)

U_A' : 협상 후 A의 효용수준

Ⅳ. 설문 (3)의 해결

1. 소비자 A, B의 효용극대화

$$Max\ \ U_i(X_1^i, X_2^i)$$

$s.t\ \ P_1X_1^A + P_2X_2^A \le 4P_1 + P_2$ ⋯ A의 예산제약

$P_1X_1^B + P_2X_2^B \le P_1 + 4P_2$ ⋯ B의 예산제약

2. 새로운 자원배분상태의 도출

$$L_A = X_1^A X_2^A - \lambda(4P_1 + P_2 - P_1X_1^A - P_2X_2^A)$$

$$L_B = X_1^B X_2^b - \lambda(P_1 + 4P_2 - P_1X_1^B - P_2X_2^B)$$

라그랑지 함수 L_A, L_B를 각각 미분하여 일계조건을 구하여 계산하면

$P_1 = P_2$이고,

$X_1^A = X_2^A = X_1^B = X_2^B = 2.5$

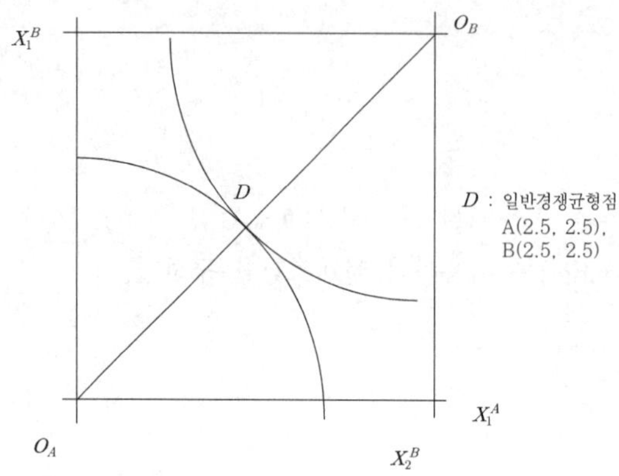

3. 설문 (2)의 자원배분상태와의 차이

설문 (3)에서는 시장기구를 통해 자원배분 상태가 이동하며 이는 가격을 고려하여 수요와 공급이 일치하는 균형에 도달한다. 이에 반해 설문 (2)에서는 효용극대화는 달성하나 가격을 고려하지 않아 초과수요가 존재할 수 있어 균형이라고 할 수 없다. 결론적으로 가격을 매개로 하여 경제주체의 자유로운 교환활동을 맡기는 경우, 가격을 고려하지 않은 협상에서의 자원배분상태와 다른 결과가 나타나게 된다.

일반균형론

제48회 행정고시 재경직 합격 이 한 샘

어떤 경제 내에 두 명의 소비자 A와 B, 두 상품 x, y만이 존재하는 순수교환경제라고 하자. 두 소비자의 효용은 다음과 같은 바, A는 오직 x에 의해, B는 오직 y에 의해 결정된다. 그리고 소비자는 price taker로서 활동한다.

(1) 초기부존점에서 A가 약간의 x를, B가 약간의 y를 보유하고 있다면, 이 경제는 파레토 최적상태에 있는가?(10점)

(2) 이 경제에서 파레토 최적인 자원배분상태와 그 때의 가격체계를 제시하라.(10점)

경제학

C/O/N/T/E/N/T/S

Ⅰ. 파레토 개선과 파레토 효율

파레토 효율을 더 이상 파레토 개선이 불가능할 경우를 말하며, 파레토 개선이란 경제 내 누구도 손해를 보지 않으면서 적어도 한 명 이상이 이익을 보는 과정을 말한다. 이하에서는 두 소비자와 두 상품이 존재하는 순수교환경제에서 사회적 최적상태를 에지워스 박스를 통해 분석해 본다.

Ⅱ. 설문 (1)의 해결

1. A와 B의 효용함수의 특징

설문에서 A는 오직 x에만 의해, 그리고 B는 오직 y에만 의해 결정된다. 각각의 경우를 그래프로 나타내면 A의 무차별곡선은 $x-y$평면에서 수직으로 B의 무차별곡선은 수평으로 나타난다.

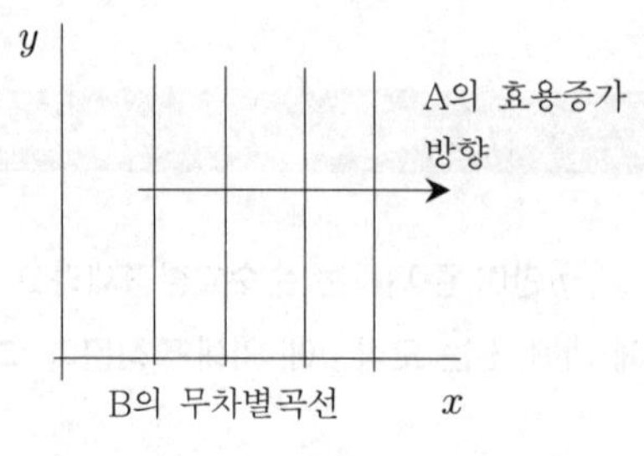

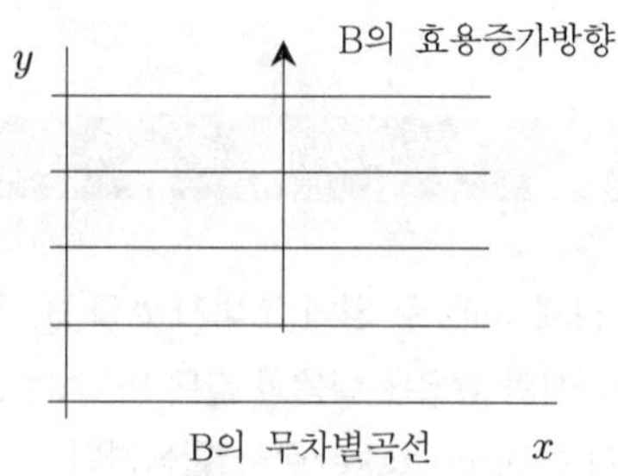

2. 에지워스 박스에서의 도해와 파레토 최적 여부

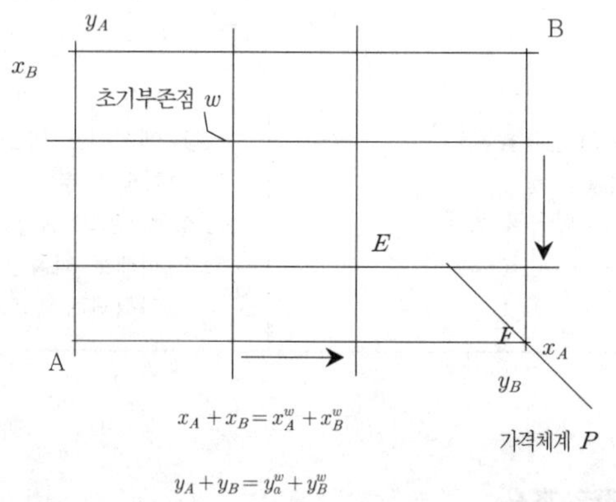

A가 약간의 x를, B가 약간의 y를 가지고 있는 상황을 초기부존점 w라 한다. 그러나 w에서는 A와 B 간의 교환을 통해 A가 x를 더 가지고 B가 y를 더 가지게 된다면 두 사람 모두 효용이 증가하게 된다. E로 옮겨가는 경우 파레토 개선이 가능하므로 현재 w에서는 파레토 최적이 이루어지지 않고 있다.

Ⅲ. 설문 (2)의 해결

1. 파레토 최적인 자원배분상태의 도출

설문 (1)에서 A, B의 자원배분이 에지워스 박스에서 우하향 방향으로 갈수록 파레토 개선이 이루어짐을 알 수 있다. 파레토 개선을 계속해 나갈 때 F점에 도달하는 경우 더 이상 A와 B는 각각 x와 y의 소비량을 증가시킬 수 없다. 파레토 개선이 더 이상 불가능한 상태, 파레토 최적상태에 도달하는 것이다.

2. 가격체계

에지워스 박스에서 가격체계 P는 $\frac{P_x}{P_y}$로 구해진다. 초기부존점 w에서 A와 B는 효용극대화를 달성하지 못하고 있으며 x와 y를 얻기 위하여 A는 y를, B는 x를 내놓으려 할 것이다. 이 과정에서 가격체계는 다시 변화하고(상승 또는 하락) 최적 배분상태인 F에서의 가격체계는 $0 \leq P \leq 1$의 범위에서 형성된다.

제8장 후생경제이론

기 출

사회무차별곡선과 소득재분배

행시 제49회(05년) 재정학

이 상 근 강사

최근 들어 우리사회에서 가장 화두가 되고 있는 것 중의 하나가 양극화 현상이다. 이의 해결을 위해 정부는 조세정책이나 정부지출을 통해 소득분배과정에 개입할 수 있다. 다음 물음에 답하시오.(총 30점)

(1) 공리주의, 평등주의, 롤즈적 가치판단에 따른 세 가지 경우의 사회 무차별 곡선을 도출하고, 이 세 가지 경우의 소득 재분배 기본원칙에 대해서도 설명하시오.(20점)

(2) 정부가 저소득층 생계지원을 위해 식품보조를 할 수도 있고, 현금 이전을 할 수도 있다. 두 제도를 비교 · 설명하시오. (10점)

C/O/N/T/E/N/T/S

Ⅰ. 설문 (1)문의 해결

1. 사회 무차별 곡선의 의의

(1) 사회 후생함수

A, B 두 사람으로 구성된 어떤 한 사회에 대하여 두 사람의 효용수준이 U_A, U_B로 주어졌을 때 다음과 같은 관계를 통해 사회 후생의 수준(Social Welfare)을 그 함수값으로 나타내 주는 것을 사회후생함수라 한다.

$SW = f(U_A, U_B)$

사회후생함수는 A와 B의 효용수준이 주어져 있을 때 이를 종합해 하나의 사회후생수준으로 바꾸는 것이기 때문에, 이 함수의 성격은 두 사람의 효용수준을 어떤 가치판단 위에서 평가하느냐에 따라 달라지게 된다.

(2) 사회 무차별 곡선

사회 무차별 곡선은 소비자이론에서의 무차별 곡선과 같이 사회 후생 함수로부터 동일한 수준의 사회 후생을 주는 U_A, U_B의 조합들로 이루어지며, 그 모양은 사회 후생함수가 내포하고 있는 가치판단이 반영된다.

2. 사회 무차별 곡선과 소득재분배 기본원칙

(1) 공리주의의 경우

공리주의의 경우 개인의 효용을 단순히 더하여 사회후생을 정의한다. 이 경우 사회후생은 두 사람 사이에 효용이 어떻게 분배되는지에 관계없이 단지 개인효용의 합에 의해서만 결정되는 특징이 있다.

$SW = U_A + U_B$

그러므로 공리주의의 사회 무차별 곡선은 기울기가 -1인 우하향하는 직선으로 나타낼 수 있다.

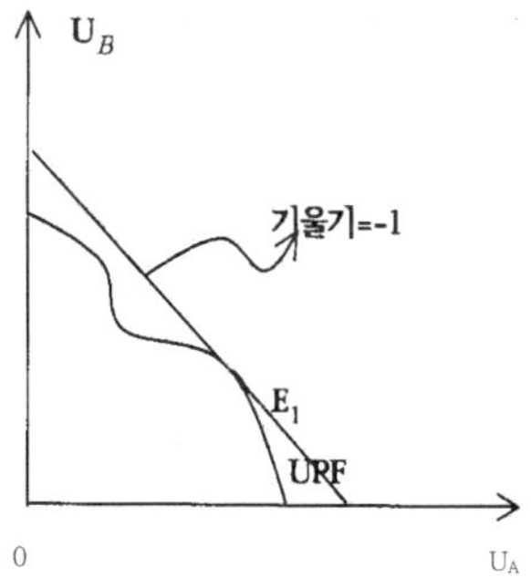

이때 소득 재분배는 모든 효율적인 자원배분의 집합인 효용가능경계(UPF)의 점들 중에서 공평성이라는 기준을 추가하여 사회적으로 가장 바람직한 배분을 도출하는 방향으로 이루어져야 한다. 그런데 공평성에 대하여는 특정한 가치판단이 도입되어야 하고, 이는 실질적으로 특별한 성격을 가진 사회후생함수를 상정해야함을 뜻한다. 즉, 효용가능경계상의 점들 중에서 가장 높은 수준의 사회 무차별곡선과 만나는 점이 바람직한 배분으로 평가될 수 있다.

(2) 평등주의의 경우

평등주의의 사회후생함수는 어떤 사람의 효용수준이 높을수록 더 작은 가중치를 적용해 사회후생을 계산해야 한다는 가치판단 하에 원점에 대하여 볼록한 모양의 사회 무차별 곡선으로 표현된다.

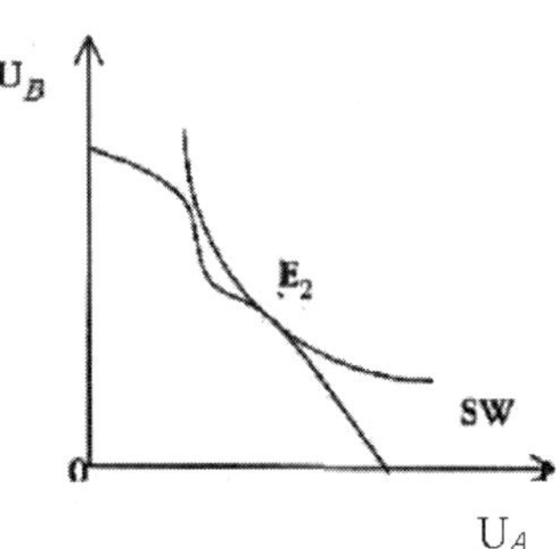

이 경우에도 효율성을 달성하는 효율가능경계상의 점들 가운데 평등주의적 가치판단에 의하여 공평성이 고려된 효용가능경계와 사회무차별곡선의 접점이 바람직한 분배상태가 된다.

(3) 롤즈적 가치판단의 경우

롤즈는 어떤 분배의 상태가 바람직한지를 논의하면서, 한 사회에서 가장 못사는 사람의 생활수준을 가능한 한 가장 크게 개선시키는 것이 최우선 과제가 되어야 한다고 주장했다. 이는 다음과 같은 사회후생함수로 나타낼 수 있다.

$SW=\min\{U_A, U_B\}$

즉, 사회후생이 그 사회에서 가장 못사는 사람의 효용수준에 의해 결정되는 것이다. 이 경우 사회무차별곡선은 L자 모양을 갖게 되고 이는 아주 극단적인 평등주의적 가치판단을 반영하고 있음을 보여준다.

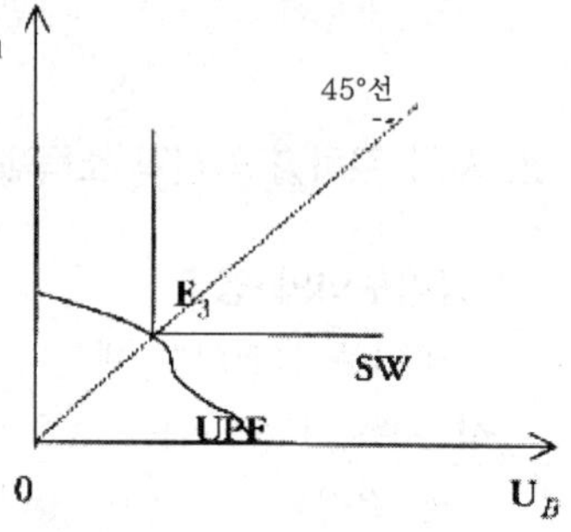

이러한 롤즈적 가치판단 하에서는 효용가능경계와 L자형의 사회무차별 곡선이 만나는 E점이 가장 바람직한 배분이 된다.

Ⅱ. 설문 (2)문의 해결

저소득층 생계지원을 위해 식품보조와 현금 이전이 모두 가능한데 이는 현물보조와 소득보조로서 소비자의 선호체계에 따라 동일한 효과를 내기도 하고 상이한 효과를 내기도 한다.

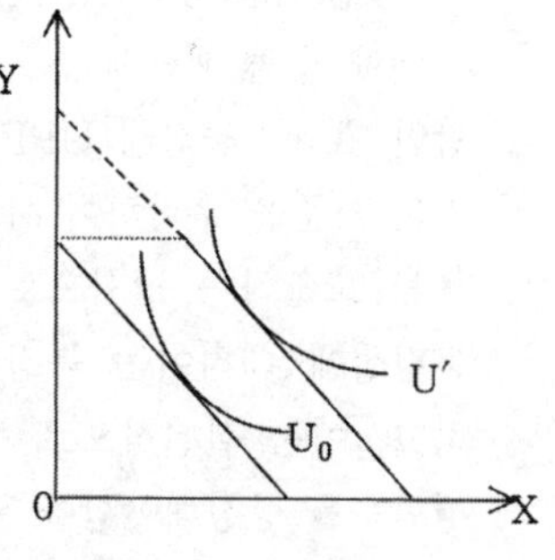

우선, 현물보조와 소득보조는 상대가격 체계에 교란을 가져오지 않는다는 점에서 가격보조와는 달리 소비자의 자원 배분의 비효율성을 가져오지 않는다는 점에서 공통점이 있다.

위의 그래프와 같이 소득 보조와 현물 보조의 경우 소비자의 선택점이 동일하므로 양자의 경제적 효과역시 동일하다고 할 수 있다.

그런데 현물보조의 경우에는 소비자는 지급받은 현물만을 소비해야 하는데 반하여 소득 보조의 경우 어떤 재화를 소비할 것인지까지 소비자가 결정할 수 있으므로 현물보조된 재화에 대한 수요가 매우 낮은 수준인 경우에는 현물보조시 보다 소득보조시의 효용이 더 높아지게 된다. 반면에 현물보조시에는 보조된 특정 재화(X)의 소비량은 높아지므로 특정 재화의 소비를 촉진하고자하는 측면에서는 효과가 있다고 할 수 있다.

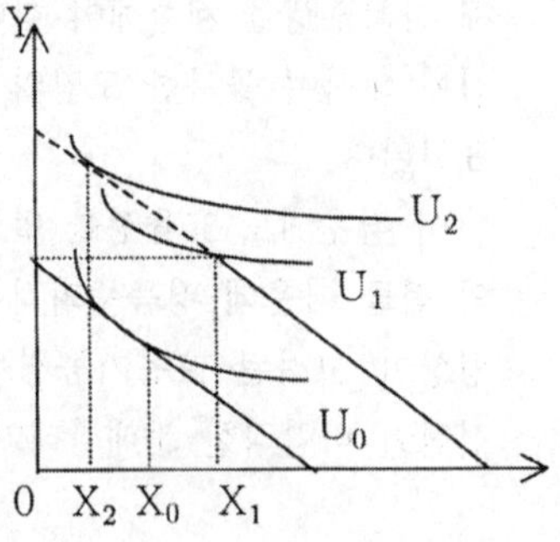

비용편익분석수단과 공공사업의 선택

행시 제53회(09년)

제25회 입법고시 재경직 합격 유 구 용

다음은 정부의 각 공공사업에 대한 연도별 순편익과 순편익의 현재가치의 합을 나타내고 있다. (총 35점)

공공사업명	각 연도의 순편익 (단위 : 억 원)		순편익의 현재가치의 합 (할인율=5%)
	연도 0	연도 1	
A	-70	100	25.2
B	-50	70	16.7
C	-30	55	22.4
D	-10	20	9.1

(1) 정부의 공공사업에 대한 비용-편익 분석 수단인 현재가치기준과 내부수익률기준에 대하여 각각 설명하시오. (10점)
(2) 위의 표에서 순편익의 현재가치의 합은 어떻게 계산된 것인지 설명하시오. (7점)
(3) 위의 네 가지 공공사업 중에서 오직 하나의 사업만을 시행할 수 있다고 할 때 정부가 어느 사업을 선택해야 하는지와 그 이유를 설명하시오. (8점)
(4) 이제 정부가 연도 0에 80억 원의 예산만을 확보하였다고 가정하자. 이 경우 어느 사업을 선택해야 하는지와 그 이유를 설명하시오. 위의 3)에서 선택한 사업이 이번에도 포함되었는지 여부와 그 이유를 설명하시오. (10점)

C/O/N/T/E/N/T/S

경제학

Ⅰ. 설문 (1)문의 해결

1. 비용-편익 분석의 의미

비용-편익 분석이란 특정한 투자계획을 실천에 옮길것인가를 고려하는 과정에서, 발생하는 비용과 창출되는 편익을 분석하는 행위를 의미한다. 비용-편익 분석의 방법은 대표적으로 현재가치기준과 내부수익률기준이 있다.

2. 현재가치기준과 내부수익률기준의 의의

(1) 현재가치기준의 의의

현재가치기준은 어떤 투자계획의 타당성을 현재가치로 환산된 순편익에 기초해 평가하는 방법이다. 여기서 현재가치란 예상되는 비용과 편익을 적절한 비율로 할인하여 구해지는 값이다. 이는 기회비용을 반영함을 의미하기도 한다.

현재가치기준에 의해 평가된 사업은 양(+)의 값을 가질 경우에 일반적으로 채택가능성을 인정받게 된다. 또한 여러 사업을 비교할 경우에는 우선순위를 결정하는 것에 도움을 준다.

(2) 내부수익률기준의 의의

어떠한 투자계획이 의미하는 기간당 수익률을 계산해 내부수익률이라 부르고, 이에 기초해 투자계획의 타당성을 평가하는 것이 내부수익률기준이다.

이에 따르면 내부수익률이 투자계획에 소요되는 자금의 기회비용을 뜻하는 할인율보다 클 경우에 채택가능성을 인정받게 되며, 여러 사업을 비교할 경우에는 내부수익률이 높은 순으로 우선순위를 배정하게 된다.

3. 각 기준의 한계

(1) 현재가치기준의 한계

공공부문에 있어서의 현재가치기준은 과연 시장이자율을 그대로 사용할 것인가에 대한 문제가 있다. 공공부문은 민간부문과는 달리 여러 가지 복합적인 목표를 추구하기 때문이다. 또한 시장 가격 자체가 변화하는 경우 편익과 비용을 측정하기 힘들다는 문제도 있다.

(2) 내부수익률기준의 한계

이 역시 현재가치기준의 경우와 마찬가지로 기준이 되는 이자율 산정의 어려움과 편익 및 비용의 측정 어려움의 한계를 갖는다. 또한 내부수익률기준은 사업의 규모를 고려하지 않는다는 점 및 내부수익률이 복수해를 갖는 경우가 있다는 문제를 추가로 갖는다.

Ⅱ. 설문 (2)문의 해결

1. 순편익의 현재가치의 합 도출식

순편익의 현재가치의 합은

$NPV = B_0 - C_0 + \frac{B_1 - C_1}{1+r} + \ldots + \frac{B_n - C_n}{1+r}$ 와 같은 도출식으로 결정된다.

2. 각 공공사업의 도출방식

위의 도출식에 근거하면,

A : -70 + 100/1.05 = 25.2

B : -50 + 70/1.05 = 16.7

C : -30 + 55/1.05 = 22.4

D : -10 + 22/1.05 = 9.1 의 방식으로 도출됨을 알 수 있다.

Ⅲ. 설문 (3)문의 해결

1. 분석의 가정

정부는 오직 하나의 사업만을 시행할 수 있으며, 예산의 제약은 없다고 가정한다. 또한, 편익과 비용에 관한 모든 정보를 알고 있음을 가정한다.

2. 정부의 선택 및 그 이유

현재가치기준에 의하면 A공공사업이 그 현재가치가 가장 높으므로 최우선의 대안이 된다. 반면 내부수익률기준에 의하면 D공공사업이 그 내부수익률이 가장 높으므로 최우선의 대안이 된다.

A와 D의 대안 중에서 정부의 예산 제약이 없으므로 정부는 현재가치가 가장 높은 A를 선택할 것이다. 만약 D를 선택한다면, 내부수익률은 높으나 해당 공공사업으로 얻어지는 현재가치가 A의 그것에 비해 현저하게 적기 때문이다. 즉 예산 제약이 없는 상황에서는 정부는 현재가치의 기준에 의해서 사업은 선정한다.

Ⅳ. 설문 (4)문의 해결

1. 분석의 가정

공공사업에 대한 정부의 예산은 연도 0에 80억 원뿐이라고 가정한다. 즉 이 경우에서는 80억 원의 예산제약 하에서 두 가지 이상의 공공사업의 시행도 가능하다.

2. 가능한 대안의 도출 및 선택

80억 원의 예산제약 하에서는 (A), (B), (C), (D), (A,D), (B,C), (B,D), (C,D)의 8가지 대안만이 가능하다.

각각의 경우 순편익의 현재가치의 합을 구하여 비교하면 (B,C)의 경우가 39.1억 원으로 가장 큰 값을 갖는다. 따라서 80억 원의 예산제약 하에서는 B사업과 C사업을 선택하며, 이에 따라 39.1억원의 순편익의 현재가치를 기대할 수 있다.

3. 설문 (3)문의 결과와의 비교

설문 (3)문의 경우 A공공사업이 선택되는 반면, 4)문의 경우에는 B와 C사업이 선택된다. 이는 앞에서 언급한 바와 같이 예산제약이 있기 때문이다. A공공사업과 병행될 수 있는사업은 D공공사업뿐이지만, 이의 경우에는 순편익의 합이 B와 C를 선택하는 것보다 작다.

제9장 시장실패이론

기 출

지식재화의 특성, 시장실패 해소

행시 제52회(08년)

제53회 행정고시 재경직 합격 노 경 민

우리 사회는 빠르게 지식사회로 진행되고 있고 지식의 중요성이 날로 증대되고 있다.(총 35점)
(1) 지식을 하나의 상품으로 생각할 때 일반적인 상품과의 차이점에 대해 기술하시오. (10점)
(2) 시장실패의 유형에 대해 약술하고, 지식의 생산에 있어서의 시장실패를 설명하시오. (15점)
(3) 지식생산에 있어 나타나는 시장실패를 해소하기 위한 방안을 기술하시오. (10점)

C/O/N/T/E/N/T/S

Ⅰ. 설문 (1)의 해결

1. 무형의 재화 특성

지식의 경우 일반 재화와 달리 형태가 없는 무형의 재화이다. 따라서 배제가 어렵고, 소비가 경합되지 않으며 소유권 확보가 어렵다는 특성이 있다. 이러한 특성에 따라 공공재적인 성격이 나타나기도 하고, 거래나 시장형성이 어려운 문제가 나타나기도 한다.

2. 가치재의 특성

지식은 많은 사람들이 많이 소비할수록 바람직한 재화로 가치재적인 특성을 갖는다. 이러한 이유로 정부는 지식 생산과 지식의 전파, 교육을 장려, 육성하기도 한다.

3. 네트워크적 특성

지식과 지식이 상호 연결되어 더 높은 가치를 생산해 낼 수도 있고, 지식이 또 다른 지식 생산을 가능하게 하기도 한다. 또한 지식이 소비될 때 그 가치 이상의 대가를 지불하지 않는 사회적 편익을 가져다 줄 수 있는 외부성을 지니기도 한다.

Ⅱ. 설문 (2)의 해결

1. 시장실패의 의의

시장 실패란 시장에서 가격기구에 의한 파레토 효율성적인 자원 배분이 달성되지 못하는 상태를 의미한다.

2. 시장실패의 유형

(1) 불완전 경쟁

독점, 과점 등의 불완전 경쟁이 발생하는 경우 자중손실(Dead Weight Loss)이 발생하고, 효율적 자원 배분에 실패하게 된다.

(2) 공공재

공공재는 생산되는 즉시 모든 구성원들이 소비의 혜택을 누릴 수 있는 재화를 의미하는 것으로, 비경합성과 배제 불가능성을 그 특징으로 한다. 이러한 특성 때문에 공공재는 가격을 매기는 것이 가능하지도 바람직하지도 않게 되고, 무임승차와 과소생산의 문제가 발생한다.

(3) 외부성

경제 행위가 가격기구를 통하지 않고 의도하지 않은 혜택이나 손실을 발생시키는 경우를 외부성이라 한다. 외부성이 발생하면 사적수준과 사회적 수준이 괴리되어 과소, 또는 과다 생산의 비효율이 발생한다.

(4) 불완전 정보

정보가 비대칭적으로 분배되어 있는 경우 자원이 효율적으로 배분되지 못하여 역선택, 도덕적 해이 등의 시장실패가 나타난다.

3. 지식생산에 있어서의 시장실패

(1) 공공재적 성격

경합성, 배제 가능성을 지닌 일반 상품과 달리 지식의 경우 한 사람의 추가적인 소비가 다른 사람의 소비 가능성을 감소시키지 않으므로 비경합성을 지니고, 이미 공개된 지식의 경우 대가를 치르지 않고도 소비에서 배제하기 어려운 성격을 갖는다. 따라서 공공재 성격을 갖는 지식은 과소생산 되는 시장실패를 겪게 된다.

(2) 긍정적 외부성

지식은 한번 생산되면 생산자가 의도하지 않는 긍정적인 파급효과를 경제에 미치게 된다는 점에서 긍정적인 외부성이 존재한다. 따라서 사적한계편익(PMB)에 비하여 사회적 한계편익(SMB)이 커서 과소생산 되는 비효율성을 발생시킨다.

Ⅲ. 설문 (3)의 해결

1. 공공재 문제의 해결

공공재의 비경합성, 배제 불가능성의 특성상 수요가 과소 표출 되어 과소 생산되므로, 정부가 사회적 최적 생산량 수준을 결정하여 지식을 생산하는 방법을 통해 해결이 가능하다. 하지만 이 경우 정부 역시 사회적 최적 생산량 수준을 파악하기 어렵다는 문제가 발생한다. 또 한 가지 해결책으로 지식에 대한 재산권을 설정해서 일정기간 보호하는 '지적 재산권'을 법으로 규정하는 방법이 있다. 이를 통해 배제가 가능하도록 할 수 있지만 비경합성을 갖기 때문에 어느 정도 기간 동안 보호하는 것이 적절한지 선택해야 하는 문제가 남는다.

2. 긍정적 외부성 문제의 해결

긍정적 외부성으로 인해 지식 생산의 사적 편익이 실제 사회적 편익보다 작게 되므로, 정부는 실제 사회적 편익을 사적 편익으로 인식할 수 있도록 보조금을 지급함으로서 해결할 수 있다. 즉 R&D, 교육 훈련 등에 대한 보조금 지급 등이 그 방안이 될 수 있다.

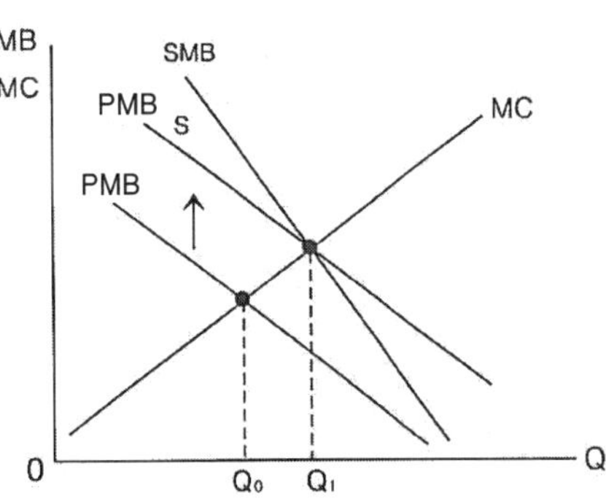

외부성과 코즈정리, 오염배출권거래제

행시 제53회(09년)

제25회 입법고시 재경직 합격 유 구 영

교토의정서 등과 같은 환경오염과 관련된 국제적 협약의 발효는 환경오염을 발생시키는 생산활동의 사회적 가치에 대한 재고를 요구하고 있다. 한강 상류에 있는 세 기업 A, B, C가 생산과정에서 발생하는 폐수를 매년 각각 α톤씩 방류한다고 하자. (총 35점)

(1) 방류하는 폐수의 피해가 계산되지 않은 사적인 시장균형에서는 세 기업이 생산하는 재화의 균형가격과 균형거래량이 사회적으로 바람직한 수준에 비해 어떻게 결정되는가? (10점)

(2) 정부의 개입 없이도 외부성을 발생시키는 당사자 간의 거래를 통하여 외부성 문제가 해결될 수 있다는 이론적 근거를 설명하시오. 아울러 이를 실행하는데 따르는 현실적 어려움에 대해서도 설명하시오. (10점)

(3) 시장실패를 조정하기 위하여 정부가 현재 폐수방류량 3α톤을 2/3 수준으로 낮추고자 2α톤의 폐수방류를 허가하는 폐수방류권을 판매한다고 가정하자. 세 기업 A, B, C의 톤당 폐수 감축비용이 각각 a. b. c라고 할 때 동일한 가격으로 판매되는 폐수방류권의 최고가격은 어떻게 결정되며, 이 때 감축에 소요되는 사회적 총비용은 얼마인가? (5점)
(단, a>b>c>0 이다)

(4) 폐수방류권이 무상으로 각 기업에게 2/3α톤씩 나누어지고 폐수방류권의 거래가 금지된다면 폐수 감축에 소요되는 사회적 총비용은 얼마인가? (5점)

(5) (4)에서 나누어진 폐수방류권이 거래될 경우 폐수 감축에 소요되는 사회적 총비용이 최저가 되는 효율적인 배분상태가 달성될 수 있음을 설명하시오. (5점)

C/O/N/T/E/N/T/S

Ⅰ. 설문 (1)문의 해결

1. 외부성의 문제

외부성의 문제란 어떤 행위가 제3자에게 의도하지 않는 혜택이나 손해를 가져다주는데, 이에 대한 대가나 지불이 없는 경우 나타나는 문제를 의미한다.

외부성은 소비의 외부성과 생산의 외부성으로 분류될 수 있으며, 이로운 외부성과 해로운 외부성으로도 구분이 가능하다.

2. 설문의 외부성

(1) 설문의 외부성의 종류

설문의 외부성은 기업의 생산과정에서 발생하는 폐수의 문제로 해로운 생산의 외부성으로 분류할 수 있다.

(2) 설문의 균형가격과 균형거래량

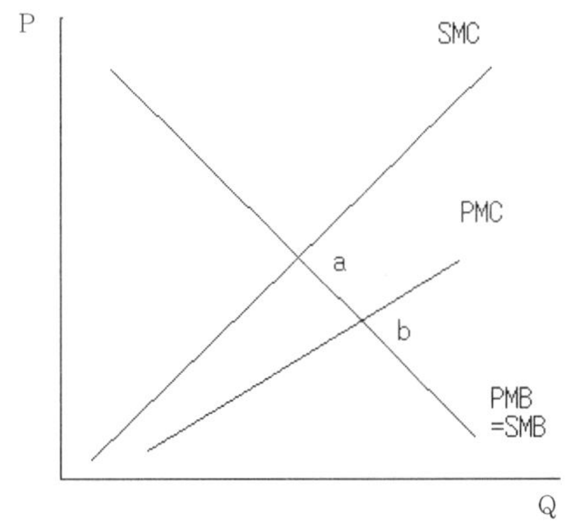

위의 그래프처럼 해로운 생산의 외부성이 발생할 시에는 사회적한계비용(SMC)가 사적한계비용(PMC)보다 크다. 하지만 개인의 이윤극대화 전략은 사적한계비용과 사적 한계편인(PMB)가 일치하는 지점에서 이루어진다. 결국 균형점은 b점에서 이루어지며, 이는 사회적으로 바람직한 지점인 a점보다 균형가격은 낮으나 생산량은 많음을 알 수 있다.

Ⅱ. 설문 (2)문의 해결

1. 외부성문제 해결의 방법 및 선택

위와 같은 외부성의 문제를 해결하는 방법으로는 직접통제, 환경세부과, 오염허가서 발급, 소유권의 확립 등의 방법이 있다. 설문의 경우에서는 당사자 간의 거래를 통한 외부성 해결을 묻고 있는 바, 코우즈 정리를 통하여 접근하겠다.

2. 코우즈 정리의 의의

(1) 개념

외부성을 일으키는 경제적 매개체에 대한 사적 소유권을 명확히 규정할 경우 그 귀속 방향과 관계없이 효율적 자원배분 달성이 가능하다는 이론이다. 이를 위한 가정으로는 이해 당사자의 확정이 용이해야 하며, 거래 및 협상 비용이 무시할 정도로 작고, 소유권의 귀속에 따른 자산효과가 없어야 함이 언급된다.

(2) 작동원리

만약 한강에 대한 소유권이 기업측에 주어 진다면 기업측은 자신의 이윤을 극대화 하는 지점인 b점을 선택한다. 이때 사회적 최적의 지점인 a점이 선택될 경우에 비해 기업은 빗금친 부분인 '1'의 부분만큼의 이득이 발생하는 반면, 일반 시민들은 '1+2'만큼의 비용이 발생한다. 따라서 당사자간의 협상을 통해 a점의 달성이 가능하다.

또한 소유권이 일반 시민에게 있을 경우에는 일반 시민은 기업에 대해 한강 오염을 금지시킬 것 이다. 이때 사회적 최적지점인 a점으로 갈 경우 발생하는 기업의 이득은 '3+4'의 크기이나, 일반 시민의 비용은 '4'의 크기이므로 이의 사이에서 가격이 결정되며 결국 a점에서 균형이 이루어진다.

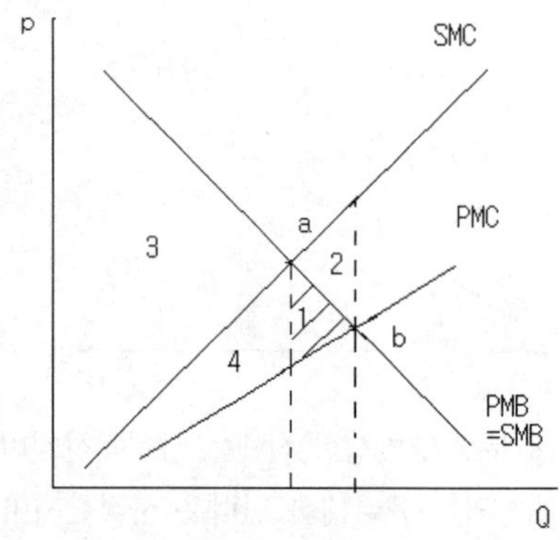

3. 코우즈 정리의 시사점 및 현실적 문제점

우리는 이를 통해 환경문제에 있어서 정부의 직접적, 적극적 개입이 반드시 요구되는 것은 아니며, 소유권의 확립이라는 최소한의 개입을 통해서도 문제의 해결이 가능함을 알 수 있다.

그러나 이해당사자의 확정이 용이하지 않으며, 협상비용 발생시 무임승차자의 발생이 가능하다는 점 등이 있다. 이는 예초에 협상 자체가 시작되지 못할 수 있다는 점을 지적하는 것이다. 위의 경우 일반 시민의 범위를 어느 선까지 인정해야 하는지 여부 및 협상과정에서의 비용 발생이라는 점이 문제로 다가온다. 또한 소유권의 귀속방향은 분배의 문제를 유발한다는 한계점이 있다.

Ⅲ. 설문 (3)문의 해결

1. 가정의 설정

사회적으로 바람직한 폐수의 방류량은 2α톤이라고 가정한다. 즉 정부는 사회적 최적의 폐수방류량을 달성하기 위해 2α에 해당하는 폐수방류권을 판매하고 있는 것이다.

2. 설문의 해결

각 기업은 감축비용보다 폐수방류권의 가격이 낮을 시에는 폐수방류권을 구입하는 반면에, 감축비용보다 폐수방류권의 가격이 높을 시에는 감축을 선택할 것이다. 설문에서 공급은 2α로 고정되어 있는 반면, 수요는 계단형의 모습을 띄게 된다. 만약 폐수방류권의 가격이 a보다 높을 시에는 어느 기업도 구입하지 않으나 a보다 낮고 b보다 높을 시에는 A기업이 α만큼 구입한다. 또한 가격이 b와 c의 사이일 경우에는 B기업도 α만큼 구입할 것이므로 가격은 c와 b의 사이에서 형성되며, 따라서 최고가격은 b가 된다.

결국 C기업만이 폐수를 감축할 것이며, 그 비용은 cα의 크기로 이는 감축에 소요되는 사회적 총비용이며, 위의 그래프의 빗금 친 부분의 넓이에 해당한다.

Ⅳ. 설문 (4)문의 해결

1. 가정의 설정

역시 사회적으로 바람직한 폐수의 방류량은 2α톤이라고 가정한다. 또한 폐수방류권의 거래가 금지되므로 각 기업은 2/3α톤을 배출하며 나머지 1/3α톤을 감축할 것이다.

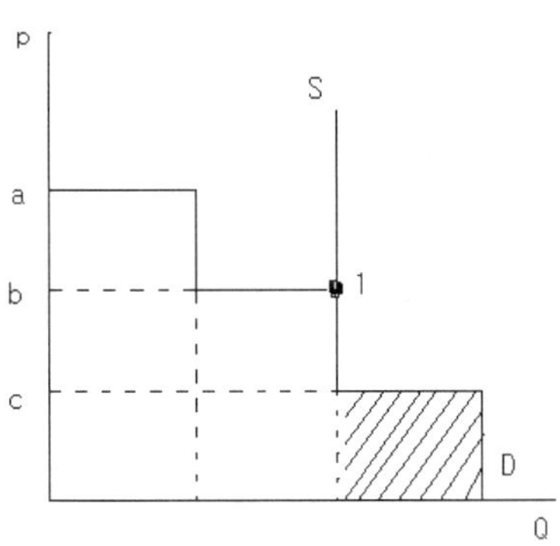

2. 설문의 해결

A기업은 1/3αa의 비용을 소요하여 감축할 것이며, B기업은 1/3αb의 비용을 소요하여 감축할 것이고, C기업은 1/3αc의 비용을 소요하여 감축할 것이다.

따라서 1/3α(a+b+c)의 사회적 총비용이 발생한다.

Ⅴ. 설문 (5)문의 해결

1. 가정의 설정

역시 사회적으로 바람직한 폐수의 방류량은 2α톤이라고 가정한다. 또한 폐수방류권의 거래가 허용되며, 거래비용은 발생하지 않음을 가정한다.

2. 설문의 해결

A기업의 톤당 감축비용은 a로 C기업의 톤당 감축비용인 c보다 크다. 따라서 A기업은 C기업에게 1/3α만큼의 폐수방류권을 사게 된다.

B기업의 톤당 감축비용은 b로 C기업의 톤당 감축비용인 c보다 크다. 따라서 마찬가지로 B기업은 C기업에게 1/3α만큼의 폐수방류권을 사게 된다.

이에 따라 A기업과 B기업은 각각 α톤을 배출하며, C기업은 α톤을 감축하게 된다. 이는 위에서 언급한 최적 폐수배출량인 2α톤과 같은 값이다. 결국 자유로운 거래를 통해 사회적으로 최적 폐수방출량의 달성이 가능하다.

3. 정책적 함의

이는 직접규제 방식에 비해 사회적 비용이 절감된다는 측면과 정책당국이 기업의 비용구조에 대한 정보를 획득할 필요성이 적다는 측면, 시장 환경의 변화와 관계없이 목표수준을 안정적으로 유지가능하다는 장점이 있다. 하지만 초기 배분시 배분 기준의 설정문제와 진입장벽으로 악용될 가능성이 있다는 문제점이 있다.

전통적 이윤 극대화 모형, 게임이론 및 노동시장 이론 등

제55회 행정고시 재경직 합격 김 0 0

행시 제56회(12년)

호숫가 어느 마을에 100명의 주민이 살고 있다. 주민들은 어업에 종사하거나 이 지방의 전통 공예품을 만들어서 소득을 올릴 수 있다. 호수에 사는 물고기 수는 한정되어 있으므로, 어업에 종사하는 주민들이 많을수록 주민 당 어획량은 줄어든다. 어업에 종사하는 주민의 수를 n이라고 할 때, 어업에 종사하는 주민 1인당 1년 소득(R)은 다음과 같다.

$$R=120-2n$$

(R 단위:원)

한편 전통 공예품을 만드는 주민 1인당 1년 소득은 20원이다. (총 40점)

(1) 100명의 주민이 1번에서 100번까지 번호표를 무작위로 배정받은 후, 1번 주민부터 어업에 종사할지 또는 전통 공예품을 만들지를 결정한다고 하자. 이 경우 몇 명의 주민이 어업에 종사하고 또 몇 명의 주민이 전통 공예품을 만들 것인지를 계산하고, 균형 상태에서 이 마을 주민 전체의 소득을 구하시오. (10점)

(2) 마을 주민 전체의 소득을 극대화하고자 할 때, 몇 명의 주민이 어업에 종사하고 또 몇 명의 주민이 전통 공예품을 만들어야 하는지를 계산하고, 이 경우에 마을주민 전체의 소득을 구하시오. (20점)

(3) 마을 주민 전체의 소득을 극대화하는 어업 종사 주민 수와 순차적으로 어업종사 여부를 결정하는 경우인 (1)에서의 어업 종사 주민의 수가 동일하지 않은 이유를 외부성의 개념을 이용해 설명하시오. (10점)

C/O/N/T/E/N/T/S

Ⅰ. 설문 (1)의 해결

첫 번째 주민의 경우에 어업에 종사한다고 가정하면, 자신의 기대수입인 $R(1)=118$보다 기회비용인 전통공예품 생산을 통해 얻을 수 있는 기대소득 20이 크므로 어업에 종사함으로서 양의 이윤을 누리며, 이러한 선택은 50번째 주민까지 진행되며, 50번째 주민은 어업에 종사함으로서 얻는 소득과 그에 대한 기회비용이 동일하므로 정상이윤을 누리게 된다.

경제학

그러나 51번째 주민은 자신이 어업에 종사함으로서 얻게 되는 기대수입인 반면에 전통공예품 생산에서 얻는 기대수입은 20이므로 어업 종사의 기회비용이 총수입을 초과하는 바, 어업에 종사하지 않고 전통공예품 산업에 종사한다. 이러한 선택은 마지막 100번째 주민에 까지 계속된다.

이를 일반화하여 표현하면, n번째 주민의 개별적인 의사결정은 주민의 이윤(π)이 극대화 되는 수준에서 어업에 종사할지 여부를 결정하게 된다. 그러므로 주민이 택할 수 있는 방법은 2가지이므로, ① 어업에 종사함으로서 얻을 수 있는 이윤(π_1)과 전통 공예품을 생산함으로서 얻을 수 있는 1인당 수입을 비교함으로서 이루어진다.

$\therefore\ \pi_1 = TR - TC = (120 - 2n) - 20$,

$\pi_2 = TR - TC = 20 - (120 - 2n)$ 이다.

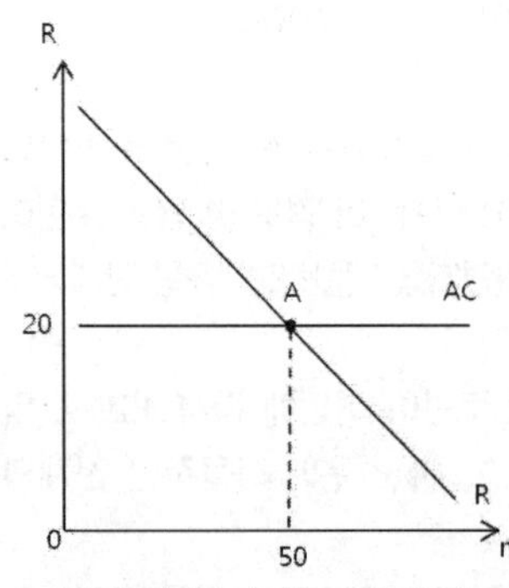

그러므로 두 경우에 이윤이 동일하다면, 주민은 어업에 종사한다고 가정하는 경우, 위 식에서 $\pi_1 \geq \pi_2$ 인 경우에 한하여 주민은 어업에 종사하게 된다.

$\therefore 120 - 2n - 20 \geq 0$이므로, $n \leq 50$인 경우에 해당 주민들은 어업에 종사한다.

좌측 그림에서 보는 바와 같이 ① 우하향하는 곡선인, 어업에 종사하는 경우에 기대할 수 있는 주민 1인당 소득곡선과 ② 수평의 직선인 전통공예품을 만드는 주민 1인당 기대소득이 만나는 A점에서 균형이 달성된다. 즉, 첫 번째부터 50번째 주민까지는 어업에 종사하고, 50번째 주민부터 100번째 주민까지는 전통공예품에 종사함으로서, 모든 주민의 1인당 1년 소득은 20으로 일정하게 된다. 그러므로 최종적으로 마을 전체에서 얻을 수 있는 소득은 $\pi = 20 \times 100 = 2000$ 이다.

그러므로 최종적으로 균형상태에서 각 산업별 종사 주민의 수와 마을주민 전체소득의 표를 표로 나타내면 다음과 같다.

어업종사 주민	전통공예품 산업 종사 주민	1인당 소득	마을 전체소득
50명	50명	20원	2000원

Ⅱ. 설문 (2)의 해결

마을주민 전체, 즉 마을의 의사결정은 마을 전체의 이윤(π)을 극대화하는 수준에서 어업에 종사할 주민의 수를 결정한다.

$\therefore\ Man_n\ \pi = Max_n(120-2n)n + 20(100-n)$

$\dfrac{d\pi}{dn} = 120 - 4n - 20 = 0$ 최종적으로 $n = 25$이 도출된다.

그러므로 마을의 소득을 극대화하기 위해서는 25명의 주민을 어업에 투입하고, 나머지 75명의 주민을 전통공예품 생산에 투입해야 한다. 이러한 사실을 설문(1)의 경우와 비교하면, 설문 (1)의 경우에는 한 개인이 이윤의 대소를 비교하여 이윤이 높은 산업을 기준으로 산업의 진입을 결정하는 바, 최종적으로 두 산업 간의 기대소득이 동일한 수준에서 정상이윤을 달성하는 수준이 균형이 되는 것에 반하여, 설문 (2)의 경우에는 마을 전체의 기대소득을 극대화 해야 하며, 어업에 추가적으로 주민을 투입하는 경우에 기대할 수 있는 소득의 증가분인 $\dfrac{dTR}{dn} = 120 - 4n$ 과 이를 전통공예품 산업에 투입함으로서 기대할 수 있는 기대소득의 증가분인 20이 일치하는 수준에서 최적 투입량이 결정되는 차이가 있다.

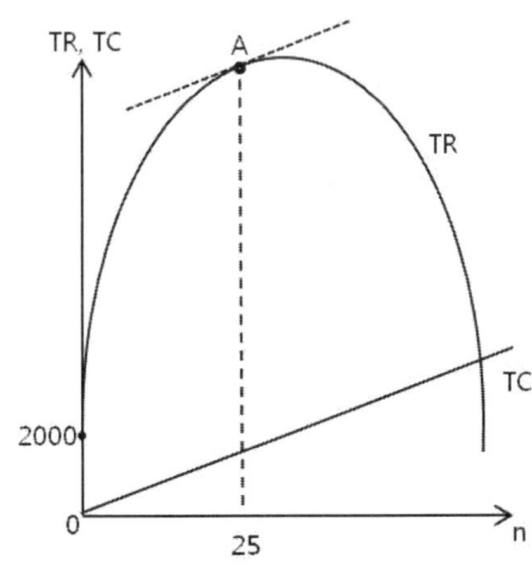

위의 내용을 그림으로 나타내면 좌측 그림과 같으며, 여기서 보는 바와 같이 A점에서 마을 전체의 균형이 이루어지며, 이는 n명의 주민이 어업에 종사하는 경우에 최종적으로 얻게 되는 소득(TR)과 기회비용(TC)의 차이인 순 이윤이 극대화되는 지점이다.

즉, 25번째 주민까지는 해당 주민이 어업에 투입되는 경우에 마을소득의 증가가, 전통공예품 산업에 투입되는 경우에 마을소득의 증가보다 더 크며, 26번째 주민부터는 반대로 전통공예품 산업에 투입되는 경우에 마을 소득의 증가가 더 크다.

이 경우에 어업에 25명이 투입되므로 어업에서 얻을 수 있는 주민 1인당 1년 소득은 70이고, 나머지 전통 공예품을 만드는 주민 1인당 1년 소득은 20이다. 그러므로 이 경우에 마을주민 전체의 소득은

① 어업을 통해 얻게 되는 마을 전체의 소득이 $\pi_1 = 70 \times 25 = 1750$이고,

② 전통공예품을 통해 얻게 되는 마을 전체의 소득이 $\pi_2 = 20 \times 75 = 1500$이다.

그러므로 최종적인 결론을 표로 요약하면 다음과 같다.

어업종사 주민	전통공예품 산업 종사 주민	마을 전체소득
25명	75명	3250원

Ⅲ. 설문 (3)의 해결

외부성이란 어떤 한 경제주체가 재화를 생산 또는 소비하는 과정에서 다른 경제주체들의 생산 또는 소비에 영향을 미치지만, 그에 따른 댓가를 지불하거나 받지 않는 경우를 의미한다. 그러므로 설문 (1)과 설문 (2)의 최적 투입 주민의 수가 다른 이유를 외부성을 통해서 설명할 수 있다.

설문의 주민은 소득을 올림으로서 자신의 효용을 달성하고 있다. 때문에 개인의 소득을 극대화 시키는 수준에서 산업종사 여부를 결정하므로 ($SMR = MC$) 개인의 극대화문제를 충족시키도록 한다. 이 때 고려하는 비용은 어업에 종사하는 과정에서 발생하는 기회비용인 전통공예품산업에 존재한다. 하지만 사회적으로는 추가적인 비용인 외부성을 발생시키는 것을 확인할 수 있다.설문에 주어진 소득 식에서 보는 바와 같이 한 경제주체가 어업에 종사하기로 결정한 경우에 이는 다음 주민의 소득에 영향을 미친다.

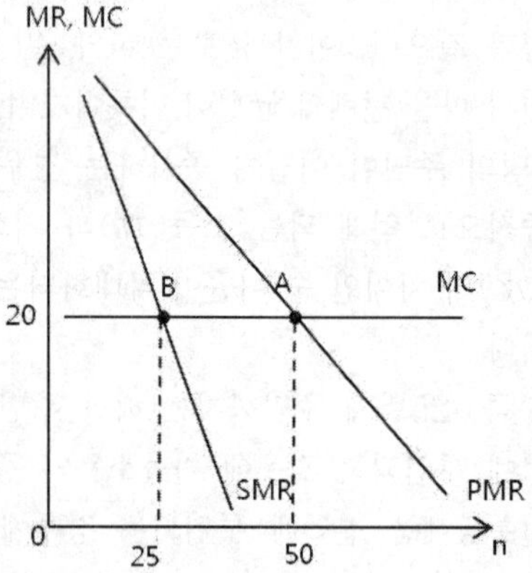

$\therefore dR = -2dn$ 이 성립하므로, n이 증가하는 경우, 즉, 개인이 산업에 종사하기로 결정하는 경우에 기대 소득이 감소한다.

$$\therefore PMR = 120 - 2n$$
$$SMR = 120 - 2n - 2n = 120 - 4n$$

이므로 소비의 부정적 외부효과를 발생시키고 있다. 여기서 사회적 비용은 ① 주민이 어업에 종사함으로서 발생하는 소득의 감소와, ② 전통공예품에 종사함으로서 얻을 수 있었던 기회비용인 20의 소득 두 가지로 구성된다.

위 그림에서 A는 개인의 최적선택점이고, B는 사회적 최적선택점이다. 그러므로 어업에 대해 사회적 최적 투입수준보다 과다소비가 발생하고 있다. ($n_A \geq n_B$) 그로 인해 발생하는 비효용이 사회 총이윤의 차이인 1250으로 나타난다.

교/수/강/평

김 윤 영(단국대학교 경제학부 교수)

(1) 이 문제는 모범 답안과 같은 시각에서도 볼 수 있으나 다음과 같이 게임이론적 측면에서 보완하는 것도 득점 제고에 도움이 될 것이다. 먼저 참가자(player)가 1~100으로 표지(index)되어 연속적으로 게임에 참여하는 순차게임 (sequential game)의 일종이다. 참가자가 선택 가능한 전략(strategy)은 어업(A) 또는 공예품 제작 (B)이다. 여기서 각 전략 (A 또는 B) 선택에 따른 보수(pay-off) 은 A인 경우 120-2n 이며 B인 경우 20으로 주어졌다. 이에 따라 순차게임의 균형 (각 참가자의 전략 선택, 즉 내쉬균형) 은 A 또는 B를 원소로 하는 100×1의 전략(strategy) 벡터가 된다. 한편 이 게임의 특징은 게임 참가자가 어업(전략 A)을 선택하게 되면 나중 참가자의 보수가 줄어드는 특징을 가지고 있으며 이는 후술하는 외부성을 일으키는 요인이 된다. 다음으로 참가자 n(=1,2,...,100)의 전략 선택은 게임의 보수 max(120-2n, 20) 를 푸는 것에서 이루어진다. 이 경우 120-2n〉20 인 경우 A를 선택하고 120-2n〈20 인 경우 B를 선택하게 되는데 120-2n=20 인 경우 양 선택에 무차별하게 된다. 이에 따라 50명이 어업에 나머지는 공예품 제작에 종사하는 것이 균형이 된다. 이 경우 소득은 50×20+50×20 =2000 이 된다.

(2) 이 경우는 사회적 계획자 (social planner)가 자원배분(여기서는 어업 참가자 수인 n)을 하는 경우이다. 모범 답안에 잘 설명되어 있다.

(3) 답안 (2)의 경우가 답안 (1) 의 경우보다 균형 n이 작은 것을 볼 수 있는데 이는 사회적 목적함수와 개인의 목적함수가 서로 다르며 어업 참가자의 평균소득(120-2n) 이 n의 함수로 계수가 -2 와 같이 음으로 주어진 데에 원인이 있다. 여기서 n의 증가(어업 참가)로 인해 어업 종사자의 평균 소득이 줄어드는데 이는 외부성을 반영한다. 즉 n번째 참가자의 어업 선택은 개인의 경우 최적 선택이지만 다른 어업 참가자들은 그 댓가를 지불하거나 받지 않고 있다.

이를 구체적으로 설명하기로 하기 위하여 먼저 다음의 일반적 사회 목적함수를 다음으로 정의한다.

$$\pi(n) = a(n)n + 20(100 - n)$$

여기서 $a(n)$ 은 어업에 참여하는 참가자 수가 n인 경우의 평균 소득이다. 본고에서는 $a(n) = 120 - 2n$으로 주어지고 있다. 한편 사회적으로$\pi(n)$ 를 극대화하기 위한 1계 조건은 다음으로 주어지는데

$$(a)\, \partial\pi(n^*)/\partial n = n^* \times \partial a(n^*)/\partial n + a(n^*) - 20 = 0$$

경제학

위 식을 만족시키는 n^* 가 그 해(이 문제에서는 $n^*=25$) 로 주어진다. 여기서

$$(b)\ a(n^*)-20>0$$

인 경우 참가자는 추가로 어업을 선택함에 유의하자. 여기서 조건 (b)는 $n^*>1$ 일 때 식 (a)에서 $\partial a(n^*)/\partial n<0$ 를 의미한다(본 문제에서 이는 $\partial a(n^*)/\partial n=-2<0$ 로 충족된다). 곧 사회 전체소득을 최대화하는 수준보다 개인 참가자가 추가로 더 어업에 참여하는 경우(즉 조건 (b)를 만족)의 조건은 $\partial a(n^*)/\partial n<0$ 인 경우 뿐이다. 다시 정리하면 n이 증가함에 따라 어업 참여자의 평균소득이 줄어드는 (평균적인 보수이므로 어업 전체 종사자에 영향을 주는 외부성 발생) 경우에 문 (1)과 (2)의 서로 다른 결과가 도출되는 것이다. 이 문제의 경우 $n^*=25$ 를 초과하여$n=50$ 까지 어업에 참가하고 있다.

시장실패와 정부개입 및 그 한계

제54회 행정고시 재경직 합격 김 지 현

행시 제55회(11년)

'시장이 최선이지만 만능은 아니다.'라는 말이 있다. (총 45점)

(1) '시장이 최선이다.'라는 의미를 효율적인 자원배분의 관점에서 설명하시오. (10점)

(2) 시장이 제 기능을 못하는 여러 가지 경우가 있다. 이에 대하여 사례를 들어 설명하시오. (15점)

(3) 위 (2)와 관련하여 정부의 대처방안은 무엇인지 설명하시오. (10점)

(4) 정부 대처의 한계와 문제점에 대해 설명하시오. (10점)

C/O/N/T/E/N/T/S

Ⅰ. 설문 (1)의 해결

1. 파레토 효율성(Pareto efficiency)

(1) 파레토 효율성의 의의

하나의 자원배분상태에서 다른 사람에게 손해가 가지 않으면서 어떤 사람에게 이득이 되는 변화(파레토 개선 : Pareto improvement)가 불가능한 상태를 파레토 효율적인 자원배분상태라 한다.

(2) 파레토 효율성의 한계조건

생산의 효율성 : $MRTS^{x}_{lk} = MRTS^{y}_{lk}$

소비의 효율성 : $MRS^{A}_{XY} = MRS^{B}_{XY}$

종합적 효율성 : $MRS_{XY} = MRT_{XY}$

2. 완전경쟁시장과 파레토 효율성

완전경쟁시장에서는 모든 경제주체가 가격수용자로서 활동하기 때문에 $MRTS_{LK}=\frac{w}{r}$ 이고, $MRS_{XY}=\frac{P_X}{P_Y}$ 이다. 이때, 완전경쟁시장에서의 생산물가격은 한계비용과 동일하기 때문에 $MRS_{XY}=\frac{P_X}{P_Y}=\frac{MC_X}{MC_Y}=MRT_{XY}$이 성립한다.

3. 후생경제학의 제1정리

(1) 후생경제학의 제1정리의 의의

모든 소비자의 선호체계가 강당조성을 갖는 동시에 외부성이 존재하지 않는다면 일반경쟁균형의 배분은 파레토 효율적이다.

(2) "시장이 최선이다" 의 의미

완전경쟁시장에서의 자원배분은 보이지 않는 손(invisible hand)에 의해 효율적인 자원배분을 달성하므로 효율적인 자원배분의 측면에서 최선이다.

Ⅱ. 설문 (2)의 해결

1. 시장실패의 의의

시장실패란 시장에 의한 자원배분이 파레토효율적인 상황을 달성하지 못하는 현상을 의미한다.

2. 시장실패의 원인

(1) 불완전경쟁

규모의 경제가 실현되어 자연독점체제가 구축되는 등의 이유로 완전경쟁시장이 달성되지 못하는 경우 시장가격이 기회비용을 정확하게 반영하지 못하여 사회적 후생손실을 초래한다.

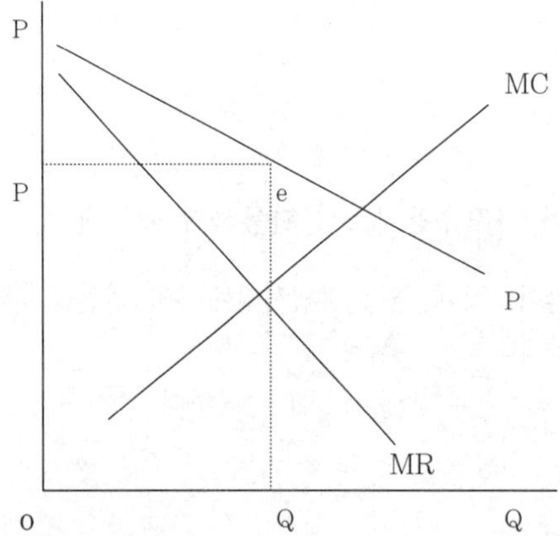

(2) 공공재

공공재란 생산되는 즉시 집단의 모든 구성원이 함께 소비할 수 있는 재화나 서비스로서 소비의 비경합성과 배제불가능성을 그 특성으로 하는 재화를 의미한다. 이러한 공공재의 경우 무임승차자의 문제를 초래하여 과소공급의 문제가 발생한다.

(3) 외부효과

어떤 행위가 제3자에게 의도하지 않는 혜택이나 손해를 가하면서 그에 대한 대가가 오가지 않는 경우 외부효과가 발생했다고 하는데, 사회적 편익・비용과 사적편익・비용이 괴리되어 자원배분의 비효율성이 초래된다.

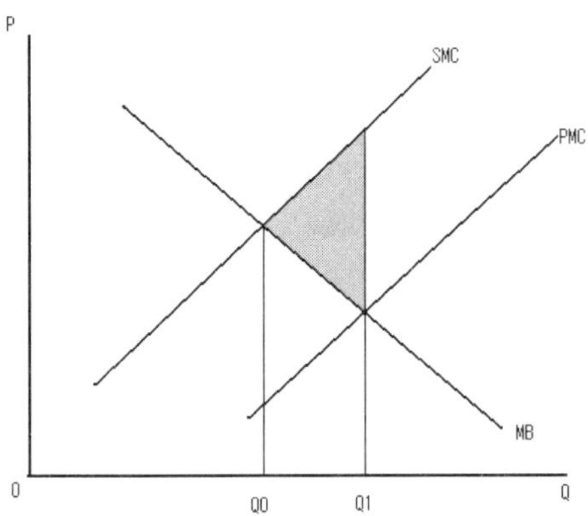

(4) 불완전정보

생산자와 소비자 간의 정보가 비대칭적인 상황이 일반적인 바, 이러한 정보의 비대칭 상황에서는 역선택과 도덕적해이가 발생하여 시장에서의 거래가 비효율적이거나 시장의 형성이 이루어지지 않을 수 있다.

Ⅲ. 설문 (3)의 해결

1. 불완전경쟁의 해소

정부는 불완전경쟁의 상황을 해소하기 위하여 가격규제를 실시할 수 있다. 즉, 정부가 직접적으로 시장가격을 한계비용과 일치하도록 규제하는 경우 가격이 기회비용을 정확하게 반영하여 사회적 후생손실이 제거될 수 있다. 한편 직접적인 규제 외에도 독점시장에 존재하는 진입장벽을 제거하여 잠재적 경쟁자들이 생긴다면 경합시장모형에 따라 사회적 후생손실이 제거될 수 있다.

2. 공공재의 공급

공공재의 경우 무임승차자의 문제로 인해 사회적 후생손실이 발생하는 것이므로 사회적으로 바람직한 수준의 공공재를 정부가 공급하게 된다. 공공재의 비경합성으로 인해 공동소비가 이루어지므로 공공재에 대한 소비자들의 한계편익의 합이 생산의 한계비용과 일치할 때 공공재의 효율적인 공급이 이루어 질 수 있다. 이때 소비자들이 자신의 진실한 선호를 표출하도록 하기 위하여 Clarke Tax를 부과하여 자신의 진실한 선호를 표출하는 것이 우월전략이 되도록 유도한다.

3. 외부효과의 해결

(1) 피구세의 부과

외부효과의 해결을 위하여 정부는 피구세를 부과하여 오염물을 배출하는 기업이 인식하는 기회비용을 사회적인 기회비용의 수준과 동일한 수준으로 끌어올려 사회적으로 최적의 생산량을 유도할 수 있다. 이때 피구세의 크기는 사회적 최적산출량에서 나타나는 사회적 한계피해액만큼을 조세로 부과하게 된다.

(2) 오염배출권거래제도

정부는 달성하고자 하는 목표방출량에 해당하는 만큼의 오염배출권을 발행한 후 이를 기업에 분배하면 기업들은 이것을 자유롭게 거래하는 제도로서 정부가 정하는 방출량을 달성할 수 있다. 오염물질을 배출하는 기업마다 한계감축비용의 차이가 있으므로 서로에게 이익이 되는 방출권의 거래를 통해 사회적으로 최소의 비용으로 오염배출을 감축할 수 있다.

4. 불완전정보의 해결

정보가 불완전하다 하더라도 사회적으로 후생의 손실이 발생하는 이유는 정보의 비대칭상황으로 인한 것이므로 이를 해소하기 위하여 상대방이 불완전한 정보를 드러내도록 유도하기위한 장치를 마련하거나 자신의 정보를 드러내 비대칭정보의 상황을 막을 수 있다. 또한 완벽한 조건부청구권시장이 존재한다면 효율적인 자원배분을 달성할 수 있다.

Ⅳ. 설문 (4)의 해결

1. 정부실패의 의의

시장실패로 인해 정부가 시장에 개입하였음에도 불구하고 시장실패를 시정하지 못하고 오히려 비효율적인 결과를 초래했을 때 정부실패가 발생하였다고 한다.

2. 정부개입의 한계

(1) 효율성 측면에서의 한계

정부가 시장에 개입하여 시장실패를 치유하고 효율적인 자원배분을 달성하기 위해서는 시장에 대한 완벽한 정보를 갖고 있어야 하는데 현실적으로 정부가 모든 기업들의 비용구조와 개인들의 선호체계를 정확하게 알고 있지 못하므로 시장실패를 치유하지 못하고 비효율적인 결과를 초래할 수 있다.

(2) 공평성 측면에서의 한계

정부는 효율성만을 추구하지 않으며 공평성의 가치 또한 추구해야 한다. 따라서 자원배분의 비효율적인 상태가 존재하더라도 공평성을 추구하기 위하여 이를 용인할 수 있으며 소득분배를 위하여 효율성을 희생시키는 선택을 하기도 한다.

(3) 행정적인 한계

정부의 의사결정과정에는 정치적인 과정이 존재하여 효율적인 자원배분을 달성하기 어려운 경우가 존재한다. 또한 주어진 예산 하에서 정책을 실행해야 하므로 지나친 행정비용이 소요되는 정책은 실시하기 어려운 측면이 있으며 효율적인 자원배분을 위한 정책이 적자를 수반할 수밖에 없다면 정책을 실시하지 못하는 경우가 발생한다.

조세부과와 코즈정리

행시 제45회(01년) 재정학

공기를 오염시키는 물질을 배출하는 생산자는 사회적 비용을 발생시킨다. 그런데 생산자는 사회적 비용은 고려하지 않고 생산수준을 결정하기 때문에 사회적으로 자원배분의 비효율성을 초래하게 된다. 이 문제를 생산물에 조세를 부과하는 방안이 제시되고 있다.(총30점)

(1) 조세를 부과하여 효율성을 회복할 수 있는 방법에 대해 설명하시오.

(2) 공해세를 부과하는 방안에 비해 Coase의 방법론은 어떤 장 · 단점을 갖고 있는가?

(3) 만일 공해를 발생하는 제품 생산을 줄이기 위해 공해세 대신 보조금을 지급하는 경우에도 공해세와 동일한 결과를 가져오게 되는가?

C/O/N/T/E/N/T/S

Ⅰ. 상황의 도해
Ⅱ. 조세의 부과-〔설문의 (1)〕
Ⅲ. 코즈의 방법-〔설문의 (2)〕
  1. 코즈 정리
  2. 사안의 경우
  3. 문제점
Ⅳ. 공해세와 보조금-〔설문의 (3)〕
  1. 공해세 부과의 도해
  2. 보조금 부과의 도해
  3. 비교 정리

Ⅰ. 상황의 도해

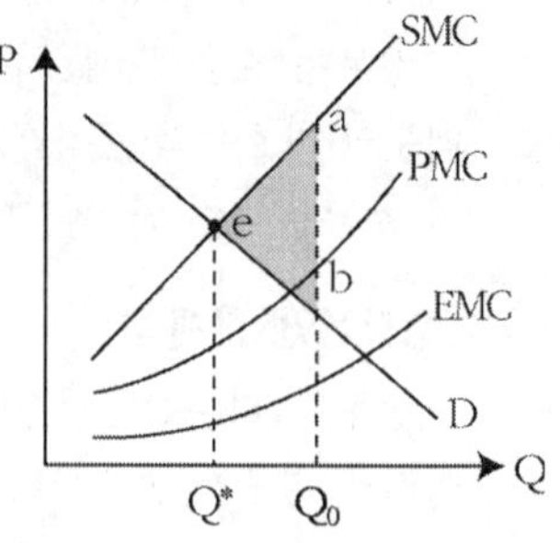

바람직한 생산량은 사회적(즉 실제의)한계비용인 SMC와 수요가 일치하는 e의 생산량은 Q*이어야 한다.

그러나 사적인 생산자는 한계비용을 PMC로 인식하여 (외부효과비용인 EMC를 고려하지 않음) Q_0만큼 생산하여 오염의 과다배출이 이루어진다. 이때 삼각형 eab만큼의 dead weight loss(이하 DWL)가 발생한다.

Ⅱ. 조세의 부과-[설문의 (1)]

정부는 기업에 공해세를 부과하여 인위적으로 최적 생산량을 유도할 수 있다.

즉 최적 생산량인 Q^*에서 기업이 인식하는 비용(PMC+tax)이 사회적 한계비용과 일치하도록 t만큼의 조세(pigouvian tax)를 부과할 경우 e에서 균형이 이루어지며 이는 사회적으로 효율적인 오염방출량을 달성하게 한다. 이때 빗금친 부분의 DWL가 사라진다.

Ⅲ. 코즈의 방법-[설문의 (2)]

1. 코즈 정리

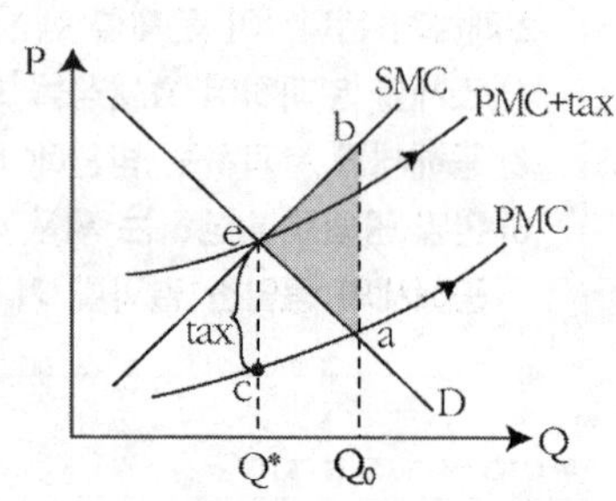

Coase는 몇가지 조건에 만족될 경우 재산권(소유권)이 명확히 정의되기만 한다면 외부비용의 문제를 정부의 개입없이 당사자들간의 협상을 통해 해결이 가능함을 보였는바, 이를 코즈의 정리라 한다.

2. 사안의 경우

예를 들어 생산자가 소유권을 갖는 경우, 사회적 외부비용을 제거하기 위해 그 오염물질로 인해 피해를 받는 사람들은 사각형 abec만큼의 비용을 지불할 의사가 있다. 한편 Q_0에서 Q^*로 생산량(오염방출량을 의미함)을 줄일 때 생산자는 삼각형 eac만큼만 보상을 받아도 족하다. 그러므로 협상을 통해 Q^*의 생산량에 도달할 수 있다.

3. 문제점

코즈에 의한 해법은 코즈정리의 엄격한 가정에 의해 실현성이 의문시된다. 즉 (1) 이해관계자가 다수일 때 소유권을 설정하기 어려운 점, (2) 거래비용을 무시할 수 없다는 점,

(3) 정치적으로 오염물질 배출자에게 소유권을 인정하는 것은 어렵다는 점 등의 문제점이 지적된다.

Ⅳ. 공해세와 보조금-[설문의 (3)]

1. 공해세 부과의 도해

공해세를 부과할 경우 MC곡선과 AC곡선이 모두 상방으로 이동한다(MC → MCt, AC → ACt).

2. 보조금 부과의 도해

오염물질의 축소에 대해 보조금을 부과할 경우 MC곡선은 상방으로, AC곡선은 하방으로 이동한다(MC → MCs, AC → ACs).

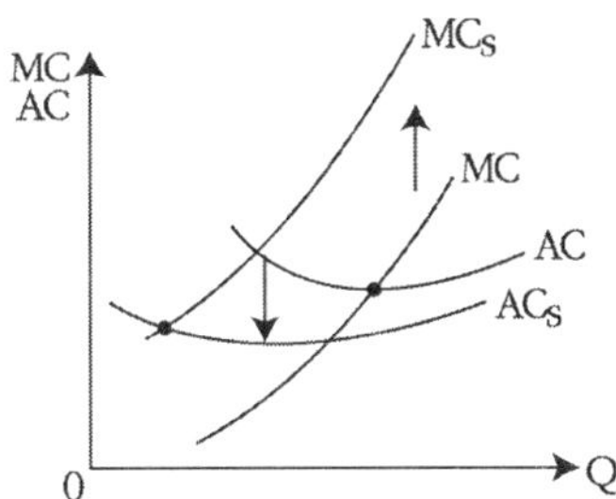

3. 비교 정리

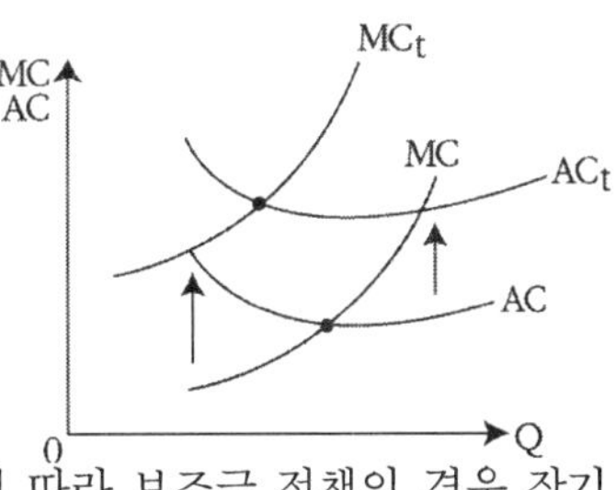

단기적으로 MC곡선이 상방으로 이동하여 그때 오염량 규제의 효과는 동일하다. 그러나 장기적으로는 AC곡선의 이동방향이 반대이므로, AC곡선이 상승하는 환경세부과의 경우 이윤이 감소하여 오염기업의 퇴출이 발생-오염방출이 위축되는 효과가 있는 반면, AC곡선이 하락하는 보조금정책의 경우 이윤이 증가하여 시장에 기업이 더 진입하게 된다. 이에 따라 보조금 정책의 경우 장기적으로 오염방출이 증가할 것이다.

관련기출

시장실패와 정부규제

입시 제21회(05년)

제48회 행정고시 재경직 합격 주 원 석

시장실패를 보정하기 위하여 정부는 종종 시장 활동에 규제를 가할 필요가 있다. 그러나 보다 중요한 문제는 규제의 방식이다. 다음의 예를 통하여 규제의 방법에 대해 생각해보자. "임진강 유역에서 잡히는 참게의 어획량이 점점 줄어들고 있다. 생물학자들의 조사에 따르면 임진강 유역에서 참게의 적정 어획량은 연간 100톤으로 추정되었다. 이에 따라 정부는 참게 어획량을 이 범위 내에서 제한하는 새로운 총량규제조치를 발표하였다. 즉 참게잡이 어부들로 하여금 매일 참게의 어획량을 보고하게 하고 그 누적총량이 100톤에 달할 경우 참게어획을 다음 해까지 전면 금지하는 방식이다."

이러한 총량규제방식은 적절한가? 만약 문제가 있다면 어떤 문제가 발생할 가능성이 있는지를 지적하라. 참게어획의 총량을 지키면서 보다 효율적으로 규제할 수 있는 방법이 있다면 제안하고 그 제안 이유를 밝히라. (40점)

C/O/N/T/E/N/T/S

Ⅰ. 논의의 전제

문제의 상황은 공공자원에 있어 소유권이 정의되지 않음으로 인하여 바람직하지 않은 결과가 나오는 공유지의 비극현상이다. 여기서 정부가 이를 바로잡고자 직접적인 총량규제를 실시할 경우, 시장유인을 활용하지 않은 규제의 문제점과 함께 보다 더 효율적인 규제방법을 살펴보고자 한다.

Ⅱ. 총량규제방식에 대한 검토

1. 정부규제의 적절성 검토

임진강 유역에서 참게 어획에 따른 한계편익 및 개인적인 한계생산비용, 사회적 한계생산비용을 도시하면 다음과 같다.

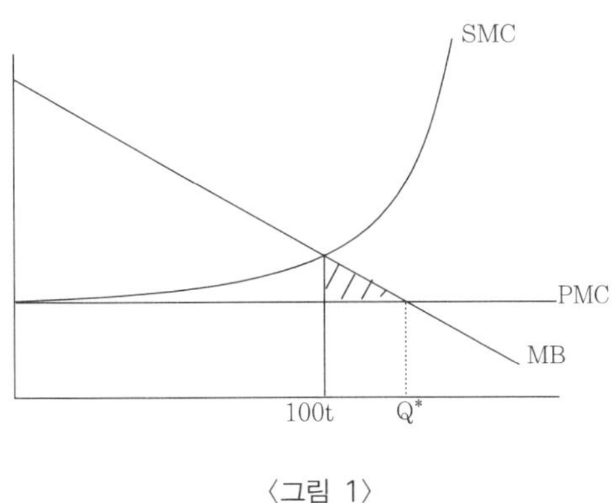

〈그림 1〉

논의의 현의상 참게어획단위당 한계생산비용은 일정한 것으로 본다.

그리고 어획량이 일정량을 초과할 때, 자원을 고갈시킴으로서 미래 어획량이 줄어드는 추가적인 비용(기회비용)이 발생함에 따라(어장전체적으로) 사회적 한계비용곡선(SMC)은 우상향한다.

만일 정부가 아무런 규제를 하지 않는다면 각 어민의 입장에서 임진강유역에서 참게어획의 한계편익이 개인적인 한계생산비용보다 크기만 하다면 어획하게 된다. 따라서 어획량이 사회적으로 최적인 어획량(100톤)보다 더 많은 Q*만큼 된다. 이때 위 그래프의 삼각형에 해당하는 부분만큼 사회적 손실이 발생하게 된다.

연간 참게의 적정어획량이 잘 계산되었다면 정부가 연간 어획량을 100톤으로 제한하여 사회적으로 최적인 어획량을 얻을 수 있다.

2. 규제의 문제점

만일 어획에 대한 감시감독만 잘 이루어진다면 정부의 총량규제는 직접적으로 바람직한 결과를 달성할 수 있다. 그러나 어민으로서는 여전히 개인적인 한계비용만을 인식함에 따라 규제를 어길 유인을 갖게 된다. 따라서 사실상 규제가 실효가 없다면 참게가 남획될 가능성이 크다.

또한 규제 자체가 효과적으로 이루어진다고 하더라도 어획량의 분배가 시장을 통한 것이 아닌 선착순이라는 방식을 채택함으로서 분배 과정에서 발생하는 비용 역시 무시할 수 없다.

Ⅲ. 효율적인 규제의 탐색

1. Pigouvian Tax의 도입

정부의 총량규제가 어민들에게 규제를 어길 유인을 제공한다는 문제점을 볼 때 자발적으로 어획량을 줄일 수 있는 피구세를 고려할 수 있다. 최적어획량에서 어획의 사회적 한계비용과 개인적 한계비용의 차이를 어획단위당 어장이용료 또는 세금으로 부과할 경우, 개인의 한계생산비용곡선은 그만큼 상승하여 자발적으로 어획량을 줄이며 사회적 후생을 극대화 할 수 있다. 이를 그래프로 나타내면 다음과 같다.

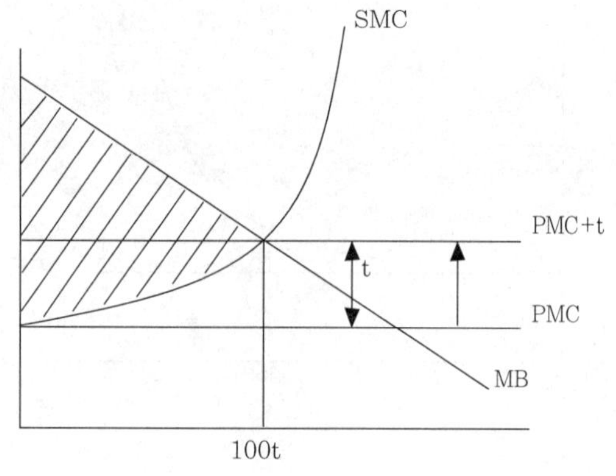

〈그림 2〉

최적어획수준에서 한계 피해액만큼을 단위당 피구세를 부과할 경우 이윤극대화를 추구하는 어민들은 자발적으로 최적어획수준인 100t을 선택하게 된다. 자발적인 유인을 제공한다는 점에서 총량규제보다 효율적이라 할 것이다.

2. 소유권의 설정

남획의 원인은 소유권이 없는 어장에서 남획으로 인한 미래의 기회비용을 인식하지 못하기 때문이라 할 것이다. 기술적인 문제점만 해결된다면 어장의 조업권을 일부에게만 부여한다면 이러한 문제가 해결될 수 있다. 권리를 설정할 경우 현재어획이 미래의 어획량을 감소시킴을 인식하기 때문에 어획의 사회적인 한계비용을 개인적 한계비용으로 인식하게 되어 사회적으로 최적인 어획량을 달성할 수 있다.

이 경우 독점 및 소득분배상의 문제점이 생기는 바 〈그림 2〉의 빗금친 부분만큼 정부가 개인에게 조업권을 설정하는 대가로 받아 다른 어민에게 이를 분배한다면 문제점이 완화될 수 있다.

개상논점

외부성과 자원배분

제49회 행정고시 재경직 합격 강 욱

오염물질(Z)를 배출하고 있는 A(기업)와 B(주민)가 강 하나를 두고 다투고 있는데 각각의 효용함수는 $U_A(Z, M_A)$, $U_B(1-Z, M_B)$와 같이 표시된다. $M_A = M_B$로서 각자 보유하고 있는 현금이다. (총 30점)

(1) 주어진 상황의 특징을 설명하고 에지워스 상자를 도해하라. (10점)

(2) A와 B가 협상을 통해 효율적인 자원배분을 달성할 수 있는 지 설명하라. (소득재분배에 따른 소득효과는 0이 아닌 경우와 0인 경우로 나누어 설명) 그리고 이것이 함의하는 바는 무엇인가?(20점)

C/O/N/T/E/N/T/S

Ⅰ. 의 의
Ⅱ. 외부성이 존재하는 상황
  1. 수식적 접근
  2. 그래프적 접근
Ⅲ. 소득효과가 0이 아닌 경우 협상의 결과
  1. 강물소유권이 기업A에게 주어진 경우
  2. 강물소유권이 주민B에게 있는 경우
  3. 소결
Ⅲ. 소득효과가 0인 경우 협상의 결과
  1. 준선형 효용함수의 도입
  2. 협상의 결과
  3. 소결
Ⅳ. 결 론
  1. 코즈의 제1정리
  2. 코즈의 제2정리

Ⅰ. 의 의

외부성(Externality)이란 어떤 경제주체의 의도하지 않은 행동이 시장의 가격기구를 통하지 않고 제3자에게 의도하지 않은 이익이나 손해를 미치는 것을 말한다. 외부성이 발생하는 경우 시장에서 그 대가를 지불하지 않으므로 재화의 과소 또는 과다 공급을 일으켜 시장실패의 요인이 된다.

Ⅱ. 외부성이 존재하는 상황

1. 수식적 접근

$$\frac{dU_A}{dZ} > 0, \quad \frac{dU_B}{dZ} < 0$$

위의 식에서 볼 수 있는 바와 같이 기업A가 오염물질 Z을 방출하게 되면 A의 효용은 증가하나 B의 효용은 감소함을 알 수 있다. 따라서 이러한 상황은 A가 B에게 부정적인 외부효과를 발생시키고 있는 상황임을 알 수 있다.

2. 그래프적 접근

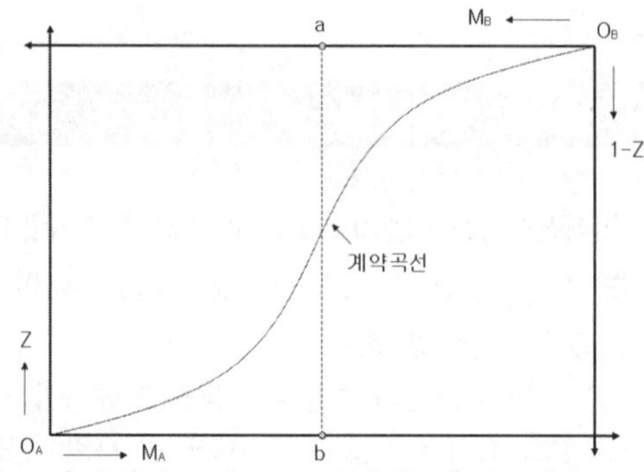

A는 B에게 부정적인 외부효과를 발생시키고 있는 상황이며 두 당사자 간에 아무런 거래가 이루어질 수 없다면 결과는 비효율적일 수밖에 없다. 만약 강물에 소유권이 주어져 있지 않다면 기업A는 효용극대화 수준의 오염물을 방출할 것이고, 주민 B는 오염에 따른 효용감소를 겪게 될 것인데, 이는 에지워스 상자에서 a점으로 나타낼 질 수 있다.

이 경우 비효율은 A가 사회적으로 바람직한 수준이상으로 오염을 배출하게 된다는 것을 의미하고 계약곡선 상의 자원배분이 아니므로 파레토 효율조건도 만족하지 않게 된다.

Ⅲ. 소득효과가 0이 아닌 경우 협상의 결과

1. 강물소유권이 기업A에게 주어진 경우

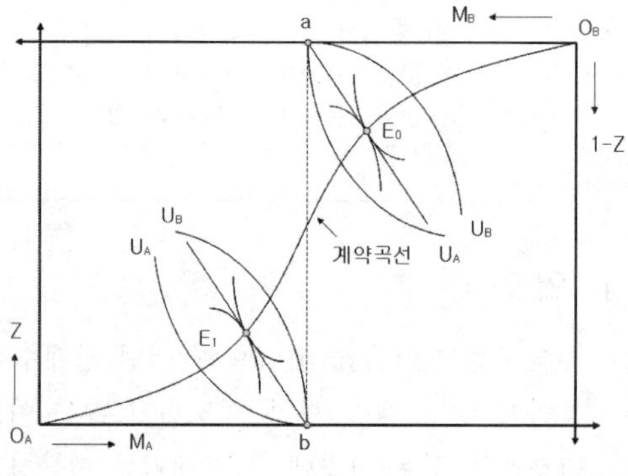

A가 최대한 오염을 방출할 수 있는 a점에서 거래를 시작하게 된다. 이 경우 거래의 방향은 A는 일정 정도의 오염을 포기하는 대신 B로부터 단위당 일정한 대가를 받는 것이다. 그 결과 A의 오염배출은 줄어들고 M_A가 늘어나는 E_0에서 무차별곡선이 접하고 균형가격 하에서 자원배분의 효율성이 달성된다.

2. 강물소유권이 주민B에게 있는 경우

오염배출수준이 0인 b점에서 거래를 시작하게 된다. 이 경우 거래의 방향은 A가 일정 정도의 오염배출을 위해 B에게 단위당 일정한 대가를 주고 오염배출권을 사는 것이다. 그 결과 A의 오염배출은 늘어나고 B의 M_B가 늘어나는 E_1에서 무차별곡선이 접하고 균형가격하에서 자원배분의 효율성이 달성된다.

3. 소결

소득효과가 0이 아닌 경우에는 누구에게 소유권을 인정하느냐에 따라 파레토효율적인 자원배분의 내용이 달라지게 된다.

Ⅲ. 소득효과가 0인 경우 협상의 결과

1. 준선형 효용함수의 도입

준선형 효용함수는 비선형인 재화에 대해 소득효과가 0인 특성을 가지고 있는 함수로서 오염물질에 대한 소득효과를 고려하지 않기 위해 다음과 같이 오염물질에 대해 비선형인 준선형의 효용함수를 도입한다.

$U = f(Z) + M$

2. 협상의 결과

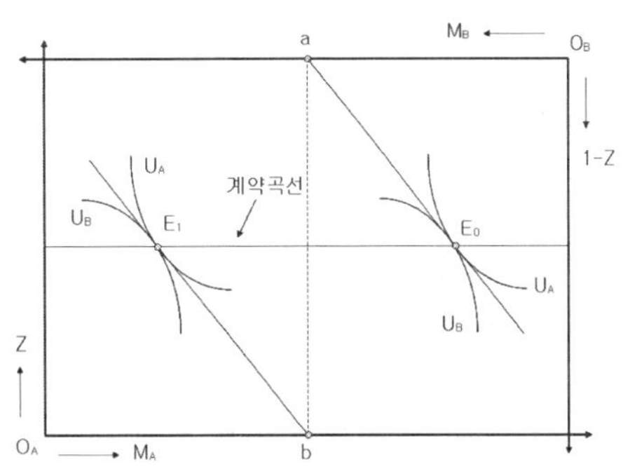

누구에게 소유권이 인정되든 협상에 의한 자원배분은 수평의 계약곡선 상에 위치하게 된다. 이는 Coase정리가 예기하듯 외부성이 존재해도 협상으로 인한 소득재분배가 각 개인의 한계효용에 영향을 미치지 않는다면 소유권이 누구에게 귀속되든 상관없이 당사자 간의 자유로운 협상에 의해 항상 동일한 효율적인 자원배분이 달성될 수 있다는 것을 의미한다.

3. 소결

소득효과가 0인 경우 소득이 아무리 증가해도 A와 B의 소비수요(A는 오염배출수요, B는 맑은 강물에 대한 수요라고 볼 수 있음)에는 변화가 없다는 것을 의미한다. 하지만 소득효과가 0인 준선형함수의 도입이 현실적으로 쉽지 않다는 한계점이 있다.

현실 적용상의 문제점 때문에 외부성 해결이 쉽진 않지만 Coase정리는 외부성 문제를 법제도적 측면에서 접근해 자유로운 협상을 통한 해결가능성을 열어 놓았고 소유권여부는 외부성을 내부화하는 효과를 지니기도 한다.

Ⅳ. 결 론

1. 코즈의 제1정리

재산권이 확립된 경우 재산권이 누구에게 귀착되는지와 관계없이 가장 효율적인 방법으로 배분된다. 즉, 협상을 통해 파레토 효율적인 배분을 달성할 수 있다.

2. 코즈의 제2정리

재산권이 누구에게 주어지던 시장의 자원배분의 내용은 동일하다. 코즈의 제2정리가 성립하기 위해서는 소득효과가 0이라는 가정이 필요하다.

공공재의 과소공급

제48회 행정고시 재경직 합격 이 한 샘

마을 A에는 두 가정 1, 2만 존재한다. 이 마을에서 치안수준을 높이기 위해 가로등을 설치하기로 하였는데 비용은 마을 입구에 설치한 모금함에 넣기로 하였다. 가로등 설치 후 각 가정의 효용은 $U_i = X - C_i^2$로 주어지며, X는 가로등의 밝기로서 $X = 30C$, C는 비용으로서 $C = C_1 + C_2$이다. 단, $C_i = 50$

(1) 가로등이라는 재화의 특성을 말하라.(10점)

(2) 위 문제 상황을 게임이론을 이용하여 분석하고자 한다. 설문의 상황을 게임분석에 필요한 요소별로 정리하라.(10점)

(3) 게임이론을 통해 해를 도출하고, 파레토 효율이 달성되는지 답하라.(10점)

C/O/N/T/E/N/T/S

Ⅰ. 설문 (1)의 해결

1. 공공재로서의 가로등

공공재(public goods)란 생산과 동시에 모든 소비자가 그 편익을 누릴 수 있는 재화를 말한다. 설문의 가로등은 마을 A의 1, 2 가정이 동시에 사용할 수 있는 공공재에 해당한다. 공공재는 다음과 같은 특성을 갖는다.

2. 비경합성(non-rivalry)

사적 재화(private goods)는 한 사람이 소비한 만큼 다른 사람의 소비 가능성이 감소하는 경합성을 가지고 있다. 그에 비해 공공재는 한 사람이 재화를 소비하더라도 다른 사람의 소비가 줄어들지 않는 비경합성을 가진다. 설문의 가로등도 한 가정이 가로등의 빛이라는 편익을 누린다고 해서 다른 가정이 소비할 수 없는 것이 아니다. 한편 비경합성은 한 사람이 추가적으로 소비에 참여하는데 드는 한계비용이 0임을 뜻하고 이는 곧 공공재에 양의 가격을 설정하는 것이 바람직하지 않음을 말한다.

3. 배제불가능성(non-excludability)

배제불가능성이란 소비의 대가를 지불하지 않은 사람이라 해도 소비하지 못하게 할 수 없는 특성을 의미한다. 가로등의 경우에도 요금을 납부한 가정에게만 선택적으로 서비스를 제공하기 불가능하다. 배제불가능성은 공공재에 양의 가격을 설정할 수 없게 하며 이로 인해 요금을 지불하지 않고 소비하려는 무임승차자(free rider)가 발생한다.

4. 시장실패(market failure)의 초래

재화와 서비스가 시장기구를 통하여 생산, 공급된다는 것은 기업이 존재하여 해당 재화와 서비스를 시장에서 판매하고 있다는 말이다. 그러나 무임승차자가 발생하는 경우에 소비자들은 굳이 가격을 지불하지 않아도 소비가 가능하기에 자신의 선호나 편익을 표출하지 않을 유인이 있다. 결국 기업은 시장에서 활동이 불가능해지고 시장기구 자체가 유지될 수 없게 된다.

Ⅱ. 설문 (2)의 해결

1. 게임이론 및 그 요소

둘 이상의 경제주체가 처한 전략적 상황을 모형화하여 분석하는 이론을 게임이론라 하며, 게임은 경기자, 전략, 보수를 기본적인 구성요소로 한다. 경기자는 게임의 기본적인 의사결정단위를 구성하는 주체를 말하고, 전략이란 경기자가 취하게 될 행동(action)에 대한 계획을 의미하며, 보수는 게임의 결과 경기자가 누리게 되는 효용 또는 소득수준을 뜻한다. 또한 게임의 결과로 나타나는 보수를 하나의 표에 정리한 것을 보수표(payoff matrix)라고 한다.

2. 설문에서의 기본요소

설문에서 경기자는 마을 A에 거주하는 두 가정 1, 2가 해당하고, 전략은 "비용 $C(=50)$을 지불하는가, 하지 않는가"이다. 보수는 효용수준 $U_i = X - C$로 주어져 있다. 전략과 그 결과에 따른 효용수준을 보수표로 정리하면 다음과 같다.

가정 1 \ 가정 2	$C_2 = 50$	$C_2 = 0$
$C_1 = 50$	(500, 500)	(−1000, 1500)
$C_1 = 0$	(1500, −1000)	(0, 0)

Ⅲ. 설문 (3)의 해결

1. 균형의 도출

(1) 우월전략과 우월전략균형의 의미

상대방이 어떤 전략을 선택하는지에 관계없이 자신의 보수를 더 크게 만드는 전략을 우월전략이라 하며, 우월전략의 짝을 우월전략균형이라 한다.

(2) 설문에의 적용

위의 보수표를 이용하여 가정 1이 얻는 보수를 비교해 보면

$$U_1(C_1 = 0 \mid C_2 = 50)$$
$$= 1500 \geq U_1(C_1 = 50 \mid C_2 = 50)$$
$$= 500,$$
$$U_1(C_1 = 0 \mid C_2 = 0)$$
$$= 0 \geq U_1(C_1 = 50 \mid C_2 = 0) = -1000$$

이와 같이 가정 2가 비용을 지불하든지, 안하든지에 관계없이 항상 지불하지 않는 전략의 보수가 지불하는 전략의 보수보다 크다. 따라서 가정 1의 우월전략은 $C_1 = 0$이고, 설문에서의 상황에서 가정 1과 2는 대칭적이므로 우월전략균형은 모두 비용을 지불하지 않는 것이다. 그 결과 마을에서는 공공재인 가로등이 설치되지 않는다.

2. 파레토 효율성의 달성 여부

(1) 파레토 개선과 파레토 효율

파레토 효율을 더 이상 파레토 개선이 불가능할 경우를 말하며, 파레토 개선이란 경제 내 누구도 손해를 보지 않으면서 적어도 한 명 이상이 이익을 보는 과정을 말한다.

(2) 설문에의 적용

우월전략균형 하에서의 보수는 (0,0)으로 $C_1=50$, $C_2=50$의 전략을 취할 때의 보수인 (500,500)보다 낮음을 알 수 있다. 비용을 지불하는 전략을 취함으로써 가정 1, 2 모두 효용이 증가하며 이는 곧 파레토 개선이 가능함을 의미한다. 현재의 균형 하에서는 파레토효율이 달성되지 않는다. 이처럼 우월전략균형 하에서의 보수가 열등전략균형 하에서의 보수보다 작을 때를 prisoner's dilemma라고 한다.

외부성과 시장실패

제48회 행정고시 재경직 합격 이 한 샘

어떤 경제에서 기업 A는 X_A를 생산하여 완전경쟁시장에서 900원에 판매하고 있고, 기업 B는 X_B를 생산하여 완전경쟁시장에서 1600원에 판매하고 있다. 각 기업의 비용함수는 $C_A=100X_A^2$과 $C_B=50X_B^2+50X_A^2$으로 주어질 때 다음에 답하라.

(1) 외부성의 개념을 쓰고 현재 외부성이 존재하는가 판단하라.(10점)

(2) 사회적인 최적생산량을 구하고 각 기업이 개별적으로 이윤극대화를 추구할 때 사회최적상태가 달성되는지 판단하라.(10점)

(3) 정부는 사회최적상태를 달성하기 위해 오염배출자에게 세금을 부과하고자 한다. 최적상태를 가능하게 하는 세액을 구하여라.(10점)

C/O/N/T/E/N/T/S

Ⅰ. 설문의 상황

완전경쟁시장의 가정하에 기업 A, B가 시장에 참여하여 재화 X를 생산하고 있다. 그런데 기업의 비용구조를 보면 외부성과 관련되어 있음을 알 수 있다. 외부성이 있는 경우 시장은 최적생산량보다 과소 또는 과대 생산하여 시장 실패에 직면하게 된다. 이하에서는 외부성이 존재하는 경우 최적생산 달성이 실패하고 이를 치유하기 위한 방안으로서 피구세(Pigou Tax)를 검토해 본다.

Ⅱ. 설문 (1)의 해결

1. 외부성의 개념

외부성(externality)이란 경제주체의 행위가 시장을 통하지 않고 타 주체에게 영향 이득이나 손해를 주면서도 대가를 지불하지도 받지도 않는 상황을 말한다. 외부성은 다시 이로운 외부성과 해로운 외부성으로 나눌 수 있다. 외부성은 사회적 편익과 개인적 편익 또는 사회적 비용과 개인적 비용 간의 괴리를 초래하여 사회최적상태의 달성실패를 가져온다.

2. 외부성 존재 여부의 판단

설문의 두 기업의 비용구조를 통해 외부성 존재 여부를 판단할 수 있다. 기업 B의 경우 비용을 각각 X_A와 X_B로 미분하는 경우

$\frac{dC_B}{dX_A} = 100X_A$, $\frac{dC_B}{dX_B} = 100X_B$로서

X_B와 별도로 X_A의 증가에 따라 기업 B의 비용이 증가함을 알 수 있다. 즉 기업 A의 생산활동이 기업 B에게 부의 효과를 발생시키고 외부성이 존재한다고 할 수 있는 것이다.

Ⅲ. 설문 (2)의 해결

1. 사회최적 생산량

사회최적 생산량은 사회 전체적인 입장에서 즉, 기업 A와 B를 모두 고려하여 도출한다. 최적 생산량은 기업의 이윤극대화를 통하여 구할 수 있으며 설문에서는 기업 A와 B의 결합이윤을 극대화시킨다.

$Max\ \pi_{A+B}$

$= 900X_A + 1600X_B - 100X_A^2 - 50X_A^2 - 50X_B^2$

F.O.C $\frac{\partial \pi_{A+B}}{\partial X_A} = 900 - 300X_A = 0$

$\frac{\partial \pi_{A+B}}{\partial X_B} = 1600 - 100X_B = 0$

$\therefore X_A = 3,\ X_B = 16$이고 이윤은 14150이다(기업 A : 1800, 기업 B : 12350).

2. 개별 기업 이윤극대화의 경우 사회최적 생산량 달성 여부

기업 A의 이윤극대화

① $Max\ \ \pi_A = 900X_A - 100X_A^2$

기업 B의 이윤극대화

② $Max\ \ \pi_B = 1600X_B - 50X_A^2 - 50X_B^2$

F.O.C

① $900 - 200X_A = 0 \qquad X_A = 4.5$

② $1600 - 100X_B = 0 \qquad X_B = 16$

개별기업이 각기 이윤극대화를 추구하는 경우에는 기업 A의 생산량이 최적생산량을 초과함을 알 수 있다. 이 때 이윤은 기업 A가 2025, 기업 B는 11787.5으로 사회최적 상태일 때보다 A는 증가 B는 감소하였다. 이는 A의 해로운 외부성으로 인해 A의 산출량이 늘어나면서 B의 비용이 증가하기 때문이다.

Ⅳ. 설문 (3)의 해결

1. Pigou Tax

오염과 같은 해로운 외부성의 경우, 이를 치유하기 위해 기업결합을 통해 외부성을 내부화시키거나, 배출권 거래제도를 도입하거나 세금을 부과하는 등의 방안이 있다. 설문에서는 오염배출자에게 penalty를 부과하는 피구세를 검토한다. 피구세는 산출량에 비례하여 부과하는 것으로 가정한다.

2. 기업 A의 이윤극대화 및 세액의 결정

기업 A에게 X_A 1단위 생산에 t원의 세금을 부담시킨다면 A는 세금을 비용증가로 인식하고 이윤극대화는 다음과 같이 변화한다.

$Max\ \ \pi_A = 900X_A - 100X_A^2 - tX_A$

F.O.C $\quad 900 - 200X_A - t = 0 \cdots$ⓐ

사회 최적상태에서 $X_A = 3$이므로 ⓐ가 성립하기 위해서는 $t = 300$이다. 따라서 기업 A에게 생산량 1단위마다 300의 세금을 부과한다.

제2부

거시경제학

제1장 IS-LM모형과 거시경제정책

기 출

IS-LM모형과 통화정책 효과

행시 제52회(08년)

제53회 행정고시 재경직 합격 노 경 민

전통적 IS-LM 모형을 이용하여 다음 질문에 답하시오.

(1) 최근에 발생한 원유 등 원자재가격의 상승이 경제성장에 영향을 줄 수 있다는 판단 하에서 통과공급을 증대시켜 이자율 하락을 유도하는 정책을 실시하고자 한다. 이 때 정책의 효과를 IS-LM 모형을 이용하여 설명하시오.(10점)

(2) 통화공급을 증대시켰을 때, 이자율 하락보다는 소득증가의 정도가 상대적으로 크게 나타나는 경제상황은 어떤 경우인지 IS-LM 모형을 이용하여 설명하시오.(5점)

C/O/N/T/E/N/T/S

Ⅰ. 모형의 설정

1. IS-LM 모형

IS곡선(재화시장) : $Y = C(Y-T) + I(r) + G$

LM곡선(화폐시장) : $M/P = L(Y, r)$

2. 모형의 가정

물가(P)가 경직적이고, 폐쇄 경제를 가정한다.

Ⅱ. 설문 (1)의 해결

1. 통화공급 증대의 효과

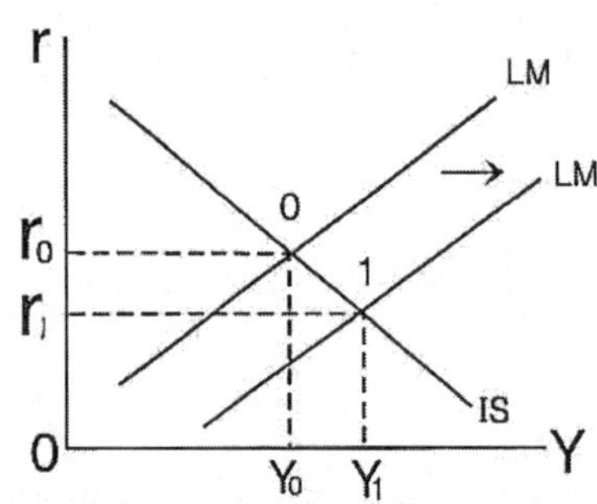

통화공급을 증대시키면 단기에 물가가 고정인 경우, 실질 통화량(M/P)이 증가하여 위 그래프와 같이 LM곡선이 우측이동 하게 된다. 이 때 균형점은 0에서 1로 이동한다.

2. 정책의 효과

통화공급 증대 정책의 효과로 단기에 소득은 증가(Y_0->Y_1), 이자율은 하락(r_0->r_1) 하게 됨을 알 수 있다.

Ⅲ. 설문 (2)의 해결

1. 투자의 이자율 탄력성

IS곡선식에서 투자(I)는 이자율(r)의 함수로 나타나는 데 투자의 이자율에 대한 탄력성이 클수록 투자가 이자율 변화에 따라 민감하게 변화하게 되고, IS곡선의 기울기가 완만한 형태로 나타나게 된다.

2. 통화공급 증대의 효과

동일한 통화량 공급 증대 시, 이자율 하락 보다는 소득 증가의 정도가 상대적으로 크게 나타나기 위해서는 그래프와 같이 IS곡선이 완만하게 나타나야만 한다. 이는 즉, 투자의 이자율 탄력성이 매우 큰 경제 상황에 나타나는 현상으로 볼 수 있다.

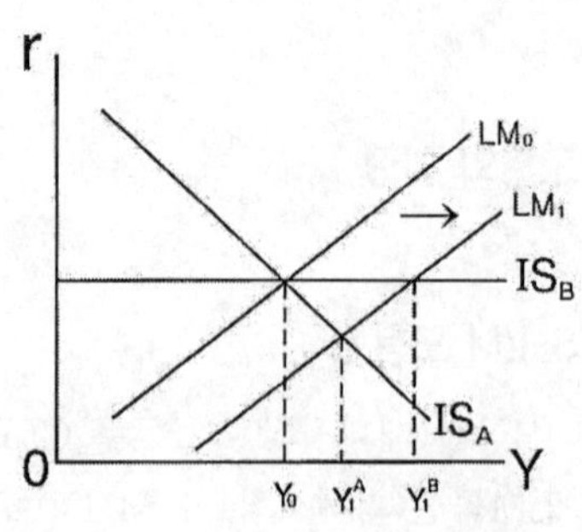

기/출/문/제/정/리

■ 통화정책의 유효성과 화폐수요의 이자율탄력성 사이의 관계를 설명하라. 〔외시 제32회〕

■ 2003년 한국경제는 저금리와 경기침체를 동시에 경험하였다. 〔외시 제38회〕

(1) 일반적으로 저금리는 경기를 부양시키는 효과를 가질 것으로 기대된다. 그럼에도 불구하고 2003년 한국경제가 경기침체를 경험하게 된 이유를 IS-LM모형에 의거하여 설명하라. (15점)

(2) 한국경제의 과거 추세에 비추어 볼 때 2003년의 금리와 실질성장률은 이례적으로 낮은 편이었다고 할 수 있다. 그러나 많은 사람들은 장기적으로 한국경제의 금리와 실질성장률이 과거와 같은 높은 수준을 유지하지는 못할 것이라고 전망 한다. 이러한 전망의 근거를 설명하라. (15점)

advice

화폐금융정책에 의한 저금리 정책은 LM 곡선을 우측으로 이동시킨다. 저금리에도 불구하고 다양한 이유로 기업이 투자를 꺼려 IS 곡선이 가파르게 되면 저금리 정책에도 총수요 증대효과는 미미하게 된다. 2문은 한국경제의 개방화와 구조 변화를 이용해 설명할 수 있다.

■ 조지 W 부시 미국 대통령은 지난 3월 9일 상·하원을 통과해 백악관에 넘어온 경기부양책에 서명했다. '일자리 창출과 노동자지원법'으로 이름붙은 경기부양책은 실업수당 지급기간을 통상 26주에서 39주로 13주 더 늘리고 뉴욕시 복구사업을 돕기 위해 10년간 50억달러의 세금을 깍아주는 내용을 담고 있다. 의회 관계자들은 경기부양책의 발효로 올해 5백10억달러, 내년에 4백30억달러가 투입될 것이라고 말했다. 실업수당 증가 또는 세금인하가 미국경기를 부양할 수 있다는 주장과 없다는 주장을 설명하라. 그리고 이 경기부양책이 우리 경제에 어떤 영향을 끼치는지 거시경제모형에 근거하여 분석하라. (입시 제18회)

advice

케인지안과 공급중시 경제학자에 의하면 위의 경기 부양책이 효과가 있을 수 있지만, 리카도의 등가정리나 통화주의자 신고전학파의 견해에 의하면 효과가 없을 수 있음을 보인다. 우리경제에 미치는 영향은 먼델-플레밍 모형에 의해 보일 수 있다.

■ 최근 한국경제에 대해 우려의 목소리가 점차 늘어가고 있다. 그 이유는 올해에 들어와서 실업이 증가하고, 물가수준이 전년도에 비해 크게 상승하고 있을 뿐만 아니라 경상수지 적자가 몇 달 동안 계속 발생하고 있기 때문이다. 이에 사회 일각에서는 한국경제가 아직 위기상황이 아니라고 판단하여 적극적인 경기부양책을 실시할 필요가 없다는 주장을 펴는 사람도 있다. 그러나 또 다른 일각에서는 경기진작의 일환으로 예산을 조기 집행하고, 또 적자재정을 통해 경기를 부양할 필요가 있다는 것을 주장하는 사람도 있다. 이와 같은 경제현상에 대한 본인의 의견을 밝히고 그 근거를 거시경제 모형을 통해 설명해 보라. (입시 제19회)

advice

현재의 경기 상황이 침체라고 볼 수 있는지, 침체라면 침체의 원인이 수요측 원인인지 공급측 요인인지, 일시적인 경기 변동의 과정인지 구조적 원인에 의한 것인지 등 현재 상황을 먼저 파악해야 한다. 그 이후 자신의 판단에 맞추어 어떠한 대책이 적절한지 이론적으로 뒷받침해주면 된다.

어느 한나라가 두 가지 최종재화만 생산하고, 2000년과 2005년에 그 가격과 수량이 다음표와 같이 주어졌다 하자. 기준년도인 2000년의 물가지수를 100이라 할 때 다음 물음에 답하라. (계산은 소수점 둘째자리까지 구할 것) (30점) 〔입시 제21회〕

(1) 2005년 GDP 디플레이터(Deflator)를 구하라. (13점)

(2) 라스파이레스(Laspeyres)지수를 구하라. (7점)

(3) 파세(Paasche)지수를 구하라. (7점)

(4) GDP 디플레이터와 파세지수는 어떤 관계가 있는가를 살펴보라. (3점)

advice

단순한 계산문제이기 때문에 해설을 생략한다. (1), (2), (3)문 모두 각 지수의 의의, 설명을 간략히 쓰고 계산을 적은 뒤 (4)문에서 동일하다라고 써준다면 기본적인 점수는 받을 것으로 생각된다. 그러나 만약 계산이 틀린다면 개념을 정확히 알고 쓴다하더라도 점수에 상당한 치명타를 입을 수 있다. 시험일자가 다가오면서 이러한 계산문제는 소홀히 하기 쉽지만 경제학공부할 때 한 문제씩 꼭 풀어보길 강력히 권한다.

화폐금융정책

제48회 행정고시 재경직 합격 이 한 샘

2005년 10월 금융통화위원회는 10개월 만에 콜금리를 3.25%에서 25bp 인상하였다. 화폐금융정책이 경제에 영향을 미치는 경로를 세 가지 제시하고 금리인상시 예상되는 효과를 서술하라.(15점)

C/O/N/T/E/N/T/S

경제학

Ⅰ. 화폐금융정책의 의미

화폐금융정책이란 정부가 경제상황 조절을 위해 통화량 또는 금리를 조절 수단으로 하는 정책을 말한다. 재정정책과 함께 단기적인 경기조절에 사용되며 구체적인 수단으로는 공개시장조작, 지급준비율 조절, 재할인율 조절이 있다.

Ⅱ. 화폐금융정책의 전달경로

1. 전달경로의 개념

전달경로란 화폐금융정책이 실물변수에 영향을 미치기까지 거치는 과정을 말한다. 직접적인 효과를 보이는 재정정책과 달리 화폐금융정책은 운용목표나 중간목표 등의 중층적 구조를 가진다. 화폐변수가 실물부분을 자극하는 데에 길고 복잡한 경로가 존재하며 이는 화폐금융정책의 효과가 상대적으로 천천히 나타남을 의미한다. 이하에서는 확장적 화폐금융정책의 전달경로를 살펴본다.

2. 케인즈 효과(Keynes Effect)

케인즈 효과는 투자자들이 보유하는 장, 단기 증권의 이자율의 변화가 투자에 영향을 미친다고 본다. 먼저 통화량 공급이 증가하는 경우 경제주체의 초과보유화폐를 처분하기 위해 단기증권을 수요한다. 단기증권의 수요가 증가하면서 단기이자율이 하락하고 이는 단기증권의 수익률 악화를 의미한다. 이에 대체관계에 있는 장기증권의 수요가 증가하고 장기이자율이 하락하면서 투자가 확장된다. 투자의 증가는 IS곡선을 우측이동시켜 국민소득을 증가시킨다.

3. 피구 효과(Pigou Effect)

$$y = c(y, \frac{W}{P}) + i(r) + G$$

소비함수에 실질부 Wsf/P를 도입하는 경우 통화량 증가는 금융자산을 통하지 않고 직접 실물자산에 영향을 줄 수 있다. 실질부에 실질화폐잔고량이 포함되고 통화량의 증가는 개인 실질화폐잔고의 증가를 의미한다. 실질부 증가는 소비, 특히 주택·공장·내구재에의 지출을 늘려 실물자산의 수요를 증대시킨다. 이 역시 IS곡선의 우측이동으로 이어져 국민소득이 증가한다.

4. 은행대출을 통한 경로

위의 두 견해는 통화, 즉 은행 부채의 변화가 이자율 또는 실질부를 변화시킴으로써 발생하는 효과를 분석하고 있다. 이에 대해 최근의 신용적 견해는 은행의 자산인 대출을 통한 전달경로를 설명한다. 은행은 정보의 비대칭의 상황에서 시장이자율보다 경직적인 이자율을 설정하고 신용할당을 통해 자원을 배분한다. 이때 통화량이 증가하고 은행대출이 증가한다면 기업의 자금조달이 확대되어 투자가 증가하고 그 결과 IS곡선의 우측이동과 국민소득 증가로 이어질 수 있다.

Ⅲ. 금리인상의 효과

1. 물가인상 압력 완화

한국은행은 인플레이션 목표관리를 통해 물가 조절을 최우선 과제로 삼고 있다. 최근 중국을 비롯한 전세계적인 석유수요 급증과 커트리나로 인한 정유시설 파괴로 인한 불안심리 등을 이유로 고유가가 지속되고 있으며, 이에 물가 상승압력이 점차 증대되고 있다. 이에 선제적 대응으로서 금리를 인상하여 긴축을 통해 물가상승을 완화할 수 있다.

2. 경기 위축 우려

금리 인상은 긴축적 화폐금융정책을 의미한다. 콜금리가 10개월간 최저수준에 머물러 있었던 것은 경기침체에서 벗어나기 위한 노력의 일환이었다. 현재 수출 이외에 투자와 소비가 부진한 상황에서 금리 인상은 경기회복을 늦출 가능성이 있다.

3. 부동산시장 안정화

최근 부동산 가격의 급등으로 조장된 부동산 투기를 억제하기 위해 8.31대책이 발표되었다. 대책 발표후 가격 하락세가 가시화되었고 금리 인상은 대출금리의 상승을 초래하여 수요를 억제하거나 대출을 통한 기존 주택보유자의 매도를 유도하여 부동산 가격의 하락으로 이어질 것으로 보인다.

기 출

이자율결정이론, 이자율의 영향

행시 제52회(09년)

제25회 입법고시 재경직 합격 유 구 영

이자율은 국민경제전체에 커다란 영향을 미친다. 다른 조건이 일정한 경우, 이자율이 하락하면 투자가 증가하고 이자율이 상승하면 투자가 감소하는 것이 일반적이다. 그런데 현실경제에 있어서 이자율이 낮은 수준인데도 불구하고 투자가 증가하지 않는 경우도 있다.(총 20점)
(1) 이자율결정이론을 세 가지 이상 열거하고 각각을 설명하시오. (12점)
(2) 이자율의 변화가 부동산가격에 영향을 미칠 수 있다. 그 경로를 설명하시오. (8점)

C/O/N/T/E/N/T/S

Ⅰ. 설문 (1)문의 해결
1. 대부자금시장 모형
2. 유동성 선호 모형
3. 새고전학파의 일반균형론

Ⅱ. 설문 (2)문의 해결
1. 부동산가격 결정식
2. 설문의 해결

Ⅰ. 설문 (1)문의 해결

1. 대부자금시장 모형

(1) 개념

대부자금시장 모형이란 이자율을 대부자금시장에서의 자금공급과 수요의 균형점에서 결정됨을 설명하는 이론이다. 대부자금시장에서의 공급이라고 할 수 있는 저축과 수요라고 할 수 있는 투자 및 재정적자의 균형에서 결정됨을 보여준다. 이는 실질 이자율 결정 모형이라고 볼 수 있다.

(2) 그래프의 도해 및 해석

오른쪽 그래프처럼 대부자금시장에서의 공급곡선과 수요곡선이 만나는 1점에서 균형이 이루어지며, 이때의 이자율은 r_0에서 나타난다. 이는 이자율이 올 라가면 더 많은 자금이 공급되는 반면, 수요는 작아지는 현상을 근거로 도 된다. 이자율 결정의 과정을 매우 간단하게 나타낸다는 장점이 있으나, 화폐 전체의 수요와 공급이 아닌 대부가 가능한 자금에 대해서 국한시켜 분석 하고 있다는 비판이 있다.

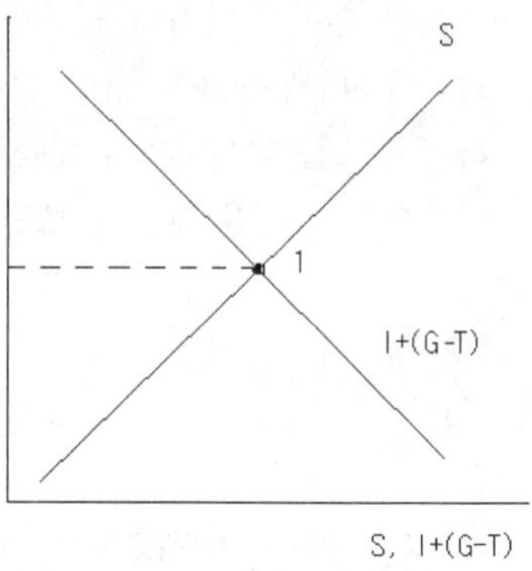

2. 유동성 선호 모형

(1) 개념

유동성선호모형이란 이자율을 대부자금시장에서의 자금공급과 수요의 균형점에 국한시킴을 넘어서 화폐 전체에 대한 수요와 공급에 의해 결정된다고 본다. 이는 단기적인 명목 이자율 결정모형으로 볼 수 있다.

(2) 그래프의 도해 및 해석

아래 그래프처럼 화폐시장에서의 공급곡선과 수요곡선이 만나는 2점에서균형이 이루어지며, 이때의 이자율은 r_2에서 나타난다. 이는 외생적으로 주어지는 화폐공급과 이자율에 반비례하는 화폐수요를 근거로 도출된다. 화폐 수요가 이자율의 감소함수인 것은 투 기적 수요의 측면에 주목하였기 때문이다. 대부자금시장 모형이 갖고 있는 협소함을 보충하였으나, 화폐공급의 내생적 특성이나 거래적 화폐수요의 측면 간과, 개방 경제에서의 적합성 등 여러 문제점이 제기되고 있다.

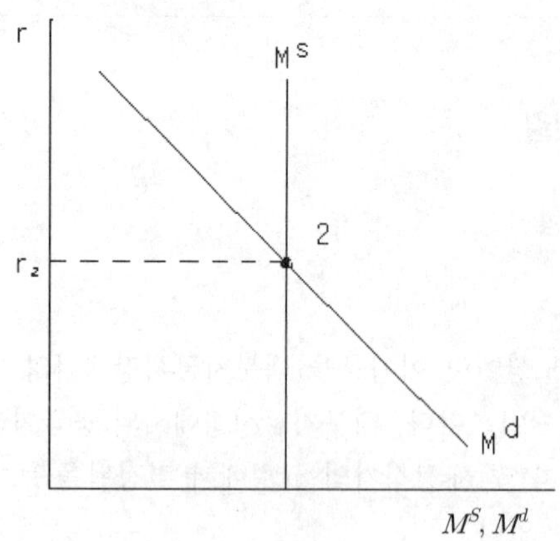

3. 새고전학파의 일반균형론

(1) 개념

새고전학파의 일반균형론은 노동시장과 화폐시장 및 생산물시장을 모두 려하는 이론이다. 그 중 생산물 시장에서의 총공급곡선과 총수요곡선에 의해 이자율이 결정됨을 보여준다.

(2) 그래프의 도해 및 해석

오른쪽 그래프처럼 생산물시장에서의 공급곡선과 수요곡선이 만나는 3점에서균형이 이루어지며, 이때의 이자율은 r_3에서 나타난다. 이는 노동시장에서 기간간 대체가설에 의해 우상향하는 총공급곡선과 소비와 투자의 이자율에 대한 역의 관계에 의해 우하향하는 총수요곡선을 근거로 도출된다. 기존의 부분균형의 측면을 보충하였다.

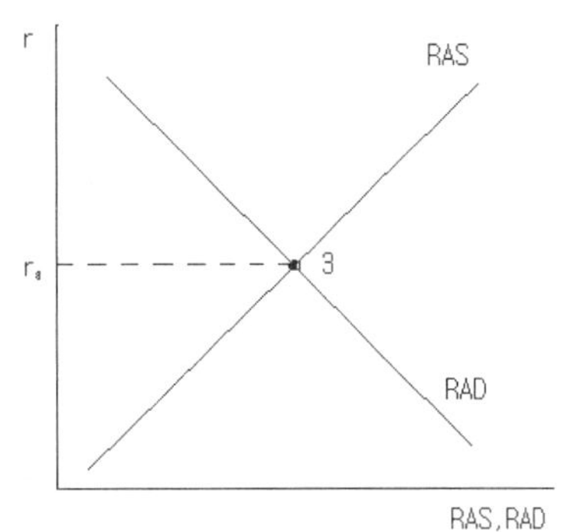

Ⅱ. 설문 (2)문의 해결

1. 부동산 가격 결정식

부동산 가격이 임대료와 이자율에 의해서만 결정됨을 가정하였을 때 그 결정식은,

$$PV=\frac{D_1}{(1+r)}+\frac{D_2}{(1+r)^2}+\ldots+\frac{D_n}{(1+r)^n}+\ldots$$ 이 된다.

2. 설문의 해결

즉, 위의 식은 임대수익이 일정할 경우 부동산의 현재가치는 이자율과 역의 관계에 있음을 나타낸다. 또한 이자율의 상승은 차입비용의 증가를 일으킬 수 있으므로 D가 감소할 가능성이 있으며, 대체투자수익률이 증가할 가능성이 크기 때문에 부동산의 가격하락을 가속시킬 우려가 있다. 결국 이러한 요인들로 인하여 부동산 가격은 이자율의 변화에 영향을 받게 된다.

재화시장과 화폐시장의 균형

제56회 행정고시 재경직 합격 한 0 0

행시 제57회(13년)

A국의 거시경제모형이 아래와 같이 주어진 경우 다음 질문에 답하시오.

$$C=200+0.75(Y-T)\ \ I=200-25r\ \ G=T=100$$
$$(M/\ P)^{d}=Y-100rM=1000$$

(단, C, T, Y, I, r, G, P, $(M/P)^d$, M은 각각 소비, 조세, 소득, 투자, 이자율, 재정지출, 가격, 화폐수요 그리고 화폐공급을 나타낸다) (총 30점)

(1) P=2일 때 균형소득과 균형이자율은? (10점)
(2) P=2이고 재정지출(G)이 100에서 150으로 증가했을 때, 승수효과와 구축효과의 결과로 나타나는 소득의 변화 분은 각각 얼마인가? (10점)
(3) (2)의 상황에서 구축효과의 크기가 커지기 위해서는 현재의 화폐수요로부터 어떠한 변화가 선행되어야 하는가? 이를 화폐시장 균형 방정식을 이용하여 설명하시오. (10점)

C/O/N/T/E/N/T/S

Ⅰ. 설문 (1)의 해결

1. IS 곡선과 LM 곡선

IS : $Y=C+I+G$ 이므로

$Y=200+0.75(Y-100)+200-25r+100$

$Y=1700\text{-}100r$

LM : $(\frac{M}{P})^s = (\frac{M}{P})^d$ 이므로

$\frac{1000}{P} = Y\text{-}100r, r = \frac{1}{100}Y - \frac{10}{P}$

2. 균형생산량의 도출

생산물 시장의 균형은 IS 곡선과 LM 곡선이 만나는 점에서 이루어진다.

IS : $Y = C + I + G$, LM : $(\frac{M}{P})^s = (\frac{M}{P})^d$ 이므로

$Y = 1700\text{-}100r$ 에 $r = \frac{1}{100}Y - \frac{10}{P}$ 을 대입하면,

$Y = 1700 - 100(\frac{1}{100}Y - \frac{10}{P})$

$Y = 850 + \frac{500}{P}$ 이다.

따라서 균형생산량은 $Y = 850 + \frac{500}{P}$ 이다.

3. 균형소득과 균형이자율

P=2 이므로 $Y = 850 + \frac{500}{P}$ 에 P=2를 대입하면,

Y=1100 이다.

Y=1100 이므로 이때 r= 6 이 된다.

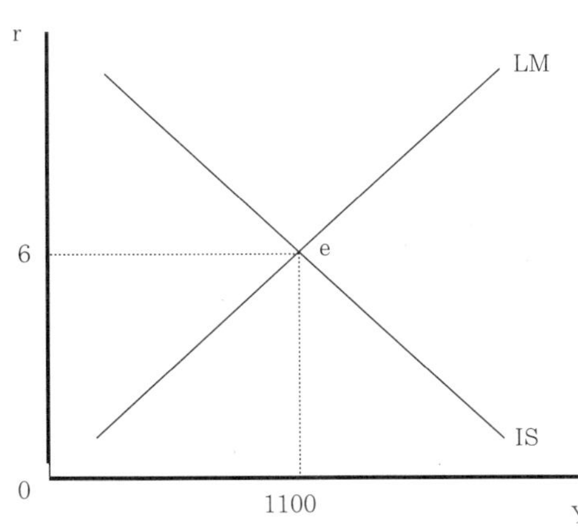

Ⅱ. 설문 (2)의 해결

1. 정부지출 증가와 IS 곡선

IS : $Y = C + I + G$ 이므로

$Y = 200 + 0.75(Y - 100) + 200 - 25r + 150$

$Y = 1900\text{-}100r$

2. 균형생산량의 도출

$Y = 1900\text{-}100r$ 에 $r = \frac{1}{100}Y - \frac{10}{P}$ 을 대입하면,

$Y = 1900 - 100(\frac{1}{100}Y - \frac{10}{P})$

$Y = 950 + \frac{500}{P}$ 이다.

따라서 균형생산량은 $Y = 950 + \frac{500}{P}$ 이다.

3. 균형소득과 균형이자율

P=2 이므로 $Y = 950 + \frac{500}{P}$ 에 P=2를 대입하면,

Y=1200 이다.

Y=1200 이므로 이때 r= 7 이 된다.

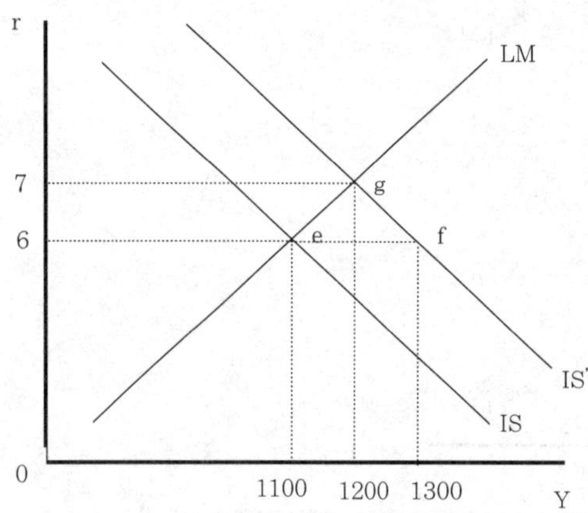

4. 승수효과와 구축효과

(1) 승수효과 (e→f)

승수효과란 어떤 변화(소비, 투자, 정부지출 등)가 최종적으로 총소득을 몇 배 증가 또는 감소로 나타나는 총 효과를 의미한다.

정부지출 G=100 일 때, IS : $Y = 1700 - 100r$,

정부지출 G=150 일 때, IS' : $Y = 1900 - 100r$ 이므로

총 승수효과의 크기(IS'-IS)는 200이다.

(2) 구축효과 (f→g)

구축효과란 정부지출의 증가가 이자율을 증가시켜 투자를 위축시킴으로써 총 소득에 미치는 효과를 의미한다.

승수효과로 인해 증가한 1300, f점에서 이자율이 7로 증가함으로써 투자가 감소하여 생산물시장의 균형은 g점이 된다. 이 때, 총소득은 1200이 되므로 구축효과의 크기는 1300-1200=100 이다.

Ⅲ. 설문 (3)의 해결

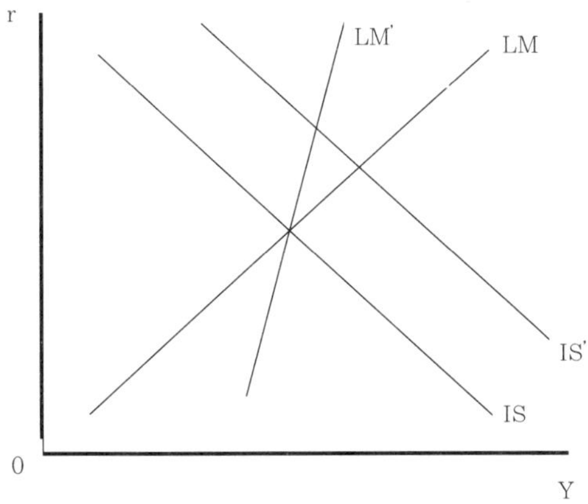

구축효과의 크기가 커지기 위해서는 LM곡선의 기울기가 커져야 한다.

LM : $r = \frac{1}{100}Y - \frac{10}{P}$, ($\frac{1000}{P} = Y - 100r$)이므로, LM 곡선의 기울기가 $\frac{1}{100}$ 보다 커지기위해서는 LM곡선의 기울기를 결정하는 화폐수요의 소득탄력성이 현재의 1보다 커지거나, 화폐수요의 이자율탄력성이 현재의 100보다 작아져야 한다.

교/수/강/평

김 윤 영(단국대학교 경제학부 교수)

IS-LM 모형은 거시경제학의 기본 도구로서 얼마든지 응용이 가능한 부분이다. 재화시장과 화폐시장의 균형조건에서 도출하는 과정을 꼼꼼히 살펴볼 필요가 있다. 이는 다시 대외 부문을 포함한 먼델-플레밍 모형으로 확장 가능하며 따라서 최근의 아베노믹스 등과 관련하여 통화, 환율 정책의 효과를 분석하는 문제도 출제 가능성이 높다 하겠다. 모범 답안이 문제를 잘 해결하고 있으나 III. 설문 3의 해결에서 화폐수요의 이자율이나 소득 탄력성이라는 용어를 쓰고 있는데 엄밀하게 탄력성은 아니며 기울기 계수로 정확하게 사용하는 것이 중요하다 하겠다.

IS-LM 모형과 재정, 통화 정책

제49회 행정고시 재경직 합격 강 욱

IS-LM모형의 사용하여 다음을 설명해 보아라.(총 40점)

(1) 중앙은행의 통화팽창에도 불구하고 신용경색(credit crunch) 때문에 기업의 투자가 늘어나지 못한다는 주장에 관하여 설명하시오.(15점)

(2) 가계부채의 증가로 인해 정부의 재정확대정책에도 불구하고 경기회복이 제약된다는 주장을 평가해 보시오.(10점)

(3) 불확실성의 증대가 IS곡선과 LM곡선에 미치는 요인들을 제시하고 이를 통해 국민소득과 이자율에 미치는 영향을 예상하라.(15점)

C/O/N/T/E/N/T/S

Ⅰ. 의 의

경기 상황에 따라 IS-LM모형에서 각 곡선의 기울기는 달라지게 되고 이에 따라 정부의 재정정책과 금융정책의 효과가 상이하게 나타난다. 신용경색, 가계부채의 증가, 불확실성이 증대한 상황을 상정하고 각각의 경우를 분석한다.

Ⅱ. 모형의 설정

$$IS: Y = C(Y) + I(r) + G$$

$$LM: \frac{M}{P} = L(Y, R)$$

IS곡선은 r-Y평면에서 우하향하고 LM곡선은 r-Y평면에서 우상향하는 모습을 띈다.

Ⅲ. 신용경색과 통화팽창 정책의 효과

1. 신용경색과 투자의 이자율 탄력성

신용경색이란 기업의 자금을 융통하기 어려운 상황을 의미하고, 경제 내의 불확실성의 증대, 신용할당, 금융기관의 지급준비율 상승 등의 원인으로 발생한다. 신용경색이 존재하는 경우 기업의 투자는 신용, 즉 은행의 대출규모에 크게 영향을 받게 된다. 따라서 기업의 투자는 이자율보다는 은행의 대출규모에 더욱 민감하게 된다.

2. IS곡선에 미치는 영향

투자가 이자율에 비탄력적이 되므로 IS곡선의 기울기는 가팔라지고, 신용, 대출규모의 변화에 의해 IS곡선 자체의 이동이 나타나게 된다. 즉 신용, 대출규모의 증대는 IS곡선을 우측으로 이동시키는 원인으로 작용할 수 있다.

3. 통화정책의 효과

통화정책의 실시로 LM곡선이 우측으로 이동하나 금리하락에도 불구하고 투자는 크게 증가하지 않고 소득도 크게 증가하지 않는 것을 볼 수 있다. 즉 신용경색으로 인하여 IS곡선이 가팔라지는 경우 통화정책의 이자율 경로가 미약하게 된다.

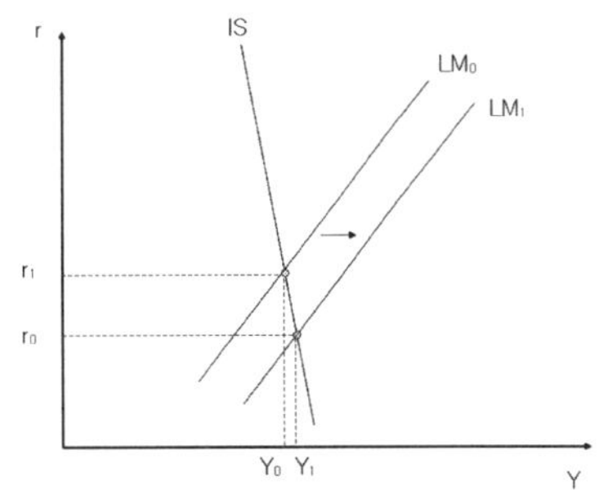

4. 정책적 함의

통화정책보다는 재정정책이 유효한 정책이다. 특히, 대출규모를 증대시키는 정책을 통해 IS곡선을 우측으로 이동시킨다면 투자를 효과적으로 증대시킬 수 있을 것이다.

Ⅳ. 가계부채의 증가와 재정확대 정책의 효과

1. 가계부채 증가의 효과

가계부채가 많은 경우 이자율이 상승할 때 부채의 실질가치가 상승하게 되므로 가계의 부채부담이 증가하게 된다. 또한 이자율 상승으로 이자지급액의 크기가 증가하게 되므로 가처분 소득이 감소하게 된다. 즉 소비는 이자율의 감소함수가 되고, 이자율에 비교적 탄력적으로 반응하게 됨을 알 수 있다.

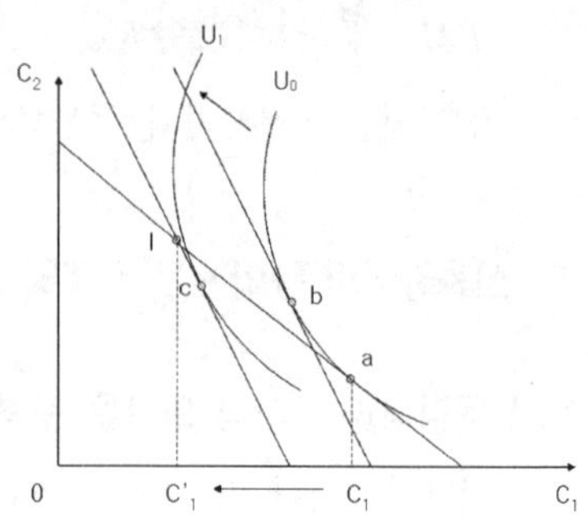

2. IS곡선에 미치는 영향

이자율이 상승하는 경우 투자가 감소되는 효과와 더불어 소비가 감소하는 효과도 추가로 나타나므로 IS곡선의 기울기는 완만해 지게 된다. 또한 가계 부채의 증가로 한계소비성향이 작아지는 경우라면 승수효과의 크기가 작아지므로 IS곡선의 이동 폭도 작아지게 된다.

3. 재정확대정책의 효과

재정확대정책의 실시로 IS곡선이 우측으로 이동하나, 이에 따라 이자율이 상승하게 되면 부채가 많은 가계의 실질부채부담과 이자지급액을 증가시키게 되므로 소비가 크게 감소하게 된다. 따라서 재정확대정책을 실시하더라도 민간의 소비 감소로 대부분이 상쇄되므로 소득의 증가는 크지 않을 것이다. 또한 가계 부채의 증가로 한계소비성향이 작아지는 경우라면 IS곡선의 이동 폭 자체도 그리 크지 않을 것이다.

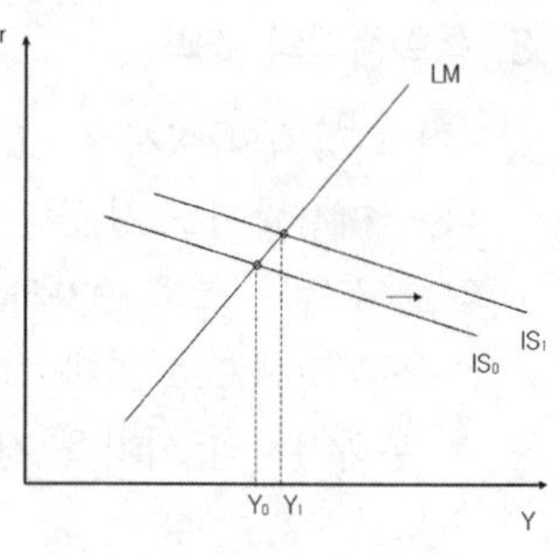

Ⅴ. 불확실성의 증대의 경제적 효과

1. IS곡선에 미치는 영향(좌측이동)

(1) 소비측면

불확실성의 증대로 예비적 저축을 늘리고 소비를 줄이게 될 가능성이 있다. 또한 불확실성의 증대는 은행으로부터의 대출이 감소하므로 내구재에 대한 소비도 줄어들게 될 것이다.

(2) 투자측면

불확실성이 증대되면 케인즈의 야성적 충동에 의할 경우 투자자의 기대수익률이 감소하므로 투자가 감소하게 된다. 또한 토빈 q이론에 의할 경우에도 주가가 하락하므로 q값이 낮아져서 투자가 감소한다. option theory에서는 call optoin의 가치가 상승하게 되고 투자의 비용이 증대되므로 투자자의 관망심리를 부추겨 투자가 감소할 가능성이 있다.

2. LM곡선에 미치는 영향(좌측이동)

(1) 화폐의 수요측면

불확실성이 증가하면 예비적 화폐수요가 증가하게 된다(이우헌 p.295). 또한 토빈의 자산선택이론에 의할 경우에도 화폐의 수요는 증가하게 된다.

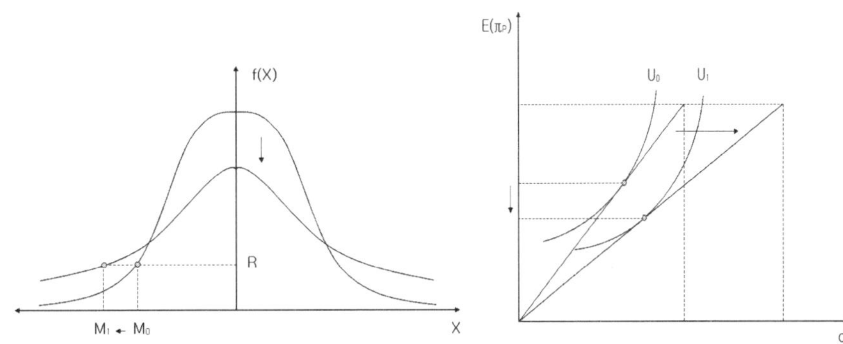

(2) 화폐의 공급측면

통화공급 방정식($M^S = \frac{cr+1}{cr+rr}H$)에서 불확실성의 증가는 투자감소, 대출감소 등의 내생적 원인에 의해 본원통화(H)를 감소시키는 요인이 될 수 있으며, 민간의 현금예금비율(cr)과 금융기관의 지급준비율(rr)을 상승시키게 되므로 통화승수는 감소하게 된다. 따라서 화폐의 공급은 감소하게 된다.

3. 불확실성의 경제적 효과

불확실성의 증대로 소비와 투자가 감소하는 경우 IS곡선은 좌측이동하고, 화폐수요의 증가, 화폐공급의 감소는 LM곡선은 좌측으로 이동시킨다. 따라서 국민소득은 큰 폭으로 감소하고 경기는 침체될 것이다.

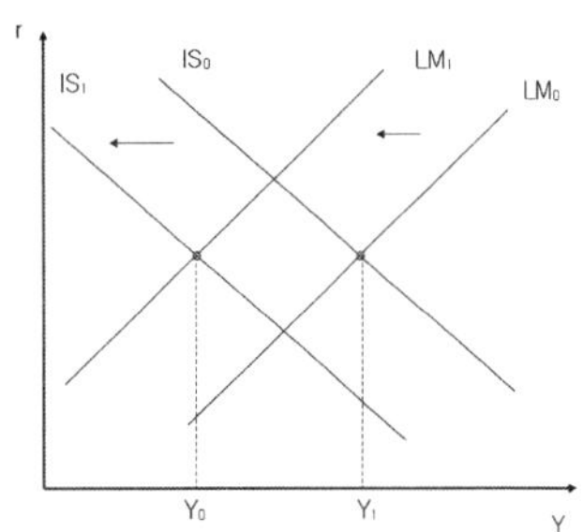

금리인하와 투자

제49회 행정고시 재경직 합격 강 욱

한국은행이 지난 8월과 11월 2차례에 걸쳐 금리를 인하시켰음에도 불구하고 투자가 증가되지 않고 있다. 이런 현상을 IS-LM 모형을 이용하여 설명하라. 이를 기초로 현재의 경기를 회복시키기 위한 정책적인 시사점을 도출해 보아라.(20점)

C/O/N/T/E/N/T/S

Ⅰ. 의 의

고전파의 투자이론은 투자가 이자율에 대하여 매우 탄력적이라고 보아 IS곡선의 기울기가 매우 완만한데 비해, 케인즈는 투자는 투자의 기대수익률에 의존한다고 보았다. 따라서 케인즈의 견해에 의할 경우 투자는 주관적인 animal spirit에 의존하고 이자율에 비탄력적인 행태를 보이게 된다. 이럴 경우 그에 상응하는 IS곡선은 상대적으로 가파른 모양을 나타낸다.

Ⅱ. 모형의 설정

$IS: Y = C(Y) + I(r) + G$

$LM: \frac{M}{P} = L(Y, R)$

IS곡선은 r-Y평면에서 우하향하고 LM곡선은 r-Y평면에서 우상향하는 모습을 띈다.

Ⅲ. 금리인하 정책이 투자증가를 끌어내지 못하는 원인

1. 유동성 함정의 존재

한국경제는 수년간 경기침체를 겪으면서 저금리 기조를 유지했다. 이는 향후 이자율이 상승할 것이라는 민간의 기대를 높여서 현금보유성향을 증가시켰다.

민간의 이러한 기대로 통화량을 아무리 증가시켜도 투기적 화폐수요로 퇴장해 버리는 유동성 함정에 있을 가능성이 높다. 따라서 화폐수요의 이자율탄력성이 높고 LM곡선은 수평에 가까운 모습을 보일 것이다.

2. 투자함수의 이자율 탄력성

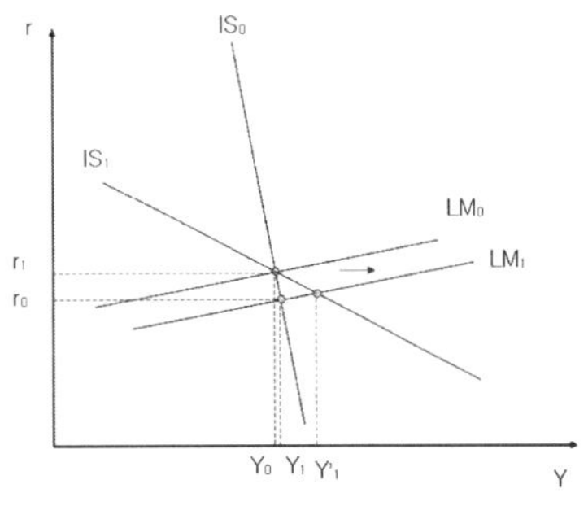

투자가 케인즈의 animal spirit에 의해 결정되거나, 경제 내 불확실성 증가로 인한 투자의 회피 등의 현상이 발생하면 투자의 이자율탄력성이 높지 않아서, IS곡선은 수직에 가까운 모습을 보일 가능성이 높다.

3. 금리인하의 효과분석

그림에서 보듯이 LM곡선이 수평에 가까운 유동성함정 상황이고 투자의 이자율 탄력성이 낮아서 IS곡선이 수직에 가까운 상황이라면 금리인하를 위해서 금융정책을 실시하여 LM곡선을 이동시켜도 실질 소득증대에는 큰 영향을 미치지 못할 것이다(IS_0). 그러나 만일 고전학파의 견해처럼 투자함수가 이자율에 대해 탄력적인 경우라면 IS곡선이 완만하게 되면 소득에 상당한 영향을 미칠 수 있을 것이다(IS_1).

Ⅳ. 정책적 시사점

(1) 금융정책에는 한계가 있으므로 재정정책을 통해 IS곡선을 이동시키는 정책이 보다 효과적일 것이다.

(2) 유동성 함정에 빠지지 않기 위한 금리여력의 확보가 중요하다.

(3) 기업의 설비투자를 증대시키기 위해서 기업가들의 주관적인 투자수익률을 높일 수 있도록 기업환경 여건을 조성해 주는 것이 바람직 할 것이다. 예를 들면 불확실성 등을 제거해 주는 것이 효과적일 것이다. 불확실성의 제거 방안으로 정책의 일관성 유지, 시장적인 정책 등 각종 규제 완화 및 철폐를 들 수 있을 것이다.

다기간의 IS-LM 분석

제50회 행정고시 재경직 합격 권 오 홍

IMF외환위기 이후 한국경제가 직면하고 있는 중요한 문제 중의 하나는 급증하는 재정적자이다. 정부의 재정적자 문제를 해결하기 위해 재정지출 대비 재정적자의 비율을 약 5%에서 점진적으로 감축하여 2006년에는 균형 재정을 달성할 계획이다. 이와 같은 재정적자 감축정책이 경제에 미치는 영향을 분석하기 위해 2기간 모형을 염두에 두고 다음 질문에 답하라.

(1) 정부가 1기와 2기 모두 긴축정책(정부구입감소, 조세수입증가)을 실시할 때, 이것이 매기의 실질소득 및 실질이자율에 미치는 영향을 분석하라.(10점)

(2) 위의 분석으로부터 긴축재정정책이 오히려 1기의 실질소득을 증가시킬 수도 있는(2기의 통화정책을 포함하여) 정책처방을 제시하라.(10점)

C/O/N/T/E/N/T/S

Ⅰ. 미래를 고려한 IS - LM곡선

1. 기본형태 : 폐쇄경제이고 현재를 1기, 미래를 2기로 가정

$$IS: \quad Y_1 = C(Y_1 - T_1, r_1, Y_2^e - T_2^e, r_2^e) + I(r_1, Y_1, r_2^e, Y_2^e) + G_1$$

$$LM: \quad \frac{M_1}{P_1} = L(Y_1, r_1)$$

일반적인 IS, LM곡선과는 달리, 미래를 고려한 변수들이 포함되어 있는 모형을 가정한다.

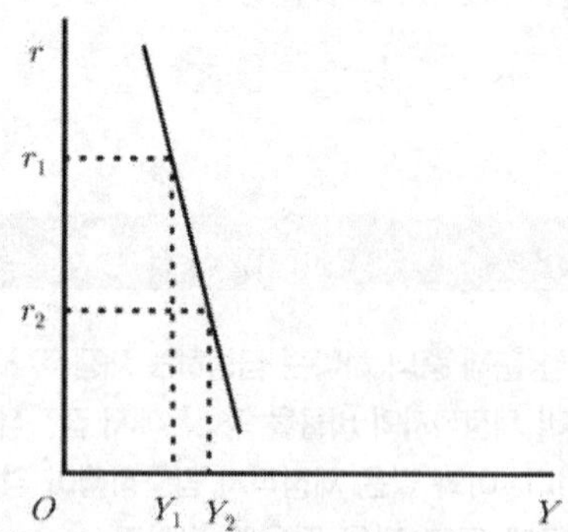

2. 그래프의 도해 및 이유 : 일반적인 IS보다 기울기가 급하기 때문이다.

미래를 고려한 IS곡선은 일반적인 IS곡선보다 기울기가 급하다는 특징을 가지고 있다. 이는 토빈 q, 승수효과에 의해 r_2^e 및 Y_2^e가 주어진 상태에서 r_1이 하락할 때 그것이 Y_1에 미치는 효과가 미래를 고려하지 않는 경우보다 작을 것으로 예상되기 때문이다.

(1) 토빈 q

r_1이 하락하더라도 r_2^e이 변화하지 않으면 항상소득과 토빈의 q를 계산할 때 현재가치가 크게 증가하지는 않을 것이고 소비나 투자도 크게 증가하지 않을 것이다.

(2) 승수효과

r_1이 하락함으로서 소득이나 생산이 증가할 때 Y_2^e이 변화하지 않으면 생산이 지출에 미치는 승수효과도 작을 것이다.

3. LM 곡선의 변화 여부불변

우리가 얼마만큼의 화폐를 보유할 것인가를 결정할 때 고려하는 것은 기본적으로 현재의 거래규모와 현재의 화폐보유 기회비용이기 때문이다. 미래의 이자율이 상승할 것으로 예상되면, 그 때 화폐보유를 줄이면 되며 지금 당장 줄일 필요는 없다. 이것은 화폐수요에 영향을 미치는 이자율이 현재의 단기이자율임을 뜻한다.

$$LM: \quad \frac{M_1}{P_1} = L(Y_1, r_1)$$

Ⅱ. 재정적자 축소정책의 효과

정부가 재정적자의 축소를 선언하고 그 재원을 현재 및 미래의 조세증가로 보전한다고 할 때, 현재 및 미래의 생산에 미치는 효과를 분석하고자 한다.

1. 2기의 축소적 재정정책 : 미래의 생산에 미치는 효과

(1) 모형의 설정

$$IS: Y_2 = C(Y_2 - T_2, r_2) + (r_2, Y_2) + G_2$$

$$LM: \quad \frac{M_2}{P_2} = L(Y_2, r_2)$$

(2) 그래프의 도출 : $Y_2^e \downarrow$, $r_2^e \downarrow$

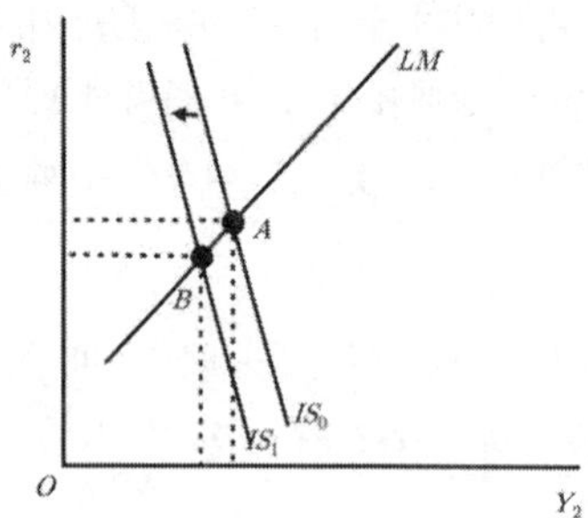

미래의 조세 (T_2)가 증가하면 IS곡선이 왼쪽으로 이동할 것이고, 균형은 A에서 B로 이동한다. 그 결과 미래의 소득이 감소하고 이자율도 하락한다.

2. 1기의 축소적 재정정책 : 현재의 생산에 미치는 효과

(1) 좌측 이동의 유인

T_1 , T_2^e의 증가와 Y_2^e의 감소

(2) 우측 이동의 유인

① r_2^e : 미래의 기대이자율이 하락하여 항상소득 및 토빈 q가 증가하므로 지출이 증가하고 IS곡선이 우측으로 이동한다.

② Y_2^e : 정부구입 감소시 생산이 그대로이면 투자가 증가하여 미래의 자본스톡이 증가한다.

(3) 그래프의 도해 : 불분명

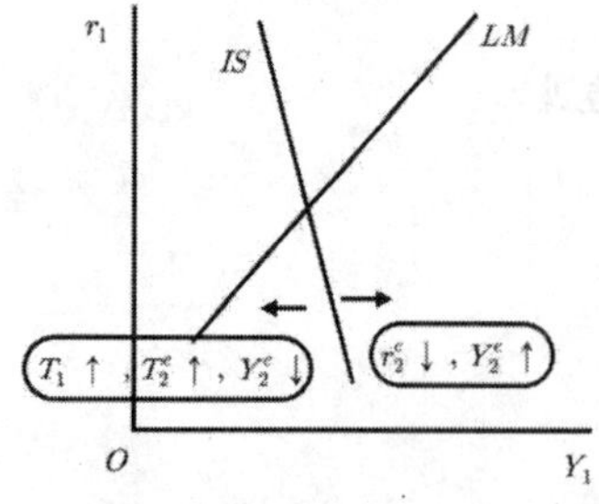

IS곡선의 좌, 우 이동을 분명하게 말할 수는 없지만, 기존의 IS-LM 분석과는 달리 조세인상정책이 현재의 생산 및 소득을 증가시킬 가능성이 있음을 시사한다는 사실에 주목할 필요가 있다.

Ⅲ. 확장적 통화정책의 효과

1. 2기의 통화정책

정부가 재정적자 축소정책을 실시할 경우 그것이 생산 및 소득에 미치는 부정적 영향을 상쇄하기 위해 중앙은행이 확장적 통화정책을 사용한다고 하자. 이것은 IS 곡선이 왼쪽으로 이동할 경우 중앙은행이 소득이 감소하지 않도록 LM곡선을 오른쪽으로 이동시키는 것을 의미한다. 확장적 통화정책으로 인해 LM곡선이 아래로 이동하면 균형은 C로 이동한다고 하자. C에서의 소득은 A와 비교하여 변화가 없지만, 이자율은 B보다 훨씬 하락하게 된다.

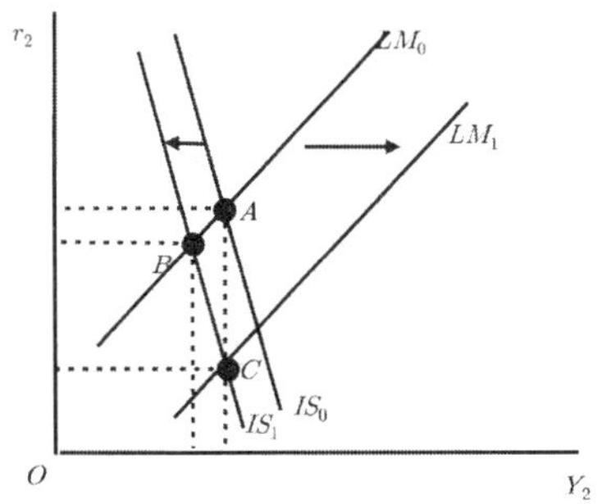

2. 1기의 통화정책

(1) 기대불변의 경우: $A \rightarrow B$

(2) 기대 변화의 경우: $A \rightarrow C$

확장적 통화정책의 결과 미래의 이자율도 하락하고 생산이 증가한다고 예상하면 소비와 투자도 증가하여 IS곡선도 오른쪽으로 이동하게 된다. 이는 통화공급 증가의 직접적 효과는 크지 않지만 미래의 이자율 및 생산에 관한 기댓값에 영향을 주어서 최종적인 효과는 훨씬 클 수도 있다는 것을 시사한다.

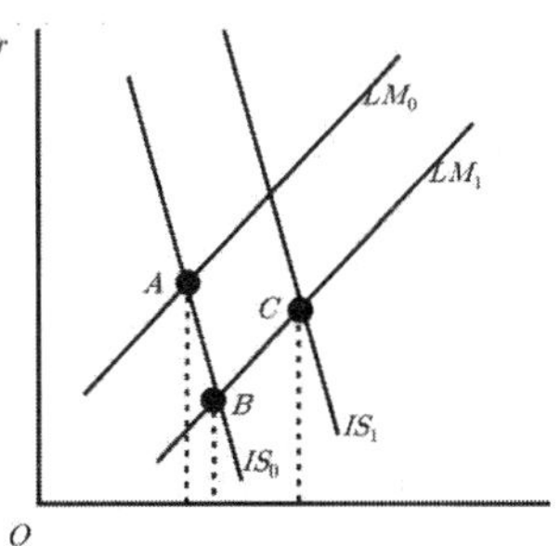

제2장 개방경제이론

기 출

상품권 무료제공, 정액세 삭감과 IS-LM모형

행시 제45회(01년)

황 종 휴 강사

자본시장이 개방되어 있으며, 변동환율제도를 채택하고 있는 가상경제의 정부가 경기부양을 위해 1인당 백만원의 상품권을 국민들에게 무료로 제공하고 6개월 이내에 사용하지 않으면 휴지조각이 될 것이라고 선언하였다.(50점)

(1) 정부가 선언한 대로 상품권을 무료로 제공했을 때 나타나는 경제적 효과를 IS- LM 모형을 이용하여 분석하라.

(2) 상품권을 제공하는 대신에 국채를 발행하여 1인당 백만원씩 정액세를 삭감해 주었을 때 나타나는 효과를 IS-LM 모형을 이용하여 분석하고, 그 효과를 (1)의 상품권 제공의 경우와 비교하라.

(3) 앞의 (2)의 국채발행을 통한 정액세 삭감이 경기를 부양시키는 효과를 가져오기 위하여 필요한 전제조건을 3가지만 예시하고, 각각에 대하여 설명하라.

C/O/N/T/E/N/T/S

Ⅰ. 서 설

문제의 상황에서 정부는 경기부양을 위해 국민들에게 무상으로 상품권을 지급할 수도 있고, 동 금액을 감세해 줄 수도 있다.

이는 총수요 진작 중 특히 소비수요 증가를 꾀하고 있는 것인데 이하에서는 상품권 지급과 감세시행이 어떤 차이점을 가질 수 있는지 살펴보기로 한다.

Ⅱ. 상품권 지급시-[설문의 (1)]

1. 분석을 위한 기본 가정

(1) 상품권은 현금으로 교환할 수 없다.
(2) 상품권은 6개월 후에는 그 가치를 상실한다.
(3) 현재를 6개월 이내, 미래를 6개월 이후라 하자.

2. 상품권 지급시 개인의 예산제약

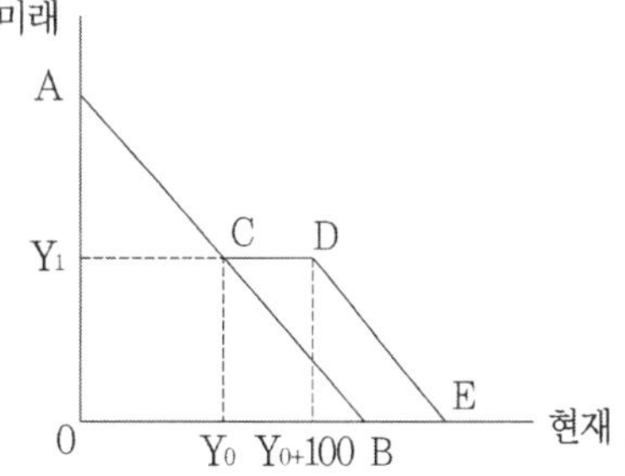

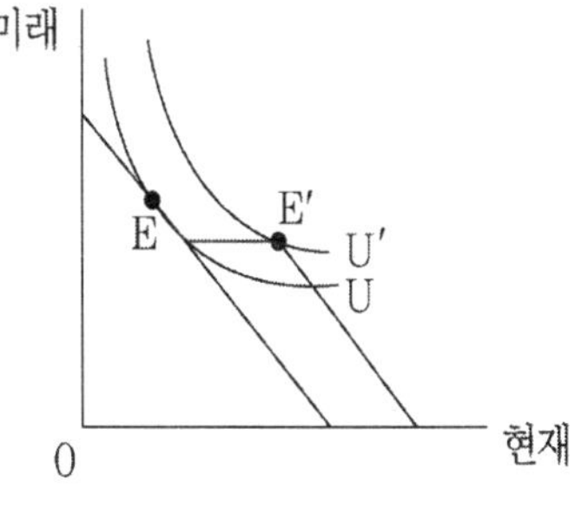

백만원 상당의 상품권 지급은 동 금액만큼 현재 가처분 소득을 증가시킨다고 볼 수 있지만, 상품권을 저축하여 미래소비에 충당할 수는 없다.

상품권 지급시 개인이 직면하는 예산선은 AB에서 ACDE로 바뀐다. 상품권은 그 특성상 이를 미래소비의 증가로 연결시킬 수 없기 때문이다.

그런데 국민들이 정부가 상품권 지급을 위한 재원 조달을 국공채 발행을 통해서 하였고 이의 상환을 위해 미래에 국민들로부터 조세징수를 증가시킬 것이라 예상한다 하더라도 만약 상품권을 사용하지 않은 후 추가적인 조세 납부를 하게 되는 경우와 상품권을 사용하여 소비를 증가시킨 후 추가적인 조세납부를 하게 되는 경우 중 후자의 경우가 효용이 더 커지므로, 소비를 증가시킬 유인이 생긴다.

즉 위 오른쪽 그림과 같이 현재 소비를 증가시킬 유인이 생기는 것이다.

3. IS/LM 모형의 분석

(1) 가정

자본시장이 개방되어 있고 변동환율제도를 택하고 있다.

(ⅰ) 자본의 이동성이 완전히 자유롭고

(ⅱ) 완벽한 자유변동 환율제하에서는 상품권 지급으로 소비수요가 증가하여 IS 가 IS′가 되면 국내이자율 상승으로 자본유입이 발생하여 환율이 하락하고 이에따라 순수출(X−M)이 감소하여 IS′는 다시 IS′ 또는 IS로 복귀한다.

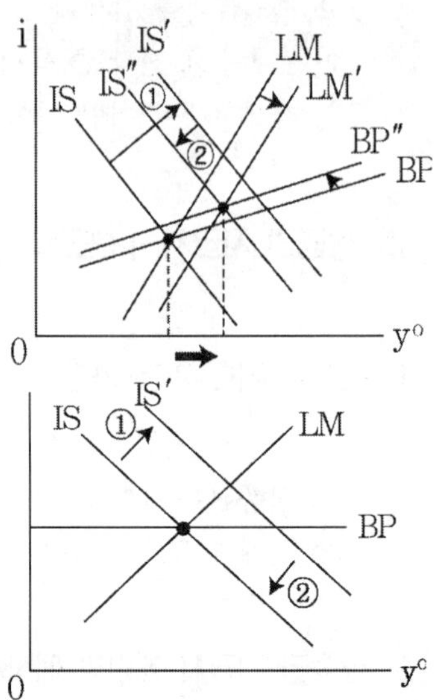

결과적으로 총수요 수준은 변함이 없다. 그러나 상품권 지급으로 인하여 총수요 구성항목 중 소비는 증가하고 순수출은 감소한다. 또한 새로운 균형점에서는 이전에 비해 경상수지는 악화, 자본수지는 개선된다.

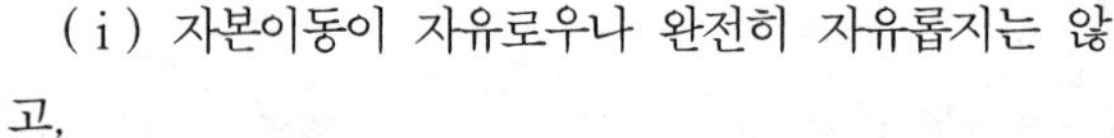

(ⅰ) 자본이동이 자유로우나 완전히 자유롭지는 않고,

(ⅱ) 완벽한 변동환율제가 아닌 경우 소비수요 증가로 IS → IS′가 되며 국내 이자율 상승으로 자본유입이 발생하여 환율이 하락하나 그 과정에서 부분적인 국내통화량 증가가 발생하여 LM → LM′가 된다.

환율하락으로 인하여 순수출이 감소하야 IS′ → IS″가 되며, BP → BP″가 된다.

그 결과 총수요 수준은 증가하고 이자율도 상승한다.

Ⅲ. 정액감세 시행시-[설문의 (2)]

1. 분석을 위한 기본 가정

(1) 정부의 지출수준은 불변이다.

(2) 국공채 상환은 다음기 부터 시작된다.

(3) 합리적 기대형성을 하는 경제주체를 상정한다.

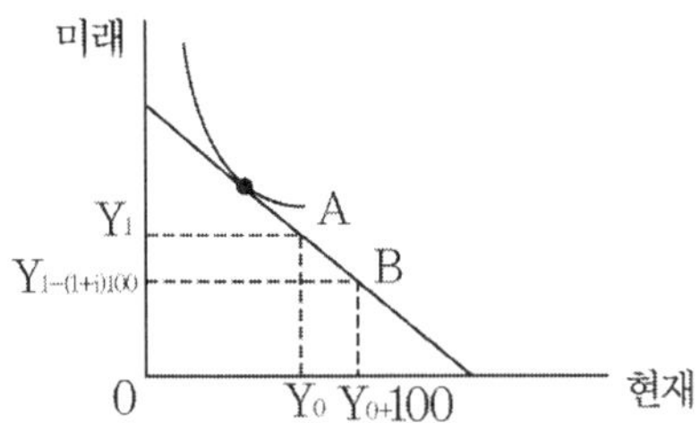

2. 정액세 감세시 개인의 예산제약

정액세를 백만원 만큼 감세하고 그 재원을 국공채 발행을 통해 조달하는 경우, 합리적 기대형성을 하는 미래전망적 소비자들은 미래의 추가적 조세부담을 예상한다.

따라서 초기 부존점이 A에서 B로 바뀌며 정액세 감세는 정확히 100만원 만큼의 저축 증가로 연결되어 소비증가는 나타나기 어렵게 된다.

3. IS/LM 모형의 분석

정액세 감세를 통한 소비수요 증가가 없고, 대부자금 시장에서의 이자율 변화도 없어 투자 증가도 IS 곡선은 이동하지 않는다.

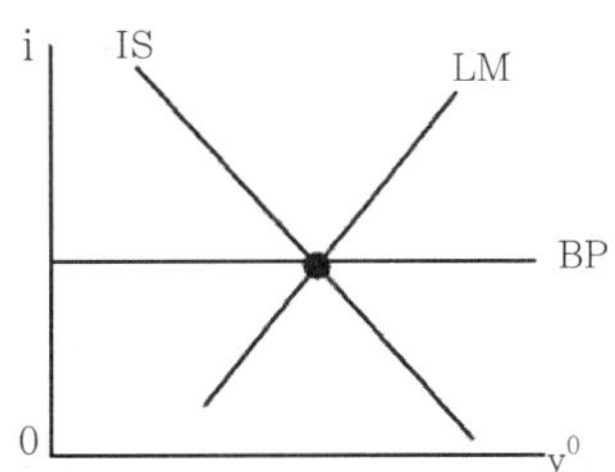

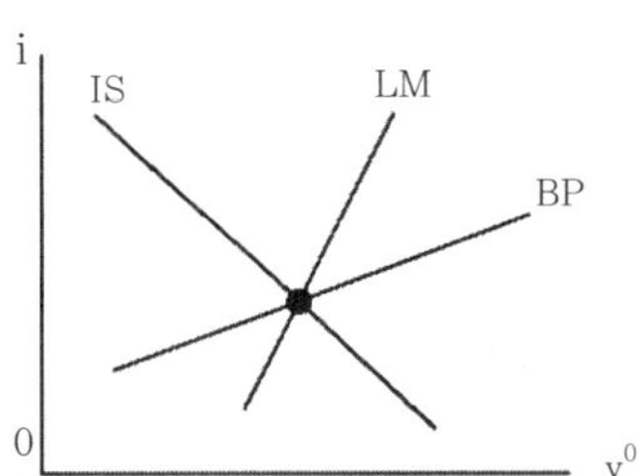

따라서 정액세 감세를 통한 경기부양을 기대하기는 어렵다.

4. 항상소득 가설과의 관련성

미래에 대해 합리적 기대를 하는 경제주체인 이상, 현재 정액세 감세가 미래 조세 증가로 연결될 것이라 생각한다. 따라서 소득의 전체적인 평균적 흐름에는 변화가 나타나지 않아 현재 시점에서의 가처분 소득 증가를 대부분 임시소득의 증가로 인식하여 소비를 증가시키지 않는다.

즉, 정부가 "공채상환을 위한 추가적 조세징수를 하지 않을 것이다" 라고 공언하지 않는 이상 항상 소득의 증가로 인식될 가능성은 낮으므로 소비 증가를 기대하기 어렵다.

Ⅳ. 상품권 지급과 정액감세 정책의 차이

동일한 금액은 정액 감세해주는 대신 상품권으로 지급하면서 유효기한을 설정하는 경우 실질적인 가처분 소득의 증가로 나타나지만 늘어난 소비가능 소득 부분이 미래 가처분소득 증가를 위한 저축(S)의 증가로 연결되지 못한다는 차이가 있다.

즉 미래 전망적인 합리적 소비자라 하더라도 지급받은 상품권을 사용하지 않고 저축할 수는 없으므로 이를 소비증가로 연결시킬 가능성이 큰 것이다.

결국 정부의 예산제약이 동일한 상황에서 정액 감세 보다는 상품권 지급이 소비수요 증진에 보다 큰 효과를 가져올 것이다.

Ⅴ. 정액감세가 유효하기 위한 조건-[설문의 (3)]

1. 근시안적 소비자인 경우

미래의 추가적 조세징수를 생각하지 않는 근시안적(short-sighted) 소비자의 경우 소비를 증가시킬 가능성이 크다.

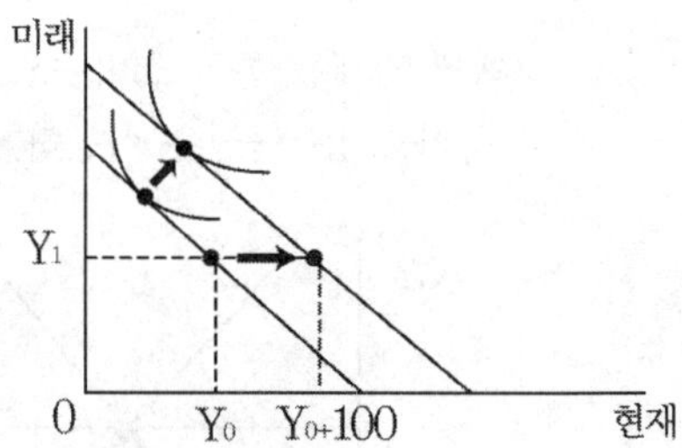

2. 현재 소비를 상대적으로 더욱 선호하면서 유동성 제약에 처해있는 경우

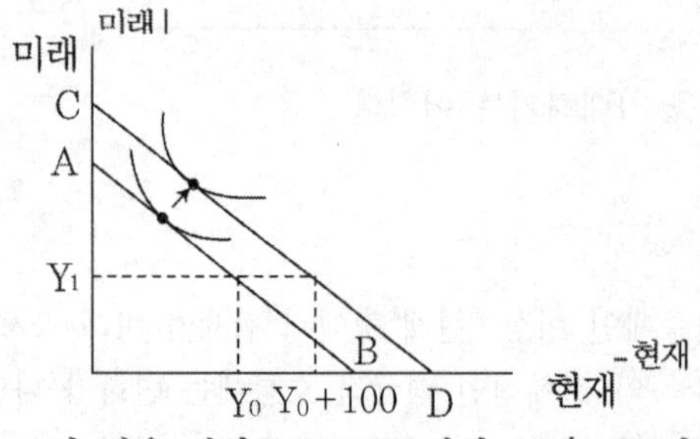

이 경우 예산선은 AEB에서 AE′C로 이동하고 현재 소비도 증가한다.

3. 공채상환을 위해 정부가 조세징수 대신 중앙은행 차입을 하는 경우

이 경우 미래가처분 소득이 감소하지 않으므로 예산선이 AB→CD로 이동하여 현재소비가 증가한다.

국가신용등급 상향조정의 영향

황 종 휴 강사

행시 제46회(02년)

최근 국제신용평가기관에서 한국의 국가신용등급을 상향조정(위험 프리미엄의 변화)하였다(다만, 한국은 소규모개방경제이고 자본의 완전이동과 변동환율제도를 가정한다). (30점)

(1) 신용등급 상향조치가 가져오는 결과를 Mundell - Fleming 모형을 이용하여 IS - LM - BP곡선으로 표시하라.

(2) 국가신용등급의 상향조정이 환율과 국민소득에 미치는 영향을 IS - LM - BP 분석에 의해 설명하라.

(3) 또한, 장기적으로 통화의 수요와 공급 및 물가수준 변화 등의 요인이 국민소득에 미칠 수 있는 효과를 상기 (2)의 경우와 비교 설명하라.

C/O/N/T/E/N/T/S

Ⅰ. [설문의 (1)]

국가 신용도는 국가위험도와 밀접한 관련이 있는 것으로서, 해외 투자자가 특정 기업이나 금융기관에 투자할 때에는 그 국가의 신용도를 우선적으로 평가할 정도로 중요한 지표이다.

특히 국가신용도가 높아질 경우 그 국가의 위험 프리미엄이 하락하여 더욱 낮은 금리로 자금을 조달할 수 있게된다. Ee=E라 하면 국가간 자본이동이 자유로울 경우 i=i*+R.P (R.P은 위험 프리미엄)에서 형성된다.

국가 신용등급이 향상될 경우 R.P.가 낮아진다.

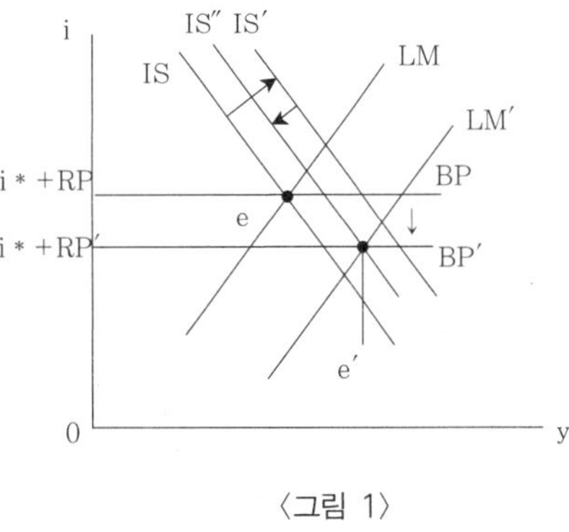

〈그림 1〉

Ⅱ. [설문의 (2)]

〈그림 1〉에서 BP가 BP′가 되어 국제수지가 자본수지 흑자에 의해 흑자화 되고, 국가 이미지 쇄신에 따라 순수출도 늘어나 IS는 IS′로 이동한다. 국제수지흑자에 따라 환율이 하락하는 압력이 발생하며 동시에 국내통화량 증가현상도 나타나 LM은 LM′가 된다. 결국 국내이자율은 하락하고 국민소득은 증가한다.

Ⅲ. [설문의 (3)]

물가가 불변이라면 e에서 e′로 이동하나 총수요 증가에 따라 물가 상승압력이 생기고 이에따라 e′는 e′′로 이동하게 될 것이다. 물가 상승으로 인하여 국민소득 증가효과는 일정부분 상쇄된다.

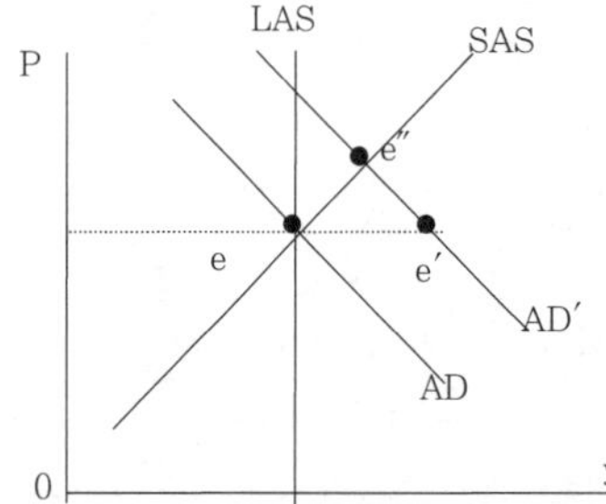

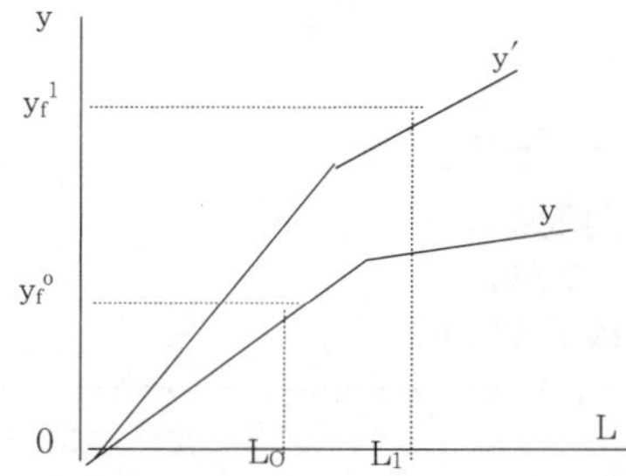

국제무역, 기술변화와 학력간 임금격차

행시 제48회(04년)

김 진 욱 강사

지난 20여년간 미국 영국을 비롯한 대부분의 선진국에서 학력간 임금격차가 커짐에 따라 소득분배의 불평등이 증가하였다 그것의 원인들로 국제무역의 증가와 기술변화가 가장 많이 지적되고 있다. (30점)

(1) 미국과 중국간의 무역을 예로 들어 국제무역의 증가가 선진국에서의 학력간 임금격차를 증가시키는 이유를 설명하라.

(2) 근래의 빠른 정보화 기술변화가 학력간 임금격차를 증가시키는 이유를 설명하라.

(3) 경제 전체적으로 고학력 근로자들의 고용비중이 증가한 요인들을 분해하면, 산업간 고용이동(inter- industry)보다는 각 산업내(intra- industry) 고용이동이 훨씬 더 중요한 것으로 나타났다. 이러한 사실은 위에서 지적한 두 요인 중 어떤 요인이 더 중요하다는 것을 시사하는가?

C/O/N/T/E/N/T/S

Ⅰ. 분석의 전제

미국, 중국의 경제는 첨단산업인 X와 전통산업인 Y로 이루어져 있다.

각 산업에서는 저학력노동자 f_1과 고학력 노동자 f_2를 사용하며 두 요소는 대체가 어렵다. 미국은 상대적으로 f_1이 풍부하게 부존되어 있으며, 중국은 f_2가 풍부하게 부존되어 있다.

Ⅱ. 설문 (1)의 해결

1. 산업간 무역의 기본이론 : 헥셔-올린 정리, 스톨퍼-사무엘슨 정리

(1) 산업간 무역의 발생은 자국에 풍부하게 부존된 요소를 집약적으로 사용하는 산업의 산출량을 증가시킨다. 즉 미국은 X의 산출량이 증가하고 중국은 Y의 산출량이 증가한다.

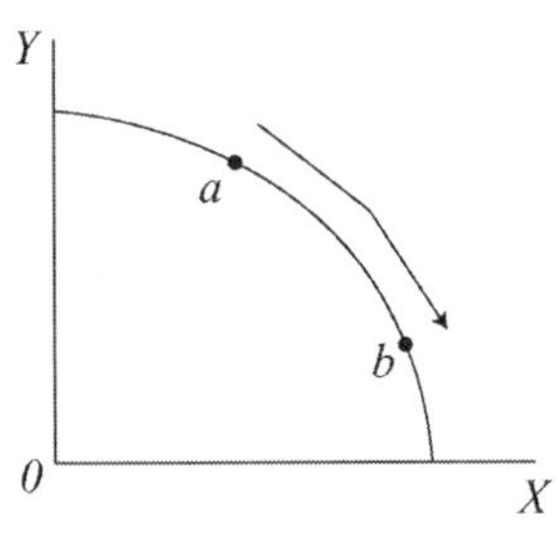

〈생산가능곡선상의 이동〉

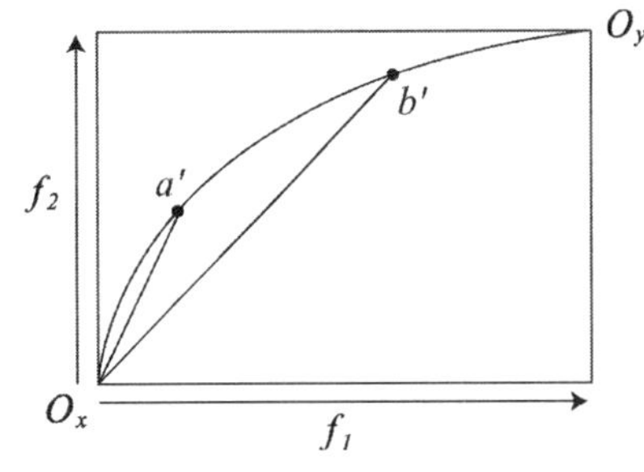

〈생산에지워드박스 상의 이동〉

(2) 이러한 변화는 산업간 인력의 이동을 유발하고, 그 결과 두 산업에서 모두 f_1의 한계생산이 상승하여 f_2에 대한 보수는 증가하고 f_1에 대한 보수는 감소하게 된다. 즉 자국에 풍부하게 부존된 요소에 대한 보수를 증가시키고, 그렇지 않은 요소의 보수를 감소시킨다.

(3) 따라서 국가간의 산업간 무역은 학력간 임금격차를 증대시키게 된다.

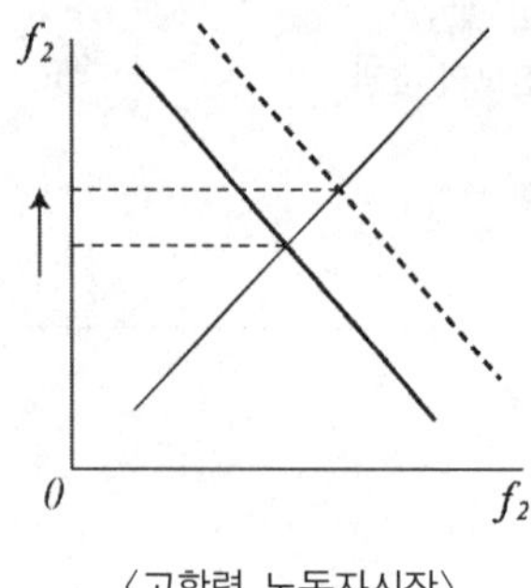

〈고학력 노동자시장〉

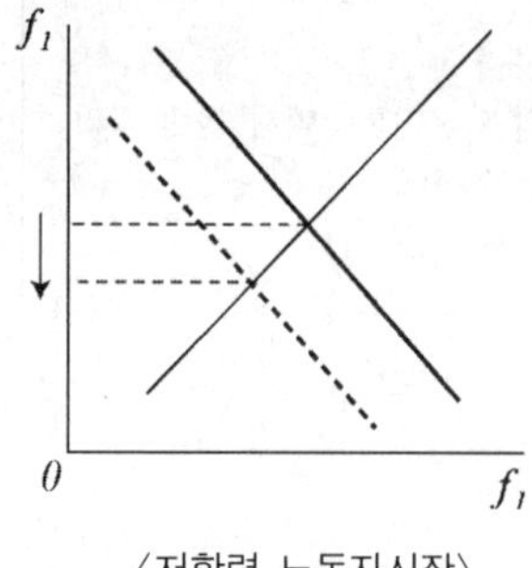

〈저학력 노동자시장〉

2. 소결

(1) 산업간 무역의 확대는 산업간 인력이동을 유발한다.

(2) 산업간 무역의 확대는 미국내에 풍부하게 부존된 고학력 노동자들의 임금을 상승시키고 저학력 노동자들의 임금을 하락시킨다.

Ⅲ. 설문 (2)의 해결

1. 기술진보의 효과

현재 선진국을 중심으로 일어나고 있는 기술진보의 경우 대부분의 경우가 타이피스트, 서류정리, 단순노동력 제공 업무 등 비숙련노동 f_1에 대한 수요를 감소시키고, 한계생산이 높은 고학력층의 전문기능 f_2에 대한 수요가 증가하게 된다.

2. 소결

(1) 기술진보는 각 산업 내 인적구성을 고학력자 중심으로 재편시킨다.

(2) 즉 두 부분에서 모두 고학력자를 저학력자보다 더 많이 사용한다.

(3) 기술진보는 고학력자의 임금을 상승시키고, 저학력자의 임금을 하락시킨다.

Ⅳ. 설문 (3)의 해결

선진국의 임금격차가 만약 산업간 이동으로 인해 발생한 것이라면 산업간 고용이동이 유발되었을 것이다. 그러나 임금격차가 만약 기술진보로 인해 발생한 것이라면 산업간 고용이동보다는 산업내에서의 인적구성의 변화가 나타났을 것이다.

설문 (3)에 따르면 경제전체적으로 고학력 근로자들의 고용비중이 증가한 요인 중 산업간(inter-industry) 고용이동보다는 각 산업내(intra-industry) 고용이동이 훨씬 더 중요한 것으로 나타났다.

이러한 사실은 전문기능에 대한 수요가 증가하고, 학력간 임금격차가 발생한 원인이 '산업간무역'보다는 '기술진보'에 있음을 의미한다. 따라서 실증조사의 결과에 의하면 선진국의 임금격차의 증가는 산업간 무역의 증가보다 기술진보의 결과이며 선진국 저학력자의 임금하락의 원인을 자유무역과 외국의 낮은 임금에 돌리는 것은 그 근거가 빈약하다.

자본시장의 자유화

행시 제49회(05년)

제48회 행정고시 재경직 합격 이 한 샘

자본시장의 자유화가 한국경제에 미치는 긍정적 효과와 부정적 효과에 대해 논하라. (단, 자유화 이전에 국내 이자율이 해외 이자율보다 높으며, 자유화 이후에도 변동환율제도는 지속적으로 채택된다고 가정하자.) (20점)

C/O/N/T/E/N/T/S

Ⅰ. IS-LM-BP 모형을 통한 분석
Ⅱ. 긍정적 효과
1. 금리와 물가
2. 국가 신인도 회복
3. 기업의 자금조달 경로 다양화
4. 리스크에 대한 인식 제고
5. 경제의 효율성 제고
Ⅲ. 부정적 효과
1. 수출 감소
2. 금융시장의 혼란 야기
3. 외국자본에 대한 무차별적인 적대의식

Ⅰ. IS-LM-BP 모형을 통한 분석

자유화 이전에 국내 이자율이 해외 이자율보다 높고 변동환율제도가 채택되고 있으므로 자본이동이 자유로워지는 경우 이자율 차이를 노린 해외자본이 유입된다. 외화공급이 증가하므로 환율은 하락하여 수출상품의 가격경쟁력이 약화될 수 있다. 수출의 감소로 IS곡선이 후퇴하고 새로운 균형에선 세계이자율 수준인 r_1으로 이자율이 하락하고 소득이 감소하게 된다.

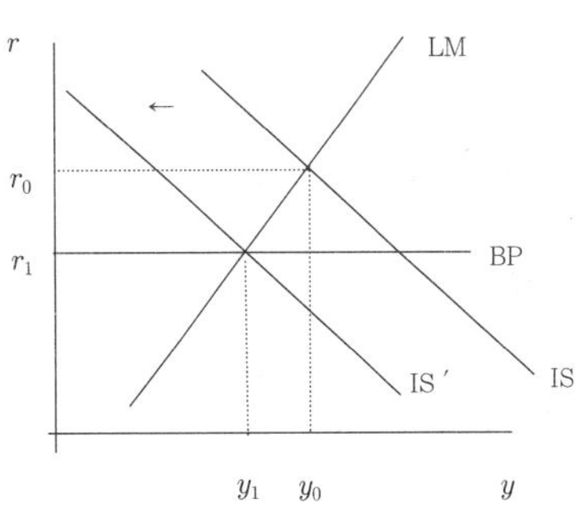

Ⅱ. 긍정적 효과

1. 금리와 물가

세계이자율과 국내이자율이 근접하면서 이자율이 하락하고 소비와 투자가 증가할 수 있다. 또한 환율 하락은 수입품의 국내가격을 하락하여 물가 상승 압력을 완화시킬 수 있다.

2. 국가 신인도 회복

한국은 수출지향정책을 통해 무역대국으로 성장하였으나 자본시장은 닫혀있었다. 자본시장의 자유화로 진정한 세계경제로 진입하려는 노력의 일환으로 비칠 수 있어 IMF 이후 떨어졌던 국가 신인도를 다시 높일 수 있다.

3. 기업의 자금조달 경로 다양화

기존의 한국 기업은 주로 은행을 통한 정책금융을 통해서였고 단기부채 중심이었다. 자본시장의 자유화를 통해 주식시장과 채권시장이 활성화되면서 기업이 직접금융시장을 통해 자금을 조달할 수 있게 되었다.

4. 리스크에 대한 인식 제고

주식시장, 채권시장, 파생금융상품 시장 등이 발달하면서 리스크에 대한 인식이 높아졌다. 기존 은행에만 의존하던 개인이 다양한 금융상품을 접하면서 수익뿐만 아니라 리스크를 함께 고려하는 태도를 가지게 되었다.

5. 경제의 효율성 제고

자본시장의 자유화에 맞추어 외국의 투자은행, 사모펀드(PEF) 등이 한국에 진출하면서 비효율적인 기업이 퇴출되거나 구조조정되면서 한국경제의 효율성이 높아지게 된다.

Ⅲ. 부정적 효과

1. 수출 감소

환율하락으로 한국상품의 대외경쟁력이 약화되어 수출이 감소하고 경기침체로 이어질 가능성이 있다.

2. 금융시장의 혼란 야기

영국계 헤르메스의 삼성물산 주가조작 의혹에서처럼 철저한 감독수단이 완비되지 않은 상태에서의 투기적 외국자본의 진출은 금융시장의 건전한 발전을 저해할 수 있다.

3. 외국자본에 대한 무차별적인 적대의식

최근 외국계 자본이 한국에서 막대한 수익을 실현하면서 국부유출이라는 비판이 제기되고 있으며 외국자본에 대한 반감이 발생할 수 있다. 하지만 동북아 금융허브를 추구하는 한국에서 선진 금융기법은 자본시장 발달을 위해 필수적인 요소로서 균형적인 시각이 필요하다.

고정환율제도와 변동환율제도

제49회 행정고시 재경직 합격 강 욱

행시 제50회(06년)

2차 세계 대전 이후의 국제통화제도는 미국달러화를 기축통화로 하는 고정환율제인 브레턴우즈(Bretton-Woods) 체제로 특징지어졌다. 하지만 이 고정환율제는 1971년 미국의 금태환 중지 선언으로 붕괴되고 변동환율제로 이행하게 되었다. 이와 같은 이행의 배경을 당시 세계경제의 역사와 브레턴우즈체제의 본질적 문제점과 관련 지어 설명하시오. (14점)

C/O/N/T/E/N/T/S

Ⅰ. 서

Ⅱ. 브레턴우즈 체체

1. 제도의 의의

브레턴우즈체제하에서의 국제통화제도는 미국의 달러화를 기축통화로 하는 금환본위제도였다. 이는 미국의 달러화만이 금과의 일정 교환 비율을 유지하고 각국의 통화는 기축통화와의 기준환율을 설정 · 유지함으로써 환율을 안정시키고자 했던 제도이다.

2. 운영 체계

브레튼 우즈 체제하에서는 일시적인 국제수지 불균형이 생길 경우에는 IMF 각 회원국이 출자한 자금을 공여함으로써 불균형을 해소하고자 했고, 국제수지의 구조적 불균형 상태에서만 환율의 변동이 허락되었다. 결국 브레튼우즈 체제는 조정가능 고정환율제도를 통해 환율을 안정시키고 국제수지의 불균형을 해소시킴으로써 국제무역을 증진시키는 것을 그 목적으로 했다.

Ⅲ. 변동환율제로의 이행배경

1. 각국의 경제상황의 상이

1970년대 석유파동이 일어났을 때 각국 경제에 미친 여파는 달랐고 이에 대응하는 정부의 정책도 상이했다. 그 결과 국가 간에는 격심한 인플레이션율의 차이가 발생하게 되었다. 국제수지 적자가 지속된 후에야 비로소 환율의 변경이 허용됨으로써 환투기가 성행했고 이에 따라 환율의 변동폭은 더욱 커지게 되어 경제에 커다란 부작용을 가져오게 되었다. 따라서 고정환율제를 유지하는 것은 용이하지 않았다.

2. 국제 유동성 확보와 달러와의 신뢰도 문제

국제무역의 증대에 따라 유동성이 적정하게 공급되어야 하는데 브레튼우즈체제 하에서는 유동성공급은 금의 생산증대나 미국의 국제수지 적자를 통한 방법밖에 없었다. 금의 생산량증가에는 한계가 있기 때문에 주로 미국의 국제수지 적자를 통해 유동성이 공급되었는데, 이 경로를 통한 유동성의 증대는 달러화의 신뢰도를 떨어뜨리는 부작용을 가져왔다. 이를 유동성 딜레마 또는 트리핀의 딜레마라 한다. 실제로 제 2차 세계대전 직후의 국제금융시장은 달러화 부족상태에 놓여 있으나 1960년대 월남전을 통해 미국의 국제수지가 계속 악화됨에 따라 미국의 대외유동성부채가 증가하고 달러화는 오히려 공급과잉상태에 빠지고 만다.

Ⅳ. 변동환율제로의 이행

신뢰도의 하락으로 인하여 일부 국가들은 미국에 대해 달러화의 금태환을 요구했고 민간부문에 의한 달러화와 금과의 투기적 거래가 유발됨에 따라 국제통화질서가 흔들리기 시작했다. 금풀제, 금의 이중가격제시행, 특별인출권 창출 등의 조치에도 불구하고 1971년 닉슨정부는 금태환 중지선언을 한다. 이후 영국, 프랑스, 벨기에 등이 고정환율제도에서 이탈하기 시작했고 브레튼우즈체제가 붕괴되고 국제통화제도는 변동환율제로 이동하였다.

비교우위와 FTA

제49회 행정고시 재경직 합격 강 욱

행시 제50회(06년)

다음 표는 두 국가의 두 재화에 대한 생산능력을 나타낸다. 숫자는 각국 근로자 1인이 1년간 생산할 수 있는 수량이다.

	자동차	쌀
미국	60	120
일본	50	80

다음 물음에 답하시오. (총16점)

(1) 어느 국가가 어느 재화에 비교우위를 가지는지 밝히시오. (6점)

(2) 두 나라가 자유무역협정(FTA)을 체결할 경우 찬성집단과 반대집단의 논거를 제시하시오. (10점)

C/O/N/T/E/N/T/S

Ⅰ. 서
Ⅱ. 설문 (1)에 관하여
  1. 비교우위의 의의
  2. 상대가격
Ⅲ. 설문 (2)에 관하여
  1. 자유무역협정의 영향
  2. 찬성집단의 논거
  3. 반대집단의 논거

Ⅰ. 서

Ⅱ. 설문 (1)에 관하여

1. 비교우위의 의의

각국간에 상대가격의 차이가 있게 되면 상대적으로 싼 재화를 수출하고 상대적으로 비싼 재화를 수입하게 된다. 이같이 상대적으로 더 싼 재화는 비교우위가 있는 재화라고 하고, 반대로 상대적으로 더 비싼 재화는 비교열위에 있는 재화라고 한다.

2. 상대가격

(1) 미국재화의 상대생산능력 f(자동차)/f(쌀)=60/120=1/2

(2) 일본재화의 상대생산능력 f(자동차)/f(쌀)=50/80=5/8

(3) 상대생산능력의 비교

1/2<5/8 이므로 일본의 상대생산능력이 높고 이는 분자에 있는 자동차의 생산능력이 상대적으로 쌀에 비해서 높은 곳이 일본이라는 의미가 된다. 즉 일본은 자동차에 미국은 쌀에 비교우위를 가지고 있다.

따라서 만일 무역을 하게 되는 경우 일본은 자동차를 미국에 수출하고 미국은 쌀을 일본에 수출하는 것이 비교우위에 따른 무역이 된다.

Ⅲ. 설문 (2)에 관하여

1. 자유무역협정의 영향

자유무역협정을 체결할 경우 양국은 관세에서 자유로워진다. 따라서 운송비를 제외하고는 수출품의 가격은 본국과 큰 차이가 없게 된다. 이 경우 비교우위가 있는 재화를 수출하고 비교 열위에 있는 재화를 수입하는 것이 무역패턴이 될 가능성이 높다.

2. 찬성집단의 논거

위와 같은 상황에서 미국의 쌀 업자와 일본의 자동차 업자가 자유무역협정에 찬성할 것으로 보인다. 찬성집단의 입장에서는 비교우위에 따른 교역은 양국의 후생을 증가시킨다. 만일 양국에 2명씩이 있고 생산을 할 경우에 모든 재화에 절대우위를 가지고 있는 미국도 자동차 60대, 쌀 120대만 소비할 수 있게 된다. 하지만 비교우위에 있는 쌀만 생산하게 하고 자동차와 쌀을 5:8 로 교환하게 하면 일본은 교역에 응하게 되고 미국은 자동차 75대, 쌀 120대를 소비하여 무역이전보다 후생이 증가하는 효과를 가지게 된다.

3. 반대집단의 논거

여기서 반대집단은 미국의 자동차업자와 일본은 쌀 업자 일 것이다. 미국의 자동차 업자의 경우에는 일본에 비해서 절대 우위를 가지고 있는데 굳이 무역을 할 필요가 없다는 점이 논거로 제시될 수 있을 것이다. 일본의 쌀 업자는 식량안보와 생계 위협을 논거로 들 수 있다. 식량의 경우 특수한 지위에 있으므로 무역을 통해서 산업을 고사 시킬 수 없다는 점을 반대의 논거로 호소할 수 있다.

국제수지, 외환보유고 누적의 경제적 효과

제49회 행정고시 재경직 합격 강 욱

행시 제50회(06년)

우리나라는 무역의존도가 높은 경제체질을 가지고 있기 때문에 국제수지의 바람직한 조정은 대단히 중요한 과제이다. 최근 우리나라는 국제수지 흑자로 인하여 외환보유고가 누적되고 있다.

(1) 국제수지 항등식의 의미를 설명하고, 국제수지에 관한 정보가 어떻게 활용되는지 약술하시오. (10점)

(2) 외환보유고 누적에 따른 경제적 효과를 분석하시오. (10점)

C/O/N/T/E/N/T/S

Ⅰ. 서

Ⅱ. 국제수지의 의미

국제수지란 일정한 기간 동안에 일국의 거주자와 여타 세계의 거주자등 사이에 발생한 모든 경제거래를 경제화폐단위로 표시한 것을 말한다. 국제수지는 각각의 거래가 일어나는 원인과 경제에 미치는 효과에 따라 경상계정, 자본계정, 준비자산증감으로 나타낼 수 있다.

Ⅲ. 국제수지 항등식

1. 국제수지 항등식

BP=(X-IM)+F

2. 의미

국제수지표상의 모든 거래는 그 성격에 따라 자율적 거래와 보정적 거래로 대별될 수 있다. 여기서 자율적 거래는 국가간의 가격, 소득, 이자율 등 경제적 요인의 차이에 따라 발생하는 거래이며, 보정적 거래는 자율적 거래를 뒷받침하기 위한 보조적 거래라 할 수 있다. 일반적으로 모두 자율적인 항목인 경상수지는 실물거래로써 이를 보정하기 위한 자본의 흐름이 반대로 있게 된다. 거래의 과정에서는 항상 반대 급부가 필요하므로 결국 국제수지표상의 차변과 대변은 일치하게 되는 국제수지의 항등식이 이루어지게 된다.

Ⅳ. 국제수지에 관한 정보

1. 경상수지

경상수지는 상품수지, 서비스수지, 소득 수지, 경상이전수지로 구성된다. 상품수지는 재화의 수출과 수입을 포함하여

재화의 특성상 일반 상품, 가공용 재화, 운송조달재화, 재화수리 및 비화폐용 금으로 구분하여 계상한다. 서비스 수지는 용역의 수출 및 수입을 포함한다. 경상수지의 흑자, 적자를 통해서 수출과 수입액의 차이에 대한 정보를 알 수 있다. 또한 각 구성 항목들을 통해서 각 나라의 산업구조, 즉 가공용 상품을 많이 생산하는지 서비스는 어떤 분야에 강점을 가지고 있는지 그리고 경상이전은 얼마나 하고 있는지 등의 정보를 알 수 있다.

2. 자본수지

자본수지는 자본의 성격에 따라 투자수지와 기타 자본수지로 구분한다. 투자수지는 각종 부채의 소유권 변동과 관련된 거래를 계상하며 직접투자, 포트폴리오투자, 기타투자로 세분한다. 자본수지가 흑자라는 것은 우리나라 경제가 그만큼 매력적임을 의미하고 반대로 적자가 되면 상대적으로 외국이 우리나라보다 더 매력적인 투자처라는 것을 의미한다. 하지만 과도한 자본유입은 국내자산시장에 거품을 유발시키고 경기가 과열될 경우 물가상승, 경상수지 악화, 경기조정시 경착륙 등의 문제가 유발될 수 있다.

3. 준비자산 증감

정부보유 국제지불준비자산(외환보유액)의 변화를 나타내는 거래이다. 거래의 발생 동기는 주로 국제거래에 따르는 채권・채무상의 불일치를 조정하는 데에 있다.

Ⅴ. 설문 (2)에 관하여

1. 외환보유고 누적 원인

외환보유고는 경상수지와 자본수지에 의해서 영향을 받는다. 우리나라가 경상수지 흑자를 낼 경우에는 외환보유고가 증가하고 우리나라의 금융, 실물자산에 매력을 느낀 외국인 투자가들이 투자액을 늘릴 경우에 또는 우리나라의 화폐가 강세를 보일 경우에 외환보유고가 증가한다. 지금의 외환보유고 누적의 원인은 이들이 복합적으로 작용하고 있는 것으로 보인다.

2. 외환보유고 누적의 효과

(1) 신용도의 증가

97년 12월 외환위기 때는 외환보유고가 50억 달러 미만이었다. 외환보유고가 작을 경우에는 결제를 제때 하지 못할 위험이 증가하고 이는 외국인 투자자들의 투자자금 회수로 이어질 가능성이 있다. 이렇게 되면 모라토리엄이라는 지불불능상태가 도래하여 금융위기로 이어질 수 있다. 외환보유고가 많으면 지불 불능상태가 될 가능성이 낮아져 대외 신인도가 증가하게 된다.

(2) 금융시장 영향력의 증가

많은 외환보유고를 운용하게 될 경우 국제시장에서 영향력이 증가하게 된다.

우리나라의 경우 미국 국채에 대부분 투자하고 있는데 중앙은행장이 외화자산의 운용의 다양화를 추구해야한다고 한 발언 때문에 미국의 달러화 시장이 크게 영향을 받은 적이 있다.

(3) 환율시장에의 영향

외환보유고의 증가는 외환 공급의 증가를 의미한다. 따라서 외환 공급 증가로 인하여 외환의 가치는 떨어지고 우리나라 통화의 가치는 상승하게 된다. 즉 환율이 하락하는 효과가 있다.

(4) 물가에의 영향

외환보유고 증가 자체가 물가에 직접적인 영향을 주지는 않는다. 하지만 외환보유고 증가로 인하여 한국은행의 자산이 증가할 경우에 차변과 대변의 일치가 이루어지기 위해서는 화폐발행량이 증가할 수 있다. 이 경우 물가가 상승한다. 물가상승을 막기 위해서 통화안정증권을 발행하는 경우에는 중앙은행의 부채가 증가하고 통화안정증권의 발행으로 인한 이자 비용이 증가하게 된다.

환율제도와 한미 FTA 효과

행시 제50회(07년)

제50회 행정고시 재경직 합격 권 오 흥

최근 우리는 자주 "앞으로 한미 FTA가 발효되고 미국 경기가 호황국면에 돌입하면 한국의 대미 수출이 크게 증가할 것이다."라는 기사를 접한다. 이와 같은 전망을 토대로 다음 물음에 답하시오. (총 30점)

(1) 한국이 자유변동환율제도를 채택하고 있는 경우, 대미 수출의 증가가 단기에 있어서 원/달러 환율(\/$)에 미치는 효과를 화폐시장과 외환시장의 균형조건을 이용하여 분석하시오. (15점) (단, 미국화 한국의 통화량은 변동하지 않는다고 가정한다)

(2) 이와 같은 대미 수출의 증가가 한국의 국민소득에 미치는 효과는 환율이 고정될수록 커지겠는가? 그렇다면(또는 그렇지 않다면) 그 이유를 설명하시오. (15점)

C/O/N/T/E/N/T/S

Ⅰ. [설문의 (1)]

대미 수출 증가가 단기에 있어 환율에 미치는 영향을 분석하는 경우, 단기 상황을 가정하였으므로 물가는 경직적이며, 따라서 단기적 환율 결정에 관한 UIRP(Uncovered Interest Rate Parity) 조건을 이용하여 환율 변화 양상의 분석이 가능하다.

우선 균형국민소득 결정에 관한 항등식을 통해 순수출의 증가가 경제에 미치는 영향을 분석하면,

$$Y \equiv C + I + G + NX$$
$$Y - C - T = S_P \ , \ T - G = S_G$$
$$(Y - C - T) + (T - G) - I \equiv NX$$
$$S_P + S_G - I \equiv NX \ , \ S - I \equiv NX$$

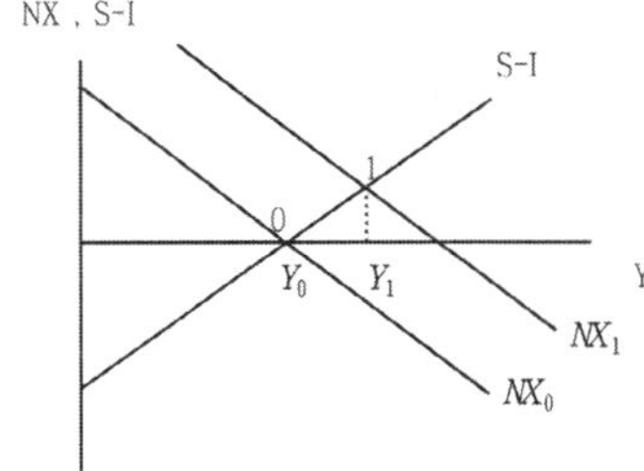

위 그림에서 우리나라 순수출의 증가($NX_0 \rightarrow NX_1$)는 자국 균형국민소득을 $Y_0 \rightarrow Y_1$으로 증가시키며 새로운 균형에서 경상수지는 흑자 영역에 놓인다.

이는 화폐시장에서 화폐수요의 증가를 가져오며, 주어진 화폐공급량 하에서 화폐시장의 균형을 이루기 위해서는 시장 이자율이 상승해야 한다.

또한 외환시장에서 자본이동이 자유로운 경우라면 단기 이자율 평형 조건은

$i = i^* + \dfrac{e^e - e}{e}$ (단, i는 국내투자수익률, i^*는 미국투자수익률, $\dfrac{e^e - e}{e}$는 예상환율변화율)

로 도출되며 화폐시장에서 이자율이 상승함은 곧 우리나라의 투자수익률이 미국에 비해 상승함을 의미하는 바, 원화에 대한 수요가 급증하여 원화가치가 상승하고 자유변동환율제도 하에서 환율은 하락 압력에 놓인다. 이를 그래프로 나타내면,

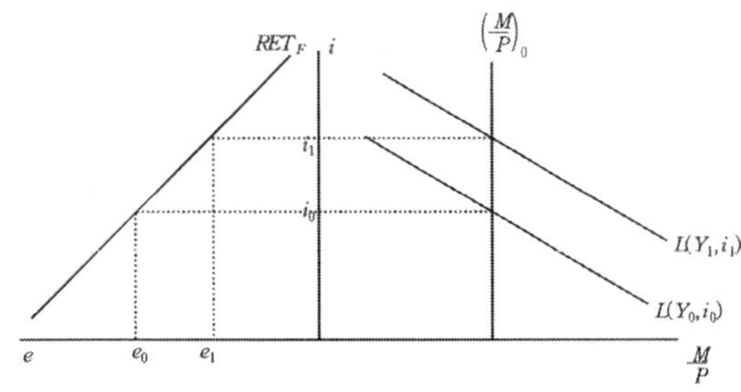

RET_F 는 미국의 예상 투자수익률을 의미하며, 그 곡선이 한국의 투자수익률과 일치하는 수준에서 균형 환율이 결정되고, 따라서 국내 이자율이 i_0에서 i_1으로 상승할 때, 환율은 e_0에서 e_1으로 하락하게 된다.

Ⅱ. [설문의 (2)]

만약 환율이 고정환율제도라면, 위와 같이 순수출이 증가하여 국민소득이 증가하는 경우 환율 하락압력이 발생하는 바, 이를 상쇄시키기 위하여 중앙은행은 원화에 대한 공급량을 증가시키려고 할 것이며, 통화량 변동을 수반하지 않는 불태화 정책은 사용하지 않는다고 가정하였으므로, 국내 원화 공급량은 환율방어 과정에서 증가하게 된다. 이는 이자율을 i_0 수준에서 일정하게 유지하고자 하는 경우 화폐시장의 균형을 위해 화폐수요가 늘어난 화폐공급량만큼 증가함으로써 그것을 흡수해야 하므로 국민소득이 큰 폭으로 증가하고 이로 인해 저축 또한 큰 폭으로 증가한다. 따라서 S-I 곡선은 우측으로 이동하며 균형국민소득은 Y_2까지 증가하는 효과를 가져온다.

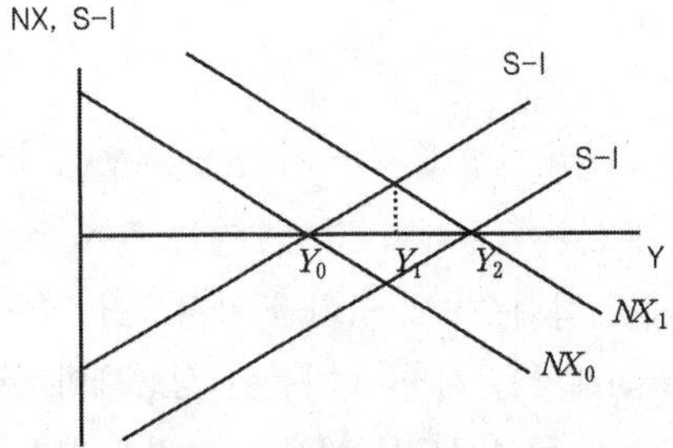

반면 설문 (1)과 같이 자유변동환율제도를 가정하는 경우 순수출의 외생적 증가는 자국 화폐가치의 상승으로 이어져 환율 하락압력을 발생시키며, 환율이 하락하는 과정에서 외생적으로 증가했던 순수출이 감소하여 경제는 최초의 균형국민소득수준으로 돌아오는 바, 자본이동이 완전히 자유로운 자유변동환율제도 하에서는 국외에서 발생한 충격으로부터 국내 경제가 완전히 차단되는 차단효과가 발생함을 알 수 있다.

즉, 대미수출의 증가가 한국 국민소득에 미치는 효과는 환율이 고정 될수록 그 효과가 커진다.

쌍둥이 적자

행시 제52회(08년)

제53회 행정고시 재경직 합격 노 정 민

**정부 부채에 관한 견해로 전통적 견해와 리카디언(Ricardian) 견해가 있다.
소국 개방경제(small open economy)에서 조세 삭감에 따른 정부부채의 증가가 무역수지와 해외부채에 미치는 영향에 대한 전통적 견해를 설명하시오. (8점)**

C/O/N/T/E/N/T/S

Ⅰ. 소국 개방경제 모형 : 먼델-플레밍 모형
Ⅱ. 개방경제에서 조세삭감의 효과
Ⅲ. 거시경제 지표의 변화

Ⅰ. 소국 개방경제 모형 : 먼델-플레밍 모형

IS곡선(재화시장) : $Y = C(Y-T) + I(r) + G + NX(eP_f/P, Y, Y_f)$
LM곡선(화폐시장) : $M/P = L(Y, r)$
BP곡선(국제수지) : $CF(r-r_f) + NX(eP_f/P, Y, Y_f) = 0$
완전한 자본 이동, 변동환율제도를 가정한다.

Ⅱ. 개방경제에서 조세삭감의 효과

소규모 개방경제에서 조세삭감으로 정부부채가 증가한 경우, 가처분 소득의 증가로 IS곡선이 우측이동하게 되지만, 이는 곧 국내 이자율을 상승시켜 해외자본이 유입되고, (r>rf) 환율(e)이 하락하는 결과를 가져온다. 이에 따라 순 수출(NX)이 감소하고, IS곡선이 다시 회귀하여 0=2점에서 균형을 이룬다.

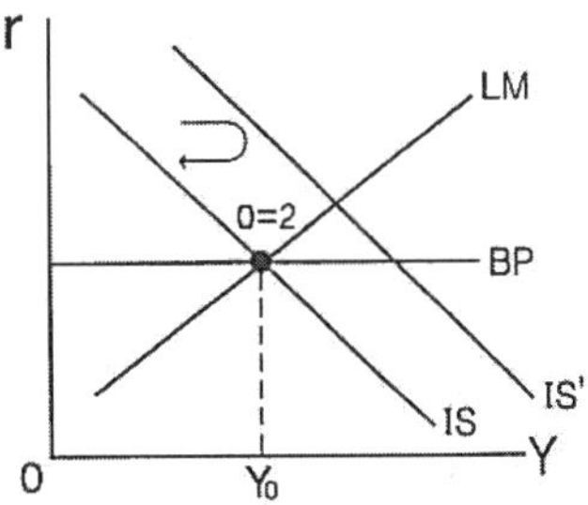

Ⅲ. 거시경제 지표의 변화

결국 소규모 개방경제에서 조세 삭감은 자국 화폐 가치를 상승시켜 무역수지(NX)를 악화(적자) 시키고, 해외 자본 유입으로 해외 부채를 증가시킨다. 이로써 전통적 견해에 의할 때, 조세 삭감으로 인한 재정적자는 무역수지 적자도 심화시키는 쌍둥이 적자를 발생시킴을 확인할 수 있다.

국제자본이동과 펠드슈타인 - 호리오카의 수수께기

행시 제52회(08년)

제53회 행정고시 재경직 합격 노 경 민

제도적으로 자본이동이 보장된 국가일수록 실제로 국가간 자본이동이 활발하게 이루어지는지를 알아보기 위해 아래의 식을 추정해 보려고 한다.(총 24점)

$$\frac{I}{Y} = \alpha_0 + \alpha_1 \cdot \frac{s}{y} + e$$

(단, I는 투자, S는 저축, Y는 국민소득, e는 추정오차이고, α_0는 상수, α_1은 투자와 저축의 상관관계를 나타내는 회귀계수이다.)

(1) 국가간의 자본이동이 거의 이루어지지 않는다면, 이 때 α_1의 값은 어느 정도이어야 하는지 설명하시오.(8점)

(2) 대국 개방경제(Large open economy)의 경우 제도적으로 자본이동이 보장되어 있다 하더라도 실질적인 자본이동성이 낮을 수 있다는 것을 설명하시오.(8점)

(3) 국제 자본이동성에 영향을 미치는 요인을 4개만 들고, 각각의 효과를 설명하시오.(8점)

C/O/N/T/E/N/T/S

Ⅰ. 설문 (1)의 해결

1. 펠드슈타인-호리오카의 자본자유화 논의

자본 이동이 완전 자유롭다면 한 나라의 저축의 변화는 해외 자본 이동으로부터 완전히 보전되어 투자에 아무런 영향을 미치지 않게 될 것이다.

이러한 가정을 바탕으로 국가 간의 자본 이동의 자유화 정도에 관하여, 한 나라의 투자와 저축의 상관관계에 의해 자본자유화의 정도를 검증하고자 하는 시도를 의미한다.

2. 자본이동이 거의 이루어지지 않는 경우의 a_1 값 도출

설문의 I/Y = a0 + a1 · S/Y + e 에서 a_1은 투자와 저축과의 상관관계를 나타내는 회귀계수로써, 이 값이 0에 가까울수록 자본 이동이 자유화 된 것이고, 1에 가까울수록 자본 이동이 이루어지지 않음을 의미한다. 즉, 자본이동이 거의 이루어지지 않는 경우 a_1 값은 1에 가깝게 나타날 것이다.

Ⅱ. 설문 (2)의 해결

1. 펠드슈타인-호리오카의 수수께끼

펠드슈타인-호리오카(Feldstein-Horioka)의 검증에 의할 때, 표면적인 자본 자유화에도 불구하고 a1값이 1에 가까워서 실질적으로는 자본 이동이 제한된 것으로 나타나는 경우가 발견되는데 이를 '펠드슈타인-호리오카의 수수께끼(Feldstein-Horioka Puzzle)'라 한다.

이러한 수수께끼를 설명하는 이론으로 국민저축의 내생성, 이자율의 대국효과, 투자의 자국주식 편중현상, 실질이자율평가(RIRP) 등이 있다.

2. 이자율의 대국 효과

대국 개방경제의 경우 자국 저축량이 변화하는 경우 자국 이자율 뿐 아니라 세계 이자율을 변화시키게 된다. 이 경우 소국 개방경제에 비해 표면적인 자본화 정도가 같더라도 실제적인 자본 이동은 적게 나타날 수 있다.

3. 투자의 자국주식 편중현상

프렌치(French)와 포터바(Poterba)에 의할 때, 투자자들은 자국의 경제 상황이나 기업에 비해 외국의 경제 상황이나 기업을 잘 모른다고 생각하여 외국에 대한 투자수익률을 지나치게 할인하여 평가하게 된다.

이를 자국주식 편중(Home bias) 현상이라 하는데 대국의 경우 다른 소국에 투자하는 경우 이러한 정보비대칭성에 의해 표면적인 자유화 정도에 비해 실제 자본 이동이 적을 수 있다.

Ⅲ. 설문 (3)의 해결

1. 제도적 규제

자본 이동에 대하여 개별 국가가 직, 간접적으로 제한을 가할 수 있다. 각 국의 제도적 규제가 심할수록 자본의 국제 이동성은 불완전해진다. 기본적으로 자본 자유화는 이러한 제도적 규제를 완화해 가는 과정을 의미한다.

2. 거래비용

국가 간 자본 이동에 있어 비용이 많이 들수록 자본의 국제 이동성이 불완전해진다. 자금 결제 기간이나 환전 문제, 정보 취득 비용 등이 거래 비용의 예가 되며, 기술의 발달로 거래비용을 낮출수록 자본 이동이 활발해 질 것이다.

3. 자산간 대체성

국내 자산과 외국 자산이 대체될 때, 비용이 적게 들수록 자산 간 대체성이 높다고 볼 수 있다. 이러한 자산 간 대체성이 높을수록 자본이동이 활발해 질 것이다.

4. 위험 기피도

위험 기피도가 높을수록 위험 분산, 포트폴리오 투자의 유인이 높아지므로 자본의 국제 이동이 활발해 질 것이다.

대국 정부지출 확대정책의 영향

행시 제53회(09년)

제25회 입법고시 수석합격 박 기 현

서브 프라임 모기지 사태 이후에 세계는 총수요충격으로 인한 경기침체에 직면하고 있다. 대국의 정부지출 확대정책이 소국의 거시경제에 미치는 효과에 대하여 개방거시모형을 이용하여 설명하시오. (10점)

C/O/N/T/E/N/T/S

Ⅰ. 대국 정부지출 확대의 효과
Ⅱ. 소국 개방경제에 미치는 효과

Ⅰ. 대국 정부지출 확대의 효과

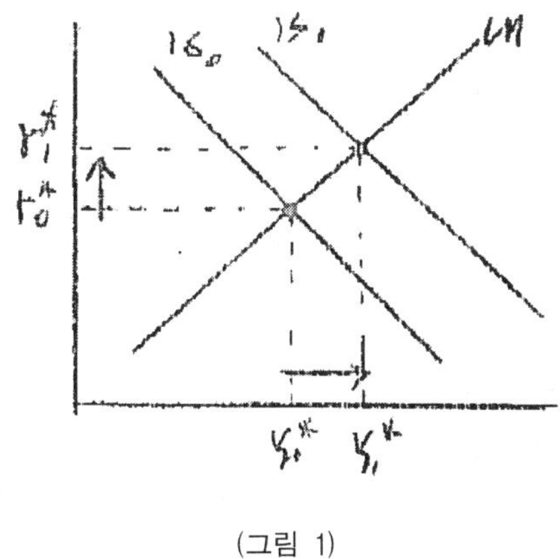

(그림 1)

대국의 정부지출 확대는 대국의 총수요를 증가시켜 대국의 국내이자율을 상승시키고 이는 곧 세계이자율의 상승으로 나타난다.

Ⅱ. 소국 개방경제에 미치는 효과

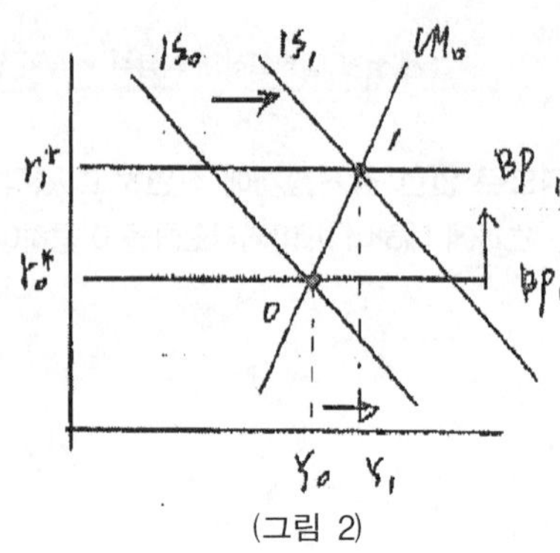

(그림 2)

자본이동이 완전 자유롭고 소국이 변동환율제를 채택하고 있다고 가정하자.

그렇다면 세계이자율의 상승으로 일시적으로 소국에서 대국으로 자본이 이동하게 되고 이에 따라 소국의 화폐가치가 하락하게 된다. 만일 단기에 물가가 경직적이라면 명목환율의 상승은 곧 실질환율의 상승을 의미하므로 소국의 재화와 서비스 가격이 상대적으로 싸지게 되어 순수출이 증가한다. 이에 따라 경제는 새로운 균형점으로 이동한다.

즉, 대국이 견인기관차가 되어 대국의 불황은 물론 소국의 불황도 극복할 수 있게 되었으므로 과거 대공황 시기의 인근궁핍화 정책의 폐해를 인식하고 전세계적인 합의를 통해 보다 적극적인 위기 극복이 필요한 시점이다.

/관/련/기/출

시장개방 및 시장폐쇄의 이득행렬표와 전략조합

입시 제21회(05년)

제48회 행정고시 재경직 합격 주 원 석

A, B 두 나라가 있다. 두 나라는 시장개방과 시장폐쇄의 두 가지 전략대안을 놓고 고민하고 있다. 상대방 국가가 시장을 개방함으로써 내가 얻는 이익은 100이고 상대에게 시장을 개방해 줌으로써 발생하는 비용은 40이다. 시장폐쇄 자체로부터는 이익이나 비용이 발생하지 않는다. 이때 A 국가와 B 국가가 두 가지 대안(개방 대 폐쇄) 중 선택 결과에 따라 각국의 순 편익(=이익-비용)이 달라진다. (총 30점)

(1) 이러한 상황을 이득 행렬표를 작성하고 설명하라. 이 때의 두 국가의 전략의 조합은 어떻게 결정되겠는가? 이러한 전략의 조합은 바람직한지 논하라. (15점)

(2) 이렇게 결정된 전략조합이 바람직스럽지 않다면 이를 바람직스러운 방향으로 유도하기 위한 방안으로서는 어떠한 것이 있는지를 현실의 국제경제에서의 예를 들면서 설명하라. 또한 일단 바람직스러운 전략조합이 달성된 이후에 이를 계속 유지하기 위한 현실 국제경제에서의 구체적 수단들을 적시하고 평가하라. (15점)

C/O/N/T/E/N/T/S

Ⅰ. 논의의 전제

두 국가의 전략이 시장개방(O), 시장폐쇄(C) 두 가지만이 있다고 할 때 게임상황을 통해 어떤 결과가 도출되는지 살펴보기로 한다. 또한 현실에서 바람직한 균형을 달성하기 위한 구체적인 예도 살펴보기로 한다.

s_a : A국의 전략 s_b : B국의 전략

π_a : A국의 순편익 π_b : B국의 순편익

Ⅱ. 설문(1)의 해결

1. 이득행렬표의 작성

각 전략의 배합에 따른 각 국가의 순편익은 다음과 같다.

$\Pi(s_a=O,\ s_b=O)=(60,\ 60)$

$\Pi(s_a=O,\ s_b=C)=(-40,\ 100)$

$\Pi(s_a=C,\ s_b=O)=(100,\ -40)$

$\Pi(s_a=C,\ s_b=C)=(0,\ 0)$

이런 상황에서 Pay-off matrix는 다음과 같다.

		B국	
		개방	폐쇄
A국	개방	60, 60	-40, 100
	폐쇄	100, -40	0, 0

$(\pi_a,\ \pi_b)$

2. 전략의 조합에 대한 탐색 및 평가

우월적 전략이란 경쟁자가 선택하는 전략에 관계없이 경기자 자신의 전략 중 어느 전략보다 보수가 최소한 같거나 커서 자신에게 가장 유리한 전략을 의미한다. 문제의 경우 A, B국 모두 상대방국가의 전략에 상관없이 시장을 개방하지 않는 것이 순편익을 높이며, 시장폐쇄가 우월적 전략이 된다.

그에 따라 양 국가 모두 시장폐쇄를 결정하며, 순편익은 (0, 0)이 된다. 이 경우의 균형은 우월적 균형으로 상당히 안정적이다.

그러나 위의 보수행렬표에서 보듯이 양 국가 모두 시장개방을 결정할 경우 양국의 순편익이 (60, 60)으로 증가할 수 있다. 그러나 두 국가 모두 시장개방을 하기로 약속을 하더라도 사장을 폐쇄할 경우 더 높은 편익을 얻을 수 있다. 양국가 모두 이를 알기 때문에 상대방의 약속을 믿지 못하며 전략의 조합은 비효율적이 된다. 즉, 파레토 향상이 가능함에도 죄수의 딜레마에 빠지게 되는 것이다.

Ⅲ. 설문(2)의 해결

위의 문제에서 보듯 양국 모두 시장폐쇄를 결정할 경우, 비효율적인 결과가 나타날 가능성이 높아진다. 따라서 현실에서는 바람직한 균형으로 가기위한 갖가지 노력들이 있다. 대표적인 경우가 FTA체결, NAFTA와 같은 공동시장의 체결 또는 EU에서 보듯 경제통합의 노력을 들 수 있다. 또한 WTO와 같은 무역기구 역시 바람직한 균형을 이끌어 내려는 한 방안이라 할 것이다.

그러나 바람직한 균형이 달성된다 하더라도 여전히 각 나라는 기회주의적인 행태를 보일 가능성이 존재한다. OPEC의 예에서 보듯이 공동의 이익 증가를 위해 처음에는 담합하더라도 협약을 깨는 것이 우월전략이기 때문에 그 담합의 효과가 흐지부지 되는 것을 볼 수 있다. 따라서 이를 유지하기 위한 강제적이고 구속적인 협약이 필요하다. FTA를 체결하는 것을 넘어서 EU와 같이 경제통합으로 나아가는 경우, 사실상 회원국 각국은 그 협약을 깨기가 매우 어려워진다. 또한 WTO에서 협약을 어기는 회원국에 대한 제재조항 역시 협정을 준수하게 하는 요인으로 작용한다.

다만 위의 수단들이 없다고 하더라도 게임의 상황이 무한 반복되고 시간의 이자율이 그리 작지 않다면 파레토효율적인 결과가 나올 수 있다.

기 출

헥셔 - 올린의 모형과 아웃소싱

제54회 행정고시 재경직 합격 윤 주 현

행시 제55회(11년)

중국은 상대적으로 비숙련노동 집약적인 부품생산에 특화하고, 한국은 상대적으로 숙련노동 집약적인 R&D(연구개발)에 특화한다고 가정하자. 컴퓨터의 생산공정은 숙련노동 집약적인 R&D와 비숙련노동 집약적인 부품생산을 포함한다. 비숙련노동 임금 대비 숙련노동 임금이 중국에 비해 한국에서 더 높다고 할 때, 이는 다음과 같이 표현할 수 있다. (총 30점)

$(W_u / W_s)^{중국} < (W/ W)^{한국}$ (W_u는 비숙련노동임금, W_s는 숙련노동임금)

(1) 한국이 컴퓨터 생산공정 중 일부를 중국에 위탁하여 생산(아웃소싱)하는 경우 어떤 생산공정을 위탁생산하는 것이 바람직한지 그 이유를 설명하고, 중국에 위탁생산한 이후 각국의 비숙련노동 임금 대비 숙련노동 임금은 어떻게 변화하는지 설명하시오. (14점)

(2) 위탁생산 후 R&D와 부품을 상호 교환할 경우, 한국 기업이 위탁생산을 통해 얻게 되는 이득을 생산가능곡선(production possibility frontier)과 동량곡선(isoquant)을 이용하여 설명하시오. (16점)

C/O/N/T/E/N/T/S

Ⅰ. 문제풀이에 앞서

헥셔 - 올린 모형과 유사한 가정을 따른다.

(1) 2국의 존재 : 한국, 중국

(2) 2재화가 존재 : R&D , 부품생산

(3) 2요소의 존재 : 숙련노동(L_s) , 비숙련노동(L_u)

(4) 요소는 산업산 이동이 가능하지만 국가간 이동은 불가능하다.

(5) 국가간 기술이 동일하며 CRS , 완전경쟁시장, 완전고용이 이루어진다.

Ⅱ. 설문 (1)의 해결

1. 아웃소싱 생산공정의 선택

(1) 각국의 요소부존도와 상대임금

① 설문에 의하면 중국은 상대적으로 비숙련노동 집약적인 부품생산에 특화한다. 이는 중국이 상대적으로 비숙련 노동을 풍부하게 보유하고 있으며, 비숙련 노동 임금이 상대적으로 낮다는 의미이다.

② 설문에 의하면 한국은 상대적으로 숙련노동 집약적인 R&D에 특화한다. 이는 한국이 상대적으로 숙련노동을 풍부하게 보유하고 있으며, 숙련노동 임금이 상대적으로 낮다는 의미이다.

③ 이상의 내용을 정리하면

요소부존도 : $(\frac{L_s}{L_u})^{중국} < (\frac{L_s}{L_u})^{한국}$

상대임금비 : $(\frac{w_s}{w_u})^{중국} > (\frac{w_s}{w_u})^{한국}$ 임을 의미한다.

(2) 비교우위와 아웃소싱 생산공정

① 헥셔-올린 정리에 따르면 각국은 자국에 풍부하게 부존된 요소를 집약적으로 사용하는 산업에 비교우위를 갖는다.

② 따라서 중국은 비숙련노동을 집약적으로 사용하는 부품생산에 비교우위를 갖고, 한국은 숙련노동을 집약적으로 사용하는 R&D에 비교우위를 갖는다.

③ 즉 한국은 중국에 비하여 부품생산 1단위를 늘리기 위한 기회비용이 크기 때문에 '비교열위'에 있는 부품생산을 중국에 위탁하여 생산하는 것이 바람직하다.

2. 위탁생산 이후의 임금비율

(1) 중국의 경우

한국으로부터 부품생산을 아웃소싱받아 중국내 부품생산이 증가하고, 이로인하여 부품생산에 집약적으로 필요한 비숙련 노동의 수요가 상대적으로 크게 증가하므로 비숙련 노동 임금이 상대적으로 높아진다.

즉, 중국의 임금비율 $(\frac{w_s}{w_u})^{중국}$ 은 이전에 비하여 하락한다.

(2) 한국의 경우

부품생산공정을 중국에 아웃소싱 함으로써 한국내 부품생산이 감소하고, 이로 인하여 부품생산에 집약적으로 필요한 비숙련 노동의 수요가 상대적으로 크게 감소하므로 비숙련노동 임금이 상대적으로 낮아진다.

즉, 한국의 임금비율 $(\frac{w_s}{w_u})^{한국}$ 은 이전에 비하여 상승한다.

Ⅲ. 설문 (2)의 해결

1. 설문의 의미

위탁생산 후 R&D와 부품을 상호 교환할 수 있다는 것은, 위탁생산과 국제교역이 마치 한국기업에게 부품생산 부문의 기술진보가 발생한 효과를 일으킴을 의미한다. 즉, 한국에 있는 숙련노동과 비숙련노동을 이용하여 생산 가능한 R&D 는 변함이 없지만, 위탁생산과 상호교환을 통하여 한국이 얻을 수 있는 부품생산량은 위탁생산과 국제교역 이전에 비하여 늘어나게 되기 때문이다.

2. 동량곡선(isoquant)을 이용한 설명

(1) 그래프

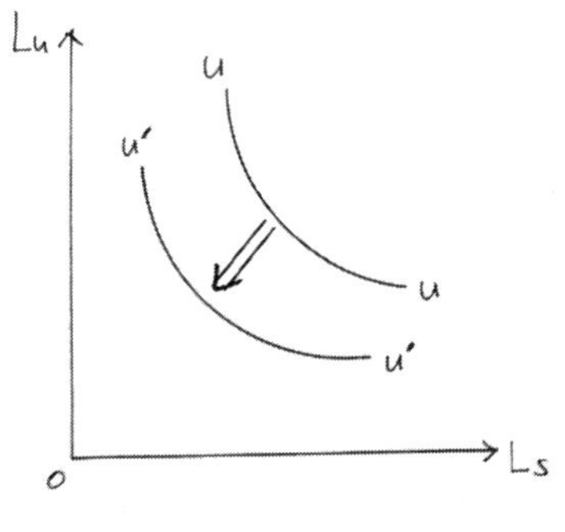

【그림 1】

- uu : 위탁생산과 상호교환 이전의 부품 1단위 생산의 동량곡선
- $u'u'$: 위탁생산과 상호교환 이후의 부품 1단위 생산의 동량곡선

(2) 설명

① R&D 부문에서는 동량곡선에 변화가 없을 것이다.

② 부품생산 부문에서는 동량곡선에 변화가 있을 것인데, 위 그래프에서 uu는 아웃소싱 이전 부품(u) 한단위를 생산하는 동량곡선이다.

③ 아웃소싱과 상호교환을 통하여 기술진보와 같은 효과가 발생하므로, 부품 한단위를 생산하는 동량곡선이 원점방향으로 이동하며, 이는 부품 한단위 생산에 필요한 숙련노동과 비숙련 노동의 투입량이 감소함을 의미한다.

3. 생산가능곡선을 이용한 설명

(1) 그래프

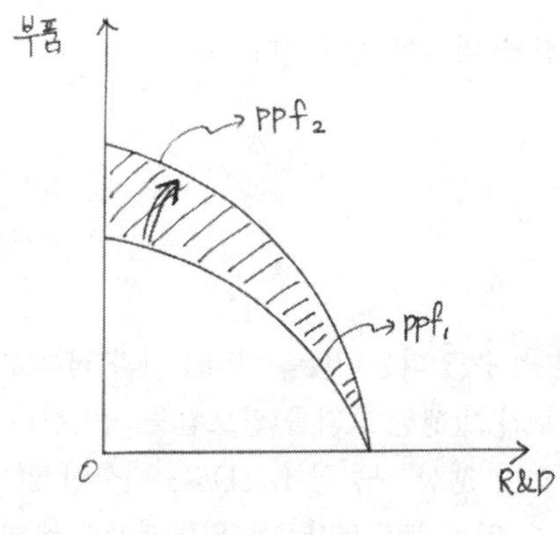

- ppf_1 : 위탁생산과 상호교환 이전의 생산가능곡선
- ppf_2: 위탁생산과 상호교환 이후의 생산의 동량곡선

【그림 2】

(2) 설명

① 위탁생산과 상호교환에 따른 동량곡선의 변화는 에지워드 BOX 내의 계약곡선을 변화시킨다.

② 이를 생산가능곡선(PPF)로 나타낼 경우 위 그림과 같이 이전에 비하여 생산가능 곡선을 바깥쪽으로 확장시킨다.

③ 다만, 위탁생산과 상호교환이 발생하더라도 R&D부문의 생산성에는 변화가 없으므로, 생산가능 곡선은 기술진보효과가 발생한 부품생산 부문이 늘어난 형태가 될 것이다.

④ 즉 한국기업은 위탁생산과 상호교환으로 인하여 위 그래프의 빗금친 부분만큼 생산가능역역이 늘어나는 이득을 얻게 된다.

Ⅳ. 결 론

설문의 풀이를 통하여 한국은 비교열위에 있는 부품생산 부문은 중국에 위탁생산하는 것이 바람직 함을 알 수 있고, 위탁생산과 동시에 R&D와 부품의 상호 교환이 가능하다면 위탁생산은 한국기업에 있어 부품생산 측면의 기술진보가 나타나는 효과가 있으므로 동량곡선은 원점방향으로 이동하고, 생산가능곡선이 확장되는 이득을 얻게 된다.

환율과 총수요 · 총공급 정책

제54회 행정고시 재경직 합격 김 지 현

행시 제55회(11년)

최근 몇년 간 원화의 대 달러 환율이 하락하고 있다 (총 30점)
(1) 이러한 환율 하락의 원인을 설명하시오. (10점)
(2) 환율하락이 우리 경제에 미치는 영향에 대해서 총수요—총공급모형을 이용하여 분석하시오. (10점)
(3) 환율하락에 대처하기 위한 중앙은행의 정책을 서술하시오. (10점)

C/O/N/T/E/N/T/S

Ⅰ. 설문(1)의 해결

1. 환율의 결정이론

환율은 외환시장에서 결정되는 외화와 원화간의 상대가치를 나타내며 외환의 수요와 공급의 원리에 따라 결정된다. 이러한 환율의 결정이론으로서 일물일가의 법칙에 따라 경상수지 측면을 강조하는 구매력평가설과 자본수지 측면을 강조하는 이자율평가설에 따라 분석하도록 한다.

2. 경상수지의 지속적인 흑자 기록

구매력평가설에서 가정하는 일물일가의 법칙이 성립한다고 할때, 경상수지가 지속적으로 흑자를 기록한다는 것은 수출재의 가격이 수입재의 가격보다 상대적으로 낮다는 의미이다. 따라서 경상수지 흑자가 지속되는 상황에서는 수출대금으로 결제되는 외환이 국내로 많이 유입되어 외환의 공급이 증가하게 되고 구매력평가설에 따라 환율이 하락하게 된다.

3. 국내이자율과 해외이자율간의 차이

이자율평가설에 따를 때 자본이동이 완전히 자유로운 상황에서는 이자차익거래에 의해 국내자산의 수익률과 해외자산의 수익률은 같아야 한다. 미국의 이자율이 우리나라의 이자율보다 낮은 상황임을 고려해 볼 때, 국내자산의 수익률이 더 크므로 원화에 대한 수요가 상대적으로 늘어나게 되고, 이를 해소하기 위해 외화가 유입되어 환율은 하락하게 된다.

Ⅱ. 설문 (2)의 해결

1. 총수요곡선에 미치는 영향

환율이 하락하면 동일한 수출재의 외국통화 표시가격이 상승하므로 Marshall-Lerner 조건을 만족시킬 때, 순수출이 감소하게 된다. 총수요의 구성요소인 순수출이 감소하게 되면 총수요가 감소하여 AD곡선이 좌측으로 이동하게 된다. 따라서 총생산은 감소하고 물가는 하락할 것으로 예상된다.

2. 총공급곡선에 미치는 영향

환율의 하락이 총수요의 감소로 이어지면 물가의 하락이 예상된다. 합리적 기대를 하는 경제주체들이 이러한 물가의 하락을 예측한다면 노동시장에서의 노동공급을 늘려 물가하락으로 인한 실질임금 증가에 대처할 것이다. 따라서 환율의 하락은 AS곡선의 우측 이동을 가져올 수 있다.

3. 경제에 미치는 영향

결국 총수요-총공급 모형에서 환율의 하락이 경제에 미치는 영향은 총수요 곡선의 이동폭과 총공급 곡선의 이동폭에 따라 다르게 나타난다. 경제가 Marshall-Lerner 조건을 만족하여 환율의 하락이 총수요 감소로 이어질 때, 이에 따른 물가의 하락을 경제주체들이 얼마나 정확하게 인식하고, 얼마나 빠르게 노동공급에 반영하느냐에 따라 경제에 미치는 영향은 달라질 수 있는 바, 일반적으로 환율의 하락은 순수출의 감소로 인해 경기침체를 불러일으키게 된다.

Ⅲ. 설문 (3)의 해결

1. 태화정책의 실시

외환당국의 외환시장 개입에 의한 외환변화가 본원통화의 변화로 그대로 나타나도록 허용하는 정책을 태화정책(비중화개입)이라고 한다. 환율의 하락에 대처하기 위해 외환시장에 과잉공급된 외환을 매입하고 이 과정에서 원화를 매도하게 되면 본원통화의 증가효과가 발생하고, 이에 따라 통화량이 증가하여 총수요가 증가하는 효과를 가져온다.

2. 불태화정책의 실시

외환시장 개입 결과 발생하는 본원통화의 변동을 외환당국이 국내자산이나 국내부채를 변동시켜 완전히 상쇄시키는 정책을 불태화정책(중화개입)이라고 한다. 이 경우 외환의 매입 과정과 함께 국채를 매도하거나 통화안정증권을 발행하여 시장에 유동성이 확대되는 것을 방지하게 되므로 환율을 유지시키면서 본원통화의 증가를 막을 수 있다.

3. 이자율 인하정책

환율의 하락이 외국의 이자율보다 국내 이자율이 높기 때문에 수익률이 높은 국내 자산에 대한 수요가 증가하여 이에 따른 자본유입으로 야기된 상황이라면 중앙은행은 국내 이자율을 낮추기 위한 정책을 실시할 수 있다. 이 경우 확장적 통화정책을 통해 이자율을 낮춰 환율의 하락에 대응할 수 있다.

국제무역과 수출보조금 정책

제56회 행정고시 재경직 합격 김 0 0

행시 재경직 제57회(13년)

A국은 X재에 대해 다음과 같은 수요함수와 공급함수를 가진다고 하자.

○ X재의 수요함수: $Q_X=150-P_X$
○ X재의 공급함수: $Q_X=P_X/2$

그리고 A국은 소국이며, X재의 국제가격은 110원일 때, 다음 물음에 답하시오. (총 35점)
(1) A국이 국제무역에 참여하지 않을 때, X재의 국내소비량, 국내생산량과 국내가격을 도출하시오. (5점)
(2) A국 정부가 수출을 촉진하기 위해 수입은 규제하면서, X재 수출 1단위에 대해 정액으로 30원을 보조금으로 지급하기로 하였다. 수출보조금 정책이 도입된 후, X재의 국내소비량, 국내생산량, 무역량과 국내가격을 도출하시오. (15점)
(3) A국의 수출보조금 정책의 도입이 사회후생에 미치는 효과에 대해 설명하시오. (15점)

C/O/N/T/E/N/T/S

Ⅰ. 설문 (1)의 해결

1. 균형의 도출

국제무역에 참여하지 않을 때, A국의 X재 시장이 완전경쟁시장임을 가정하면, 시장균형은 초과공급(또는 초과수요)이 0인 지점 즉, 수요와 공급이 만나는 지점에서 결정된다. 그러므로 X재의 수요함수 $150-P_X$와 X재의 공급함수 $P_X/2$를 연립하여 국내가격을 구한 다음, 그 값을 수요함수와 공급함수에 대입하여 각각 국내소비량과 국내생산량을 도출할 수 있다.

2. 그래프의 도해

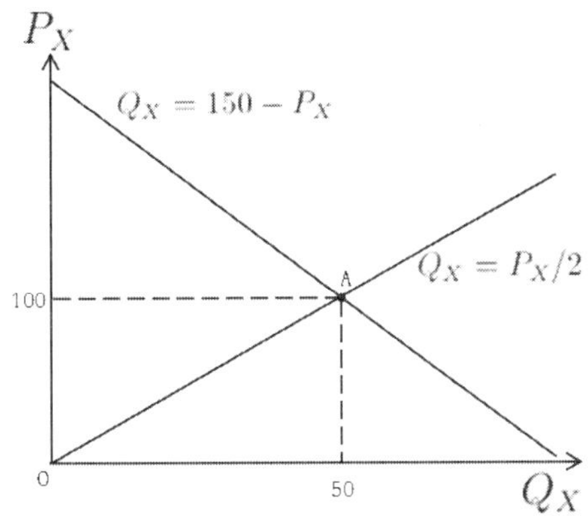

[그림 1] 국제무역 참여 이전의 균형

시장균형은 점 A에서 형성된다.

3. 결론

〔그림 1〕의 점 A에서 국내가격(P^*)은 100이고, 국내소비량(Q_d^*)과 국내생산량(Q_s^*)은 각각 모두 50이다.

Ⅱ. 설문 (2)의 해결

1. 수출보조금의 효과

A국 정부가 X재의 생산자에게 단위당 30의 수출보조금을 지급하는 경우에 A국 기업은 X재를 생산한 이후에 국내시장(P_d)과 해외시장(P_w)의 판매에 따른 기회비용을 상이하게 인식하게 된다.

때문에 $P_d - P_w = s = 30$이 성립하는 시점까지 해외에서 판매하는 것이 유리하다. 이 경우 A국이 소국임을 가정하므로 해외가격은 110에서 변화가 없다. 그러므로 수출보조금의 지급은 국내가격을 140으로 상승시킨다.

다만 수출보조금이 생산의 한계비용을 변화시키는 것은 아니며 기업의 의사결정상의 왜곡을 가져오는 것에 불과하므로 공급함수에는 변화가 발생하지 않는다.

2. 그래프의 도해

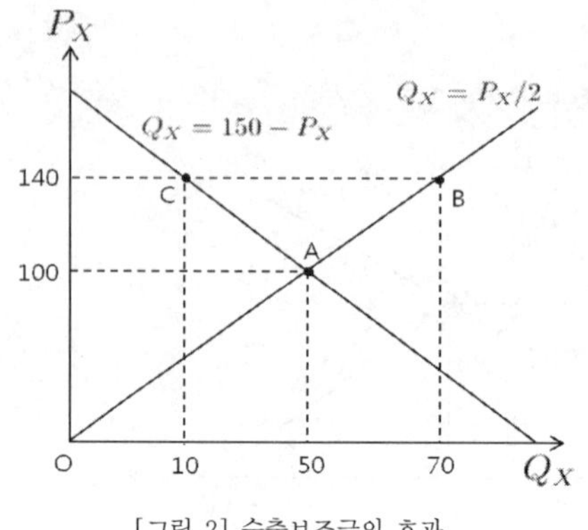

[그림 2] 수출보조금의 효과

〔그림 2〕에서 보는 것처럼 최초 점 A에서 이루어지던 균형은 무역개시와 수출보조금 지급 이후에 점 B로 이동한다. 이 때, 국내소비량은 점 C로 이동한다. 그러므로 무역량의 규모는 $\overline{BC}$가 된다.

3. 균형의 분석

A국이 소국임을 가정하면, 국제가격 110을 주어진 것으로 받아들인다. 그러므로 A국 X재의 국내가격은 수출보조금 지급 이후에 100에서 140으로 상승하고 그 결과 국내소비량은 50에서 10으로 감소한다. 반면에 국내생산량은 70이다. 그러므로 국내수요량과 국내생산량의 차이인 60만큼이 무역량이 된다.

4. 결론

소국인 A국 정부가 국내 생산자에 보조금을 지급하는 경우에 국내가격은 해외가격에서 보조금을 더한 140으로 상승한다. 그 결과 국내소비량은 10, 국내생산량은 70으로 변화한다. 그러므로 무역량은 60이 된다.

Ⅲ. 설문 (3)의 해결

1. 생산자잉여의 변화

국내생산자는 정부의 수출보조금 지급을 통해 수출단위 당 보조금을 지원받음과 동시에 수출로 인해 생산량을 늘리게 됨으로써 생산자잉여는 증가할 것이다.

2. 소비자잉여의 변화

국내소비자는 수출보조금 지급으로 인한 가격상승의 결과 수요량이 감소하게 되므로 소비자잉여는 감소한다.

3. 그래프의 도해 및 사회후생의 변화

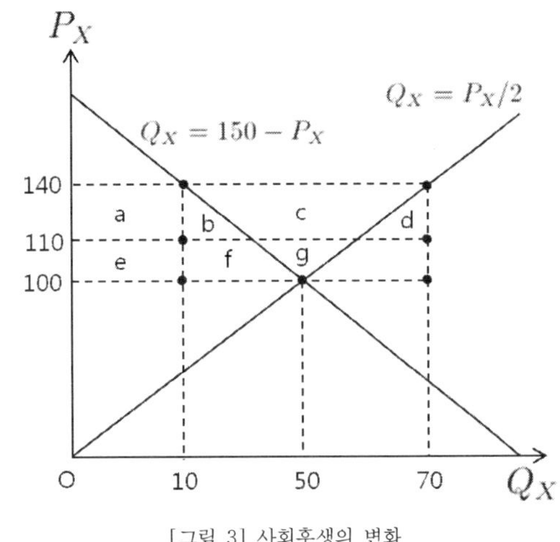

[그림 3] 사회후생의 변화

생산자잉여의 변화	$+(a+b+c+e+f+g)$	$= +2400$
소비자잉여의 변화	$-(a+b+e+f)$	$= -1200$
정부보조금규모	$-(b+c+d)$	$= -1800$
사회후생의 변화	$+g-(b+d)$	$= -600$

4. 결론

국제무역의 개시에도 불구하고 수출보조금의 지급은 사회후생을 감소시킨다. 구체적으로 생산자잉여는 증가하므로 수출기업은 이득을 본다. 그러나 국내소비자가 높은 가격에 직면함으로써 소비자잉여의 감소가 크게 일어나 최종적인 사회후생은 감소하게 된다. 즉, 정부의 무역정책에 의해 오히려 국제무역 이후에 사회후생이 악화될 수 있음을 의미한다.

교/수/강/평

김 윤 영(단국대학교 경제학부 교수)

정부의 시장개입이 가져오는 비효율성을 분석하는 문제이다. 모범답안에서 설문 (1)에 대한 답안은 문제가 없으나 설문 (2)의 경우 국제무역 개시 후 수요곡선의 변화에 대해 분명히 설명할 필요가 있다. (여타 문제의 경우도 항상 수요 및 공급곡선의 변화를 명백히 하고 균형가격을 찾는 데서 문제 해결의 단초를 찾아야 한다.) 국제 무역이후 제품에 대한 수요는 국내 및 해외 부문으로 구성된다. 해외 수요의 경우 A국이 소국이므로 제품 당 110원에서 수평을 이룬다. 이보다 낮은 가격에서 형성되는 국내수요는 0이 된다. 최종적으로 전체수요는 국내수요+해외수요가 되며 수요곡선의 형태는 Px가 110 이상인 경우에는 Qx = 150 - Px,Px가 110 인 경우에는 Px =110인 수평선이 된다. 여기서 보조금 30을 지급하는 경우 기업이 인식하는 수요곡선의 형태는 Px가 140 이상인 경우에는 Qx = 150 - Px,Px가 140 인 경우에는 Px =110인 수평선 (모범답안의 〔그림 2〕에서 점 C와 B를 연결하는 수평선)이 된다. 여기서 한편 공급곡선의 경우 MC = Px 가 만나는 생산량에서 결정이 되는데 보조금은 여기에 영향을 미치지 못하는 것으로 간주된다. 결국 무역개시 이후의 생산량은 70이 되며 이는 국내수요 10과 해외수요 60을 충당하는 것이 된다.

한편 사회 후생의 변화 분석에서 모범답안의 경우 무역이전과 무역이후 보조금 지급 상황의 비교를 수행하였는데 엄밀하게는 무역이후 보조금 미지급과 무역이후 보조금 지급 상황을 비교하는 것이 보조금 지급의 순효과를 평가하는데 바람직한 것으로 보인다. 주어진 설문 상 무역 자체의 경우 아무런 비용이나 이익을 수반하고 있지 않기 때문이다. 모범 답안의 〔그림 3〕에서 무역으로 증가한 후생 증가는 생산자잉여 증가 (e+f+g)에서 소비자 잉여 감소(e+f)를 차감한 g가 되는데 무역이후 보조금 미지급과 무역이후 보조금 지급 간의 사회 후생감소는 b+d가 된다. 여기서 b 부분은 소비자 가격의 상승에서 발생하며 d 부분은 생산량 증가에 따른 한계비용 증가에서 발생하게 된다. 모범답안에서는 b 부분만을 언급하고 있다.

관/련/기/출

변동환율제도와 정책효과

외시 제42회(08년)

제53회 행정고시 재경직 합격 노 경 민

최근 미국의 금융위기로 인하여 미국, 일본, 유럽 등 선진국 경제가 악화되고 있다. 이러한 선진국의 경기침체가 우리나라와 같은 소국가개방경제에 대해 미치는 영향에 대해서는 많은 논란이 있다. 우리나라는 자본이동이 자유롭고 변동환율제를 채택하고 있다.

(1) "변동환율제도를 채택하고 있는 소국가개방경제에서는 해외의 경기변동이 국내로 파급되지 않는다" 라는 주장에 대해 논하시오. (15점)

(2) 우리나라 통화당국이 경기부양을 위해 확장적인 통화정책을 시행하려고 한다. 이 통화정책이 이자율, 환율, 국제수지와 실질소득에 미치는 효과를 설명하시오. (15점)

(3) 또는 정부는 소득세율을 낮추는 정책을 고려하고 있는데, 이 정책이 2)번의 거시경제변수들에 미치는 예상효과를 설명하시오. (10점)

C/O/N/T/E/N/T/S

Ⅰ. 설문 (1)의 해결

1. 해외 경기 변동이 미치는 영향

(1) 모형의 설정 : 멘델-플레밍 모형

IS곡선 : $Y = C(Y-T)+I(r)+G+NX(Y,Y^*,EP^*/P)$

LM곡선 : $M/P = L(Y,r)$

BP곡선 : $NX(Y,Y^*,EP^*/P) - K(r-r^*) = 0$

단, 자본이동은 완전 자유롭고, 변동환율제도를 채택하고 있음을 가정한다.

(2) 해외 경기가 침체되는 경우(Y^*의 감소)

해외 경기 침체로 Y^*가 감소하는 경우, 우리나라의 순수출(NX)이 감소하여 IS곡선이 좌측이동한다. 이 때 변동환율제도를 택하고 있는 경우 국내 이자율(r)이 해외 이자율(r*)보다 낮아서 자본이 유출되고, 이 과정에서 환율(E)이 상승한다. 이는 다시 순수출을 증가시켜 IS곡선을 우측이동 시키고 결국 0점으로 돌아오게 된다.

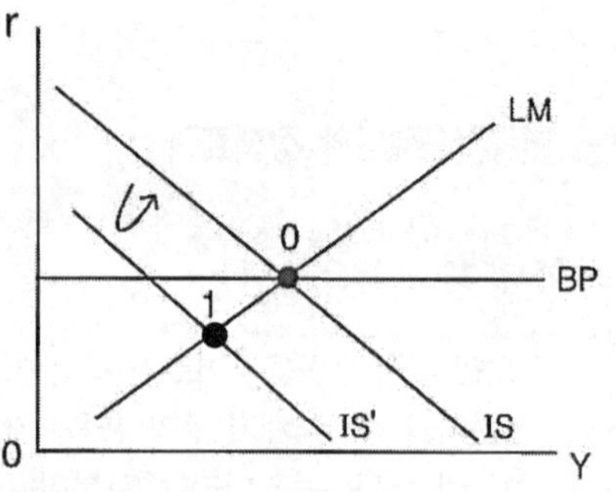

2. 설문의 주장에 대한 평가

변동환율제도를 채택하고 있는 경우 해외의 경기 변동 효과는 환율의 변화에 의해 상쇄되어 진다. 이러한 효과를 '차단효과(insulation effect)' 라고 한다. 따라서 설문의 주장은 타당하다고 볼 수 있다.

Ⅱ. 설문 (2)의 해결

1. 확장적 통화정책의 효과 (LM곡선의 이동)

통화당국이 확장적 통화정책을 사용할 경우(M증가) LM곡선이 우측으로 이동하게 된다. 이 때 변동환율제도를 채택하고 있는 경우 자본이 유출되면서 환율이 상승하게 된다. 이는 순수출을 증가시켜 IS곡선을 우측이동 시키게 되고, 2점에서 균형을 이루게 된다.

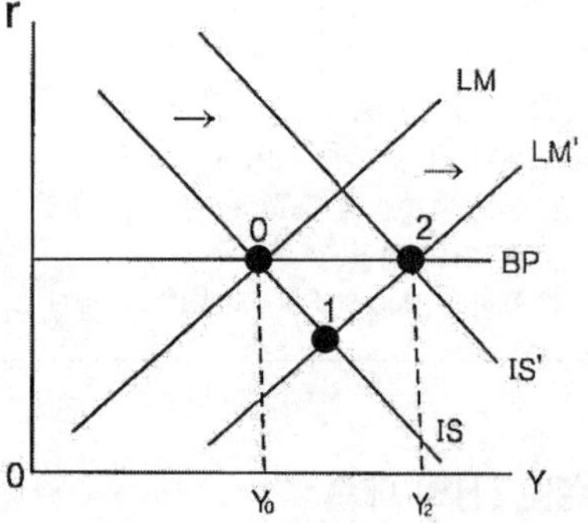

2. 거시경제변수의 변화

변수	이자율(r)	환율(E)	국제수지(BP)	실질소득(Y)
변화	불변	상승	균형	증가

확장적 통화정책 사용 시 이자율(r)은 하락하지만 자본의 급격한 유출로 국제이자율(r*) 수준으로 수렴한다. 이 과정에서 자본수지는 적자를 나타내고, 환율이 상승한 결과 순수출(경상수지)는 흑자를 나타내게 되어 국제수지는 균형을 이룬다. 이 결과 실질소득은 폐쇄 경제일 때보다 더 크게 증가하는 효과를 나타낸다.

Ⅲ. 설문 (3)의 해결

1. 소득세율 인하의 효과 (IS곡선의 이동)

소득세율을 인하하는 경우 IS곡선의 T가 감소하여 가처분소득 증가로 소비(C)가 증가하게 된다. 따라서 IS곡선이 우측 이동하여 1점에서 국내이자율이 상승하여 자본이 유입된다. 이 과정에서 환율 하락, 순수출 감소가 나타나고, IS곡선이 다시 좌측이동하여 0점에서 균형을 이룬다.

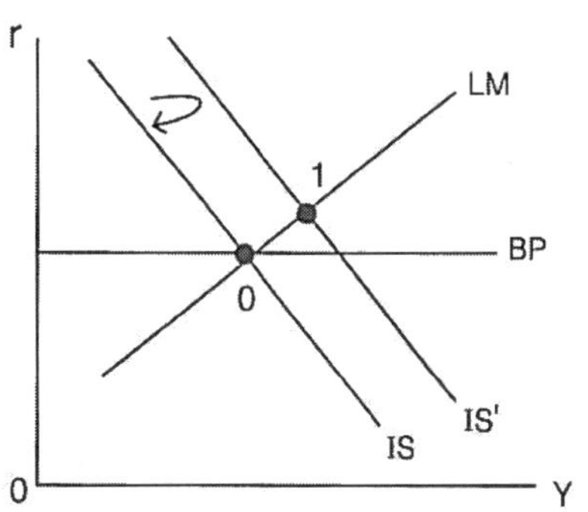

2. 거시경제변수의 변화

변수	이자율(r)	환율(E)	국제수지(BP)	실질소득(Y)
변화	불변	하락	균형	불변

소득세율을 인하하는 경우 IS곡선 우측이동으로 이자율이 상승하게 되지만 자본이 급격하게 유입되면서 환율이 하락하게 된다. 이 과정에서 자본수지는 흑자, 순수출(경상수지)는 적자를 나타내고, 이 둘이 상쇄되어 국제수지는 균형을 이루게 된다. IS곡선이 원래 위치로 돌아오면서 실질소득은 변화가 없게 된다.

즉 변동환율제도를 채택하는 경우 소득세율 인하와 같은 재정정책은 실질소득을 변화시키지 못하여 정책 효과를 발휘하기 어렵다.

먼델 · 플레밍 모형분석

제53회 행정고시 재경직 합격 노 경 민

최근 거시 경제 환경의 불확실성이 증가하면서 환율제도가 경제안정화에 미치는 영향에 대해 많은 논의가 진행되고 있다. 특히 고정환율제를 채택하는 것과 변동환율제를 채택하는 것 중 어느 것이 경기 변동을 완화시키는데 더 적합한지에 대한 주장이 대립한다.(단, 자본이동은 완전 자유롭다고 가정한다.)(총 35점)

(1) 한 경제의 충격이 실물적 요인에서 비롯하는 경우 소득의 안정화를 위해 어떤 환율제도를 채택하는 것이 더 적합한지를 설명하여 보아라.(15점)

(2) 반대로 한 경제의 충격이 화폐적 요인에서 비롯하는 경우 소득의 안정화를 위해 어떤 환율제도를 채택하는 것이 더 적합한지를 설명하여 보아라.(10점)

(3) 만약 한 경제의 충격이 주로 해외 요인에서 비롯되는 경우 소득의 안정화를 위해 어떤 환율제도를 채택하는 것이 더 적합한지를 설명하여 보아라.(10점)

C/O/N/T/E/N/T/S

Ⅰ. 설문 (1)의 해결

1. 모형의 설정 (Mundell-Flaming 모형)

(1) IS곡선(재화시장) : $Y = C(Y-T) + I(r) + G + NX(e)$

(2) LM곡선(화폐시장) : $M/P = L(Y, r)$

(3) BP곡선(국제수지) : $NX(Y, Y_f, e) + K(r-r_f) = 0$ (완전 자본 이동 가정 시 $r=r_f$)

2. 실물부분의 충격이 있는 경우

(1) 고정환율제도 하의 분석

1) 그래프의 도해

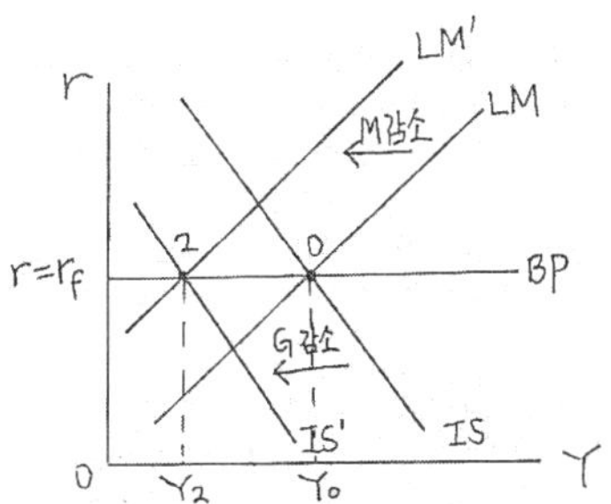

2) 분석

고정환율제도 하에서 정부지출(G) 감소 등으로 IS곡선이 좌측으로 이동할 때, 국내 이자율(r)이 국제 이자율(r_f)보다 낮아서 자본이 유출되고 환율 상승 압력이 발생한다. 이 때 환율을 일정하게 유지하기 위하여 외환 당국은 외화를 매도, 원화를 매입하게 되고, LM곡선이 좌측이동하게 된다. 결국 2점에서 균형을 이루고 소득은 Y_2까지 감소한다.

(2) 변동환율제도 하의 분석

1) 그래의 도해

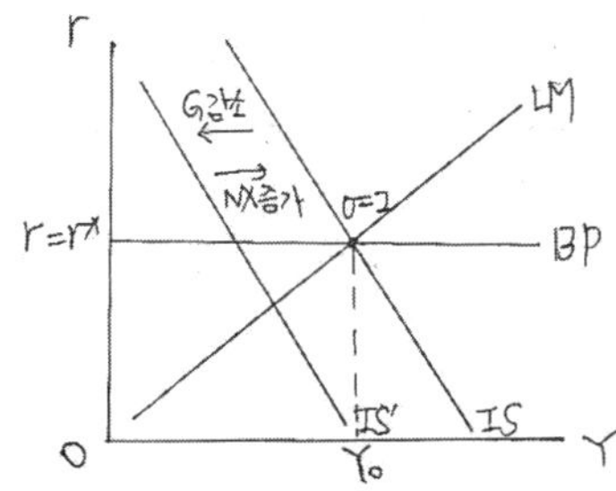

2) 분석

변동환율제도 하에서 정부지출(G) 감소 등으로 IS곡선이 좌측으로 이동할 때, 국내 이자율(r)이 국제 이자율(r_f)보다 낮아서 자본이 유출되고 환율(e)이 상승하게 된다. 이는 순수출(NX)을 증가시켜 IS곡선을 다시 우측으로 이동시키고, 0=2점에서 균형을 이루어 Y_0의 소득 수준을 회복하게 된다.

3. 소결 : 실물 충격 시 경제 안정화에 적합한 환율제도

실물부분의 충격으로 경기 변동이 발생하게 되면, 고정환율제의 경우 소득의 변화가 Y_0에서 Y_2로 매우 크게 나타나는 반면, 변동환율제의 경우 소득이 Y_0로 유지된다. 따라서 경제 안정화를 위해서 실물부분의 충격 시 변동환율제도가 더 적합함을 알 수 있다.

Ⅱ. 설문 (2)의 해결

1. 화폐부분의 충격이 있는 경우

(1) 고정환율제도 하의 분석

1) 그래프의 도해

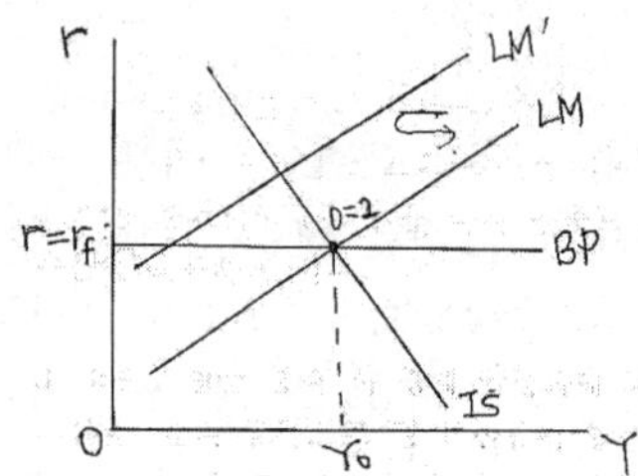

2) 분석

고정환율제도 하에서 통화량(M) 감소 등으로 LM곡선이 좌측으로 이동할 때, 국내 이자율(r)이 국제 이자율(r_f)보다 높아서 자본이 유입되고 환율 하락 압력이 발생한다. 이 때 환율을 일정하게 유지하기 위하여 외환 당국은 외화를 매입, 원화를 매도하게 되고, LM곡선이 우측이동하게 된다. 결국 0=2점에서 균형을 이루고 소득은 Y_0로 유지된다.

(2) 변동환율제도 하의 분석

1) 그래프의 도해

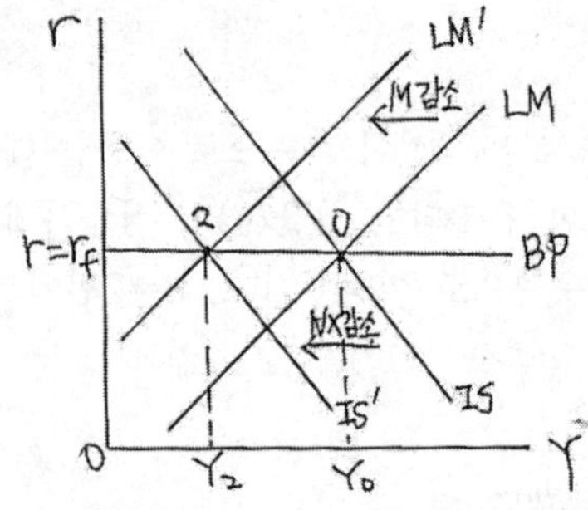

2) 분석

변동환율제도 하에서 통화량(M) 감소 등으로 LM곡선이 좌측으로 이동할 때, 국내 이자율(r)이 국제 이자율(r_f)보다 높아서 자본이 유입되고 환율이 하락한다. 이는 순수출(NX)을 감소시켜 IS곡선을 좌측으로 이동시키고, 2점에서 균형을 이루어 Y_2까지 소득이 감소한다.

2. 소결 : 화폐 충격시 경제 안정화에 적합한 환율제도

화폐부분의 충격으로 경기 변동이 발생하게 되면, 고정환율제의 경우가 변동환율제에 비해 소득이 일정하게 유지된다. 따라서 경제 안정화를 위해서 화폐부분의 충격 시 고정환율제도가 더 적합함을 알 수 있다.

Ⅲ. 설문 (3)의 해결

1. 해외 요인의 충격 발생

우리와 교역 관계에 있는 외국의 경기침체 등으로 인해 외국의 소득(Y_f)이 감소할 경우, 먼델-플레밍 모형의 식에 따라 우리나라의 순수출(NX)이 감소하게 된다.

2. 효과의 분석

(1) 고정환율제도 하의 분석

1) 그래프의 도해

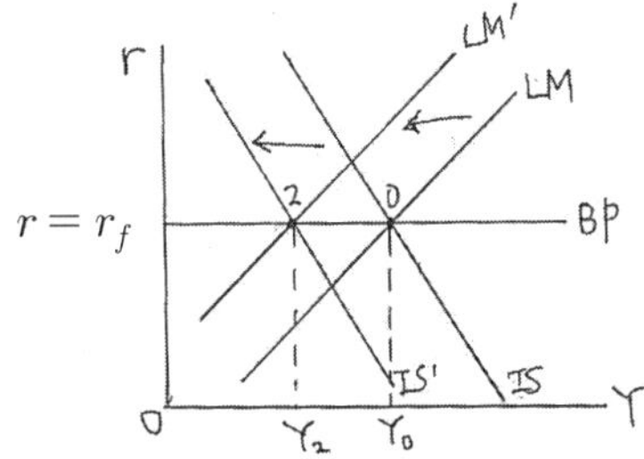

2) 분석

고정환율제도 하에서 외국 소득(Yf)이 감소할 경우, 순수출(NX)이 감소하고 IS곡선이 좌측이동하게 된다. 이 때 국내 이자율(r)이 국제 이자율(r_f)보다 낮아지고, 외화가 유출되어 환율 상승 압력이 발생한다. 이 때 통화당국은 고정환율을 유지하기 위해 원화를 매입하고, 외환을 매도하고, 이 과정에서 국내 통화량(M)이 감소한다. 따라서 LM곡선이 좌측으로 이동하여 2점에서 균형을 이루고, 소득(Y)은 Y_2까지 감소한다.

(2) 변동환율제도 하의 분석

1) 그래프의 도해

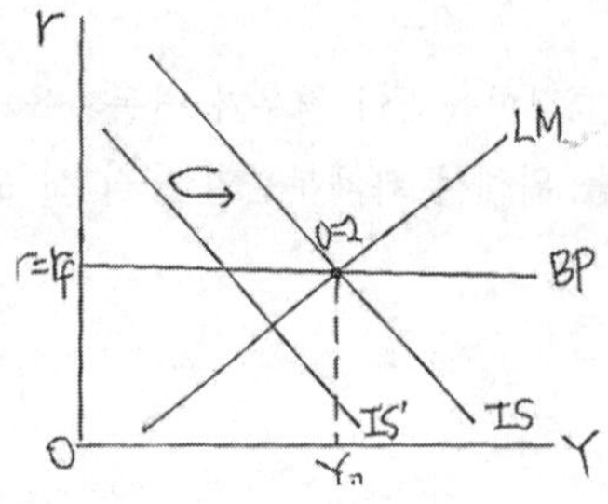

2) 분석

변동환율제도 하에서 외국 소득(Yf)이 감소할 경우, 고정환율제 하의 분석과 동일한 과정에 의해 환율이 상승하게 된다. 이 때 환율 상승은 순수출(NX)의 증가로 이어지게 되고, IS곡선이 다시 오른쪽으로 이동하여 0=2점으로 회귀하게 된다.

3. 소결 : 해외 충격시 경제 안정화에 적합한 환율제도

해외부분의 충격으로 경기 변동이 발생하게 될 때, 변동환율제의 경우 환율변동을 통해 해외부분 충격을 흡수하여 소득을 일정하게 유지시키게 된다. 이를 변동환율제의 '차단효과 (insulation effect)'라 한다. 따라서 경제 안정화를 위해서 해외부분의 충격 시 변동환율제도가 더 적합함을 알 수 있다.

제3장 총공급이론 및 실업과 인플레이션(필립스곡선)

기 출

필립스 곡선과 물가, 실업률

행시 제50회(06년)

제49회 행정고시 재경직 합격 강 욱

실업과 인플레이션의 역의 상관관계로 알려진 필립스 곡선에 기대 인플레이션이 도입되면서 다음과 같은 형태로 발전하였다.

$$\pi = \pi^e - \lambda(u - u_n)$$

(단, π는 인플레이션율, π^e 는 기대 인플레이션율, u는 실업률, u_n은 자연실업률, 그리 고 λ는 반응 정도를 나타내는 상수이다)(총 25점)

(1) 단기 필립스 곡선을 국제적으로 비교해보면, 평균 물가상승률이 높은 나라일수록 그 기울기가 가파르게 나타난다. 루카스의 불완전 정보모형을 이용해서 그 이유를 설명하시오.(10점)

(2) 통화당국이 다음과 같은 목적함수를 극소화하는 정책을 시행한다고 가정하자.

$$\text{Min. } L(u,\pi) = u + r\pi^2$$

민간 경제주체들이 인플레이션에 대한 기대를 먼저 결정하고 통화당국이 정책(π)을 시행하며, 그에 따른 결과로 위의 기대부가 필립스 곡선에 따라 실업률이 결정될 때 최적재량정책을 구하시고. 이때 '시간 비일관성(time inconsistency)의 문제'가 어떻게 발생할 수 있는지 설명하고, 정부의 재량적 정책은 준칙을 취하는 정책보다 나쁜 결과를 가져올 수 있음을 보이시오. (15점)

C/O/N/T/E/N/T/S

경제학

Ⅰ. 서

Ⅱ. 설문 (1)에 관하여

1. 불완전정보 모형의 가정

불완전 정보모형에서는 재화시장에서의 가격의 신축성과 각 기업은 불완전하지만 주어진 정보를 최대한 활용하여 일반 물가 수준을 합리적으로 예상하고 이에 따라 산출량을 결정한다는 불완전정보하의 합리적 기대를 가정한다. ($Pt^e=E[P_t | I_{t-1}]$)

2. 모형

개별기업 공급곡선 $yi=yi^*+r(P_i-P_j^{-e})$ r〉0 (P^{j-e} : 개별기업이 예측하는 일반물가수준에 대한 기대)

경제전체 총공급곡선: $y^{AS}=yf+r(P-P_e)$ r〉0

가격 신축적 가정을 유지하나 불완전정보에 기인한 잘못된 물가예상으로 우상향하는 총공급곡선을 갖게 된다. 즉 일반 물가 상승시 자사제품 선호의 증가로 인식하여 생산량을 늘리는 경우가 나타난다. 개별기업이 예측하는 물가수준과 실제물가상승률의 차이가 총공급곡선의 모양을 결정하게 된다.

3. 평균물가상승률과 필립스 곡선의 기울기

평균적인 물가 상승률이 높은 나라일수록 물가의 변화를 전체 물가 변화로 인식하여 물가가 상승해도 생산량을 크게 늘리지 않게 되고 실업률에 변화가 없게 되어 기울기가 가파르게 나타난다. 반면 평균적인 물가상승률이 낮은 나라일수록 물가의 변화를 자사제품 선호변화로 인식하므로 생산량을 크게 늘리게 되고 따라서 총공급곡선은 기울기가 완만하게 되고 고용량도 물가의 변화에 따라 크게 이동하여 필립스 곡선의 기울기도 완만하게 된다.

Ⅲ. 설문 (2)에 관하여

1. 모형적 접근

준선형 효용함수에서

Min $L(u,\pi)=u+r\pi^2$

s.t $\pi=\pi^e-\lambda(u-u_n)$

$dL/d\pi=-1/\lambda+2r\pi=0$

$\therefore\ \pi=1/2r\lambda$

2. 서술적 접근 : 최적 재량 정책

만일 기대 인플레이션율 $\pi^e=0$ 일 경우에 최적재량정책은 사회손실함수를 최소화하는 것으로 $\pi=1/2r\lambda$ 이 된다.

3. 시간 비일관성(time inconsistency)

시간 비일관성이란 특정시점에서의 제약조건하에 사회후생을 극대화 시키는 것이라고 여겨졌던 정책이 막상 실시할 때는 더 이상 최적정책이 되지 못하여 공표한 정책과는 다른 정책을 시행하게 될 유인을 갖는 것을 말한다. 만일 정책당국이 $\pi=1/2r\lambda$ 의 정책을 쓸 경우 다음 기에 경제주체들의 기대 인플레이션은 $\pi^e=1/2r\lambda$ 가 된다. 준선형 효용함수 이므로 다시 사회 후생손실이 최소화 되는 최적 지점은 $\pi=1/2r\lambda$이 되나 사회후생손실은 이전의 점보다 더 커진다.

4. 재량적 정책의 손실

정책당국의 약속번복이 잦아지면 평판이 악화되고 정책당국의 신뢰하락으로 민간 경제주체들이 기대인플레이션율을 높게 설정하여 정책당국의 약속 번복이 있기도 전에 Loss가 큰 파레토 열등한 균형으로 갈 수가 있다. 따라서 재량적 정책시행으로부터의 단기적 편익은 신뢰하락으로 인한 장기적 비용을 초과할 수가 없다.

생산성 충격과 실업률, 실업의 이력현상

제50회 행정고시 재경직 합격 권 오 흥

행시 제51회(07년)

1970년대에 발생한 두 차례의 오일쇼크(oil shocks) 이후, 미국은 비교적 신속하게 이전의 실업률에 가깝게 복귀한 반면 많은 유럽국가는 오랫동안 이전의 실업률로 복귀하지 못하였다. (총30점)

(1) 원유가 생산요소의 하나로 투입되는 다음과 같은 생산함수를 가정하자.

$$Q = F(L, K, Oil)$$

각 생산요소의 한계생산은 체감한다고 가정한다. 오일쇼크가 발생한 후 실업률이 단·장기적으로 어떻게 변화하는가를 미국과 유럽국가의 경우로 나누어 설명하시오. (20점)

(단, 주어진 생산함수를 이용하여 실질임금의 조정 속도 및 자연실업률과 관련하여 설명하시오)

(2) 많은 유럽국가의 경우와 같이 실업률이 지속성을 보이는 이유들을 실질임금의 조정과 관련하여 설명하시오. (10점)

C/O/N/T/E/N/T/S

Ⅰ. [설문의 (1)]

노동수요는 생산물시장의 파생수요이기 때문에 한 단위의 노동을 추가적으로 투입함으로써 얻을 수 있는 재화의 가치인 노동의 한계생산물가치($VMP_L = MR \cdot MP_L$)가 곧 노동수요함수가 된다.

이 때 재화시장이 완전경쟁시장이라면 $MR = P$이므로 기업이 지급하는 실질 임금($\frac{W}{P} = w$)은 곧 MP_L이 된다. 설문의 경우 각 생산요소는 한계생산성이 체감한다고 하였으므로 노동수요곡선은 우하향하는 형태로 나타낼 수 있다.

오일 쇼크는 유가 상승으로 이어져 부정적인 생산성 충격으로 작용하는 바, 오일 가격의 상승으로 오일 투입량이 감소한다. 이 때, 생산함수의 각 생산요소가 보완적인 관계에 있다면 오일 투입량의 감소는 이전에 비해 노동의 한계생산성을 감소시킨다. 즉, 다음과 같은 생산함수에서 노동의 한계생산성을 도출할 수 있고, 오일투입의 감소는 노동의 한계생산성을 하락시키는 요인으로 작용하게 된다.

$$Q = F(L, K, Oil) = L^{\alpha} \cdot K^{\beta} \cdot Oil^{\gamma} \qquad (\text{단, } \alpha, \beta, \gamma \geq 0)$$

$$MP_L = \frac{\partial Q}{\partial L} = \alpha \cdot \frac{K^{\beta} \cdot Oil^{\gamma}}{L^{1-\alpha}}$$

이 때 부정적인 생산성 충격으로 인해 노동의 한계생산성이 감소하고, 이는 노동수요의 감소로 이어지는바, 만약 실질 임금이 경직적이라면 비자발적 실업이 발생하고, 시간이 경과함에 따라 실질임금이 조정되는 과정에서 균형 고용량은 감소하고 실질임금은 하락하게 된다. 이는 결국 산출량의 감소로 이어지며, 시장의 실업률은 자연실업률 수준을 상회하게 된다.

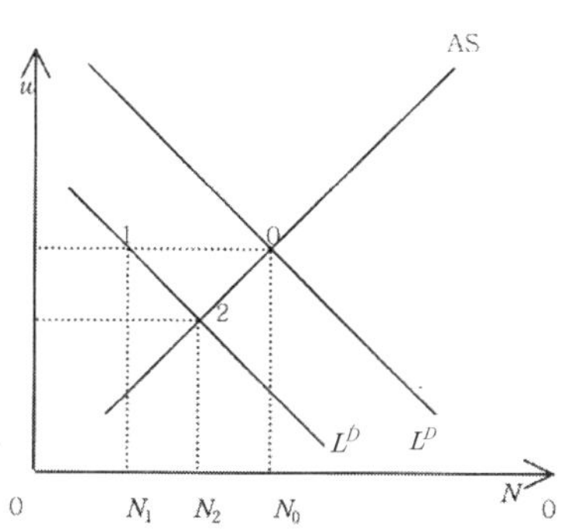

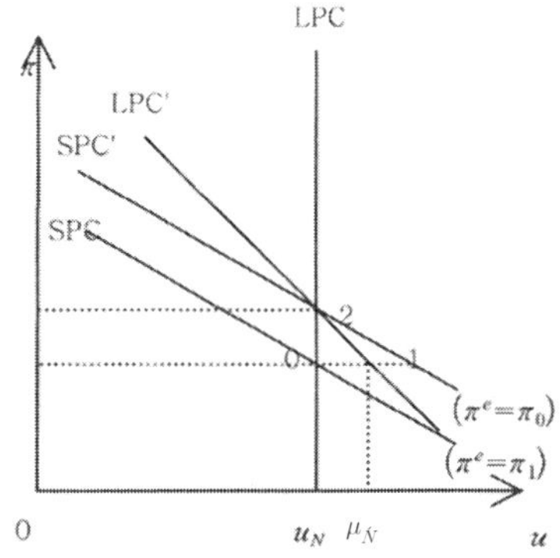

즉, 최초 0 점에서 부정적 공급충격으로 인해 노동수요 곡선이 좌측으로 평행이동 하는 과정에서, 단기적으로 실질 임금이 경직적이라면, $\overline{L_0 L_1}$ 만큼의 비자발적 실업이 발생하게 되고 이는 필립스 곡선 상에서 0점에서 1점으로의 변화로 나타낼 수 있으며 실질임금이 경직적이지 않다면, 실질임금은 즉각적으로 w_0에서 ω_1으로 하락하고 비자발적 실업은 존재하지 않아 노동시장이 청산되고 필립스 곡선상의 2 점으로 이동하게 된다. 설문에서 유럽 국가의 경우 실업률이 이전의 실업률 수준으로 회복하지 못한 것은 실질임금의 조정속도가 느려서 자연실업률 수준 이상의 실업률이 단기에서 뿐만 아니라 장기에서도 지속된 것으로 설명할 수 있고, 이에 비해 미국은 실질임금의 조정속도가 상대적으로 빠른 편이어서 단기적으로는 실업률이 증가할 수 있으나, 곧 이전의 실업률 수준으로 실업률이 회복된 것으로 설명할 수 있다.

Ⅱ. [설문의 (2)]

실질임금이 단기적으로 뿐만 아니라 장기적으로도 경직적이라면, 비자발적 실업이 구조적 실업으로 고착화 되는 과정에서 자연실업률 수준 자체가 상승하게 될 가능성이 높으며, 이는 지속적인 실업 현상으로 이어진다. 유럽국가의 경우 실질임금이 경직적이고, 그 조정속도가 느렸기 때문에 원래의 자연실업률 수준 이상에서 새로운 자연실업률이 결정되는 실업의 이력현상(Hysteresis) 이 나타난 것으로 판단할 수 있다. 이와 같은 현상이 나타나는 원인은 실질임금의 경직성을 설명하는 이론들로 분석이 가능하다.

우선, 효율임금가설(Efficient wage hypothesis)은 노동시장을 청산시키는 수준에서의 실질임금이 아니라 기업의 이윤을 극대화 시켜주는 수준에서 균형 실질임금이 결정되기 때문에 불리한 공급 측 충격으로 인해 노동 수요가 감소하더라도 일정한 실질임금 수준을 지급하려는 기업 입장에서는 고용량은 큰 폭으로 줄이기 되어 실질임금은 최초 수준에서 경직성을 보이게 됨을 설명한다.

또한 내부자-외부자 모형(Insider-outsider model)은 실질임금이 경직적인 이유를 설명함에 있어, 일단 비자발적 실업이 발생하는 경우 실직된 사람들은 외부자로서 임금협상 과정에서 자신들의 이해를 관철시킬 수 없기 때문에 소수의 내부자들이 임금협상 시 이전보다 높은 수준의 임금을 제시하여 협상이 타결되는 경우 외부자들의 취업은 그만큼 더 어려워지고 실질임금은 내부자들에 의해 결정되는 경직성을 보임을 그 근거로 들고 있다.

마지막으로 암묵적 고용계약모형(Implicit contract of employment model)은 노동자는 위험 기피적이어서 노동시장의 수급상황에 따른 불안정한 임금보다는 확실한 임금을 선호한다고 가정하고 그에 따라 확실성 대등액에 해당하는 일정한 실질임금을 보장받기를 원하기 때문에 기업은 일정 수준의 실질임금을 지급하여, 그러한 암묵적 계약임금 수준에서 임금은 경직적이 될 확률이 높음을 들어 실질임금의 경직성을 설명하고자 한다.

실질임금이 위와 같은 이유들이 복합적으로 작용하여 장기적으로도 경직적이라면, 노동시장에 충격이 발생하는 경우 실질임금의 조정속도가 매우 느려지게 되며, 그 과정에서 발생하는 비자발적 실업이 구조적 실업으로 고착화되고 실업의 이력현상으로 이어져 경제 내 실업률 수준이 최초의 자연실업률 수준으로 회복되지 못한 채 높은 수준에서 유지되는 현상이 나타날 수 있는 것이다.

AD-AS 모형과 통화정책 효과

행시 제52회(08년)

제53회 행정고시 재경직 합격 노 경 민

전통적 AD-AS 모형을 이용하여 다음 질문에 답하시오.

(1) IS-LM 모형의 한계점은 물가상승을 고려하지 않는다는 점이다. 만약 AD-AS 모형으로 확장하여 분석하는 경우 정책효과가 소득증가보다는 물가상승으로만 나타날 수도 있고 그렇지 않을 수도 있다. 각각의 경우를 그래프를 이용하여 설명하시오.(10점)
(2) 현시점의 경제가 잠재생산량에 가까운 상태라면 이자율 하락에 의한 경기부양정책이 적절한가를 AD-AS 모형을 이용하여 설명하시오. (5점)

C/O/N/T/E/N/T/S

Ⅰ. 설문 (1)의 해결
1. AS-AD 모형 (Y-P평면)
2. AS곡선의 기울기
3. 통화공급 증가의 분석

Ⅱ. 설문 (2)의 해결
1. AS곡선의 형태
2. 이자율 하락에 의한 경기 부양 정책의 적절성

Ⅰ. 설문 (1)의 해결

1. AS-AD 모형 (Y-P평면)

AS곡선(총공급) : $Y = Y_f + \alpha(P-P^e)$

AD곡선(총수요) : $Y = C(Y-T) + I(r) + G$

2. AS곡선의 기울기

AS곡선의 기울기는 물가에 대한 예측과 가격경직성에 따라, Y_f의 소득 수준에서 수직으로 나타나는 신고전파 공급곡선(AS_1)부터 물가가 단기에 완전 고정으로 나타나는 케인지안 공급곡선(AS_2)까지 나타날 수 있다.

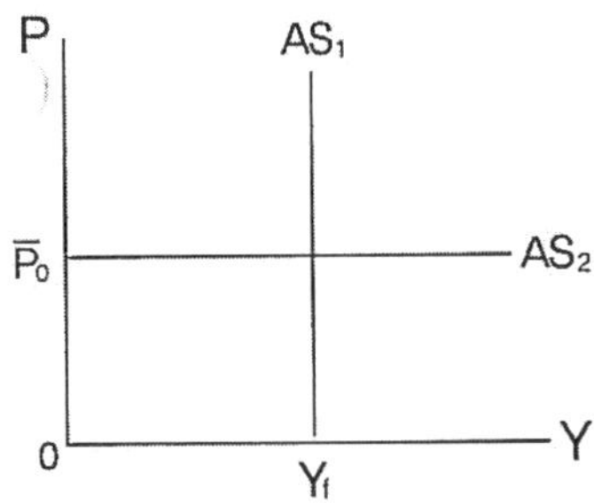

3. 통화공급 증가의 분석

통화공급 증대 정책시, LM곡선의 우측이동으로 이동하고, 이에 따라 총수요가 증대되어, AD곡선이 우측이동하게 된다.

이 때, AS곡선의 기울기가 AS_1과 같이 수직에 가깝게 나타나는 경우, 소득 증가는 거의 없고, 물가만 P_1까지 상승하게 된다. 그리고 AS곡선의 기울기가 AS_2와 같이 수평에 가깝게 나타나는 경우 물가 상승보다는 소득 증가가 크게 나타나게 된다.(Y_0->Y_2)

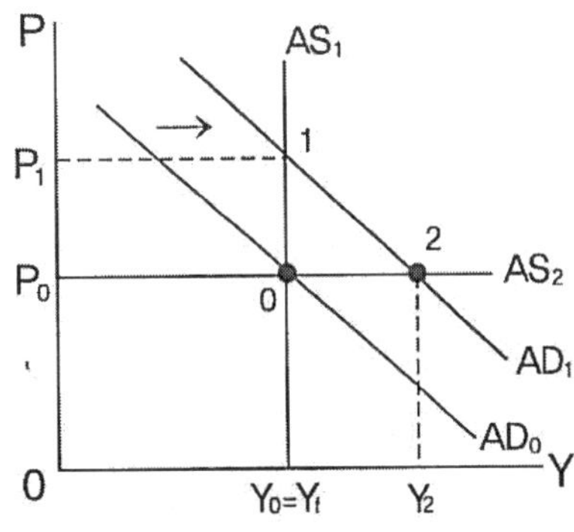

Ⅱ. 설문 (2)의 해결

1. AS곡선의 형태

현시점의 경제가 잠재 생산량($Y=Y_f$)에 가까운 경우 AS곡선은 Y_f 수준에서 수직으로 나타나게 된다.

2. 이자율 하락에 의한 경기 부양 정책의 적절성

이자율 하락에 의한 경기 부양 정책 시 총수요 증가로 AD곡선이 우측 이동한다. 이때 AS곡선이 수직인 경우, 소득은 불변인 반면 물가만 크게 상승하게 됨을 알 수 있다.

따라서 경제가 잠재 생산량에 가까운 현시점에는 이자율 하락에 의한 경기부양정책이 적절하지 않다.

적응적 기대, 합리적 기대, 희생률

행시 제53회(09년)

제25회 입법고시 수석합격 박 기 현

A국의 거시경제변수들 사이에 다음과 같은 관계가 있다.

$\pi_t = \pi_t^e + b(Y_t - Y^*)$

여기서 π_t는 t 기의 인플레이션율, π_t^e는 t기의 기대 인플레이션율, Y_t는 t기의 생산량, Y^*는 잠재생산량이다. 단, 잠재생산량은 상수이며 b는 양수로 가정한다. (총 30점)

(1) $\pi_t^e = \pi_{t-1}$ 과 같이 적응적기대를 가정할 경우, 희생률을 정의하고 위 식에서 어떻게 표현되는지 구하시오. (6점)

(2) (1)과 같이 적응적기대를 가정할 경우, 인플에이션율(π_t)과 생산량(Y_t)에 대한 데이터를 이용하여 희생률과 잠재생산량(Y^*)의 값을 추정하는 방법을 설명하시오. (6점)

(3) (1)과 같은 적응적기대 하에서, 인플레이션율을 현재의 6%에서 3%로 낮추려는 정책을 추진할 때, 6%에서 3%로 한번에 낮추는 정책과 6%에서 1%포인트씩 단계적으로 낮추는 정책 사이에 경제의 조정과정은 어떤 차이가 있는지 비교 설명하시오. (6점)

(4) 합리적기대를 가정할 경우의 희생률은 적응적기대 하에서의 희생률과 어떻게 다른지 위의 관계식을 이용하여 비교하시오. (6점)

(5) 이상의 논의로부터 얻을 수 있는 정책적 시사점을 설명하시오. (6점)

C/O/N/T/E/N/T/S

Ⅰ. 설문 (1)문의 해결

1. 희생률의 의의

희생률(sacrifice ratio)이란 인플레이션율을 1% 포인트 낮추기 위해 감수해야 하는 산출량의 감소비율을 뜻한다.

2. 희생률의 도출

인플레이션율의 변화정도를 $\pi t-\pi_{t-1}$라고 하고, 산출량의 변화정도를 Yt-Y* 라고 할 때 희생률은 $\frac{Y_t-Y^*}{\pi_t-\pi_{t-1}}$ 가 된다.

이 때, 주어진 총생산함수식과 적응적기대를 고려하면, Yt-Y* $= \frac{1}{b}(\pi t-\pi_{t-1})$ 이므로 희생률은 $\frac{1}{b}$이 된다.

Ⅱ. 설문 (2)문의 해결- 잠재생산량의 추정

$\pi_t - \pi_{t-1}$ = b(Yt - Y*)… ①

$\pi_{t-1} - \pi_{t-2}$ = b(Yt-1 - Y*)… ②

…

π_1 - π0 = b(Y1 - Y*) … ③

①,②, …,③ 식을 모두 더해 Y*에 관해 정리하면,

Y* = $\frac{1}{bt}$(π0-πt) + (Y1+ … +Yt) 가 된다.

이 때, 매 기간 인플레이션율과 생산량에 대한 데이터를 관찰·측정할 수 있으므로 잠재생산량을 추정할 수 있다.

Ⅲ. 설문 (3)문의 해결

1. 디스인플레이션의 의의

물가수준자체의 하락을 의미하는 디플레이션(deflation)과 달리 디스인플레이션(disinflation)이란 인플레이션율의 하락을 의미한다.

2. 적응적 기대하에서 급랭정책과 점진정책의 비교

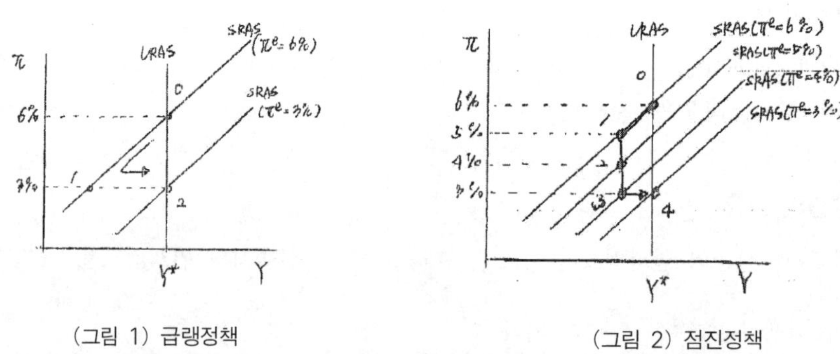

(그림 1) 급랭정책 (그림 2) 점진정책

통화당국이 인플레이션을 낮추기 위해 긴축정책을 시행하면, 민간의 기대인플레이션이 고정된 단기에서는 단기 총공급곡선을 따라 경제가 이동하게 된다. 그러나 다음기에 민간이 기대를 조정하게 되면 단기 총공급곡선 자체가 이동하므로경제는 다시 장기 총공급곡선 위에서 균형을 회복하게 된다.

급랭정책은 (그림1)에서 보듯 1기만에 목표인플레이션율을 달성할 수 있으나 단기간에 매우 큰 경기침체(생산량 감소)를 수반한다. 이와는 달리 점진정책은 매기간 경기침체의 폭은 급랭정책에 비하여 크지 않으나 불황기가 길어지는 문제점이 발생한다.

Ⅳ. 설문 (4)문의 해결

1. 합리적 기대((rational expectation)의 의의

경제주체들이 그 시점까지 이용가능한 모든 정보를 사용하여 기대를 형성하는 방식을 의미하며, 적응적 기대와 달리 체계적 오차를 유발하지 않는다는 특징을 갖는다.

$\pi_t^e = E[\pi_t | \Omega_{t-1}]$, (단 Ω_{t-1}는 t-1기에 사용가능한 모든 정보)

2. 합리적 기대 하에서의 희생률

희생률 $= \dfrac{Y_t - Y^*}{\pi_t - \pi_{t-1}}$ 가 된다.

그런데 $Y_b - Y^* = \dfrac{1}{b}(\pi_t - \pi_t^e)$이므로

희생률은 $\dfrac{1}{b} \cdot \dfrac{\pi_t - \pi_t^e}{\pi_t - \pi_{t-1}}$가 된다.

평균적으로 윗 식의 분자가 0이 되므로 합리적 기대하에서 희생률은 평균적으로 0의 값을 가진다고 할 수 있다.

V. 설문 (5)문의 해결 – 정책적 시사점

1. 고통없는 디스인플레이션

앞의 논의를 통해 사람들의 기대형성 방식에 따라 희생률의 크기가 달라짐을 알 수 있다. 경제주체들이 합리적으로 기대를 형성하고 통화당국의 인플레이션 저감정책을 신뢰한다면, 희생률이 0에 가까울 수 있으나 민간이 통화당국을 불신하여 기대를 변화시키지 않는 경우 경제는 단기적으로 비용을 부담해야 함을 알 수 있다. 따라서 통화당국이 경제주체들로부터 신뢰를 얻는 것이 중요한 문제가 된다.

2. 가격의 신축성 여부

다만, 새케인즈 학파에서 주장하듯 경제내부의 가격변수가 비신축적이어서

단기적으로 시장이 청산되지 않을 경우 희생률은 0이 될 수 없다. 또한 이력가설(hysteresis)이 성립할 경우 자연률 수준 자체가 인플레이션 저감정책에 따라 변화할 수 있으므로 희생률 역시 0이 될 수 없다. 그러므로 디스인플레이션 정책에 따른 경기침체의 비용이 매우 작거나 일시적으로 발생하기 보다는 크거나 장기적으로 발생할 수 있으므로 이에 대한 세밀한 접근이 필요하다.

총수요 충격과 유동성 확대정책

행시 제53회(09년)

제25회 입법고시 수석합격 박 기 현

서브 프라임 모기지 사태 이후에 세계는 총수요충격으로 인한 경기침체에 직면하고 있다. 많은 국가들은 현재의 경기침체를 극복하기 위해 유동성 확대정책을 사용하고 있다. 이 정책이 중요하게 사용되는 이유를 1930년대의 대공황 때와 비교하여 서술하시오. 그리고 AD-AS모형을 사용하여 이 정책의 타당성에 대하여 설명하시오. (20점)

C/O/N/T/E/N/T/S

Ⅰ. 대공황의 발생원인

(1) 지출가설에 따르면 주식시장의 붕괴 및 은행도산의 확산에 따른 신용 붕괴 등의 이유로 소비와 투자가 급감하고, 균형재정을 유지하기 위한 정부의 긴축재정정책으로 정부지출이 줄어들어 대공황이 발생했다고 한다.

(2) 한편, 통화가설에 의하면 급격한 통화공급의 감소가 대공황의 원인이라고 보지만 이 기간 중 물가하락에 따른 실진잔고의 증가를 고려하면 주된 원인으로 보기는 어렵다는 주장도 있다.

(3) 그런데 일반적으로 물가하락은 케인즈효과, 피구효과 및 실질 환율효과 등의 경기 안정화 효과를 갖지만, 유동성 함정에 빠진 상태에서 추가적인 디플레이션 기대는 실질 이자율을 높이는 효과를 가져와 경기를 더욱 침체시키는 불안정화효과를 가질 수도 있다. 즉 통화긴축이 추가적으로 IS곡선을 좌측으로 이동시켜 대공황을 더욱 심각하게 만든 것이다.

Ⅱ. 현재의 경제 위기

금융기관의 부실로 발생한 경제 위기는 가계 실질 소득의 감소 및 부채 조정에 따른 소비 감소와 불확실성 증가에 따른 투자 감소 등의 실물 부문의 충격은 물론, 화폐수요

증가 및 통화승수의 감소에 따른 화폐공급 감소라는 화폐 부문의 충격도 유발한다.

그런데 통화당국의 급격한 유동성 확대정책은 유동성 함정에 빠진 경제내에서 기대인플레이션을 유발시켜 피셔방정식에 따라 실질 이자율을 낮추는 효과를 가진다.

(명목이자율 = 실질이자율 + 기대인플레이션율) 이에 따라 투자 등의 증가로 총수요가 증가하여 대공황 때와는 달리 심각한 불황의 확산을 막고 불황의 극복을 기대할 수 있는 것이다.

Ⅲ. AD-AS 모형에 의한 도해

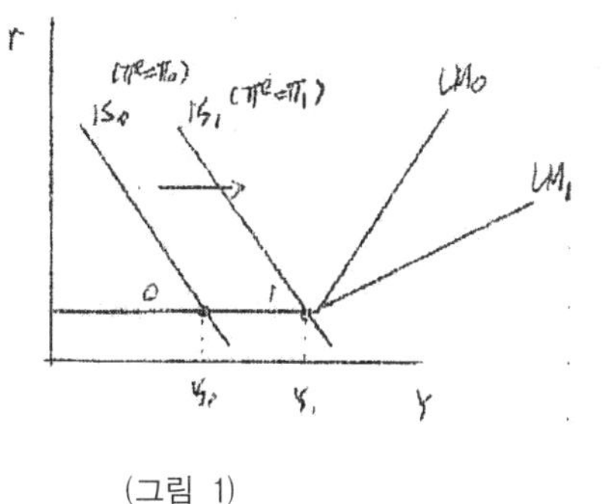

(그림 1)

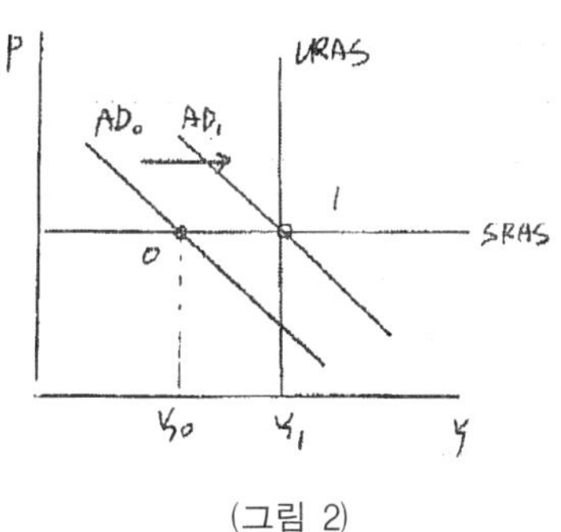

(그림 2)

지난 4월, G-20 정상의 런던 회담의 결과에서처럼 대규모 재정정책의 시행과 자유무역에의 신뢰는 IS 곡선을 우측으로 이동시키는 원인으로 작용할 수 있다. 그러나 과도한 정부 부채에의 우려 등으로 그 기제가 원활하게 작동하지 않을 수도 있는바, 의도적인 유동성 확대에 의한 기대인플레이션의 유발은 불황을 극복하는 결과를 가져올 수 있다.

고용률과 실업률, 고용보호제

행시 제54회(10년)

제53회 행정고시 재경직 합격 이 선 식

언론기사를 보면 "최근 OECD통계에 의하면, 우리나라의 실업률은 매우 낮은데도 불구하고 고용률이 높지 않고 오히려 매우 낮은 이상 현상"이 나타나고 있다고 보도하고 있다. 한편, 많은 경제학자들은 유럽이 높은 실업률을 겪고 있는 원인들 중의 하나로 엄격한 고용보호제를 들고 있다. 이에 따라 우리나라에서도 고용문제를 해결하는 방안의 하나로 엄격한 고용보호제를 완화해야 한다는 일부 주장들이 있다.

(단, 고용률(%) = (취업자수/생산가능인구)?100) (총 30점)

(1) 생산가능인구를 P, 경제활동인구를 L, 취업자수를 E, 실업자수를 U라고 할 때 고용률과 실업률의 관계식을 도출하고, 이에 근거하여 언론보도의 "이상 현상"을 설명하시오. (10점)

(2) 이론적으로나 경험적으로 엄격한 고용보호제가 실업률에 미치는 영향은 불확실하다. 그 이유는 무엇인가? (10점)

(3) 반면에 엄격한 고용보호제는 고용률을 감소시키는 것으로 나타나고 있다. 그 이유는 무엇인가? (10점)

C/O/N/T/E/N/T/S

Ⅰ. 설문 (1)문의 해결

1. 고용률과 실업률의 정의

$$고용률(e)=\frac{E}{P}=\frac{E}{L+L'} \quad (L'=비경제활동인구)$$

$$실업률(u)=\frac{U}{L}$$

2. 고용률과 실업률의 관계식 도출

$$e = \frac{E}{L+L'} = \frac{L-U}{L+L'}$$ 분자와 분모를 L로 나누어주면

$$e = \frac{1-\frac{U}{L}}{\frac{P}{L}} = \frac{1-u}{\frac{P}{L}} = (1-u)\frac{L}{P}$$

즉, 고용률은 (1-u) 와 L/P의 함수가 된다.

3. 설문의 '이상현상'의 분석

(1) 실업률과 고용률의 역관계 (-u)

일반적으로 위 관계식에서 보듯이 실업률과 고용률은 역의 관계를 갖는다.

(2) 생산가능인구 중 경제활동인구의 비율 (L/P)

하지만 실업률이 낮은 상태라도, 생산가능인구(P)에서 경제활동인구(L)의 비율이 낮아진다면 고용률이 하락할 수 있다. 즉 상대적으로 비경제활동인구(L′)의 비중이 늘어난다면, 실업률이 낮아도 고용률이 매우 낮을 수 있다.

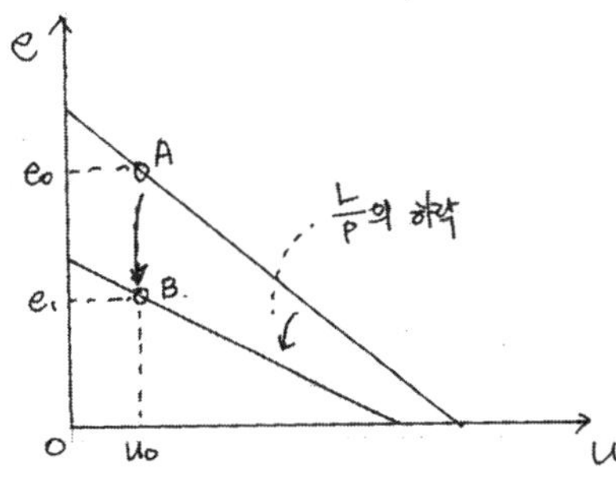

Ⅱ. 설문 (2)문의 해결

1. '엄격한 고용보호제'의 의미

엄격한 고용보호제란 노동자의 고용안정성을 위하여, 기업이 노동자를 마음대로 해고할 수 없도록 하는 제도를 의미한다. 반대로는 기업이 새로운 노동자를 고용할 수 없는 효과를 포함한다고 볼 수 있다.

2. 고용보호제가 실업률에 미치는 효과

(1) 실업자의 숫자 감소 (실업률의 감소요인)

고용보호제의 직접적인 효과로서 기업이 고용된 노동자를 해고할 수 없으므로 실업자의 숫자가 감소할 것이며, 이는 실업률의 하락 요인이 된다.

(2) 실업자의 실업기간 증가 (실업률의 증가요인)

고용보호제로 인해 기업이 신규노동자를 고용시키는 부담이 증가하게 되므로, 새롭게 고용을 늘리지 않아 낙인이론, 내부자-외부자이론에서 말하는 바와 같이 한번 실업하게 된 노동자는 장기간 실업상태에 놓이게 된다.

3. 고용보호제가 실업률에 미치는 영향이 불확실한 이유

위에서 분석한 바와 같이 실업자의 숫자가 감소하는 것은 실업률의 감소요인이 되지만, 한번 실업한 노동자는 재취업이 어렵게되므로 이는 실업률이 증가하는 요인이 된다. 즉 2가지 상충되는 효과로 인해 고용보호제도가 실업률에 미치는 전체적인 효과는 불확실하게 된다.

Ⅲ. 설문(3)문의 해결

1. 고용률과 실업률과의 관계

설문(1)에서 본 바와 같이 고용률과 실업률의 관계는 역관계가 성립하지만, 다른 방향의 효과가 나타나는 것은 생산가능인구 중 비경제활동인구의 비율(L/P)이 문제된다. 즉, 비경제활동인구(L′)가 고용보호제로 변화한다면, 고용보호제가 실업률에 미치는 영향은 불확실하지만, 고용률은 감소할 수 있다.

2. 고용보호제도로 고용률이 감소하는 이유

(1) 취업준비기간의 증가

취업을 준비하는 기간으로서 학업을 하는 학생은 실업자가 아니라 비경제활동인구에 포함된다. 즉 고용보호제가 있는 상황에서는 재취업이 어려우므로, 첫 취업을 안정적이며 좋은 직장을 가지려고 노력하므로 취업준비기간이 늘어나 비경제활동인구의 비율이 증가해 고용률이 감소할 수 있다.

(2) 여성 및 고령자의 가사종사비율 증가

고용보호제도로 가계에서 2차 노동자라고 할 수 있는 여성 및 고령자의 재취업이 어려워진다면, 가정의 가사일에 이들이 종사할 수 있게 되며, 이러한 경우 사실상 취업을 못해 가사일을 하더라도 비경제활동인구로 분류되어 고용률은 하락할 수 있다.

(3) 취업실패 및 장기간 실업으로 실망실업자의 증가

취업에 실패하거나 장기간 실업상태에 있는 경우, 구직 자체를 포기하는 실망실업자가 될 수 있으며, 이러한 경우에는 실업자가 아닌 비경제활동인구로 분류되어 고용률은 하락할 수 있다.

고용률과 실업률

행시 재경직 제57회(13년)

제56회 행정고시 재경직 합격 김 0 0

이론적으로 고용률이 높은 국가는 실업률이 낮고, 고용률이 낮은 국가는 실업률이 높다. 그런데, 우리나라의 실업률과 고용률은 모두 다른 OECD 국가에 비해 상대적으로 낮다. 이러한 현상이 나타나는 주요한 원인은 무엇인지 기술하시오. (15점)

C/O/N/T/E/N/T/S

Ⅰ. 용어의 정의

1. 생산가능인구

생산활동이 가능한 인구로 15세 이상 65세 미만의 인구를 생산가능인구로 본다. 생산가능인구는 다시 경제활동인구와 비경제활동으로 나뉜다.

2. 경제활동인구

생산가능인구 중에서 경제활동을 할 능력이나 의사가 있는 인구를 말한다. 경제활동인구는 취업자와 실업자로 나뉜다.

3. 비경제활동인구

생산활동 인구 중에서 경제활동을 할 능력이나 의사가 없는 인구를 말한다. 여기에는 주부, 학생, 군인 등을 비롯하여 구직활동을 포기한 실망실업자도 포함된다.

4. 고용률

생산가능인구 중에서 취업자의 상대적인 비율을 나타내는 지표

5. 실업률

경제활동인구 중에서 실업자의 상대적인 비율을 나타내는 지표

Ⅱ. 고용률과 실업률의 관계

1. 수식의 표현

$$\begin{aligned} \text{고용률} &= \frac{\text{취업자}}{\text{생산가능인구}} \\ &= \frac{\text{취업자}}{\text{경제활동인구}} \times \left(\frac{\text{경제활동인구}}{\text{생산가능인구}}\right) \\ &= (1-\text{실업률}) \times (\text{경제활동참가율}) \\ &= \sum_i (i\,\text{집단의 고용률}) \times (i\,\text{집단의 인구비율}) \end{aligned}$$

여기서 경제활동참가율은 전체 생산가능인구 중에서 경제활동인구가 차지하는 비율을 나타낸다.

2. 이론적인 관계

경제활동참가율이 일정한 것으로 가정하면 설문과 같이 고용률이 높은 경우에는 실업률이 낮고, 고용률이 낮은 경우에는 실업률이 높아진다.

3. 우리나라의 경우

우리나라는 고용률과 실업률이 모두 낮은데, 이는 낮은 실업률을 기록함과 동시에 낮은 경제활동참가율을 보이면 고용률과 실업률의 관계에 있어 낮은 고용률을 달성할 수 있게 된다. 즉, 우리나라의 낮은 경제활동참가율이 설문의 현상에 대한 원인이 된다.

Ⅲ. 낮은 경제활동참가율의 원인

1. 청년층의 긴 구직활동기간

미시적 관점에서 기업은 구직자에 대한 정보를 알지 못하므로 선별과정을 통해 구직자의 능력을 판단해야 한다. 그런데 우리나라는 기업이 구직자를 선별하는 과정에서 졸업자와 졸업예정자에 대해 차별을 두고 있다. 직장을 갖지 못한 채 졸업하는 구직자는 낮은 생산성을 갖고 있다고 판단하기 때문이다. 이는 구직자들이 계속 학생으로 남고자 하는 유인으로 작용해 비경제활동인구의 비율을 상대적으로 높이고 결과적으로 경제활동참가율을 낮춘다.

2. 노년층의 급격한 증가

우리나라는 다른 나라들에 비해 노령화가 빠르게 진행되는 국가이다. 일반적으로 노년층의 경우에는 경제활동참가율이 다른 연령층에 비해 낮다. 그러므로 고령화가 현재의 추세로 진행된다면 경제 전반의 경제활동참가율은 낮아지게 되어 고용률 또한 하락하게 된다.

3. 여성의 낮은 경제활동참가율

2011년을 기준으로 우리나라 여성의 경제활동참가율은 OECD 전체 34개 국가 중 30위를 기록하고 있다. 이는 주로 출산과 육아문제에 기인하며 그 결과 경제 전체의 고용률을 낮추게 된다.

Ⅳ. 결 론

우리나라에서 낮은 실업률과 낮은 고용률이 동시에 관측되는 이유는 ① 청년층의 경제활동참가율이 하락하고, ② 고령화에 따른 노년층의 상대적인 증가 및 ③ 여성인구의 경제활동율이 낮은 것으로 인해 경제 전체의 경체활동참가율이 하락하기 때문이다.

교/수/강/평

김 윤 영(단국대학교 경제학부 교수)

모범 답안이 고용률과 실업률의 정의에 따라 제시하였듯이 고용률이 실업률과 근본적으로 다른 점은 경제활동 참가율에 의존한다는 점이다. 이는 실업률이 구직능력이나 의사 등이 있는 인구를 대상으로 작성되는 반면 고용률의 경우 이보다 광의의 생산가능 인구를 대상으로 작성된다는 점에서 통계의 자의성이 배제되는 장점이 있다. 이에 따라 고용률과 실업률의 차이는 비경제활동인구의 상대적 규모에서 발생한다. 낮은 고용률에 대한 모범 답안의 원인과 함께 직장에서의 조기 퇴직 또한 주요한 요인으로 고려하여야 할 것으로 판단된다.

실업률과 노동시장

제53회 행정고시 재경직 합격 노 경 민

현재 우리나라의 고용사정은 상당히 악화되어 있음에도 실업률은 선진국에 비해 상당히 낮게 나타나는 편이다. 이러한 결과가 나타나는 원인을 설명해 보아라.(10점)

C/O/N/T/E/N/T/S

Ⅰ. 통계상의 원인

1. 관대한 취업자 기준

일반적으로 조사대상주간에 1시간만 일해도 실업 통계 측정 상 취업자로 간주하고 있다. 또한 무급 가족 종사자의 경우도 취업자로 취급하고 있고, 비정규직이나 임시직과 같은 고용의 질적 요인에 대한 고려 없이 통계를 내기 때문에 실제 체감하는 것보다 통계상으로 실업률이 낮게 나타날 수 있다.

2. 실망 실업자 문제

실망 실업자는 직장을 찾으려는 의도를 가지고 노력하였으나 실패하여 구직활동을 포기한 사람을 의미한다. 이는 분명히 일자리가 없는 사람임에도 실업자로 분류되지 않는다. 또한 심리적 요인에 의해 변동이 심한 비경제활동인구 비율 변화에 따라 실업률 통계가 변화한다는 문제점도 있다.

Ⅱ. 우리나라 고용구조상의 원인

1. 높은 자영업자, 농림어업 부문 취업자 비율

우리나라는 선진국에 비해 상대적으로 자영업주 및 농림어업부문 취업자 비율이 높은 특징이 있다. 따라서 고용의 질적인 측면에서 취약하고, 계절 및 경기의 영향을 많이 받게 된다. 따라서 체감 실업률보다 통계상으로 실업률이 낮게 나타날 수 있다.

2. 실업 관련 제도의 미비

우리나라의 경우 실업보험 등 사회보장제도가 선진국에 비해 아직은 미약하고 직업교육 및 직업알선기관도 발달되어 있지 않기 때문에 근로자들은 가급적 이직을 피하고 현재의 직장에 계속 근무하려 한다. 따라서 실업률이 낮게 나타날 수 있다.

3. 낮은 경제활동 참가율

우리나라는 선진국에 비해 사회문화적 요인으로 인해 여성 계층과 노년층의 경제활동 참가율이 낮게 나타난다. 또한 학생들의 학업기간 연장과 군복무 등으로 상대적으로 경제 활동 참가 시기가 늦어지는 특징이 있다. 이렇게 실제 직업을 갖지 않은 많은 사람들이 비경제활동인구로 분류되어 실업 통계에서 제외된다.

최적정책의 비일관성

제48회 행정고시 재경직 합격 이 한 샘

한 경제의 정부의 손실함수와 기대가 부가된 필립스 곡선이 다음과 같다.

$u = u_{NR} - \alpha(\pi - \pi^e)$, $L(u, \pi) = u^2 + \pi^2$

단, u_{NR}은 자연실업률, π^e는 기대인플레이션

(1) 통화당국이 인플레이션을 줄이려고 하고 있다. 최적준칙균형과 최적재량균형을 구하라.(10점)

(2) 신뢰성의 관점에서 어떤 균형이 우월한가.(10점)

(3) 통화당국이 균형재정준칙을 고수하는 경우 예측되는 부작용을 말하라.(10점)

C/O/N/T/E/N/T/S

Ⅰ. 경제정책에 있어서의 준칙과 재량

준칙에 의한 정책이란 일정한 목표를 설정, 공표한 후 이를 지켜나가는 정책을 말한다. 반면 재량에 의한 정책은 각 시점의 상황에 따라 최적상태를 달성하는 정책을 뜻한다. 이하에서는 합리적 기대가설 하에서 통화정책의 재량과 준칙을 검토해 본다.

Ⅱ. 설문 (1)의 해결

1. 분석을 위한 전제

민간 경제주체는 합리적 기대를 통해 체계적 오차를 범하지 않는다. 이 경제의 필립스 곡선은 $u = u^N - \alpha(\pi - \pi^e)$으로 주어져 있고 통화정책 당국의 손실함수는 $L(u, \pi) = u^2 + \pi^2$로 설정된다.

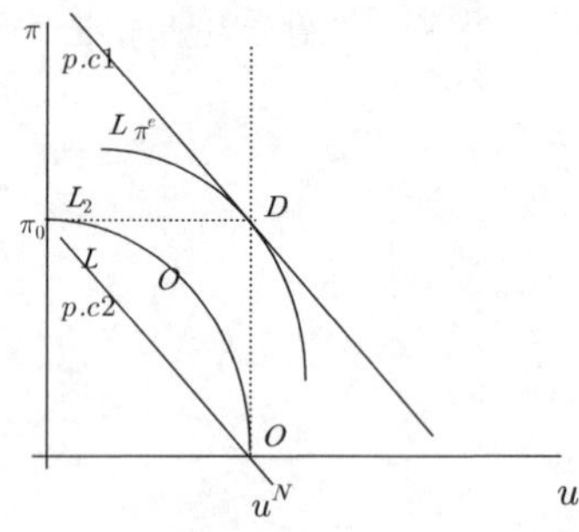

$p.c$: 필립스 곡선

L : 손실함수

$p.c1 \rightarrow p.c2$ $L_1 \rightarrow L_2$

2. 준칙에 의한 정책의 결과

통화당국이 인플레이션을 하락시키기 위해 긴축정책을 발표하는 경우 합리적 기대 하에서 민간은 기대를 조정한다. 기대 인플레이션이 하락함에 따라 필립스곡선이 아래로 이동한다. 인플레이션은 0으로 하락하고 자연실업률이 달성되는 0에 도달한다. 이 때 정부의 손실함수 L은 O를 지난다.

3. 재량에 의한 정책의 결과

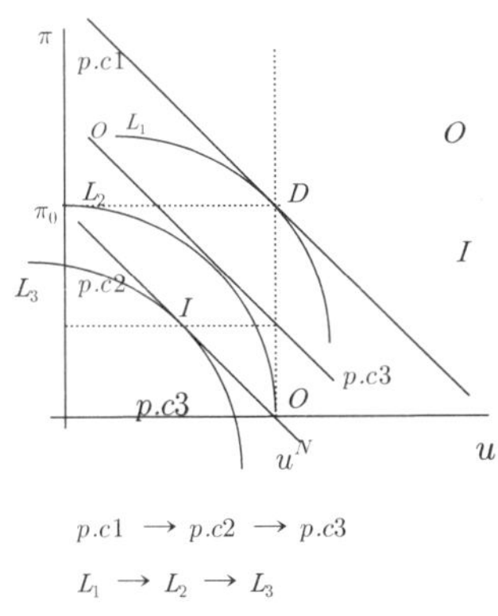

재량 정책을 사용하는 경우에도 긴축정책을 발표하는 경우 필립스 곡선이 하방이동하고 경제는 O에 도달한다. 그러나 0점에서는 주어진 제약인 필립스 곡선 하에서 손실이 최소화되지 않는다.

$Min L(u, \pi) = u^2 + \pi^2 s.t$

$u = u^N - \alpha(\pi - \pi^e)$를 충족하기 위해서는 필립스 곡선과 손실함수가 접하는 에 도달하여야 한다. 정부는 손실을 최소화하기 위해 팽창정책의 유인을 가지는 것이다. 한편 민간의 경제주체 역시 정부의 유인을 알게 되므로 인플레이션을 예상하고 기대인플레이션이 증가하면서 필립스 곡선은 상방이동한다. 이 때의 필립스 곡선 p.c3를 제약으로 하여 통화당국이 손실 최소화를 위해 팽창정책을 사용하는 경우 필립스 곡선은 또다시 상방이동한다. 이러한 과정을 거쳐 경제는 다시 최초의 D에 도달한다.

Ⅲ. 설문 (2)의 해결

1. 동태적 비일관성 (dynamic/time inconsistency)

경제상황에 따라 정부가 경제주체의 기대형성에 영향을 주기위해 사전에 정부의 정책목표를 발표한다. 하지만 민간은 발표될 정책이 시행될 것을 기대에 반영하여 새로운 의사결정을 선택하고 이 경우 발표된 정책은 새로운 경제상황에서 최적이 아닐 수 있다. 정부는 새로운 상황 하에서 최적정책을 시행할 유인을 가진다. 하지만 발표된 정책과 다른 정책을 시행하는 경우 민간의 신뢰성(credibility)를 훼손할 가능성이 크다. 정부에 대한 신뢰성이 감소하면 결과적으로 정부와 민간이 분리되어 정책의 효과가 전혀 나타나지 않는 문제점이 우려된다.

2. 준칙균형과 재량균형의 비교

설문 (1)의 논의에서 보듯이 준칙에 의한 경우 경제는 O에 도달하고 재량에 의한 경우 경제는 D에 머문다. O와 D를 비교한다면 두 상태의 실업률은 자연실업률로서 동일하지만 인플레이션은 O의 경우가 낮다. 재량에 의한 정책을 시행할 때 민간은 정부를 불신하고 결국 D에 고정됨으로써 정책의 효과를 전혀 기대할 수 없게 된다. 신뢰성의 관점에서 준칙에 의한 균형이 재량에 의한 균형이 보다 우월하다고 볼 수 있다.

Ⅳ. 설문 (3)의 해결

이상의 논의는 새고전학파의 합리적 기대가설에 따른 결과이다. 즉 기대의 즉각적인 반영이 이루어지고 각 변수의 신축적인 변동이 가능한 경우에는 신뢰성의 관점에서 준칙균형이 보다 우월하다는 결론을 내릴 수 있는 것이다. 하지만 준칙만 강조하는 경우 정책당국은 단기적인 경기조절에 어려움을 겪을 수 있다. 대공황 당시 미행정부가 지속적으로 지킨 중립적인 재정은 대공황을 보다 심화시킨 측면이 있다. 준칙의 강조는 정책수단을 감소시켜 경제상황 변화에 적절한 대응을 어렵게 할 수 있다.

제4장 거시경제의 일반균형과 거시경제정책(학파별 비교)

기 출

금리인하가 경기호전을 가져올 수 있다는 이론적 근거

황 종 휴 강사

행시 제47회(03년)

현재 우리나라의 경기상황과 관련하여 추가적 금리인하가 필요하다는 주장이 있다. 이처럼 금리인하가 경기의 호전을 가져올 수 있다는 주장은 어떤 경제이론들을 그 근거로 삼고 있는가?(30점)

C/O/N/T/E/N/T/S

Ⅰ. 서

현재 미국을 비롯한 선진국들은 자국의 경기부양을 위해 추가적 금리인하 정책을 시도하고 있으며, 우리나라도 이와 마찬가지로 추가적 금리인하를 통한 경기부양 정책을 검토하고 있다. 금리인하를 통한 경기 부양의 이론적 근거는 다음과 같다.

Ⅱ. 소비(C)의 진작

1. 시점간 소비모형의 설명

금리인하시 대부자의 경우 대체효과가 소득효과보다 크다면 현재소비를 증가시키며, 차입자의 경우 대체효과와 소득효과 모두 현재소비를 증가시킨다.

2. 부(wealht)의 효과

채권 보유자의 경우 금리 인하는 채권가격 상승으로 연결되어 자신의 부 증가를 인식할 것이고, 이는 소비증가로 나타날 수 있다. 또한 금리인하로 인하여 시중 자금이 주식 시장으로 이동한 결과 주가상승이 나타날 경우 주식 보유자의 부가 증가하여 소비 증가로 연결될 수 있다.

Ⅲ. 투자(I)의 증가

1. 금융비용의 감소

시중금리가 하락되는 경우 기업이 회사채 발행을 통하여 자금을 조달하거나 은행으로부터의 대출을 통하여 자금을 조달하는 경우에 금융비용이 감소하게되고, 이에 따라 기업으로의 순 현금 유입이 증가하여 투자가 진작될 수 있다.

2. 재무제표상의 부채규모 감소

금리인하시 실질(순) 채무 규모가 감소하게 되며, 이것이 기업의 재무제표(특히, 대차대조표)에 반영될 경우 신용경로에서 주장하는 것 처럼 기업으로의 자금유입이 증가하여 투자가 진작될 수 있다.

3. 토빈의 q 상승

금리인하에 따라 주가가 상승하고, 이 결과 토빈의 q가 상승하면 기업의 투자규모가 증가할 수 있다.

Ⅳ. 순수출의 증가

국내금리 인하에 따라 자본의 유출이 발생하고, 이로 인하여 환율이 상승하는 J curve effect가 나타나지 않는 한 순수출이 이전보다 증가하여 경기 호전에 기여할 수 있다.

단기총공급 곡선과 통화정책의 효과

행시 제48회(04년)

김 진 욱 강사

R. lucas 등 새고전학파의 이론을 이용하여 (1) 단기총공급 곡선이 우상향하는 이유를 설명하고, (2) 통화정책의 효과를 분석하라. (30점)

C/O/N/T/E/N/T/S

Ⅰ. 설문(1)의 해결

1. 루카스 공급곡선의 의미

Lucas이전의 총공급곡선은 Keynes의 견해를 받아들여 명목임금의 경직성이나 노동자들의 비합리적인 화폐환상 등에 근거하여 노동공급곡선을 도출하였다. 그러나 Lucas는 비록 가격변수가 신축적으로 조정되고 경제주체들이 모두 합리적인 기대를 가졌다고 하더라도 정보의 불완전성으로 인해 단기총공급곡선의 우상향할 수 있음을 보인 점에 그 의미가 있다고 하겠다.

2. Lucas 공급곡선의 형태

(1) 수식

$$Y = Y_n + r\Theta(P - P^e)$$

$$P^e = E[P_t/\Omega_{t-1}]$$

(2) 형태 : 그래프

즉, Lucas 총공급곡선은 우상향하며, Y_N, P^e의 변화에 의해 이동하게 된다.(단 $\alpha = r\Theta$)

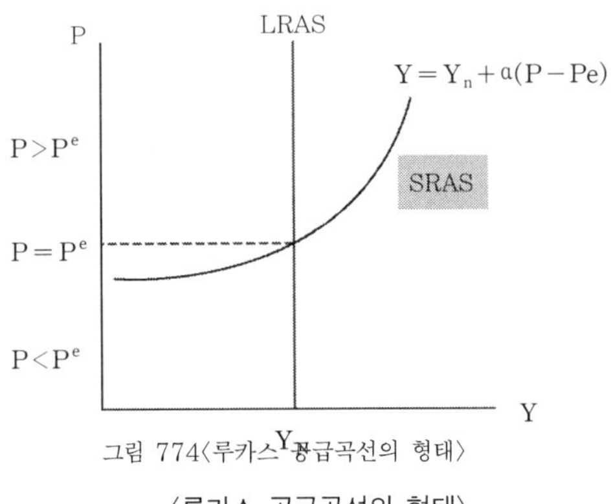

그림 774〈루카스 공급곡선의 형태〉

〈루카스 공급곡선의 형태〉

3. Lucas 공급곡선의 도출 : 루카스 섬모형(Island model)

(1) 가정

- 각 섬의 주인은 합리적으로 기대하며 판단한다.
- 각 섬의 주인은 자신이 생산하는 재화의 가격을 알고 있다.
- 각 섬의 주인은 전체 물가에 대해서는 정확히 알고 있지 못하다.
- 기업의 일반물가의 상승에 대해서는 산출량을 증대시키지 않으며, 예상된 재화의 상대가격의 변화에 의해서만 산출량을 증가시킨다.

(2) 물가상승의 효과

합리적인 섬 주인들은 일반물가상승에 대해서는 산출량을 조정하지 않는다. 하지만 정보가 불완전한 경우 물가상승이 발생하는 경우, 섬 주인들은 이러한 물가의 변화가 전체물가의 상승인지 자신이 생산하는 재화의 상대가격의 변화인지 판단할 수가 없다.

따라서 비록 신축적인 가격 하에서 합리적으로 기대하는 경제주체들을 가정하더라도 불완전정보 하에서는 일반물가 상승 시 이중 일부를 상대가격의 변화로 착각하게 되어, 산출량을 증가시키게 된다. 위 식에서는 예상된 상대가격변화에 대해 산출량이 변화하는 정도를 나타내는 행태 파라미터 이며, $\Theta = \frac{\tau^2}{\delta^2 + \tau^2}$는 기대조정변수로서, τ^2는 자신의 섬에만 미치는 충격의 분산을 의미하며, δ^2는 경제전체에 미치는 충격의 분산을 의미한다.

Ⅱ. 설문 (2)의 해결

1. 루카스 비판과 정책 무력성의 명제

루카스 공급곡선과 루카스비판(Lucas critique)은 개인의 최적화행위와 합리적인 기대에 근거하지 않은 기존의 케인지안 모형의 예측력이 떨어지며, 정책은 의도한 효과를 거두지 못한다고 주장하였다(policy ineffective theorem).

2. 예상된 정책의 경우

정부의 통화정책이 예상된 경우 민간경제주체는 이를 기대(expectation)에 반영시켜 SRAS를 상방이동시키고 산출수준은 Y_N에서 불변이며, 물가만 상승 $(P_1 \rightarrow P_3)$한다. 즉 예상된 통화정책은 무력하며 화폐는 중립적이다.

3. 예측하지 못한 정책의 경우

(1) 단기의 평가

예상치 못한 정책의 경우 통화정책이 실시되어 총수요곡선이 이동하였는데도 불구하고 민간은 이를 자신의 기대에 반영하지 못하므로 총공급곡선을 이동시키지 않는다. 이러한 경우 정책은 단기적으로 효과를 가질 수 있으나 ($P_1 \to P_2$, $Y_N \to Y_Z$), 이러한 효과는 물가인식의 오류 즉 착각에 근거한 것이므로 비효율성과 경기변동을 유발한다.

(2) 장기의 평가

비록 단기에 효과가 있는 정책이라 하더라도 민간의 기대가 조정되는 장기에 이르러서는 다시 아무런 효과를 거둘 수 없게 된다.

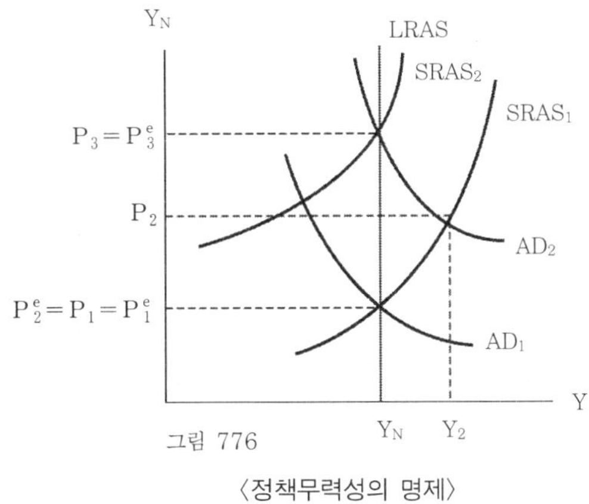

그림 776

〈정책무력성의 명제〉

4. 루카스 비판의 통화정책의 운영에 대한 시사점

루카스는 실증연구를 통하여 '총수요 또는 물가의 변동폭이 큰 국가일수록 총공급곡선의 기울기가 가팔라진다'라는 사실을 입증하였다. 이는 통화정책에 있어서 재량정책을 남발하였던 국가일수록 총공급곡선의 기울기가 가팔라짐을 의미한다. 즉 이러한 주장은 재량정책의 남발은 점차 그 효과를 떨어뜨릴 뿐만 아니라 정책이 효과를 거두는 경우라 하더라도 경제주체들의 착각을 유발한 것이므로 반드시 바람직하다고 평가할 수 없다. 따라서 재량적인 통화정책을 수행하는 것 보다는 준칙에 의한 정책을 채택함으로써 더 높은 사회후생을 이끌어 낼 수 있을 것이라 주장한다.

Ⅲ. Lucas공급곡선과 정책무력성 명제에 대한 비판

Lucas는 합리적 기대하에 불완전정보에 근거하여 시장청산의 가정하에서도 우상향하는 총공급곡선이 도출될 수 있음을 증명하였으며 예측된 정책에 대해서는 정책무력성의 명제가 성립되게 된다. 이에 대해 새케인즈학파들은 비록 정책이 예측되었다 하더라도 단기적으로 가격이 경직적인 기간에는 정책이 효과를 가지고 경기변동의 원인이 될 수 있음을 지적한다. 또한 루카스가 발견한 총수요의 변동성과 총공급곡선의 기울기에 대한 실증조사 결과 역시 새케인지안의 가격경직성 모형 내에서 충분히 설명될 수 있다고 주장한다.

확장적 통화정책

행시 제49회(05년)

제48회 행정고시 재경직 합격 이 한 샘

경기부양을 위해 한국은행이 확장적 통화정책(expansionary monetary policy)을 시행한다고 하자. (단, 폐쇄경제를 가정하자.) (총 40점)

(1) 이 정책이 소득, 고용, 이자율, 물가 등에 미치는 효과를 설명하라. (10점)

(2) 전통적인 전달경로인 통화중시 견해(money view)와 신용중시 견해(credit view)를 비교하라. (10점)

(3) 이 정책의 효과가 산업별, 기업규모별로 다르게 나타날 가능성에 대해 설명하라. (10점)

(4) 이 정책이 기업투자를 증가시키지 못할 가능성에 대해 설명하라. (10점)

C/O/N/T/E/N/T/S

Ⅰ. 분석의 전제
Ⅱ. 설문 (1)의 해결
1. 이자율의 변화
2. 소득 및 물가의 변화
3. 고용의 변화
4. 종합
Ⅲ. 설문 (2)의 해결
1. 통화중시 견해와 신용중시 견해의 개념
2. 두 견해의 비교
Ⅳ. 설문 (3)의 해결
1. 기업의 투자재원 확보수단
2. 산업별 차이
3. 기업규모별 차이
Ⅴ. 설문 (4)의 해결
1. Keynes학파의 비판
2. 신용중시 견해의 경우
3. 투자옵션모형의 경우
4. 한국적 상황에서의 고찰

Ⅰ. 분석의 전제

통화정책이란 경기조절을 위해 통화량 또는 이자율을 조절하는 수단으로 설문에서는 경기부양을 위해 확장적 정책을 고려하고 있다. 이의 분석을 위해 폐쇄경제를 가정한 IS-LM모형과 기대를 고려한 우상향의 AS곡선을 포함하는 AD-AS모형을 도입한다.

Ⅱ. 설문 (1)의 해결

1. 이자율의 변화

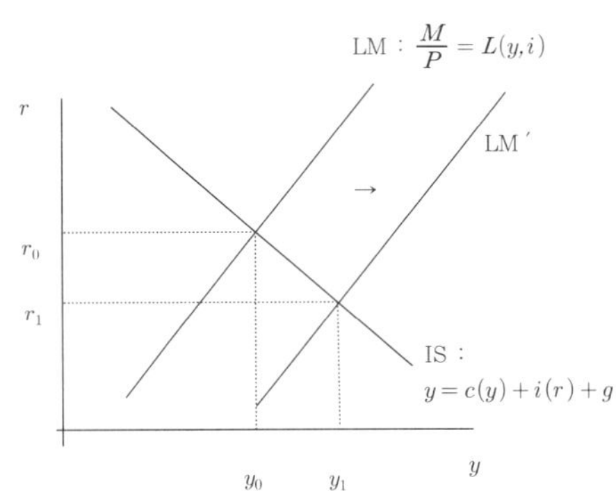

통화공급을 증가시키는 경우 LM곡선이 우측이동하고 화폐의 초과공급으로 이자율이 하락한다.

2. 소득 및 물가의 변화

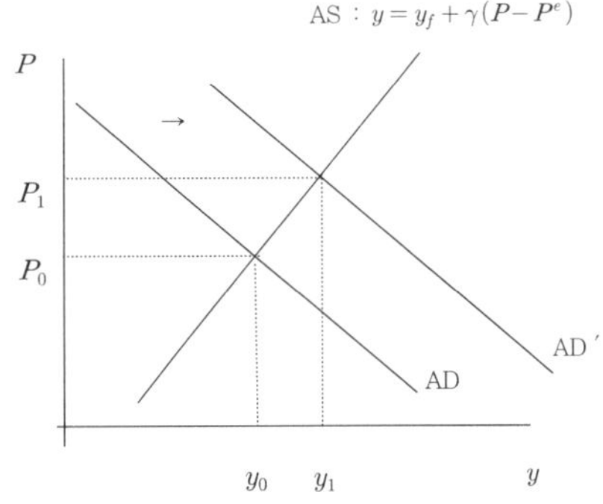

확장적 통화정책으로 인해 총수요가 증가하여 AD곡선이 우상향 이동하고 물가는 상승하고 소득은 증가한다.

3. 고용의 변화

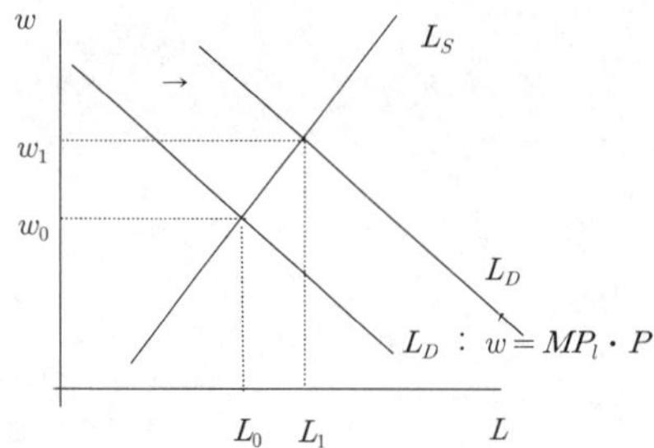

이자율이 하락하여 기업이 투자를 증가시키는 경우 자본의 증가로 노동의 한계생산성이 증가하고 기업의 노동수요가 증가하여 고용량이 증가한다.

4. 종합

확장적 통화정책을 사용하는 경우 단기적으로 소득의 증가, 고용의 확대, 이자율의 하락, 물가의 상승이 예상된다. 단, 장기에는 화폐의 중립성으로 인해 물가만이 상승한다.

Ⅲ. 설문 (2)의 해결

1. 통화중시 견해와 신용중시 견해의 개념

통화정책에 있어 통화중시 견해는 통화량 변화에 따라 이자율이 변하고 소비, 투자가 변하는 것으로 보며, 신용중시 견해는 전통적 전달경로를 부정하고 대출과 가격 경직성을 고려하여 신용공급이 소비와 투자에 영향을 미치는 것으로 본다.

2. 두 견해의 비교

(1) 가정의 비교

통화중시 견해에서는 자산 간의 대체효과가 크다고 보며 정보의 비대칭성을 고려하지 않는 반면, 신용중시 견해에서는 자산 간의 대체관계가 약하다고 보며 정보의 비대칭성과 그로 인한 이자율의 경직성을 전제한다.

(2) 전달경로의 비교

통화중시 견해에서는 통화정책의 전달경로를 은행 대출을 중시하여 '통화량 증가 → 단기채권 수요 증가, 가격 상승 → 장기채권 수요증가 → 이자율 하락 → 투자와 소비 증가'라고 본다. 신용중시 견해에서는 은행 자산인 대출을 중시하여 '통화량 증가 → 신용공급(대출) 증가 → 투자와 소비 증가'로 제시한다.

(3) 정책의 효과 비교

통화중시 견해에서는 확장적 통화정책을 사용하는 경우 이자율하락으로 투자, 소비가 증가하고 소득이 증가하게 된다. 하지만 신용중시 견해에 따르면 통화량이 증가하더라도 경기침체시 은행이 대출심사를 엄격히 하고 신용이 경색된다면 신용공급의 증가가 이루어지지 않아 투자와 소비와 연결되지 않을 수도 있다. 통화중시 견해에서 주장하는 경기부양 효과가 일어나지 않을 수 있다는 것이다.

Ⅳ. 설문 (3)의 해결

1. 기업의 투자재원 확보수단

기업은 새로운 설비투자를 위해 보유현금을 활용할 수 있지만, 주식 또는 채권시장에서 직접 자금을 조달하거나 은행권을 통해 간접적으로 조달하는 것이 일반적이다. 실제로 투자의 가능성은 자금 조달과 관련이 깊고, 확장적 통화정책이 시행되더라도 투자재원 확보의 용이에 따라 산업별, 기업규모별로 효과는 다르게 나타날 가능성이 존재한다.

2. 산업별 차이

기업이 주식이나 채권을 발행하는 경우 투자자는 해당 기업에의 투자에 따른 위험을 판단한다. 이 때 투자자는 투자판단을 위하여 과거의 실적이나 미래의 전망 등을 고려할 것이다. 한편 기업이 은행 대출을 받으려 하는 경우에도 신용중시 견해에서 알 수 있듯이 은행은 대출심사를 하게 되며 여기에는 재무건전성, 영업실적 등을 고려한다. 따라서 경기변동에 민감하거나 사양산업보다는 안정적인 산업, 첨단 산업이 자금 조달 측면에서 유리할 것으로 보이며 통화정책의 효과도 크게 나타날 것이다.

3. 기업규모별 차이

정보의 비대칭성이 존재하는 경우에는 기업의 규모 역시 판단요소가 된다. 대기업의 규모 자체가 하나의 signal로 작용해 유리할 수 있다. 현실적으로 채권시장에서 채권발행이 대기업에 집중되고 기관 투자자가 대기업의 채권을 선호한다거나, 중소기업은 단독발행보다 CBO를 통해서 발행한다는 점, 중소기업의 은행대출이 상대적으로 어렵다는 사실이 이를 설명해준다. 통화정책의 효과는 직·간접 금융시장에의 접근이 용이한 대기업에 보다 크게 나타날 것이다.

V. 설문 (4)의 해결

1. Keynes학파의 비판

Keynes는 통화량을 증가시키더라도 유동성 함정(liquiduty trap)에 빠져 있는 경우 이자율 하락효과가 미미할 것이라고 보았고, 이자율이 하락하더라도 기업의 투자는 기업가의 animal spirit에 영향을 받아 탄력적이지 않을 수 있다고 하였다.

2. 신용중시 견해의 경우

위에서와 같이 신용중시 견해에서는 통화량이 증가하더라도 경제가 신용경색에 빠져 있는 경우 투자의 증가는 어려울 것으로 본다. 특히 경제의 불확실성이나 경기불황이 예상되는 경우 은행권이 대출에 소극적으로 되는 경우 심해진다.

3. 투자옵션모형의 경우

투자옵션모형은 기업의 투자에 있어 금융의 옵션모형을 도입하여 불확실성을 고려하였다, 미래 경기에 대한 예상이 불확실성 증가가 예상되는 경우 투자가능이윤이 상승하여 투자가 어렵다고 본다.

4. 한국적 상황에서의 고찰

현재 한국은 수개월째 기준금리인 콜금리가 3.25%로 최저수준이 지속되고 있지만 실물투자는 증가하지 못하고 있는 상황이다. 정책의 불확실성 및 경기침체의 장기화 예상 등이 기업 투자심리를 위축시키고 있다. 한편 IMF 이후 은행권에서는 기업금융보다 소비금융의 비중을 높이고 있으며 직접 금융시장인 채권 및 주식시장이 활성화되고 있지만 그 혜택은 주로 일부 대기업에 국한되고 있다. 경제환경, 경제주체의 기대, 심리 등을 고려하지 않은 단순한 통화정책으로는 기업투자를 증가시키는데 한계가 존재한다.

고전학파와 케인즈학파의 기본가정, 확대재정정책, 소득세누진율의 경제적 효과

행시 제50회(06년)

제49회 행정고시 재경직 합격 강 욱

거시경제현상을 보는 시각은 고전학파와 케인즈학파로 나눌 수 있다. 그러나 기존의 IS-LM 분석틀은 특정적(ad-hoc)이라는 비판을 받고 있다. 최근의 새고전학파와 새케인즈학파는 이러한 비판을 극복하는 새로운 연구방법으로 미시적 기초를 둔 일반균형적 접근방법(AD-AS 모형)을 제시하고 있다. 이러한 분석틀을 염두에 두고 다음 물음에 답하시오. (총 40점)

(1) 거시경제를 분석하는 모형설정에 있어서 고전학파와 케인즈학파의 기본가정의 차이를 설명하시오. (10점)

(2) 확대재정정책이 소득, 물가, 이자율, 고용에 미치는 효과를 IS-LM모형과 일반균형모형으로 분석하고 양자의 차이를 비교 설명하시오. (20점)

(3) 최근 한국경제에서 증세에 대한 논의가 활발히 이루어지고 있다. 만약 정부가 소득세 누진율을 상승시키기로 했다면 어떠한 경제적 효과를 예상할 수 있겠는가? 케인즈학파와 공급중시 경제학파 간의 견해 차이를 비교 설명하시오. (10점)

C/O/N/T/E/N/T/S

Ⅰ. 서

Ⅱ. 설문 (1)에 관하여

1. 모형적 차이

2. 가정의 차이

(1) 가격경직성의 차이

고전학파의 경우는 가격이 신축적으로 반응하여 시장이 청산된다고 본다. 하지만 케인즈학파의 경우 장기에는 신축적일지 모르나 단기에는 경직적이라고 보고 심지어는 완전 경직적이라고 본다. 따라서 정책수단을 썼을 경우 가정이 다르므로 도출되는 결과도 다르게 된다.

(2) 경제의 결정요인

고전학파의 경우는 시장이 가격과 임금의 신축성에 의해서 청산되기 때문에 공급이 국민소득을 결정하는 결정적인 요인이 된다. 하지만 케인즈 학파의 경우에는 임금과 가격의 경직성으로 인하여 시장이 청산되지 않는다. 따라서 유효수요가 중요하게 되고 수요가 국민경제를 결정하는 가장 중요한 요인이 된다.

(3) 이분법의 가정

고전학파의 경우는 화폐시장과 실물시장을 완전히 구분하여 화폐 공급의 증가는 물가만을 상승시키고 실물부문에 영향을 미치지 않는다. 하지만 케인즈학파의 경우는 명목변수의 변화가 실질변수에 영향을 줄 수 있다고 보는데 화폐 공급의 증가는 명목이자율의 변화를 가져와 투자를 변화시키고 이는 국민소득에 영향을 미치게 된다.

(4) 투자함수

케인즈의 경우 투자는 기업가의 야성적 충동에 영향을 받아서 이자율에 민감하지 않는 것으로 본다. 하지만 고전학파는 투자가 이자율에 크게 영향을 받는다고 본다. 따라서 케인즈학파의 경우는 IS곡선이 거의 수직에 가깝지만 고전학파는 IS 곡선이 완만한 모습을 보인다.

(5) 화폐수요

케인즈는 이자율에 따라서 투기적 화폐 수요가 크게 변동한다고 보지만 고전학파는 이자율에 따른 화폐수요의 변화는 거의 없다고 본다. 따라서 케인즈 학파의 경우는 완만한 LM 곡선을 상정하는 데 반해 고전학파는 거의 수직인 LM 곡선을 가정한다.

(6) 정책의 효과

케인즈 학파의 경우 재정정책이 유효수요를 늘이는 적절한 수단이나 화폐금융정책은 투자의 이자율 비탄력성으로 인하여 거의 효과가 없게 된다. 하지만 고전학파는 재정정책은 민간투자를 구축하는 효과가 있어서 효과가 거의 없지만 화폐금융정책은 단기에 이자율을 떨어뜨리고 국민소득을 늘이는 효과가 있다. 하지만 이 또한 물가에 반영되어 장기에는 국민소득에 영향을 미치지 못하게 된다.

Ⅲ. 설문 (2)에 관하여: 확대재정정책

1. 모형의 설정

(1) **케인즈학파**

(2) **고전학파**

2. 케인즈학파적 시각

확대재정정책을 사용할 경우에 케인즈학파 모형에서는 IS 곡선이 우측으로 이동한다. 이자율은 상승하고 국민소득은 증가한다. 총수요가 증가하는 것인데 총수요 총공급곡선에서 총수요곡선이 우측으로 이동하여 물가가 상승하게 된다. 이 때 LM 곡선은 좌측으로 이동하여 이자율은 더 상승하나 국민소득의 증가효과는 어느 정도 상쇄된다. 결론적으로 확대재정정책의 모든 효과를 상쇄하지는 못하고 국민소득은 증가하고 이자율, 물가는 상승한다. 또한 국민소득의 증가와 물가상승에 따른 실질임금의 하락에 따라서 고용도 증가하게 된다.

3. 일반균형적 접근방법

일반균형적 접근방법에서는 노동, 화폐등 4가지 시장을 분석하게 된다. 먼저 재정정책으로 인하여 미래의 부채가 증가하게 된 것을 인식한 노동자들은 노동의 공급을 증가시킨다. 이 때문에 총공급은 증가하게 된다. 일시적인 정부지출의 증가는 항상소득에 미치는 영향은 미비하여 정부재정지출의 증가량보다 소비의 감소량이 더 작다. 따라서 총수요는 증가한다. 총수요의 증가량이 총공급의 증가량보다 크다고 하면 국민소득은 상승하고 이자율과 고용량은 증가한다. 하지만 물가는 하락하게 된다.

Ⅳ. 설문 (3)에 관하여

1. 케인즈 학파의 시각

케인즈 학파 모형에서 소득세의 누진율 상승은 소득의 감소로 이어져 소비의 감소를 의미한다. 따라서 IS 곡선은 좌측으로 이동하고 총수요 곡선도 좌측으로 이동한다. 국민소득은 감소하고 이자율도 하락한다. 물가도 하락하여 LM 곡선이 우측으로 소폭이동한다. 따라서 케인즈 학파적 시각에서 증세는 국민소득을 감소시킨다.

2. 공급경제학적 시각

공급경제학의 래퍼 곡선에서는 최적 조세율이 있고 이때까지 세수는 증가한다고 본다. 하지만 증세는 결국 노동공급을 줄이는데 영향을 미친다. 노동공급의 감소로 인하여 총 공급은 감소하고 소득세 누진율의 상승으로 인한 항상소득의 감소로 소비도 줄어든다. 따라서 국민소득은 감소하고 총수요의 감소폭이 총공급보다 크다고 볼 때 이자율은 하락하며 물가는 상승한다. 고용량 또한 감소하게 된다.

정부부채에 관한 전통적 견해와 리카디언 견해의 비교

행시 제52회(08년)

제53회 행정고시 재경직 합격 노 경 민

정부부채에 관한 견해로 전통적 견해와 리카디언(Ricardian) 견해가 있다.

(1) 폐쇄 경제(closed economy)에서 조세 삭감에 따른 정부부채의 증가가 단기에 국민소득, 이자율, 투자에 미치는 영향에 대한 전통적 현해를 설명하시오. (8점)

(2) 폐쇄 경제(closed economy)에서 조세 삭감에 따른 정부부채의 증가가 장기에 국민소득, 경제성장에 미치는 영향에 대한 전통적 견해를 설명하시오. (8점)

(3) 1기와 2기를 사는 소비자의 예산제약식과 정부의 예산 제약식을 이용하여, 조세 삭감에 따른 정부부채의 증가가 국민소득, 이자율, 투자, 경제성장, 무역수지, 해외부채에 미치는 영향에 관한 리카디언 견해를 설명하시오. (16점)

(단, 정부도 1기와 2기에만 존재하며, 화폐는 없다. Y_1 과 Y_2 는 각각 1기와 2기의 소득, C_1 과 C_2 는 각각 1기와 2기의 소비, T_1 과 T_2 는 각각 1기와 2기의 조세, G_1 과 G_2 는 각각 1기와 2기의 정부 지출, r은 1기와 2기 사이의 실질 이자율이다)

C/O/N/T/E/N/T/S

Ⅰ. 모형의 설정

1. IS-LM 모형

IS곡선(재화시장) : Y = C(Y-T) + I(r) +G

LM곡선(화폐시장) : M/P = L(Y, r)

2. 모형의 가정

단기에는 물가(P)가 경직적이고, 장기에는 물가가 신축적임을 가정한다.

조세삭감에 따른 정부부채 증가는 공채발행으로 이루어짐을 가정한다($\Delta T = \Delta B$).

Ⅱ. 설문(1)의 해결

1. 조세 삭감에 따른 정부부채 증가의 단기 효과

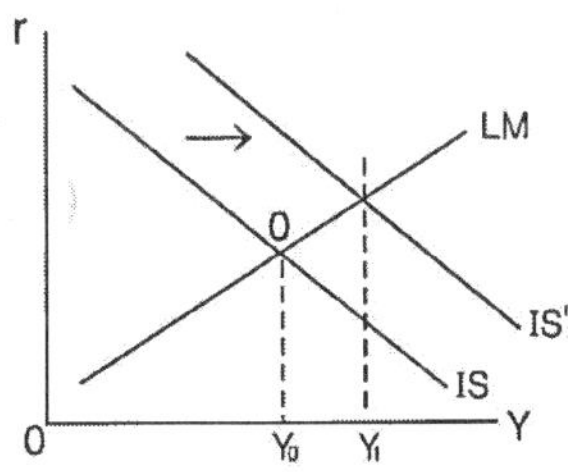

전통적인 케인지안의 견해에 의할 때, 조세 삭감은 민간의 가처분 소득(Y-T)을 증가시키고, 소비를 증가시켜 IS곡선이 우측이동 한다. 따라서 단기에 조세삭감으로 균형이 0에서 1점으로 이동한다.

2. 거시경제 지표의 변화

변수	소득(Y)	이자율(r)	투자(I)
변화	증가	상승	감소

조세삭감으로 인한 정부부채의 증가는 전통적 견해에 의할 때, 단기에 국민소득(Y)을 증가(Y_0->Y_1) 이자율(r)을 상승시키고(r_0->r_1), 이자율 상승에 따라 투자(I)를 감소시킨다.

Ⅲ. 설문(2)의 해결

1. 조세삭감에 따른 정부부채 증가의 장기 효과

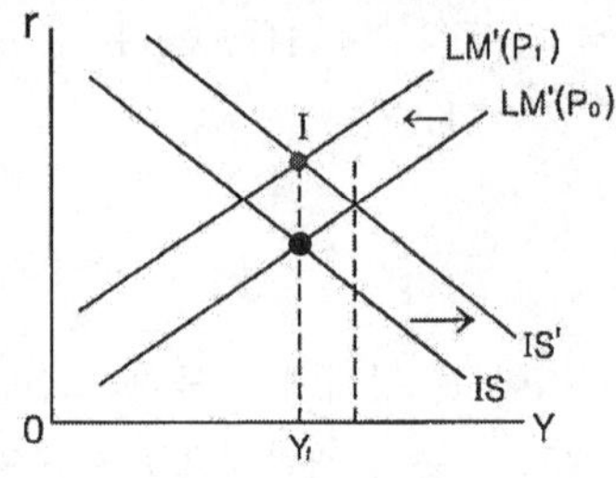

장기에는 결국 물가(P)가 상승하게 되어 민간의 실질잔고(M/P)가 감소하게 되고, LM곡선이 좌측으로 이동하여 2점에서 균형을 이루게 된다.

2. 거시경제 지표의 변화

조세삭감으로 인한 정부부채의 증가는 전통적 견해에 의할 때, 장기에 국민소득은 Y_0로 회귀하여 불변하게 되고, 이자율은 r_2 수준까지 큰 폭 상승하며, 이는 더 큰 폭의 구축효과(crowding effect)를 발생시켜 투자(I)를 감소시키고, 이로 인해 장기적인 경제성장도 저해할 수 있게 된다.

Ⅳ. 설문(3)의 해결

1. 다 기간 모형에 의한 분석

(1) 소비자와 정부의 예산 제약

소비자의 예산 제약 : $C_1 + C_2/1+r = (Y_1-T_1) + (Y_2-T_2/1+r)$

정부의 예산 제약 : $G_1 = T_1 + \Delta B$, $G_2 + (1+r)\Delta B = T_2$

통합 예산 제약 : $C_1 + C_2/1+r = Y_1 + Y_2/1+r + (G_1+G_2/1+r)$

(2) 조세삭감에 따른 정부부채 증가의 효과

$\text{Max}(C_1,C_2)$ s.t. $C_1 + C_2/1+r = Y_1 + Y_2/1+r + (G_1+G_2/1+r)$

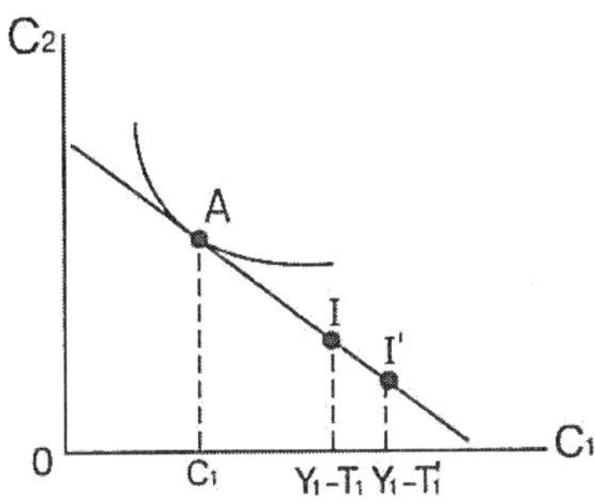

조세(T_1) 삭감으로 현재 가처분 소득(Y_1-T_1)이 증가하지만, 정부 지출(G_1, G_2)이 변함이 없으므로 통합 예산 제약에 변화를 주지 못하고, 동일한 예산선 상에 초기부존점만 변화하게 된다. 따라서 민간 소비 선택은 A점에서 변화가 없다.

(3) 거시경제 지표의 변화

변수	소득(Y)	이자율(r)	투자(I)	경제성장	무역수지(NX)	해외부채
변화	불변	불변	불변	불변	불변	불변

민간의 현재소비(C_1)가 변화가 없으므로 IS곡선이 이동하지 않고, 조세삭감을 통한 정부부채 증가는 국민 경제에 아무런 변화를 가져오지 못하게 된다.

2. 소결 : 리카르도(Ricardo)의 대등정리

정부의 지출 수준이 변화가 없을 때, 정부 지출의 재원 조달 방법의 변화는 민간의 경제 활동에 아무런 영향을 미치지 못하게 되는 결과를 '리카르도의 대등정리'라 한다. 설문의 경우 리카르도의 견해에 의할 때, 공채 발행을 통한 조세 삭감은 민간 경제에 아무런 영향을 미치지 못하게 된다.

하지만 '리카르도 대등정리'는 매우 제한적인 가정을 필요로 하므로 현실에는 매우 제한적으로 적용될 수 있을 것이다.

총공급곡선의 기울기와 경제안정화 정책

행시 제56회(12년)

제55회 행정고시 재경직 합격 김 0 0

경기변동의 진폭을 줄이고 경제를 안정시키는 처방을 논할 때, 총공급곡선의 기울기에 관하여 학파간에 견해가 다르다. 폐쇄경제 하에서 우하향하는 총수요곡선을 가정하고, (1) 총공급곡선이 수직일 때, (2) 총공급곡선이 우상향일 때로 구분하여 다음에 답하시오. (총 30점)

(1) 총공급곡선의 기울기에 관한 학파간의 이론적 배경, 고찰기간, 요소시장상황 및 물가에 대한 기대형성이론 등에 대하여 비교 설명하시오. (10점)
(2) 확장재정정책을 펼 때, 그 효과를 비교 설명하시오. (10점)
(3) 확장금융정책을 펼 때, 그 효과를 비교 설명하시오. (10점)

C/O/N/T/E/N/T/S

Ⅰ. 설문 (1)의 해결

1. 총공급곡선이 수직인 경우

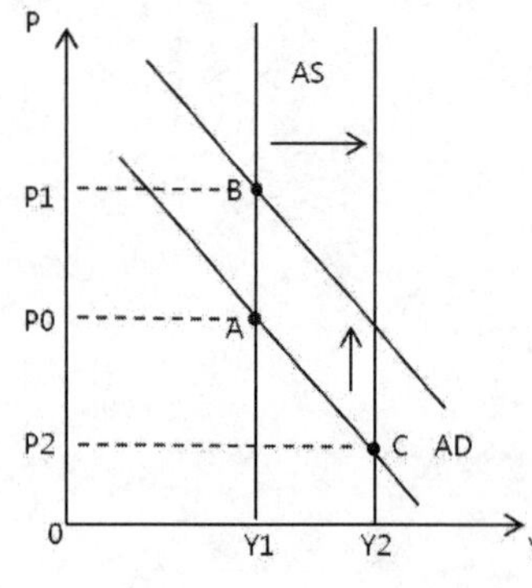

총공급곡선(AS)이 왼쪽 그림과 같이 수직이면서, 총수요곡선(AD)이 우하향하는 직선일 때, 총수요충격이 주어진 경우에는 균형소득은 변화없이 물가만 상승하므로 A에서 B로 이동한다. 즉, 수요의 증가는 공급량을 증가시키지 못하므로, 케인즈의 법칙이 성립하지 않는다.

반면에 총공급곡선이 우측으로 이동하는 경우에는 총수요곡선과의 균형이 A에서 C로 이동하며, 이 때, 물가는 하락하고, 수요량은 증가하며, 결과적으로 균형소득은 Y_1에서 Y_2로 증가한다. 그러므로 총공급곡선이 수직인 경우에는 공급이 수요를 창출하는 세이의 법칙이 성립하게 된다.

이러한 세이의 법칙은 고전학파가 가정하는 경제 내에서 잘 들어맞게 된다. 그러므로 총공급곡선이 수직인 경우에 발생하는 여러가지 특성은 고전학파의 화폐수량설을 통해서 설명할 수 있다. 화폐수량설에 의하는 경우 $MV=PY$라는 등식이 성립하며, 이 경우에 V는 화폐의 소득유통속도를 의미하여 일반적으로 일정하다고 보는 경우, 화폐수량설의 식을 다음과 같이 변형할 수 있다.

$$MV=PY$$

$$\therefore M^d=\frac{1}{V}(PY)$$

$$\therefore M=\frac{Y}{V}P=PL(Y,V)$$

그러므로 고전학파에서 가정하는 완전고용 및 가격변수에 의한 시장의 완전청산에 의해서는 Y와 V가 일정하므로, 화폐수요(L) 역시 일정하고, 이는 통화량과 물가사이의 1:1의 비례관계가 존재함을 의미한다. 이는 경제주체가 통화량을 통해서 물가를 정확하게 측정할 수 있음을 의미하며, 경제주체의 예측오차란 존재하지 않는다. 즉, 모든 정보는 공개되어 있고, 요소시장을 포함하는 모든 시장은 완전경쟁이므로, 특히 노동시장에서 비자발적 실업은 존재하지 않으며, 실업은 개인의 선택의 결과로 나타나는 현상이다. 또한 모든 변수들은 예측가능하므로 기대형성방식은 완전한 기대를 가정한다. 이러한 사실은 위 그래프에서 총수요가 확대되는 경우에 실질변수에는 영향을 미치지 않은 채, 물가에만 영향을 미치는 고전적 이분성을 잘 설명할 수 있게 해준다. 또한, 통화량에 비례하는 물가의 증가는 실질변수들의 변화에 영향을 미치지 못하므로 이자율 역시 결정하지 못하게 된다. 결국 화폐는 거래적 동기에 의해서만 존재하게 되며, 이는 LM곡선을 수직으로 만들게 된다. 그러나 이러한 총공급곡선은 시장이 완전청산이고, 완전고용을 달성하는 것을 그 특징으로 하기 때문에, 현실적으로 단기보다는 장기의 경제상황을 잘 설명할 수 있게 해준다.

2. 총공급곡선이 우상향하는 경우

총공급곡선이 우상향 하는 경우에 최초 균형 A에서 총수요가 확대되는 경우 균형은 B로 이동하며, 균형소득 역시 증가한다. 이는 수요가 공급을 창출한다는 케인즈 법칙을 잘 나타내고 있는 바, 총공급곡선이 우상향하는 경우에는 상대적으로 케인즈학파가 가정하는 경제에 적합한 모형이라고 볼 수 있다.

이 경우에는 총공급곡선의 기울기를 유발하는 요인에 따라서 여러 가지 종류의 이론

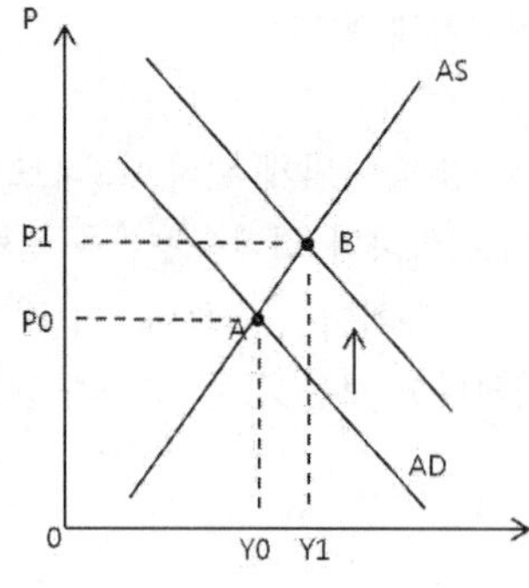

이 존재한다. 이 중에서 케인즈학파가 기본적으로 가정하는 가격변수의 경직성으로 인한 수량변수의 마샬($Marshall$)적 조정과정을 따르게 되는 바, 이를 요소시장에 적용해보면 명목임금은 노동공급자와 노동수요자의 계약에 의해서 일정한 수준에 유지되며, 때문에 시장은 장기적으로도 완전청산을 이루지 못하며, 오히려 비자발적 실업이 발생하게 된다.

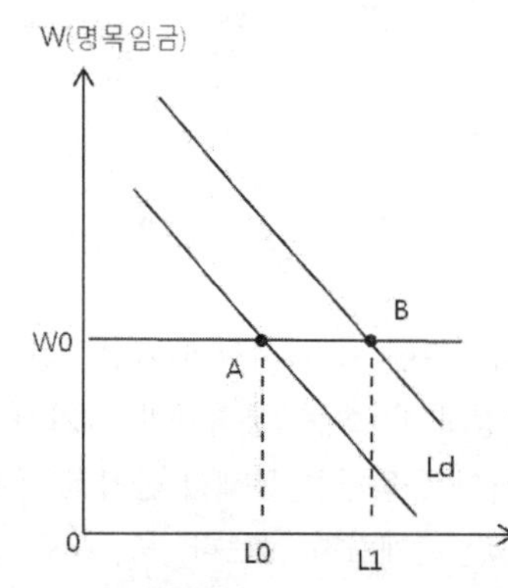

노동시장을 묘사하는 그래프를 그리는 경우에 좌측 그래프에서 우하향하는 직선은 노동수요곡선으로 PMP_L을 의미한다. 그러므로 총수요 충격으로 인해 발생하는 물가상승압력은 노동수요를 상승시키는데, 이 때 임금수준은 W_0으로 일정하게 결정되므로, 새로운 노동시장의 균형은 B에서 결정된다. 그러므로 고용량은 L_0에서 L_1로 증가하게 되는 바, 우상향하는 총공급곡선이 도출된다. 이 과정을 반대로 하는 경우에는 총수요의 감소는 고용량을 감소시키며, 이는 실업이 발생함을 의미한다. 그리고 이러한 실업은 개인의 유보임금수준에 의해서 결정되는 것이 아닌 명목임금수준 W_0에 의해서 결정되므로 비자발적인 특성을 가진다. 그리고 케인즈학파에서 가정하는 경제주체는 고전학파의 합리적 개인이 아닌 비합리적일 수 있으며, 특히 물가는 최초 임금계약을 체결할 당시의 물가수준에서 고정될 것으로 예측한다고 보아,물가에 대한 기대는 $P_1 = P_2 = P_3 = \cdots = P_n$ 이 되며, 이러한 기대형성방식을 정태적 기대라고 한다.

끝으로 이러한 케인즈학파의 기본가정인 가격변수의 경직성은 그 고찰기간이 상대적으로 짧은 단기에 더 잘 들어맞으므로 단기의 설명에 적합한 측면이 있다. 왜냐하면 노동시장에서 임금계약의 수준은 일정기간에만 유지되며, 그 기간이 경과하는 경우에는 새로운 시장의 변수들을 반영하여 새롭게 명목임금수준이 결정되므로 그에 따라 경제변수들이 조정될 수 있기 때문이다.

Ⅱ. 설문 (2)의 해결

1. 총공급곡선이 수직인 경우

총공급곡선이 수직인 경우에 확장적 재정정책을 사용하는 경우에 총수요곡선(AD)가 움직이는지 여부를 검토해야 한다. 이는 총수요를 구성하는 $IS-LM$ 모형의 분석을 통해서 알 수 있다.

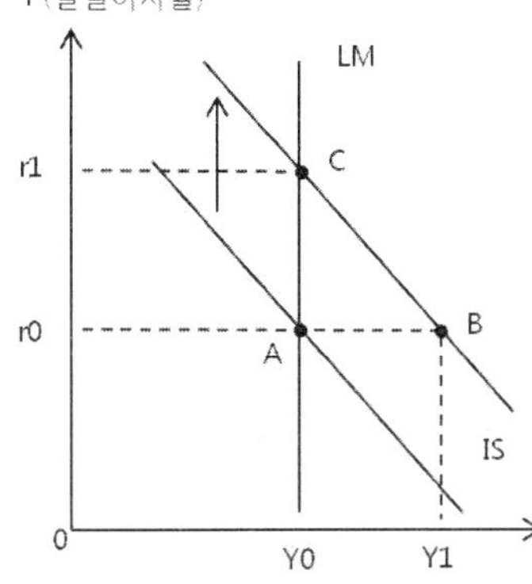

$$IS\ curve: Y = C(Y, T) + I(r) + G$$

$$(0 < \frac{\partial C}{\partial Y} < 1,\ \frac{\partial I}{\partial r} < 0)$$

$$LM\ curve: \frac{M}{P} = L(Y) \quad (\frac{\partial L}{\partial Y} > 0)$$

위의 좌측 그래프에서 나타나는 우하향하는 IS와 우상향하는 LM의 식은 위 수식과 같다. 이처럼 총수요곡선이 수직($Y=Y_0$)인 고전학파의 경제는 화폐시장에서 화폐수요함수(L)가 일정하므로, 화폐시장의 균형이 실질이자율 수준에 관계없이 균형을 이루게 된다. 이는 고전학파의 경제에서 화폐의 역할은 거래적 동기에 의한 화폐수요만이 존재하는 것을 의미하므로, 화폐수요의 이자율탄력성이 0이다. ($\therefore \frac{\partial L}{\partial r} = 0$)

그러므로 (r, Y)평면에서 수직의 LM곡선에 대해 정부수요를 늘리는 확장적 재정정책을 사용하는 경우에($\Delta G > 0$) $IS-LM$의 균형은 위 그림의 A에서 C로 상방이동한다. 이러한 사실은 확장적 재정정책으로 인한 정부지출 증가($A \rightarrow B$)를 투자 감소로 인한 구축효과가 모두 상쇄시킴을 보여준다. ($B \rightarrow C$) 그러므로 고전학파의 경제에서 확장적 재정정책은 소비는 변화시키지 못하며, 투자와 정부지출의 구성비를 변화시키는 효과만 갖는다. 그러므로 총수요곡선은 이동하지 않은 채로 유지된다.

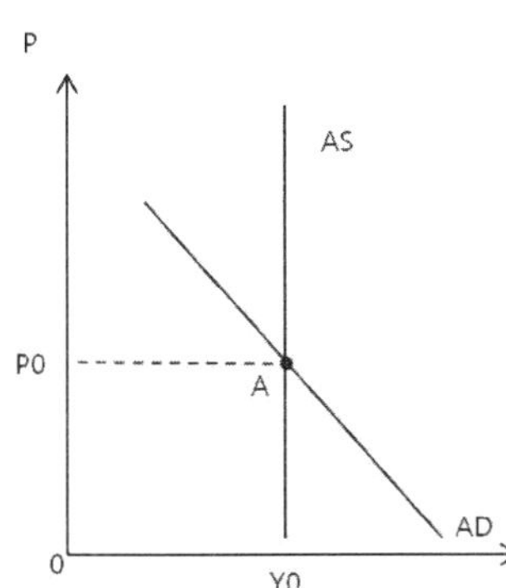

그러므로 총수요 - 총공급 균형은 AD가 이동하지 않으므로 최초 균형 A에서 불변이며 물가수준과 균형소득은 변화하지 않는다. 다만 전술한 바와 같이 정부지출 증가 이전에 비해서, 총수요의 구성항목 중 투자는 감소하고 정부지출은 증가하는 결과를 가져온다.

이는 수요(G)가 공급을 창출하지 못한다는 세이의 법칙이 수직인 총수요곡선을 가지는 경제에서 잘 들어맞는다는 사실을 보여준다.

2. 총공급곡선이 우상향인 경우

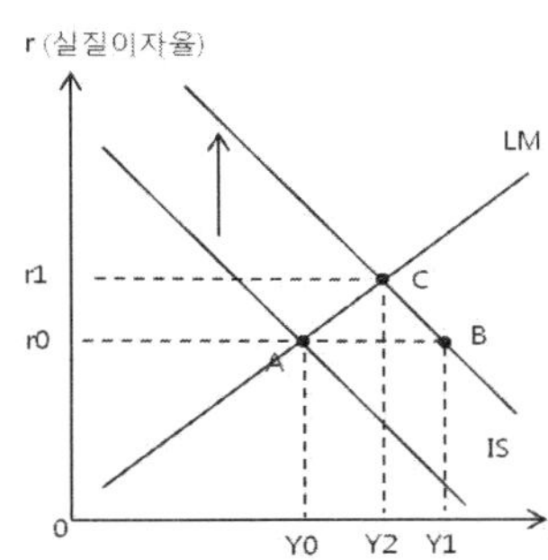

$$IS\ curve: Y = C(Y, T) + I(r) + G$$

$$(0 < \frac{\partial C}{\partial Y} < 1,\ \frac{\partial I}{\partial r} < 0)$$

$$LM\ curve: \frac{M}{P} = L(Y, r) \quad (\frac{\partial L}{\partial Y} > 0,\ \frac{\partial L}{\partial r} < 0)$$

경제학

총공급곡선이 우상향하는 경우는 총공급곡선이 수직인 경우와는 달리 LM 곡선이 우상향한다. 즉, 임금경직성 모형을 가정하여 도출하는 우상향하는 총수요곡선은 명목임금이 일정하게 유지되며, 이때 화폐수요는 거래적 동기뿐만 아니라, 이자율에도 민감하게 반응하는 투기적 동기에 의한 화폐수요 역시 존재하므로 단순한 거래의 매개체가 아닌 자산(A)의 일종으로서 포트폴리오 구성의 대상이 된다. ($\therefore A = B + M + K$) 그러므로 화폐수요는 일반적으로 일정하게 유지되지 않는 바, 균형소득 또는 균형실질이자율에 의해 변하게 된다.

그러므로 이때 확장적 재정정책을 통해 생산물시장의 수요를 늘리는 경우에, IS 곡선은 승수효과에 의해 우측으로 이동하며, ($A \rightarrow B$) 그로 인해 발생하는 소득의 증가는 화폐수요를 증가시켜, 화폐시장에서 균형이자율을 상승시키는바, 이는 투자를 감소시키는 구축효과로 작용하게 된다. 그러나 이러한 구축효과에 비해서, 승수효과의 크기가 더 크기 때문에, 최종균형은 C에서 달성된다. 즉, 확장적 재정정책으로 인한 총수요 확대 효과가 나타나므로 총수요 - 총공급 모형에서 총수요곡선을 우측으로 이동시키는 요인이 된다.

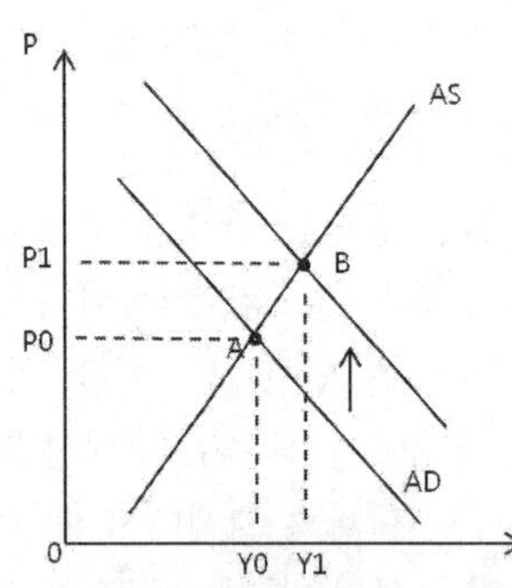

그러므로 좌측 그래프에서 상방이동하는 총수요는 균형을 AS 곡선을 따라, A에서 B로 이동시키며, 이때 공급량은 증가한다. 이러한 사실은 수요가 공급을 창출하는 케인즈의 법칙을 잘 설명하는 예라고 할 수 있다.

결국 확장적 재정정책은 총공급곡선이 수직인 경우에는 균형소득을 증가시키지 못하지만, 총공급곡선이 우상향하는 경우에는 균형소득을 증가시켜 경기침체기에 소득 변화의 폭을 줄이는 안정화기능을 수행한다.

Ⅲ. 설문 (3)의 해결

1. 총공급곡선이 수직인 경우

이번에는 통화공급 증가를 통한 확장적 화폐금융정책의 효과가 수직인 총공급곡선과 수직인 LM 곡선상에서 정책의 효과를 나타내는지 검토를 요한다.

$$IS\ curve: Y = C(Y, T) + I(r) + G$$

$$\left(0 < \frac{\partial C}{\partial Y} < 1,\ \frac{\partial I}{\partial r} < 0\right)$$

$$LM\ curve: \frac{M}{P} = L(Y) \quad \left(\frac{\partial L}{\partial Y} > 0\right)$$

아래 그래프와 같이 화폐공급(M^S)를 증가시키면, 단기적으로 LM 곡선은 우측으로 이동한다. 그러므로 균형은 A에서 B를 거쳐 C로 이동하며, 그 과정에서 소득 증가로 인해 소비와 저축은 증가하며, 저축의 증가는 대부자금시장에서 이자율은 하락시키므로, 투자수요량은 증가한다. 즉, 화폐공급 증가가 총수요를 확대시키는 역할을 수행한다.

결국 이러한 역할로 인해서 단기적으로 AD곡선은 상방이동하며, 수직인 AS곡선을 따라 균형이 이동하므로 결국 균형에서의 소득은 감소하고, 물가만 상승시킨다. 이러한 현상은 다시 LM곡선의 실질화폐공급($\frac{M^S}{P}$)를 감소시키는 역할을 하므로 LM곡선은 다시 좌측으로 복귀하게 된다.

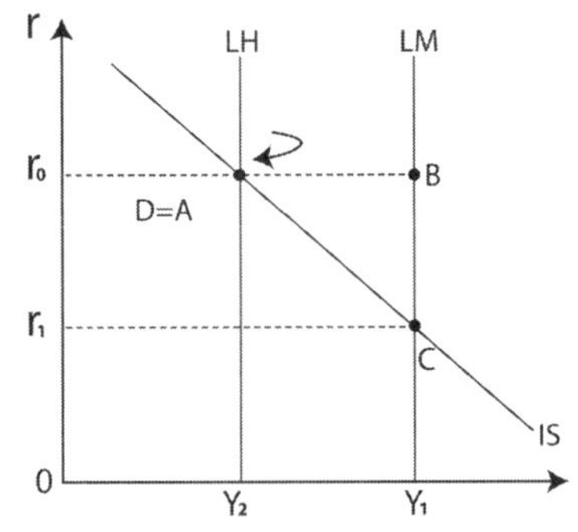

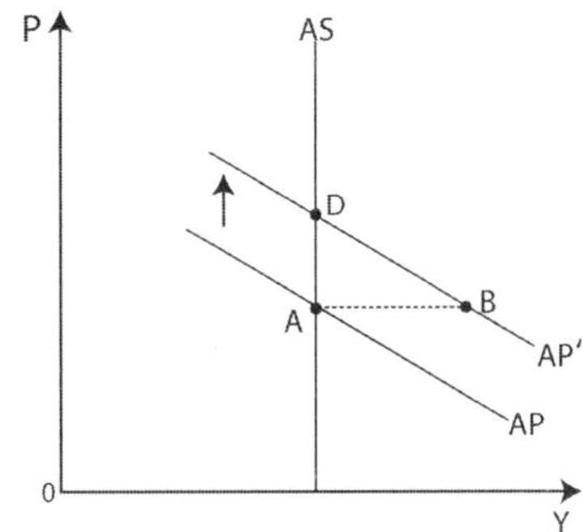

즉, 위 그림 중 (P, Y)평면에서 화폐공급 증가로 인한, AD의 이동은 노동시장을 일시적으로 불균형으로 만들지만, $(A \rightarrow B)$ 고전학파의 경제에서 노동시장은 다시 균형을 회복하므로 총수요 - 총공급 모형에서 최종 균형은 C로 이동한다. 그러므로 (r, Y)평면에서 LM곡선은 실질화폐공급 감소로 인해 다시 원래의 위치로 복귀하므로 균형은 C에서 A로 복귀한다. 결국 화폐공급의 증가는 비록 총수요를 증가시키는 효과를 지니지만, 장기적으로 물가만을 상승시키며, 이러한 현상을 화폐의 중립성이라 한다. 그러므로 총공급곡선이 수직인 경우에는 확장적 화폐금융정책 역시 경기안정화 효과를 달성하지 못한다.

2. 총공급곡선이 우상향인 경우

$$IS\ curve: Y = C(Y, T) + I(r) + G$$

$$(0 < \frac{\partial C}{\partial Y} < 1,\ \frac{\partial I}{\partial r} < 0)$$

$$LM\ curve: \frac{M}{P} = L(Y, r) \quad (\frac{\partial L}{\partial Y} > 0,\ \frac{\partial L}{\partial r} < 0)$$

총공급곡선이 우상향하는 경우에, 화폐공급이 증가하면, LM곡선이 우측으로 이동하며, 화폐시장에서 일정한 화폐수요 아래에서 이자율의 하락을 초래한다. 이는 투자를 증대시키게 되므로 $IS-LM$ 모형에서의 균형은 A에서 B로 이동한다. 그 결과로 총수요가 증가하는 효과를 가져온다.

그러므로 총수요의 증가는 아래의 두 그래프 중 (P, Y)평면에서 균형을 A에서 B로 이동시키며, 이 때, 균형소득과 물가는 모두 상승한다. 또한 물가상승은 (r, Y)평면에서 LM곡선의 실질화폐공급을 감소시키므로 LM곡선이 다시 좌측으로 일정수준 복귀하는데, 이때 복귀하는 폭은 최초 이동한 폭 보다 작으므로 균형은 C에서 결정된다. 그러므로 (P, Y)평면에서의 Y_1과, (r, Y)평면에서의 Y_2는 동일한 수준의 산출량을 의미하게 된다.

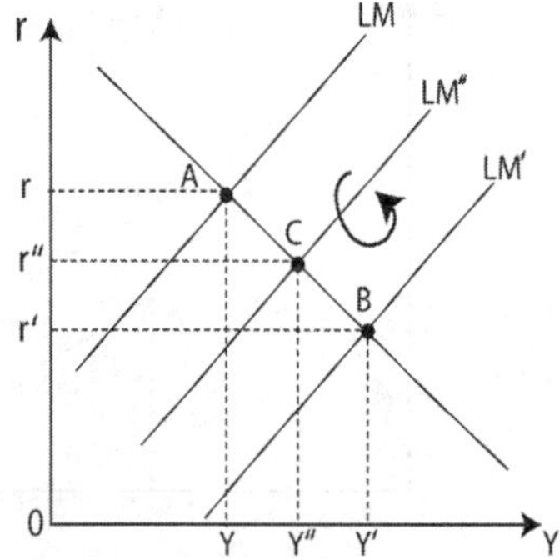

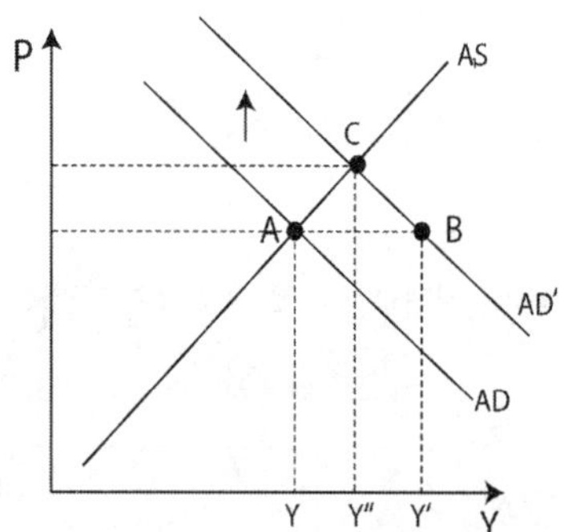

즉 우상향하는 총공급곡선에서 확장적 화폐금융정책은 균형소득을 상승시키는 바, 경기안정화의 효과를 가진다. 그러나 그 효과는 확장적 재정정책에 비해서 작은데, 이는 실질화폐수요의 감소에 기인한다. 그러므로 우상향하는 총공급곡선하에서는 상대적으로 확장적 재정정책이 더 큰 정책효과를 지닌다고 할 것이다.

교/수/강/평

김 윤 영(단국대학교 경제학부 교수)

(1) 먼저 총공급 또는 총수요 곡선의 정의가 물가와 국민소득간의 관계임을 분명히 하자. 여기서 총공급 곡선의 기울기는 물가가 상승하는 경우 총공급이 어떻게 반응하는가 하는 문제이다. 이는 기본적으로 경제가 자유방임 상태에서 균형을 달성하는가 하는 것에 관한 것이다. 고전학파는 자유방임 상태에서 완전 고용이 달성되며 가격은 완전고용과 여기서 결정되는 완전고용 국민소득 수준과는 아무런 상관이 없게 된다. 이에 따라 총공급 곡선은 수직형태를 갖게 된다. 그러나 케인지안의 경우 물가상승을 임금상승이

(임금 경직성 등에 따라) 못따라가는 경우 물가 상승으로 인해 추가고용의 여지가 발생하고 이는 물가상승에 따라 총공급이 증가하는 결과를 낳는다. 그러나 장기적으로는 임금상승수준이 물가상승 수준을 따라가게 되어 우상향하던 총공급곡선도 수직선의 형태를 갖게 된다.

(2) & (3) 재정정책이나 금융정책은 총수요를 변동시키는 정책 방식이다. 이 문제를 풀기 위해서는 다음과 같은 IS-LM 곡선에서 물가(P)에 우하향하는 총수요 곡선을 유도하는 것을 먼저 설명할 필요가 있다.

(IS) $Y = c(Y-T) + I(r) + G$
(LM) $M_s/P = M_d(Y, r)$

여기서 확장재정정책은 정부지출 G를 증가시키는 것이며 확장금융정책은 통화공급 M_s 를 증가시키는 것이다. 이는 모두 총수요 곡선을 우상방으로 이동시키는 결과를 가져온다. 여기서 모범 답안은 총공급곡선이 수직인 경우 LM 곡선을 수직으로 가정 (고전학파를 따라) 하고 분석하고 있으나 일반적으로 여기까지 요구하는 것은 아닌 것으로 판단된다. 임금상승이 물가상승을 바로 따라가는 (가령 합리적 기대가설의 맥락과 같이) 총공급곡선이 수직인 경우가 꼭 고전학파의 세계에서만 가능하고 흥미롭기 보다는 그 자체로서 현실성이 있는 가정이기 때문에 모든 경우에 우상향하는 LM 곡선을 가정하는 것이 보다 현실성이 있다. 이 출제 문제가 꼭 경제이론사에 대한 것이라기 보다는 과거 여러 학설들이 지금 경제에서도 나름의 타당성을 갖는 측면이 있기 때문에 이를 응용하는 능력을 검증하기 위한 것이라는 시각을 가질 필요가 있다. 경제학 특히 거시경제학은 현실경제에의 응용을 중시한다는 면을 다시 한 번 상기할 필요가 있겠다.

고전적 이분법과 화폐중립성, 총수요관리정책, 합리적 기대론

행시 제54회(10년)

제53회 행정고시 재경직 합격 이 선 식

거시경제정책의 과제는 실업과 인플레이션 관리라고 말할 수 있다. 그렇지만 알려진 바에 의하면 실업과 인플레이션의 상충관계로 인해 경제정책의 어려움이 가중되고 있다. 실업과 인플레이션의 상충관게 그리고 총수요(AD)-총공급(AS) 곡선을 이용하여 다음 물음에 답하시오. (총 30점)

(1) "인플레이션은 언제, 어디서나 화폐적 현상"이라는 밀턴 프리드만의 주장을 고전학파 경제학의 이분성(classical dichotomy)과 화폐의 중립성 개념을 그림에 적절히 반영하여 설명하시오. (10점)

(2) 원유가의 상승으로 인한 스테그플레이션이 발생할 경우 정책담당자들은 보통 재정정책이나 금융정책을 이용하여 총공급 충격을 상쇄시키려는 노력을 한다. 이와 같은 총공급곡선의 이동에 대응한 총수요 관리정책이 물가와 산출량에 미치는 효과를 설명하시오. (10점)

(3) 합리적 기대 모형은 물가상승에 대한 경제안정화정책일지라도 금융당국이 정책을 시행하는 것이 바람직하지 않다고 주장한다. 합리적 기대론의 이러한 주장을 뒷받침하는 근거를 제시해 보시오. (10점)

C/O/N/T/E/N/T/S

Ⅰ. 설문(1)문의 해결

1. 프리드만의 주장에 대한 설명

신고전파의 화폐수량방정식 MV = PY 를 변화율에 관한 식으로 바꾼다면 다음과 같다.

화폐의 변화율 + 유통속도의 변화율 = 인플레이션율 + 경제성장율

$$(\mu + v = \pi + \lambda)$$

이에 장기적으로 유통속도가 일정하고 경제가 자연산출량수준으로 수렴한다면, 화폐의 변화율과 인플레이션율이 같아진다는 프리드만의 화폐측면에 의한 인플레이션의 설명이 된다.

2. 경제적 이분성과 화폐의 중립성

(1) 의의

경제적 이분성이란 경제내의 명목변수는 실질변수의 변화에 영향을 주지 않는다는 고전학파적 사고체계를 의미하며, 화폐의 중립성이란 명목변수 중 특히 화폐가 실질변수에 영향을 주지 못한다는 명제를 말한다.

(2) 실업과 인플레이션의 상충관계(필립스 곡선) 에서의 논의

인플레이션과 실업율의 상충관계라는 명목변수와 실질변수간의 역관계에서 고전적 이분성이 성립하기 위해서는 경험적으로 나타난 고전적 필립스곡선 논의와는 다르게 필립스 곡선이 수직의 형태를 띄어야 한다. 이에 대해 새케인즈학파의 이력현상이 존재하지 않는다는 가정하에 적응적 기대, 혹은 합리적 기대에서 자연실업률 가설이 성립한다면 장기, 혹은 예측오차가 없는 필립스 곡선은 수직의 형태를 가지고, 고전적 이분성이 성립할 수 있다.

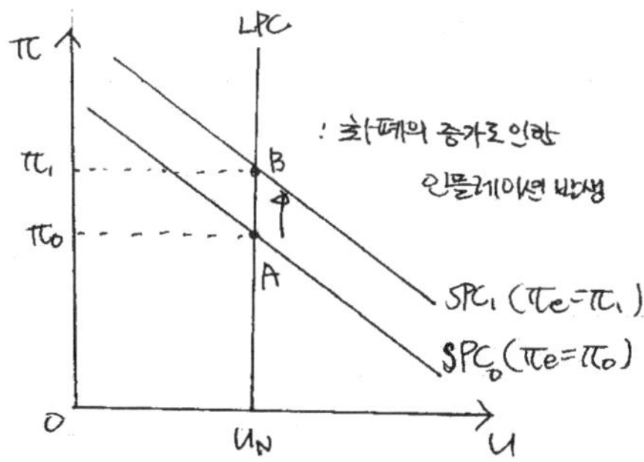

(3) AD-AS 곡선에서의 논의

화폐수량설(MV=PY)에 의해 우하향하는 총수요곡선을 도출할 수 있다. 이에 화폐적 충격이 실질변수인 산출량에 영향을 주지 않기 위해서는 AS곡선이 수직의 형태를 가져야 한다. AS곡선이 수직이기 위해서는 노동시장과 재화시장에서 합리적 기대하 예측오차가 없거나, 가격이나 임금변수가 신축적이어야 한다. 만약 이런 조건들이 성립한다면 AS곡선이 수직의 형태를 가져 고전적 이분성이 성립할 수 있다.

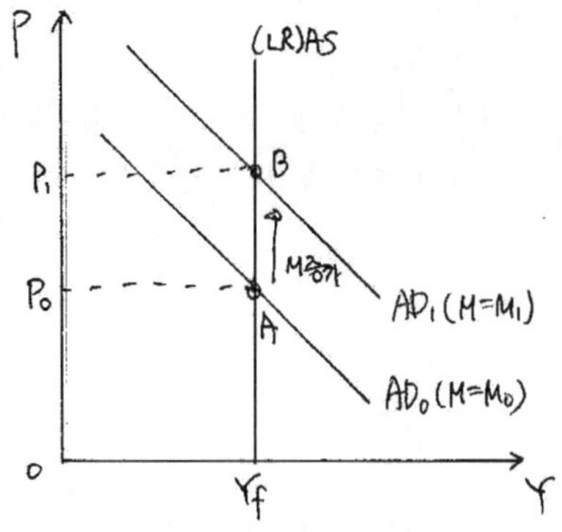

3. 소결

가격변수가 신축적이며, 완전한 정보나 완전한 예측이 된다는 고전학파 계열의 가정이 성립한다면, 필립스곡선과 AS곡선이 수직이 되어 고전적 이분성이나 화폐의 중립성이 성립할 수 있다.

Ⅱ. 설문 (2)문의 해결

1. 스테그플레이션과 같은 공급충격의 효과와 총수요 관리정책

원유가 상승으로 스테그플레이션이 나타난다는 것은 부정적 공급충격이 있다는 것으로, AD-AS 모형에서 AS곡선이 좌향이동하는 현상이 나타나는 것이다. 이에 대해 AD곡선이 그대로 있다면 물가는 상승하고 산출량은 감소하는 경제충격이 있을 수 있기 때문에, 정책당국은 충격을 완화시키기 위하여 AD곡선을 이동시키는 총수요관리정책을 사용하게 된다.

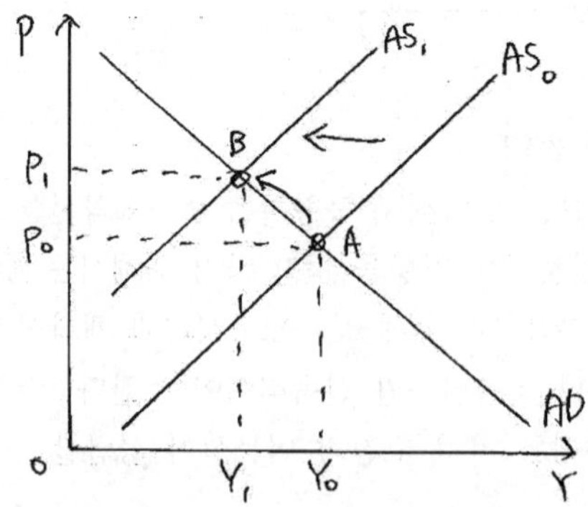

〈부정적 공급충격시 스테그플레이션〉

2. 총수요 관리정책과 효과

(1) 확장적 총수요관리정책 (수용정책)

스태그플레이션이 나타난 상황에서 확장적 총수요 관리정책을 사용한다면, AD곡선을 우향이동시키므로 산출량은 부정적 공급충격 전의 상황을 회복할 수 있다. 하지만 물가수준은 스태그플레이션보다 높은 수준으로 상승할 수 밖에 없다. 이처럼 스태그플레이션 상황에서 산출량을 회복하기 위해 물가수준의 상승을 감수하는 총수요 관리정책을 수용정책이라고 한다.

(2) 긴축적 총수요관리정책 (억제정책)

스태그플레이션이 나타난 상황에서 긴축적 총수요관리정책을 사용한다면, AD곡선을 좌향이동시키므로 물가수준은 부정적 공급충격 전의 수준을 회복할 수 있다. 하지만 산출량은 스태그플레이션이 나타난 상황보다 작은 상황이 된다. 이처럼 스태그플레이션 상황에서 물가 상승을 억제시키기 위해 산출량의 감소를 감수하는 총수요 관리정책을 억제정책이라고 한다.

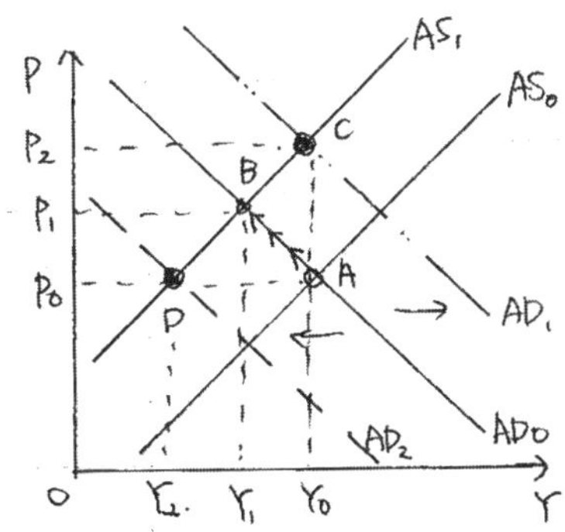

3. 소결

부정적 공급충격 하 스테그플레이션이 나타난 상황이라면, 물가안정과 산출량 유지라는 경제목표 2가지를 모두 이룰 수 없다. 이처럼 2개의 정책목표를 달성하기 위해 1개의 정책수단밖에 없는 경우에는 한 가지 정책목표를 포기할 수 밖에 없는데, 이를 틴버겐의 법칙이라고 한다.

Ⅲ. 설문(3)문의 해결

1. 물가상승에 대한 경제안정화정책과 이에 대한 합리적기대론의 반론

합리적 기대가 도입된 필립스 곡선은 다음과 같은 형태를 가진다.

$\Pi = \Pi_e + a(u - u_N) + v \qquad (a<0)$

이러한 필립스곡선 상황에서, 금융당국은 물가 상승이 나타나는 경우, 긴축적 화폐금융정책을 사용하여 물가를 안정화시키는 정책을 사용할 수 있다. 이러한 반인플레이션정책에 대해 합리적 기대론자가 반대한다면 그 이유는 정부정책의 신뢰성 문제에 따른 희생률 논의를 생각할 수 있다.

2. 희생률의 정의

희생률은 인플레이션가감정책을 위한 긴축적 화폐금융정책에 따라 인플레이션이 감소하는 비율에 대비 실업률의 증가율, 혹은 산출량의 감소율로 나타날 수 있다.

$$\text{희생률}(SR) = \frac{\text{누적 실업률의 증가율(산출량의 감소율)}}{\text{누적 인플레이션의 감소율}}$$

3. 정책의 신뢰성 문제

(1) 정책의 신뢰성이 있는 경우

정부의 정책이 신뢰성 있다면 합리적 기대하 민간의 기대인플레이션이 정부의 목표인플레이션에 맞춰서 하락하기 때문에 필립스 곡선 자체가 하향 이동하여 희생 없는 인플레이션의 감소를 달성할 수 있다.

(2) 정책의 신뢰성이 없는 경우

정부 정책의 신뢰성이 없다면 민간의 기대인플레이션이 정부의 목표인플레이션에 맞춰서 하락하지 않고, 필립스곡선이 그대로 있는 경우 반인플레이션정책으로 인해 실업률이 증가할 수 있기 때문에 인플레이션 감소에 따른 높은 실업률을 감수하여야 한다.

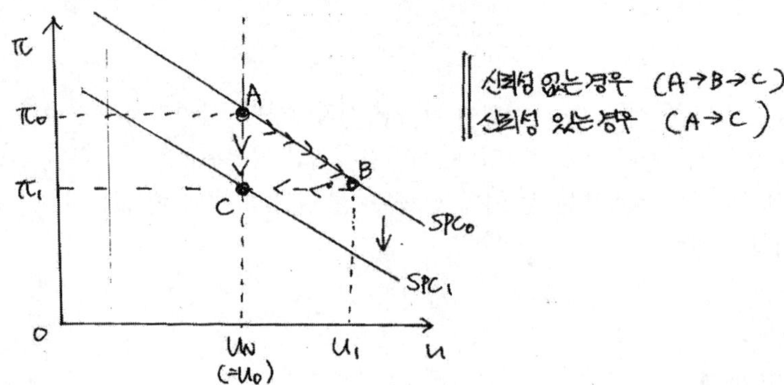

4. 결론

합리적기대론자는 정부의 준칙주의 등을 통해서 정책의 신뢰성이 있는 경우에만 희생

없는 인플레이션 감소를 달성할 수 있다고 생각한다. 따라서 만약 정부의 신뢰성이 없는 상황에서 물가상승에 대한 금융정책을 사용한다면 높은 희생률이 나타날 수 있기 때문에 금융당국의 정책시행에 반대할 수 있다.

총수요곡선과 균형국민소득

제54회 행정고시 재경직 합격 윤 주 현

행시 제55회(11년)

어떤 경제모형(이하 기본모형)이 아래와 같이 주어졌을 때, 다음 물음에 답하시오.

(총 40점)

○ 소비함수 : C = 200+0.75(Y-T)
○ 투자함수 : I = 200-25r
○ 실질화폐수요 함수 : $M^d/P = Y - 100(r + \pi^e)$
〔Y는 국민소득, r은 실질이자율(%), G(정부지출)=100, T(조세)=100, M^s(통화량)=1000, π^e(기대물가상승률)=0〕

(1) 위의 기본모형에서 총수요곡선을 수식으로 표현하시오. (10점)

(2) 기본모형에서 총공급 부문을 아래와 같이 추가할 경우, 균형물가수준과 균형국민소득을 구하시오.(10점)

○ 총생산함수 : $Y = 935 + 2N - 0.05N^2$
○ 노동공급함수 : $N^s = 9 + w$ (N은 노동투입량, w는 실질임금)

(3) 기본모형에 루카스 공급곡선을 아래와 같이 추가한다〔단, 위의 (2)에서 추가했던 부문은 제외〕. P^e(기대물가수준)=3일 때, 단기균형에서 물가수준과 국민소득을 구하시오. (10점)

○ 루카스 공급곡선 : $Y = Y^* + 75(P - P^e)$ 〔Y^*(자연산출량)=900〕

(4) 위 (3)의 장기균형에서 물가수준, 기대물가수준 및 국민소득을 구하시오. (10점)

C/O/N/T/E/N/T/S

Ⅰ. 설문(1)의 해결

1. 문제풀이의 방향

총수요곡선이란 일국 경제에서 물가(P)가 변함에 따라 수요측면의 균형을 가져오는 소득(Y)의 변화를 나타내는 궤적이다. 따라서 수요측면(재화시장과 화폐시장)이 동시에 균형을 이루도록 IS곡선과 LM곡선을 결합하여 물가(P)와 소득(Y)사이의 관계식을 도출한다.

2. 총수요곡선의 도출

(1) IS곡선

IS곡선은 재화시장의 균형을 이루는 소득(Y)과 이자율(r)의 조합을 연결한 궤적이다.

IS : Y = C + I + G

Y = 200 + 0.75(Y-100) + 200 - 25r + 100

정리하면, IS : Y = 1700 - 100r

(2) LM곡선

LM곡선은 화폐시장의 균형을 이루는 소득(Y)과 이자율(r)의 조합을 연결한 궤적이다.

LM : $\frac{M^d}{P} = Y - 100(r + \Pi^e)$, 균형에서 $M^d = M^s = 1000$ 이므로,

정리하면, LM : $\frac{1000}{P} = Y - 100r$

(3) 총수요곡선의 수식적 표현

이자율(r)을 매개로 하여 위에서 도출한 IS곡선과 LM곡선을 결합한다.

$AD: Y=1700-Y+\frac{1000}{P}$

정리하면, 총수요곡선 $AD: Y=850+\frac{500}{P}$

3. 경제학적 함의

위에서 도출된 총수요곡선은 수요측 균형을 위한 물가(P) 와 소득(Y) 간의 반비례 관계를 나타낸다.

Ⅱ. 설문 (2)의 해결

1. 문제풀이의 방향

총공급측과 총수요측이 동시에 균형을 이루는 물가와 소득수준이 균형물가수준과 균형국민소득이다. 따라서 설문에 주어진 총공급 부문에서 노동시장의 균형조건을 이용하여 균형국민소득을 도출한 뒤 총수요측도 동시에 균형을 이루는 균형물가수준을 도출한다.

2. 균형국민소득과 균형물가수준의 도출

(1) 균형국민소득의 도출

이윤을 극대화하는 기업은 MPN=w 수준에서 고용량을 결정한다.

$MPN=\frac{dY}{dN}=2-0.1N^d=w$

따라서 노동수요함수 : $N^d=20-10w$

노동공급함수 : $N^s=9+w$

노동시장의 균형 : $N^d=N^s$ 에서 $W^*=1$, $N^*=10$ 이다.

즉 균형상태 에서의 고용량은 10이며, 이를 총생산함수에 대입하면

Y=935+20-5 이므로 $Y^*=950$ 이다.

(2) 균형물가수준의 도출

위에서 도출한 균형국민소득 $Y^*=950$ 을 설문(1)에서 도출한 총수요곡선식에 대입하면,

$950=850+\frac{500}{P}$ 이므로 $P^*=5$

(3) 결과 (그림 1)

균형물가수준 = 5 , 균형국민소득 = 950

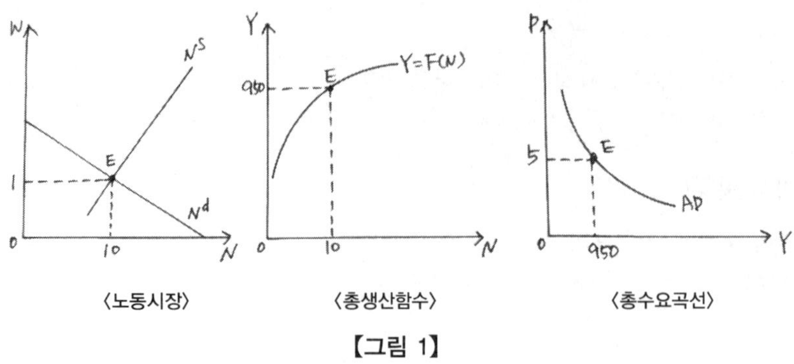

〈노동시장〉 〈총생산함수〉 〈총수요곡선〉

【그림 1】

Ⅲ. 설문(3)의 해결

1. 문제풀이의 방향

설문에서 주어진 정보를 토대로 한 루카스 공급곡선과 설문(1)에서 도출한 총수요곡선이 만나는 곳에서의 물가와 소득수준이 바로 단기균형에서의 물가수준과 국민소득이라고 할 수 있다.

2. 단기균형에서의 물가수준과 국민소득의 도출

(1) 단기균형의 의미

루카스 공급곡선에서 장기적으로는 합리적 기대를 바탕으로 실제물가(P)와 기대물가수준(P^e)이 일치한다고 본다. 따라서 설문에서 제시된 $P^e=3$ 일때 실제물가와 기대물가 수준이 불일치하며 이때 수요측과 공급측의 균형을 이루는 물가수준과 국민소득이 단기균형이라 할 수 있다.

(2) 도출

단기공급곡선 SAS : Y = 900 + 75(P-3)

정리하면, SAS : Y = 675 +75P

균형조건 AD = SAS에서 $850+\frac{500}{P}=75P+675$

즉, $P^*=4$, $Y^*=975$

(3) 결과

단기균형에서 물가수준=4 , 국민소득=975이다.

3. 경제학적 함의

루카스 공급곡선을 상정할 경우 실제물가수준보다 기대물가수준이 낮을 경우 $(P > P^e)$ 일국 경제의 소득수준은 (단기적으로) 자연산출량 수준을 초과한다.

Ⅳ. 설문(4)의 해결

1. 문제풀이의 방향

장기균형에서는 실제물가와 예상물가수준이 일치하므로 $(P=P^e)$루카스 공급곡선은 $Y=Y^*=900$이 되어 자연산출량수준인 900에서 수직인 형태가 된다. 따라서 이러한 수직의 장기총공급곡선(LAS)과 앞서 도출한 총수요곡선이 만나는 곳에서의 물가수준, 기대물가수준, 국민소득을 도출한다.

2. 장기균형의 도출

(1) 수식적 접근

LAS : $Y=Y^*=900$ 이므로,

AD=LAS에서 $850+\dfrac{500}{P}=900$ 계산하면, $P^*=10$

장기균형에서 $P=P^e$ 이므로 $P=P^e=10$

(2) 결과 (그림 2)

장기균형에서 물가수준=기대물가수준=10, 국민소득=900이다.

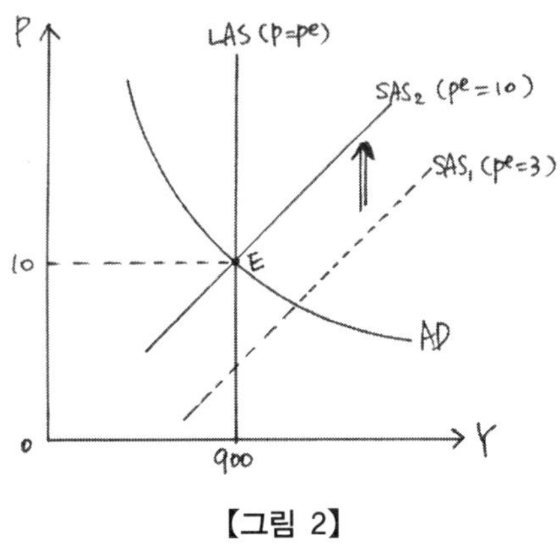

【그림 2】

3. 경제학적 함의

위 설문의 풀이에서 알 수 있듯이 장기적으로는 사람들이 물가를 정확하게 예측하므로 국민소득은 자연산출량 수준으로 회귀한다. 이를 근거로 루카스를 비롯한 합리적 기대학파는 정부의 정책이 장기적으로는 물가수준만 변화시킬 뿐 실물경제에 영향을 미치지 못한다고 하였다.

경기활성화를 위한 대책

제55회 행정고시 재경직 합격 김 0 0

행시 제56회(12년)

경기침체기에 있는 A국은 경기활성화를 위해 소득세 및 법인세 인하 정책을 단행하였다. (총 30점)

(1) 소득세 및 법인세 인하정책이 소비, 투자 및 국민소득을 증가시키는 효과가 있다는 주장을 이론적으로 설명하시오. (10점)

(2) 이에 반해 소득세 및 법인세 인하정책은 효과가 없다는 주장에 대해 이론적으로 설명하시오. (20점)

C/O/N/T/E/N/T/S

Ⅰ. 설문 (1)의 해결

조세 인하정책이 소비와 투자에 영향을 미치는 경우에, 생산물시장의 균형인 IS곡선의 식은 다음과 같이 변형될 수 있다.

$$\therefore Y = C(Y, T) + I(r) + G$$

$$dY = \frac{\partial C}{\partial Y}dY + \frac{\partial C}{\partial T}dT + \frac{\partial I}{\partial r}dr + dG$$

$$\left(1 - \frac{\partial C}{\partial Y}\right)dY = \frac{\partial C}{\partial T}dT + \frac{\partial I}{\partial r}dr \ (\because dG = 0)$$

$$\left(-1 < \frac{\partial C}{\partial T} < 0,\ 0 < \frac{\partial C}{\partial Y} < 1,\ \frac{\partial I}{\partial r} \le 0\right)$$

$$\therefore \frac{dY}{dT} = \frac{\frac{\partial C}{\partial T} + \frac{\partial I}{\partial r}\frac{dr}{dT}}{\left(1 - \frac{\partial C}{\partial Y}\right)} < 0$$

위 식에서 $\frac{dY}{dT}$가 0보다 작은 경우에 IS곡선이 우측으로 이동하게 된다. 이 때, 만일 케인즈가 '일반이론'에서 주장한 바와 같이 투자가 야성적 충동(*Animal Spirit*)에 의한 독립투자만 존재하는 경우에는 $\frac{\partial I}{\partial r}=0$이 되므로, 조세감면이 이자율에 미치는 효과와 관계없이 구축효과는 존재하지 않는다. 그러므로 위 계수들에 의해서 $\frac{dY}{dT}$가 0보다 작아지게 되어 IS가 우측으로 이동하게 된다.

케인즈의 전통적인 $IS-LM$모형에 의하는 경우,

소비이론은 $C=C(Y,T)$로 절대소득가설에 의한 소비이론이며, 투자이론은 $I=I$(일정) 으로 독립투자가 투자를 결정한다. 그러므로 좌측 그림과 같이 IS곡선은 수직인 바, 조세 인하는 절대소득가설에 근거하여, 가처분 소득을 증가시키고, 이를 통해 경제주체는 자신의 소비를 늘린다. 그러므로 균형은 A에서 B로 이동하므로, 균형소득 역시 증가한다. 또한 경기확장으로 인한 투자심리가 긍정적으로 변화하는 바, 그로인한 독립투자 증가에 의해 투자 역시 증가하며 IS는 한번더 우측으로 이동한다. $(B\rightarrow C)$ 그러므로 최종적인 균형은 C에서 달성되며, 국민소득은 Y_0에서 Y_1으로 증가한다.

결국 ① 케인즈의 절대소득 가설과 ② 케인즈의 야성적 충동에 의한 독립투자이론을 적용하는 경우에 조세 인하 정책이 소비, 투자 및 국민소득을 증가시킨다.

Ⅱ. 설문 (2)의 해결

설문 (1)과는 달리, 조세감면의 효과가 없다고 주장하는 이론의 배경은 소비함수와 투자함수가 앞선 이론과 다른 배경에서 성립되는 경우에 타당하다.

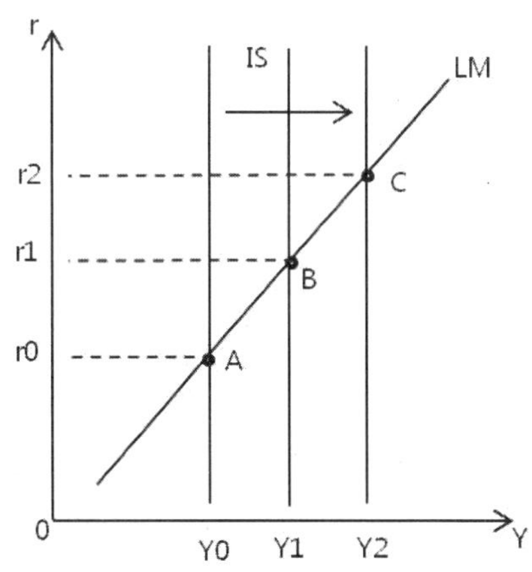

먼저 소비이론을 살펴보면 케인즈가 주장하는 절대소득가설은 현재 경제주체가 보유하는 가처분소득($C_d=Y-T$)의 크기에 비례하여, 소비가 결정되는 것과 다르게, 다기간에 경제주체가 얻는 소득의 현재가치를 통해 개인의 소비를 결정하는 이론이 제기되는 바, 이를 항상소득가설이라고 한다.

항상소득가설에서 2기간을 생존하는 경제주체는 1기에 Y_1의 소득을, 2기에는 Y_2의 소득을 달성한다. 그러므로 매기 가처분 소득의 현재가치의 합을 예산제약으로 하여 자신의 효용을 극대화하는 소비를 달성하게 된다.

$$\therefore Max_{C_1,C_2} U(C_1, C_2)\ s.t.\ (Y_1 - T_1) + \frac{(Y_2 - T_2)}{1+r} = Y_p + \frac{Y_p}{1+r} = PV \text{ 이다.}$$

그리고 정부는 균형재정을 달성하는 바, 1기와 2기의 정부지출(G)의 현재가치의 합과, 조세수입(T)의 현재가치의 합은 동일해야 한다. 이 때 구체적인 흐름까지는 동일할 필요가 없는데, 그 차이를 매워주는 것이 국채(B)의 역할이다.

$$\therefore G_1 + \frac{G_2}{1+r} = (T_1 + B) + \frac{T_2}{1+r} \text{ 식을 만족하는 정부지출과 채권발행규모를 설정한다.}$$

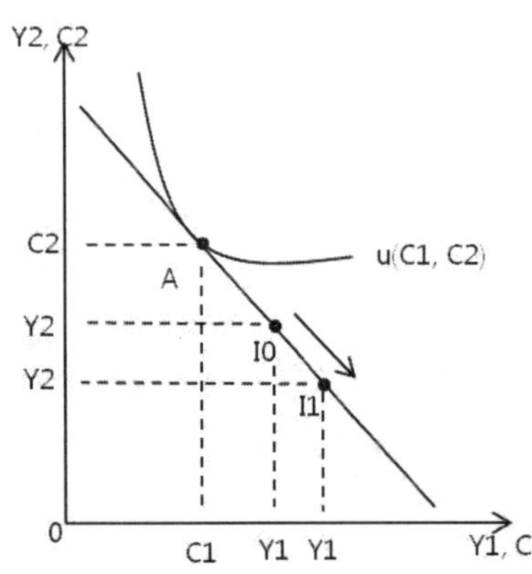

만약 동일한 정부지출 스케쥴을 유지하는 가운데, 1기의 조세를 감면하는 경우에 부족분은 국채발행으로 충당하게 되며($T_1 = B$), 국채는 민간이 보유하게 된다. 이 경우 2기에 국채를 상환해야 하므로 정부는 2기 조세 중 국채의 원리금을 포함하여 징수하게 된다. 그러므로 개인의 효용극대화 식과 정부의 균형재정식을 동시에 전개하면 다음과 같다.

$$\therefore Max_{C_1, C_2} U(C_1, C_2)\ s.t. \begin{cases} Y_1 + \dfrac{Y_2 - T_2 - (1+r)B}{1+r} = (Y_1 - T_1) + \dfrac{Y_2 - T_2}{1+r} \\ \qquad = PV(\because T_1 = B) \\ G_1 + \dfrac{G_2 + (1+r)B}{1+r} = B + \dfrac{(T_2 + (1+r)B)}{1+r} = T_1 + \dfrac{T_2}{1+r} + B \\ \qquad = G_1 + \dfrac{G_2}{1+r} = T_1 + \dfrac{T_2}{1+r} \end{cases}$$

이므로 정부제약과 개인의 효용극대화식 모두 최초의 제약조건과 변화 없다.

이처럼 정부재정이 일정한 경우에 정부재원을 조달하는 방법에 관계없이 개인의 소비가 일정하게 결정된다는 것을 리카도 대등성 정리(RET)라고 한다. 즉, 이 정리에 의하는 경우, 정부의 국채발행은 비록 민간의 소유가 되지만, 민간은 이를 자산으로 인식하지 않고, 미래에 대한 부채로 인식하여 조세감면액에 해당하는 부분을 모두 소비하지 않고 저축하여 미래에 있을 국채의 원리금 상환으로 인한 조세 증가에 대비하게 된다. 그러므로 일정한 정부지출이 유지되는 상황에서의 경기부양을 위한 감세조치는 소비스케쥴에는 영향을 주지 않게 되므로 소비는 일정하게 유지된다.

위의 그림에서 보는 바와 같이 PV가 일정한 경우에는 우하향하는 직선이 좌표평면의 각 축과 이루는 넓이가 변하지 않고 일정하게 된다. 이 때 우하향하는 직선은 소비자의 예산제약식이 되며, I_0는 감세조치 전 초기부존점으로 만일 완전한 금융시장을 가정하는 경우에는 언제든지 동일한 이자율로 차입 또는 저축할 수 있게 되므로 연속인 직선이 된다.

이 때 1기에 조세 감면 후 2기에 증세하는 경우에 초기부존점은 I_1로 이동하게 된다. 그러나 이러한 이동은 예산제약선상에서 이동하기 때문에, 가처분 소득의 현재가치의 합에는 영향을 미치지 않는다. 그러므로 초기부존점에 구애받지 않고 동일한 이자율로 차입 또는 저축할 수 있는 경우에 소비자의 효용극대화에 의한 소비점은 초기부존점에 관계없이 항상 A점이 된다.

그러므로 리카도 대등성정리에 의해서 항상소득이론에 근거한 소비스케쥴은 변화가 없게 되며, 감세로 인해 1기 소비와 2기 소비 모두 변화하지 않는다.

그리고 한계생산성과 자본의 사용자비용에 근거한 투자이론은 기존의 독립투자에 의한 투자이론과는 달리 합리적 경제주체의 이윤극대화 원리에 의하여 도출된 투자이론으로 이 경우에 법인세를 부과하는 경우에 자본의 사용자비용이 변화함에 따라 최적 투자규모는 영향을 받을 수 있다. 그러나 투자세액공제와 감가상각공제 등을 이용하면, 법인세를 중립세로 만들 수 있게 된다. 그러므로 법인세 인하를 통해 투자증대를 유도하는 경우에도, 법인세가 중립세라면 개별 기업의 선택에는 법인세 규모와 관계없이 항상 영향을 받지 않으므로 투자 역시 불변이 된다. 실제로 법인세를 인하하는 경우에 투자 증가의 효과는 크지 않았다는 연구결과도 존재하는 바, 이러한 분석은 타당성을 지닌다고 할 것이다.

결국 다기간 소비선택모형에 의한 소비이론($C = C(Y_1, Y_2, r)$)과 미시적 기초를 이용한 투자이론의 구축은 조세감면의 이론적 타당성을 부정하는 결과를 가져오게 되었다.

교/수/강/평

김 윤 영(단국대학교 경제학부 교수)

(1) 조세정책의 효과를 다룬 고전적인 문제로 기본적으로 IS-LM 체계에서 분석할 수 있는 문제이다. 먼저 IS 곡선은 다음의 생산물 시장 균형에서 결정된다고 가정하자.

$$Y = c(Y - T) + I(r) + G$$

여기서 $Y - T$ 는 조세 납부 후 가처분 소득이다. 한편 화폐시장의 균형을 나타내는 LM 곡선은 다음으로 주어진다.

$$M_s / P = M_d(Y, r)$$

이러한 IS-LM 체계에서 외생으로 T와 G가 주어졌을 때 균형 이자율과 균형 국민소득이 주어진다. 여기서 T 의 감소는 IS 곡선이 우상방으로 이동하는 것을 의미하며 우상

경제학

향하는 LM 곡선의 가정 하에 균형 이자율 상승과 균형국민소득의 상승을 유발한다. 여기서 조세 하락 후 균형 가처분 소득은 증가하게 되며 이는 소비증가로 귀결되나 균형 이자율 상승으로 투자는 감소하게 된다.

모범 답안의 경우 투자가 이자율의 영향을 받지 않는 경우를 상정하였으나 이는 일반적인 가정은 아니며 감점의 요인이 될 수 있음에 유의하자. 또한 미분을 통한 해 보다는 그래프를 활용하는 것이 보다 직관적이고 이해력이 큼을 유의하자.

(2) 감세의 경제적 효과가 없다는 이론은 소비자 선택이 다기간에 이루어 지는 경우에 의의를 갖는다. 세금 감면으로 인한 재정 적자는 미래의 증세로 메워질 것이며 동태적으로 최적화를 수행하는 합리적 소비자의 경우 감세에 반응하는 않을 수 있다. 이런 논지가 리카도 대등성 정리의 핵심이다. 모범답안에서 제시된 수식의 저변에 깔린 의미를 잘 이해하기로 하자.

재량적 총수요정책과 실업률

제47회 행정고시 재경직 합격 박 달

현재 산출량이 960억 달러 GNP갭 상승률/경기적 실업률 = 2, 실업률이 5%인 국가가 있다. 이 국가는 장기적으로 실업률을 3% 미만으로 낮추려고 한다.

(1) 자연실업률을 구하라.(5점) 단, 구직률은 97%, 실직률은 3%이다.

(2) 자연실업률이 존재하는 상황에서 위의 정책목표를 달성하기 위해 정책당국은 재량적 총수요정책을 실시하고자 한다. 그 결과는 어떠하겠는가. 실업률을 장기적으로 낮추기 위한 대책을 제시하라.(10점)

(3) 독점적인 지위를 가진 강력한 노동조합이 A국에 탄생하였다. 이 노동조합은 실업자들의 이해관계에 무관하게 취업자의 이해를 극대화하고자 한다. 구직률은 상승시 99%, 하락시 93%의 두 가지 밖에 없다고 할 때 실업률을 구하라. 단 그 외의 조건은 1번의 상황과 동일하다.(15점)

(4) 위 (3)문의 상황에서 재량적 총수요정책의 효과를 나타낼 가능성에 대해 논하라.(10점)

C/O/N/T/E/N/T/S

Ⅰ. 설문(1) : 자연실업률의 도출

1. 자연실업률의 정의

M.Friedman의 경우 실업률이 균형상태에 있는 경우의 실업률을 자연실업률이라고 보았으며, Lerner의 경우 한 나라의 국민경제가 완전고용상태의 실업률을 자연실업률이라 보았다.

2. 자연실업률의 도출

LF=E+U

균형이 이루어지기 위해

dE=fU-sE=0

(f=구직률, s=실직률)

U_N=U/LF=U/ $(\frac{f}{s}U+U)=s/f+s$U+U)=s/f+s

따라서 U_N=0.03/0.03+0.97=0.03 자연실업률은 3%

Ⅱ. 설문(2) : 재량적 총수요정책의 효과와 대책

1. 재량적 총수요정책의 효과의 분석

(1) 자연실업률 가설의 의의

자연실업률 가설에 의하면 장기에서의 실업률은 자연실업률 수준에서 물가수준에 관계없이 균형을 이룬다고 주장한다. 즉 필립스곡선은 아래의 〈그림1〉에서 보듯이 자연실업률 수준에서 수직이다.

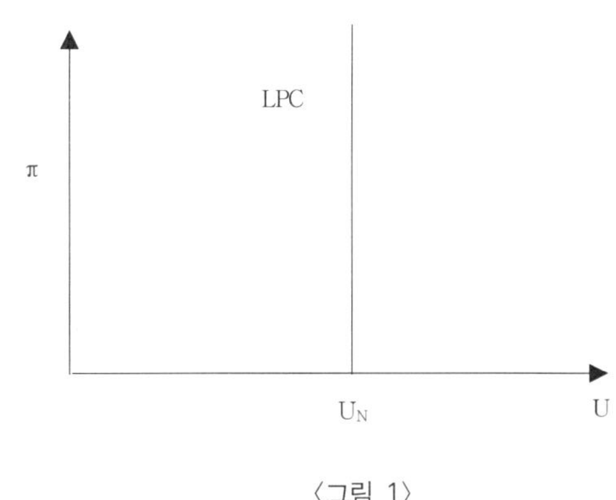

〈그림 1〉

(2) 재량적 총수요의 효과

1) 총수요정책을 통해 실업률을 자연 실업률 수준으로 낮추고자 하는 경우

〈그림2〉에서 보듯이 인플레이션률은 π_0에서 π_1으로 상승하고 SPC와 LPC가 교차하는 e_1지역에서 균형을 이룬다. 따라서 총수요는 소기의 목적을 달성한다.

2) 실업률을 자연실업률 이하로 낮추고자 하는 경우

〈그림2〉에서 총수요정책을 통해 인플레이션률을 π_2까지 올리면 단기적으로는 U_1에

서 실업률이 정해지고 자연실업률 이하로 실업률을 하락이 가능하다. 그러나 장기적으로는 경제주체의 기대 인플레이션에 영향을 주어 단기필립스곡선이 SPC π^e_0에서 SPCπ^e_1으로 상승한다.

따라서 자연실업률 가설이 작동하는 경제 상황에서 자연실업률 이하로 실업률을 내리려는 시도는 추가적인 물가상승을 가져올 뿐 성공할 수 없다.

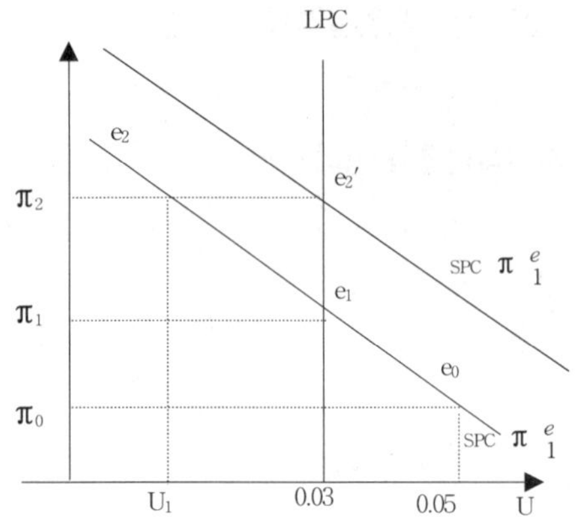

〈그림 2〉

2. 자연실업률을 낮추기 위한 대책

(1) 자연실업률 결정요인

자연실업률은 산업구조가 변화하면 산업간 노동이동이 크게 유발되어 자연실업률이 변화한다.

출산률이 변화하거나 평균수명이 연장되는 등의 인구구성의 변화도 자연실업률에 영향을 비친다.

그 외 생산물시장과 요소시장의 불완전경쟁의 정도, 노동이동의 가능성과 이동비용, 탐색비용, 제도적인 요인 등도 자연실업률에 영향을 미치는 요인이다.

(2) 대책

1) 직업훈련과 인력재배치를 위한 지원

직업훈련과 인력재배치를 위해 지원함으로써 상이한 산업이나 기업간 요구하는 노동의 질이나 지식, 특징의 차이에서 오는 실업을 줄이고 자연실업률을 낮출 수 있다.

2) 노동시장의 유연성 제고

노동시장의 유연성이 제고되어 이직과 취업이 활발하면 적절한 기업이 적절한 노동자를 고용하는 job matching이 이루어진다. 이를 통해 자연실업률을 낮추고 자원배분의 효율성을 높일 수 있다.

3) 직업정보망의 확충

직업탐색이론에 따르면 작업정보망의 발달로 기업과 노동자간의 정보의 교류가 활발해지면 노동자가 지금까지 제시받은 조건보다 더 높은 조건을 제시하는 기업을 발견하는 데 소요되는 기간이 짧아지므로 직장탐색기간이 단축된다. 따라서 자연실업률이 단축된다.

4) 실업보험제도의 개편

선진국의 경우 부적절한 실업보험제도는 노동자의 탐색비용을 하락시켜 탐색기간을 증가시키므로 자연실업률을 증가시킨다. 따라서 실업보험제도의 개편의 필요성을 주장하는 의견도 제시되고 있다.

Ⅲ. 설문(3) : 노동조합 탄생의 효과 분석

1. 문제의 분석

이 노동조합은 실업자들의 이해관계에 무관하게 취업자의 이해를 극대화하고자 하므로 노동조합에 가입한 노동자는 '내부자 - 외부자이론'의 내부자로써 기능하고 이 노동조합에 가입하지 못한 실업자는 외부자로써 기능한다고 할 수 있다. 따라서 '내부자 - 외부자이론'을 통해 분석할 수 있다.

2. 내부자 - 외부자이론

내부자외부자이론에서 임금계약시 내부자의 이해관계는 강력하게 반영되지만 외부자의 이해관계는 잘 반영되지 않는다고 본다. 따라서 내부자는 노동시장에서 공급독점자처럼 행동하고 임금은 균형수준보다 높은 수준에서 결정되고 경직적이며 실업이 장기간 유지된다.

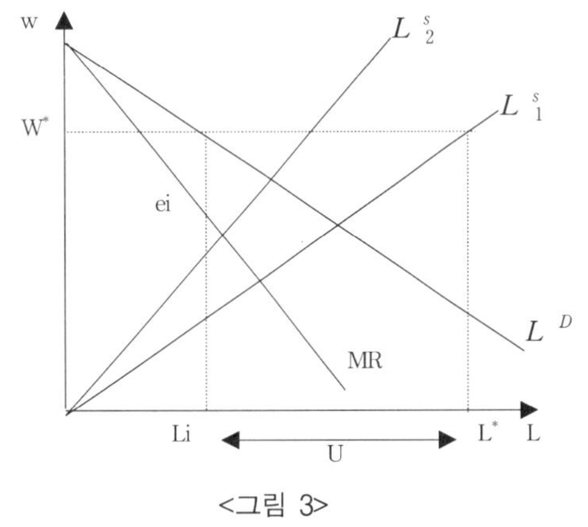

<그림 3>

L^s_1 : 외부자의 이해관계까지 반영된 노동공급곡선

L^s_2 : 내부자의 이해관계만 반영된 노동공급곡선

〈그림3〉에서 보듯이 임금결정시에는 내부자의 수요공급곡선만을 반영하여 임금이 결정되고 독점공급자로써 행동하므로 임금수준은 W*이고 고용수준은 Li이다.

따라서 U의 실업이 발생하고 균형임금수준보다 높은 수준에서 임금이 결정된다.

3. 실업률의 도출

(1) 노동조합이 취업률에 미치는 영향

내부자외부자이론에서는 내부자 · 외부자의 존재로 인해 다음과 같은 현상이 발생한다고 본다.

1) 신호효과

불황기에 해고된 노동자는 한계생산성이 낮은 노동자라는 신호효과가 나타난다. 이는 실업기간이 길수록 강화된다. 따라서 실업기간이 길어질수록 실업자는 재취업이 어려워지고 취직률이 하락한다.

2) 대기적 실업(Wait Unemployment)

내부자의 영향력이 강한 기업은 임금수준이 높으므로 이 기업에 장기간 대기상태에 있게 되고 취직률이 하락하게 된다.

(2) 실업률의 도출

내부자외부자이론의 상황이 작동하는 경우 신호효과와 대기적 실업에 의해 취직률이 하락하므로 문제에서 실업률은 93%이다.

$$U_N = \frac{s}{s+f} = \frac{0.03}{0.03+0.93} = 0.03125$$

Okun's law에 의해 다른 조건은 일정하므로 우선 완전고용산출량을 구하면

$$Yf = Yt\frac{1}{1-a(Ut-Un)} = 960\frac{1}{1-2(0.05-0.03)} = 1000$$

따라서 현재 실업률 Ut는

$$Ut = \frac{Yf-Yt}{aYf} + Un = \frac{1000-960}{2*1000} + 0.03125 = 0.05125$$

실업률은 5.125%

결과적으로 노동조합이 없는 경우보다 자연실업률과 현재 실업률이 0.125% 증가한다.

Ⅳ. 설문(4) : 재량적 총수요정책이 효과를 나타낼 가능성

1. 문제의 분석

위 설문(3)에서 보았듯이 외부자 내부자이론이 적용되는 경우에는 신호효과와 대기적 실업 등에 의해 자연실업률이 증가한다. 이러한 현상을 이력현상(Hysteresis)이라 하며 내부자 - 외부자이론의 현상을 그 원인의 하나로 보고 있다. 따라서 이력현상이론에 의해 분석해 볼 수 있다.

2. 이력현상(Hysteresis)의 의의

실업이론에서 이력현상이란 노동수요에 대한 일회적인 불리한 충격이 실제 실업률을 지속적으로 높여 자연실업률을 증가시키는 현상이다. 즉 장기에서 실제실업률이 자연실업률에 영향을 미치는 현상이다.

애초에는 자연실업률이 U_n^0이었으나 U_0수준의 일시적인 실업률에 대한 충격이 자연실업률에 영향을 미쳐 자연실업률이 U_n^1수준으로 증가, 따라서 기대 물가수준이 π_1^e수준이

아닌 π_2^e수준에서 형성되어 단기 필립스곡선은 SPC π_2^e이 되고 새로운 균형점은 e_1이 아닌 e_2이다. 따라서 각 균형점을 이으면 장기필립스곡선은 우하향하는LPC_1이 된다. 따라서 이력가설에서는 자연실업률 가설과 비교하여 다음과 같이 필립스 곡선 형태가 다르다.

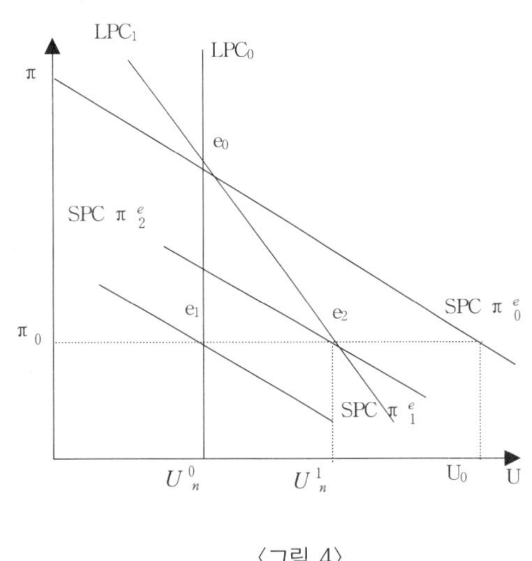

〈그림 4〉

〈자연실업률가설〉

$Pt = P_t^e + h(Ut - Un)$

〈이력가설〉

$Pt = P_t^e + h\{Ut - Un(Ut)\}$

단 $Un' > 0$

3. 재량적 총수요정책의 효과

〈그림5〉에서 보면 이력현상이 존재하는 상황에서 장기필립스곡선이 우하향하게 된다. 따라서 총수요 정책을 실시하면 균형점이 e_0에서 e_1으로 이동함으로써 실업률을 U_0에서 U_1으로 하락시킬 수 있으므로 재량적 총수요정책이 효과를 나타낼 수 있다.

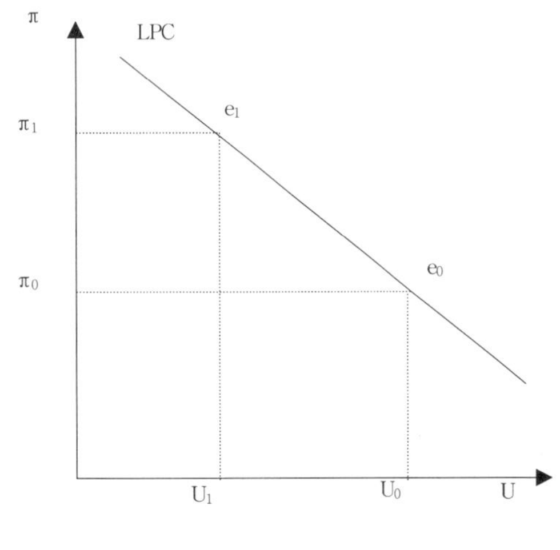

〈그림 5〉

4. 한계

실증검증결과 이력가설을 지지하는 뚜렷한 근거가 나오지 않고 있다는 것이 한계로 지적되고 있다. 이에 대해 옹호자들은 중남미와 독일의 희생비용에 대한 연구를 토대로 중남미의 물가하락에 따른 희생비용이 독일의 희생비용보다 작았다는 것을 근거로 이력가설의 실증자료로 제시하여 반박하였다. 그러나 이런 몇몇 유럽의 경우를 제외하고, 미국의 경우에는 이력가설이 나타나고 있지 않고 있다. 또한 이력현상은 자연실업률의 정의의 문제에 불과하다는 지적이 있다.

금융정책과 이자율(공개시장 조작정책의 효과) 제43회 행정고시 재경직 합격 김 석 기

■ 다음은 00경제신문의 신문기사입니다. 이를 읽고 아래의 질문에 답하시오.

정부는 다음달 8일을 전후해 한국은행이 시장에서 국공채를 매입하는등 공개시장 조작을 통해 금리안정기조를 유지키로 했다. 또한 다음달 8일이후의 수익증권 환매사태에 대비, 총36조 2천억원의 현금 유동성을 준비하고 필요할 경우 한은이 투신사에 자금을 직접 지원키로 했다.

(1) 신문기사에 따르면, 정부는 금리상승 조짐이 나타날 경우 한국은행 시장에서 국공채를 매입하는 등의 공개시장 조작을 통해 금리안정을 유지키로 했다. 공개시장 조작정책의 의의와 국공채 매입이 통화량에 미치는 영향을 간략히 언급하고. 이러한 정책이 금리와 국민소득에 미치는 단기적 영향을 설명한 후 금리 안정화를 위한 정부 정책의 유효성을 평가하시오.(15점)

(2) 경제학과 3학년인 열심히 군은 이 기사를 보고, 물가가 신축적인 장기적 측면을 고려하면 정부정책은 효과를 거두기 어려우며 이자율은 결국시장의 원리에 따라 결정될 수 없다고 말하였다. 이러한 정부정책이 물가에 미치는 영향을 화폐수량설과 관련시켜 설명하고, 정책의 장기적인 효과를 논하시오.(15점)(단. 우리 나라의 상황은 경제의 가용자원이 충분히 활용되고 있는 상황이라고 가정하자)

C/O/N/T/E/N/T/S

[설문 (1)]

Ⅰ. 공개시장 조작정책과 통화량

1. 공개시장 조작정책의 의의

공개시장 조작정책이란 중앙은행이 증권시장에서 국공채를 매입하거나 매각하여 통화량을 조절하는 것을 말한다. 중앙은행이 국공채를 매입하면 국공채에 대한 수요가 증가하여 국공채가격이 오르기 때문에 이자율이 하락하고, 반대로 중앙은행이 국공채를 매각하면 국공채의 공급이 증가하여 국공채 가격은 하락하고 이자율은 상승한다.

2. 국공채 매입이 통화량에 미치는 효과

중앙은행이 국공채를 매입하면 중앙은행의 대차대조표에서 차변의 순기타자산이 증가하고 대변의 본원통화가 증가한다. 본원통화가 증가하면 최대 통화승수만큼 통화량이 증가하게 된다.

Ⅱ. 국공채 매입의 단기적 효과

1. 소득-이자율 평면상의 분석 : IS - LM분석

공개시장 조작에 따른 국공채 매입은 통화량을 증가시키는 확대금융정책에 해당하므로 소득- 이자율 평면상에서 화폐시장의 균형을 나타내는 LM곡선이 우향이동한다. 국공채 매입은 채권가격을 상승시키고 이것은 이자율의 하락을 의미한다. 이자율 하락은 투자수요가 증가하게 되는 요인이므로 재화시장에서의 총수요가 증가한다.

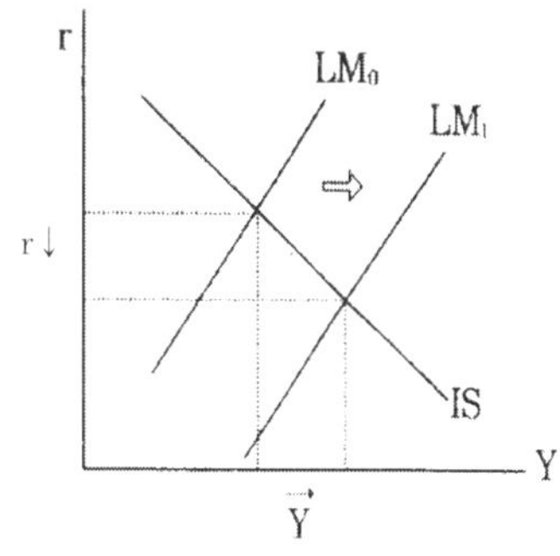

2. 소득과 이자율의 변화

확대금융정책의 결과 소득-이자율 평면상에서 파악한 균형국민소득은 증가하고 이자율은 하락하게 된다.

Ⅲ. 정부정책의 단기적 효과 평가

금리안정화를 위한 정부의 공개시장조작정책(국공채 매입)은 채권 가격을 상승시켜 이자율이 하락하게 되고, 이것은 소득-이자율 평면상의 IS-LM분석에서 균형국민소득의 증가와 이자율 하락으로 나타났다. 따라서 금리안정의 정책적 효과를 달성함과 동시에 국민소득 증가의 효과가 있으므로 정부의 공매시장 조작정책은 단기적으로 유효한 정책이다.

[설문 (2)]

Ⅰ. 공개시장 조작정책(국공채 매입)과 물가

1. 화폐수량설과 교환방정식

화폐수량설에 따르면 통화량의 증가에 따른 명목화폐의 저량초과공급은 물가의 비례적 상승에 따른 명목화폐의 수요증가로 상쇄되고 화폐시장의 균형을 회복하게 된다. 즉 화폐수량설이란 국민소득과 통화의 소득유통속도가 일정하다는 전제 아래서 통화량과 물가는 정비례 관계에 있다는 것이며, 이것은 $M \cdot V = P \cdot Y$라는 교환방정식으로 나타낼 수 있다.

2. 국공채 매입이 물가에 미치는 영향

화폐수량설에 따를 때 국공채 매입에 따른 통화량의 증가는(국민소득과 통화의 소득유통속도가 일정하다는 전제아래서) 물가상승을 유발하게 된다.

Ⅱ 공개시장 조작정책(국공채 매입)의 장기적 효과

1. 소득-물가 평면상의 분석 : AS-AD분석

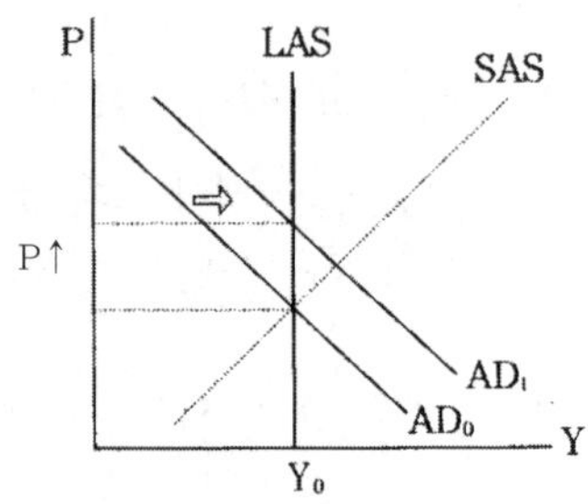

국공채 매입에 의한 확대금융정책은 1문에서 서술한 바와 같이 총수요를 증가시키는 효과가 있고 이것은 소득-물가 평면상에서 총수요 곡선의 우향이동으로 나타난다.

물가가 신축적인 장기에는 공개시장조작정책에 따른 국공채 매입이 통화량 증가로 인한 물가 상승을 유발하게 되며, (우리 나라의 상황을 경제의 가용자원이 충분히 활용되고 있는 상황이라고 가정한다면) 장기적으로 완전고용수준에서 수직의 총공급 곡선(LAS)을 가정할 수 있다.

따라서 국공채 매입의 장기적 효과는 물가를 상승시킬 뿐 균형국민소득의 변화를 초래하지 않는 것으로 나타난다.

2. 소득-이자율 평면상의 분석 : IS - LM분석

물가 상승은 실질화폐수요의 감소를 의미하므로 소득-이자율 평면상에서 화폐시장의 균형을 나타내는 LM곡선을 다시 좌향이동시키게 되고 이자율은 상승하며 균형국민소득은 원래의 수준으로 되돌아간다.

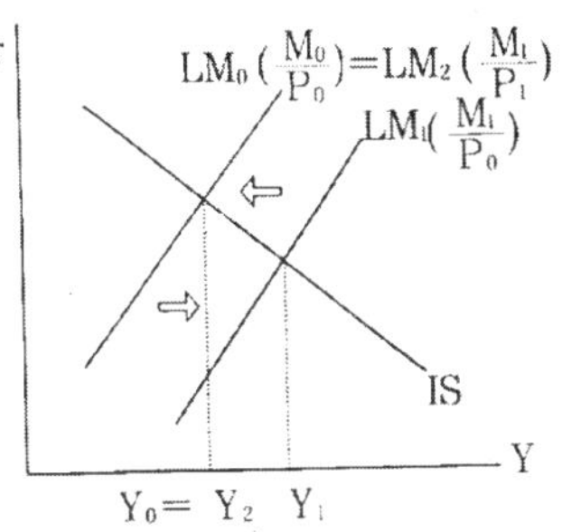

Ⅲ. 정부정책의 장기적 효과 평가

금리안정화를 위한 정부의 공개시장조작정책(국공채 매입)은 위에서 서술한 IS-LM분석과 AS-AD분석의 결과에 따를 경우 장기적으로 물가의 상승을 유발할 뿐 금리하락을 유도할 수는 없음을 알 수 있다.

*공개시장조작과 같은 확대통화정책은 시중유동성을 증가시켜 이자율을 하락시키는 유동성효과를 초래하지만, 소득효과(이자율의 변동으로 국민지출=국민소득이 변동함으로써 화폐수요가 변하고 이것이 다시 이자율에 미치는 효과)를 발생시켜 이자율이 상승하고, 통화량 증가가 기대인플레이션을 높인다면 피셔효과(지속적인 통화량 증가가 계속될 경우 기대인플레이션을 높여 명목이자율을 상승시키는 효과)에 의해 이자율을 더욱 더 상승시키게 된다.

제5장 소비이론

기 출

소비와 투자의 위축과 부동산 가격 폭등

행시 제50회(06년)

제49회 행정고시 재경직 합격 강 욱

우리 경제는 최근 내수, 즉 소비와 투자가 급속히 위축되는 가운데 부동산가격이 폭등하는 현상을 경험하였다. 일견 서로 모순되는 것처럼 보이는 이 두 가지 현상을 이론적으로 설명할 수 있는 공통의 요인들을 찾고자 한다. 경제 주체들의 '이자율하락예상'이나 '미래소득의 불확실성 증가'를 이용하여 위 두 가지 현상이 동시에 발생할 수 있음을 각각 이론적으로 설명하시오. (20점)

C/O/N/T/E/N/T/S

Ⅰ. 서

Ⅱ. 이자율하락예상

1. 소비에 미치는 영향

이자율이 하락할 경우 저축자들은 미래 소득이 감소하게 된다. 그리고 연금생활자들의 경우도 이자율의 하락으로 자신의 소득이 감소할 것으로 생각한다. 따라서 이자율이 하락할 경우 소비가 감소하는 효과를 낳게 된다.

2. 투자에 미치는 영향

투자는 일반적으로 이자율에 영향을 받는 이자율의 함수이다. 투자가 이자율의 함수일 경우에 이자율이 장래에 하락한다면 투자가들은 투자의 미래비용이 싸므로 투자의 시점을 미래로 연기하게 된다. 따라서 현재의 투자는 감소하는 효과를 가져온다.

3. 부동산 시장에 미치는 영향

이자율의 하락은 금융자산에 대한 매력을 떨어뜨리는 효과를 낳는다. 따라서 금융자산을 대체하는 다른 자산을 찾게 되고 결국 수익의 변화가 없는 부동산 등으로 투자수요가 이동하게 된다. 따라서 이자율 하락 예상은 부동산 투자 수요를 증가시키는 효과를 낳는다.

Ⅲ. 미래소득의 불확실성 증가

1. 소비에 미치는 영향

미래소득의 불확실성이 증가할 경우 경제주체들은 소비보다 저축을 하게 된다. 따라서 소득의 불확실성이 증가하면 경제의 소비수준이 감소하게 된다.

2. 투자에 미치는 영향

미래소득의 불확실성이 투자에 직접적으로 영향을 미치지는 않지만 미래소득의 불확실성의 증가로 인한 소비의 감소는 투자의 위축을 가져오게 된다.

3. 부동산 시장에 미치는 영향

미래소득의 불확실성의 증가로 인하여 저축 등의 투자수요는 증가하게 된다. 따라서 금융자산 및 실물자산에 대한 투자수요가 증가하게 된다.

Ⅳ. 종합적 영향

경제 주체들이 이자율의 하락 예상과 미래소득의 불확실성을 예견할 경우에 경제전체의 소비와 투자는 위축되는 경향이 있다. 하지만 불확실성으로 인하여 저축 등 투자수요는 증가하게 되는데 이자율의 하락 예상으로 인하여 실물시장인 부동산으로 수요가 집중될 수 있다. 이때 부동산 등의 실물 수요는 고정되어 있으므로 단기간에 부동산 가격은 폭등할 수 있다.

/관/련/기/출

Fisher의 시점간 자원배분모형

입시 제27회(09년)

제53회 행정고시 재경직 합격 노 경 민

200명의 소비자로 구성되어 있고, $t=1$과 $t=2$의 두 기간 동안 지속되는 다음과 같은 시장경제를 분석해 보자. 모든 소비자는 두 기간에 걸친 소비, c_1과 c_2에 대하여 동일한 선호체계를 가지고 있고, 이는 효용함수 $u(c_1, c_2)=c_1^2c_2$로 표현된다고 한다. 1기의 소득 m_1과 2기의 소득 m_2의 흐름에 따라 소비자들은 두 가지 유형으로 분류되는데, 유형 A의 소비자들은 $m_1=M$과 $m_2=0$의 소득을 얻는 반면에 유형 B의 소비자들은$m_1=0$과 $m_2=M$의 소득을 얻는다. 두 유형의 소비자들의 숫자는 각기 100명으로 같다. 또한 이들은 금융시장에 참가하여 주어진 이자율 r 하에서 자유롭게 자금을 빌리거나 빌려줄 수 있다. 분석을 단순화하기 위하여 인플레이션은 없다고 가정하자.

(총 50점)

(1) 두 유형의 소비자의 효용극대화 문제를 쓰고 이를 풀어서, 개별 소비자의 각 기간의 소비에 대한 수요함수를 구하라.

(2) (1)에서 구한 개인수요함수를 이용하여 금융시장에서의 자금에 대한 시장수요함수와 시장공급함수를 구하라.

(3) 금융시장에서의 균형 이자율과 자금거래량을 구하고, 이를 그래프로 그려라. 시장균형 하에서 각 소비자는 어떠한 소비 행위를 보이는가?

(4) 이제 정부가 금리 수준이 너무 높다고 판단하고 $\bar{r}=0.5$의 이자율 상한제를 도입하기로 결정하였다. 이 이자율 상한제의 경제적 효과를 설명하라.

(5) (4)의 이자율 상한제 하에서 각 유형의 소비자의 소비 행위는 어떻게 바뀌는가? Slutsky 방정식을 이용하여 소비 행위의 변화를 대체효과와 소득효과로 나누어서 설명하고, 이를 그래프로 그려라.(유형 B의 소비자의 경우에는 원하는 자금을 성공적으로 빌린 소비자를 분석할 것임.)

(6) 각 소비자의 효용함수가 $u(c_1, c_2)=c_1c_2^2$ 이라면 시장균형이 어떻게 바뀌는지 간단히 설명하라. 왜 이처럼 다른 결과가 나타나게 되는지 경제적 이유도 설명해 보라.

■ C/O/N/T/E/N/T/S

Ⅰ. 설문 (1)의 해결

1. A의 효용극대화

Max $u(C_1,C_2) = C_1^2C_2$ s.t. $C_1+C_2/1+r = M$

f.o.c. : $MRS_{12} = 2C_2/C_1 = 1+r$

1계 조건을 위의 제약식에 대입하면 $C1 = 2M/3$, $C_2 = (1+r)M/3$ 의 A의 수요함수가 도출된다.

2. B의 효용극대화

Max $u(C_1,C_2) = C_1^2C_2$ s.t. $C_1+C_2/1+r = M/1+r$

f.o.c. : $MRS_{12} = 2C_2/C_1 = 1+r$

1계 조건을 위의 제약식에 대입하면 $C1 = 2M/3(1+r)$, $C_2 = M/3$ 의 B의 수요함수가 도출된다.

Ⅱ. 설문 (2)의 해결

1. 자금의 시장공급함수

1기에 A만 소득이 있으므로 자금의 공급은 1기에 A가 얻은 소득(M) 중 소비(C_1)하고 남은 부분이 될 것이다. 따라서 시장에 A가 100명 존재하므로 자금의 공급 $Ls = 100(M\text{-}2M/3) = 100M/3$ 이 된다.

2. 자금의 시장수요함수

1기의 자금의 수요는 1기 B의 소비량만큼에 해당된다. B가 100명이므로 자금의 수요 Ld = 100(2M/3(1+r)) 이 된다.

Ⅲ. 설문 (3)의 해결

1. 금융시장의 균형

자금공급곡선(Ls)과 자금수요곡선(Ld)이 만나는 점에서 금융시장의 균형이 결정된다. 이 때 100M/3 = 100(2M/3(1+r)) 이므로 균형 이자율 r* = 1 이 되고, 이 때 자금의 거래량은 100M/5 가 됨을 알 수 있다.

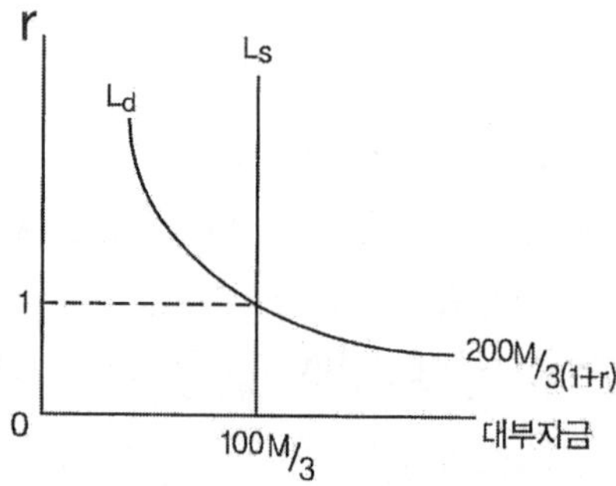

2. 각 소비자의 소비행위

균형상태에서 소비자 A는 1기에 소득 M중 2M/3만큼을 소비에 사용하고, M/3을 B에게 1의 이자율로 대부한다. 그리고 2기에는 B로부터 원금에 이자를 더하여 2M/3만큼을 상환 받아 소비하게 된다.

B의 경우 1기에 M/3만큼을 A에게 1의 이자율로 빌리고, 2기에 얻은 소득 중 2M/3을 A에게 상환한 후 남은 M/3을 2기에 소비한다.

Ⅳ. 설문 (4)의 해결

1. 이자율 상한제의 실시

설문의 이자율 상한제는 시장 가격이 너무 높다고 판단하여 소비자를 보호하기 위하여 일정 가격 이상을 받지 못하도록 인위적으로 통제하는 가격 상한제의 한 종류로 볼 수 있다. 이 경우 차입자인 B를 보호하기 위하여 이자율 상한제를 실시하게 된다.

2. 경제적 효과

그래프와 같이 r=0.5 수준에서 이자율 상한제 를 실시하게 되면 이 이자율에서 대부자금공급은 100M/3으로 일정한 반면 수요는 400M/9로 증가하여 초과수요를 나타내게 된다.

이러한 초과 수요가 발생하는 경우 지불용이가격 순서에 의해 자원이 배분되지 않아 암시장이 형성될 수 있고, 자금을 얻기 위해 줄을 서서 기다리거나 지대를 지불해야 하는 등 자원배분의 왜곡이 발생하여 효율성이 상실된다. 또한 임의적 자원배분 과정에서 차별이 발생할 가능성도 생김에 따라 형평성에서도 문제가 발생할 수 있다.

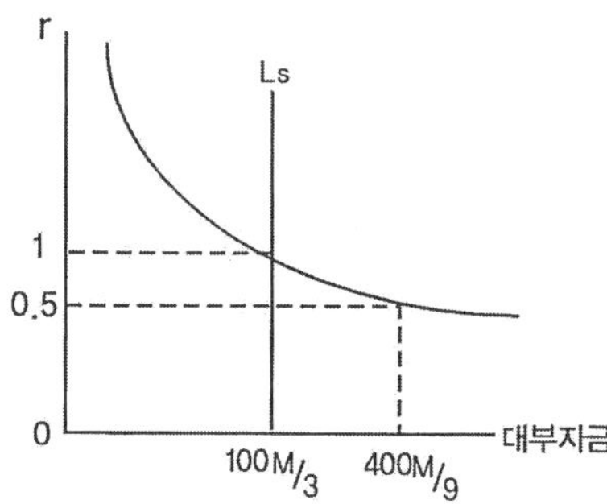

Ⅴ. 설문 (5)의 해결

1. 슬러츠키 방정식의 변형

슬러츠키 방정식은 가격효과가 대체효과와 소득효과의 합으로 이루어진다는 것을 나타내는 공식으로 아래와 같이 나타낼 수 있다.

위 식의 좌변은 가격효과, 우변의 첫 항은 대체효과, 우변 둘째 항은 소득효과를 나타낸다. 이 식을 다기간 소비 모형에 적용하면 아래와 같다.

2. 각 소비자의 소비행위 변화

(1) A의 경우

그래프와 같이 이자율이 1에서 0.5로 변화함에 따라 예산선이 완만해지고, 대체효과와 소득효과에 의해 소비량이 변화하게 된다. 이 때 대체효과는 대부자인 A의 자금대부의 이익을 감소시켜 현재소비(C_1)를 늘리고 미래소비(C_2)를 줄이는 방향으로 작용하게 되고, 소득효과는 이자소득을 감소시켜 정상재인 현재소비(C_1)와 미래소비(C_2) 모두를 감소시키게 된다.

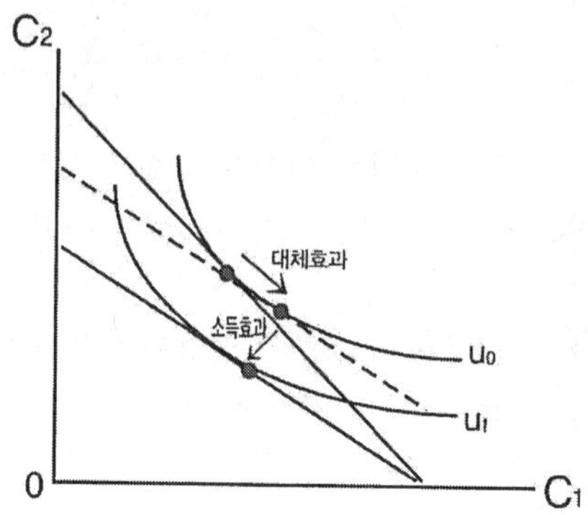

(2) B의 경우

그래프와 같이 이자율이 0.5로 낮아짐에 따라 예산선이 완만해지고, 차입자인 B의 경우 대체효과는 차입비용을 감소시켜 현재소비(C_1)를 늘리고 미래소비(C_2)를 줄이는 방향으로 작용하게 되고, 소득효과는 차입자의 소득을 증가시켜 정상재인 현재소비(C_1)와 미래소비(C_2) 모두를 증가시키게 된다.

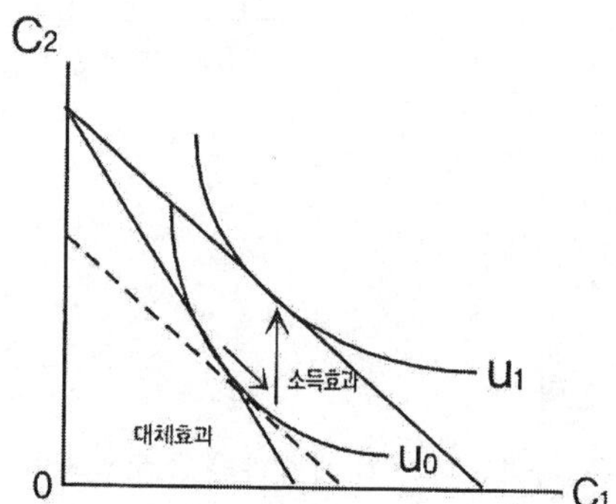

Ⅵ. 설문 (6)의 해결

1. 효용함수 변화의 의미

효용함수가 $u = C_1C_2^2$ 로 변화하는 경우 기존의 효용함수($u = C_1^2C_2$)에 비해 미래소비(C_2)에 대한 선호도가 높아져 가중치가 증가하게 됨을 의미한다.

2. 시장균형의 변화

효용함수가 설문과 같이 변화하는 경우 위 그래프와 같이 A,B 모두 현재소비를 줄이고 미래소비를 증가시킬 것이다. 이에 따라 자금의 공급자인 A의 현재소비가 줄고 자금 공급이 증가하게 될 것이며, 자금 수요자인 B의 현재소비 역시 줄어 자금 수요는 감소하게 될 것이다. 따라서 새로운 대부시장의 새로운 균형 f에서는 이자율이 반드시 하락하게 될 것이다.

기 출

적자재정에 의한 경기부양책

이 인 욱 강사

행시 제47회(03년) 재정학

적자재정에 의한 경기 부양책이 경제에 미칠 효과와 문제점을 논하시오.
(1) 소비 및 투자 (10점)
(2) 소득분배 (10점)
(3) 위험부담 (10점)

C/O/N/T/E/N/T/S

Ⅰ. 논의의 전제
  1. 재정적자(budget deficit)의 의의
  2. 적자재정와 이자율의 관계
Ⅱ. 적자재정이 소비 및 투자에 미치는 효과 - 〔설문의 (1)〕
  1. 소비에 미치는 효과
  2. 투자에 미치는 효과 : D. Jorgenson model
Ⅲ. 적자재정이 소득분배에 미치는 효과 - 〔설문의 (2)〕
  1. Fisher 2기간 모형에 의한 분석
  2. 공적부조 모형
  3. 기 타
Ⅳ. 적자재정이 위험부담에 미치는 효과 - 〔설문의 (3)〕
  1. J. Tobin의 자산선택모형(portfolio selection model)
  2. 국민연금모형
  3. Arrow-Linder Theorem
Ⅴ. 적자재정을 통한 경기부양책의 한계
  1. 재정적자와 정부부채의 지속 가능성 문제
  2. 구축효과(crowding-out effect)의 문제
  3. 복지병(welfare disease)의 문제 : 효율성과 공평성의 상충관계(trade-off)

Ⅰ. 논의의 전제

1. 재정적자(budget deficit)의 의의

제정적자란 매 회계연도마다 정부예산상 조세수입을 초과하는 세출과 기존의 정부부채에 지불하는 이자부담의 합을 의미한다.

Dt=(Gt−Tt)+rBt−1

2. 적자재정와 이자율의 관계

경기부양을 위한 적자재정의 실시는 IS−LM 모형에서 〈그림 1〉과 같이 IS곡선을 우측이동시켜 이자율을 r_0에서 r_1으로 상승시킴을 알 수 있다.

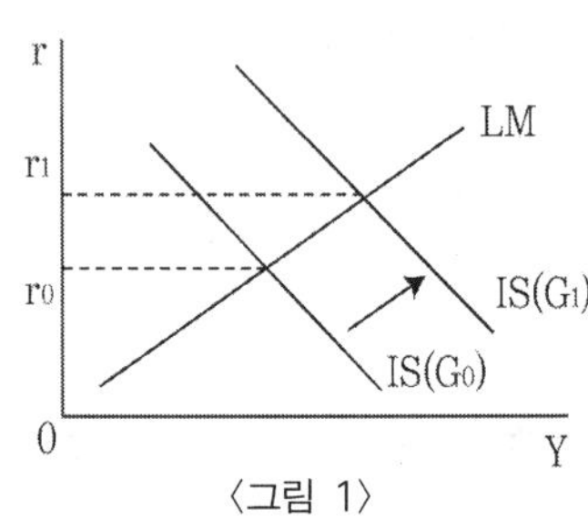

〈그림 1〉

Ⅱ. 적자재정이 소비 및 투자에 미치는 효과 - [설문의 (1)]

1. 소비에 미치는 효과

(1) 항상소득가설(permanent income hypothesis)

M. Friedman에 항상소득가설에 의할 경우, 적자재정을 위한 일시적인 조세감소는 경제주체의 소비를 증가시키기 보다는 저축만을 증가시킬 뿐이다. 따라서 적자재정이 소비를 증가시키기 위해서는 영구적인 조세감소가 요구된다.

(2) Fisher의 2기간 모형

Fisher의 2기간 모형에 의할 경우 이자율이 U′A상승할 경우 채권자의 현재소비 증감여부는 불분명하나 채무자의 경우는 소득효과와 대체효과 모두 〈그림 2〉처럼 현재소비를 감소시킨다. 따라서 경제 내에 평균소비성향이 큰 채무자가 많은 경우에는 이자율 상승은 사회 전체적으로 소비를 감소시킨다.

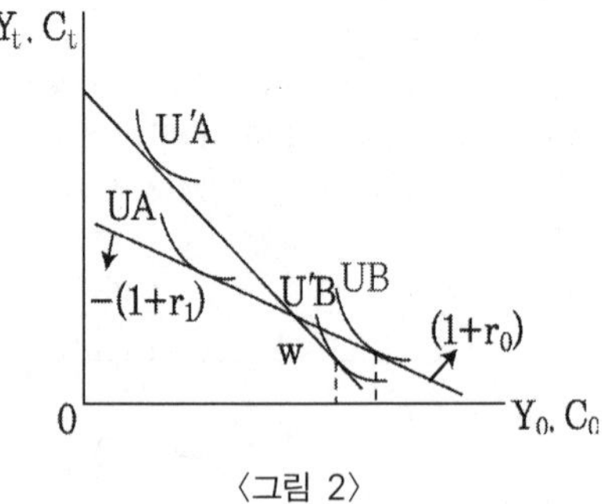

〈그림 2〉

(3) **리카도 동등성 정리(Ricardian equivalence theorem)**

리카도 동등정리가 성립하는 경우에는 〈그림 3〉처럼 경기부양을 위한 조세감면은 초기부존점만을 이동시킬 뿐 소비점은 C점에서 변동이 없게 된다.

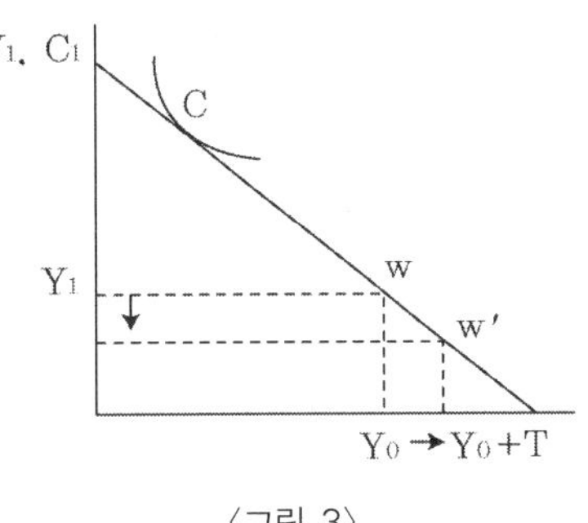

〈그림 3〉

2. 투자에 미치는 효과 : D. Jorgenson model

MPk 신고전학파의 투자모형인 조르겐슨 모형에 의할 경우 이자율 상승은 자본의 사용자비용(user cost of capital)을 상승시켜 〈그림 4〉처럼 투자를 감소시킴을 알 수 있다.

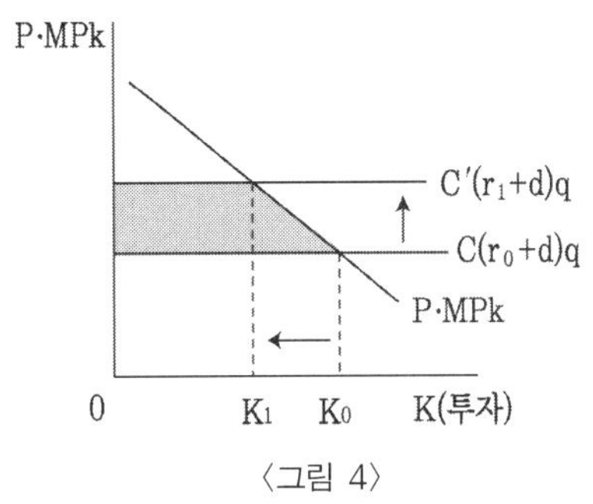

〈그림 4〉

Ⅲ. 적자재정이 소득분배에 미치는 효과 – [설문의 (2)]

1. Fisher 2기간 모형에 의한 분석

〈그림 2〉에 의할 경우 이자율 상승은 상대적으로 부유한 채권자(A)의 효용은 증가시키지만 채무자(B)의 효용은 감소시킴으로 소득분배를 악화시킴을 알 수 있다.

2. 공적부조 모형

정부가 가난한 사람의 실질소득을 증가시켜 소비를 진작시키기 위해 공적 부조를 실시할 경우 〈그림 5〉의 가난한 계층인 B의 효용이 증가하여 소득분배가 개선됨을 알 수 있다.

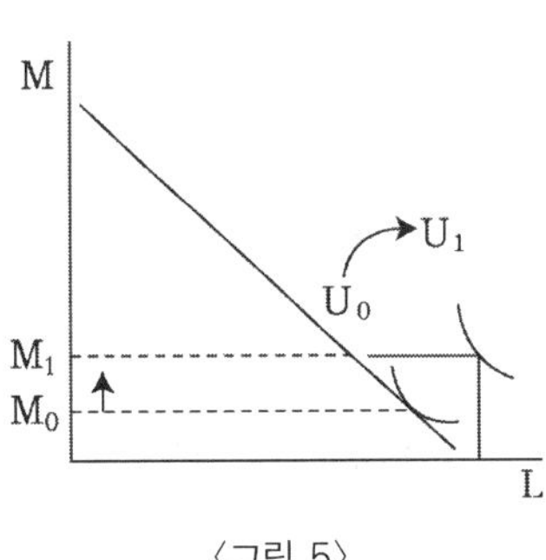

〈그림 5〉

3. 기 타

부의 소득세제(negative income tax), 누진세제, 임금보조금제도 역시 가난한 계층의 소득을 증가시켜 경기부양을 가져올 수 있다.

Ⅳ. 적자재정이 위험부담에 미치는 효과 - [설문의 (3)]

1. J. Tobin의 자산선택모형(portfolio selection model)

토빈의 자산선택모형에 의할 경우 이자율의 상승은 〈그림 6〉처럼 예산제약식을 상방이동시킨다. 이 때 대체효과가 소득효과보다 크다면 경제주체는 위험자산인 채권소유비율을 더 높이게 된다. 즉, 경제주체의 위험부담 비율이 높아진다.

단, 예산제약식 : $y = \frac{r}{6g} \cdot 6p$

위험채권부담비율: $\frac{oe_0}{OL} < \frac{oe_1}{OH}$

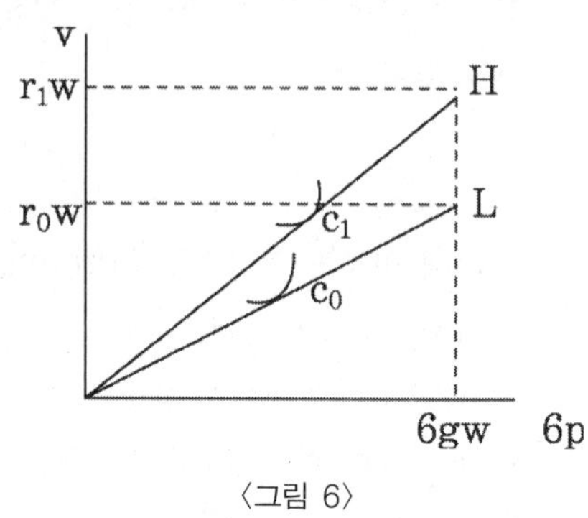

〈그림 6〉

2. 국민연금모형

정부가 적자재정을 실시하여 노후계층 소비증가를 위한 국민연금을 실시할 경우 경제주체는 불확실한 효용의 기대치보다는 확실한 값의 기대치에서 효용이 더 크다. 즉, 연금의 실시로 위험부담비율이 감소하여 효용이 증가하게 된다.

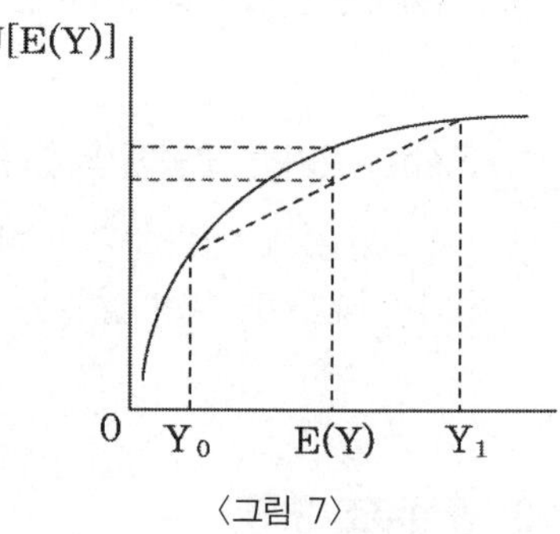

〈그림 7〉

3. Arrow-Linder Theorem

애로우-린더 정리에 의하면 적자재정을 통한 경기 부양책이 국민소득에 전혀 영향을 미치지 않을 정도로 규모가 작거나 혹은 국민소득과 무관한 경우 위험부담 문제를 고려할 필요가 없다고 한다.

Ⅴ. 적자재정을 통한 경기부양책의 한계

1. 재정적자와 정부부채의 지속 가능성 문제

$$Bt/Yt - Bt-1/Yt-1 = (Gt - Tt)/Yt + (r-g)Bt-1/Yt-1$$

정부가 재정적자를 통한 경기부양책을 지속시킬 경우 성장률(g)이 이자율(r)보다 작을 경우에는 정부부채는 지속될 수 없게 되고 국가는 파산하게 된다.

2. 구축효과(crowding-out effect)의 문제

정부의 재정지출로 이자율이 상승하여 투자가 감소하는 경우 장기적으로 성장률이 둔화되고 경상수지 적자가 초래되게 된다.

3. 복지병(welfare disease)의 문제 : 효율성과 공평성의 상충관계(trade-off)

〈그림 5〉의 공적부조를 실시할 경우 노동공급이 '0'이 되는 실업함정(unemployment trap)과 같은 복지병이 발생하게 된다.

제6장 투자이론

기 출

금리 · 주가와 설비투자, 금리스프레드

행시 제49회(05년)

제48회 행정고시 재경직 합격 이 한 샘

최근 경기부진에 의하여 설비투자가 감소세로 돌아선 이후, 여러 차례의 금리인하에도 불구하고 설비투자가 뚜렷한 회복세를 나타내지 않음에 따라, 설비 투자 촉진책으로서 금리인하의 유효성에 대해 적지 않은 회의가 제기되었다.
한편 우리나라의 설비투자 결정요인을 분석한 최근의 연구결과에 따르면, 금리수준보다는 주가와 금리스프레드 변동성(volatility)의 영향력이 유의한 것으로 나타나고 있다.
(총 40점)

(1) 금리가 설비투자에 별다른 영향을 미치지 않을 수 있음을 케인즈주의 또는 신케인즈주의 관점에서 합리화해보시오. (10점)

(2) 주가가 설비투자에 영향을 미친다면, 그 전달경로를 수요측면과 비용측면으로 나누어 설명하시오. (10점)

(3) 금리스프레드를 '회사채수익률과 콜금리의 차' 또는 '회사채수익률과 단기국채수익률의 차'로 정의하자.

① 이 금융지표는 무엇을 의미하는가? (10점)

② 금리스프레드의 변동성 증가가 설비투자를 위축시킨다는 실증분석 결과를 어떻게 해석할 수 있는가? (10점)

C/O/N/T/E/N/T/S

Ⅰ. 설문 (1)의 해결

1. Keynes 주의의 관점

Keynes주의에서는 IS-LM 모형에서 가파른 IS곡선과 완만한 LM곡선을 상정한다. 이는 투자의 이자율 탄력성이 미약하다고 보기 때문이며 Keynes는 기업의 투자는 이자율보다는 기업가의 animal spirit에 의해 결정된다고 보았다. 이처럼 심리적 요인이 투자에 큰 영향을 미치는 것으로 보면 투자심리가 위축된 경우 금리를 낮춘다고 해서 그대로 투자를 유발할 수는 없게 된다.

2. 신용중시 견해의 관점

신용중시 견해는 투자의 내생변수로 신용공급(대출)을 고려한다. 기업이 투자재원 조달을 은행에 의존하고 시장에 정보 비대칭성이 존재한다는 전제 하에 은행은 신용할당을 통해 신용을 공급한다. 금리 인하가 되더라도 은행의 대출이 증가하지 않는다면 투자는 증가할 수 없다.

3. 투자옵션모형의 관점

금리가 인하되더라도 기업의 경기 예측에 불확실성이 증가하면 투자가 늘지 않을 수 있다. 투자옵션모형은 불확실성이 예견되는 경우 기업이 신규투자를 보장하는 예상이윤 수준이 높아져 투자 여부 결정에 보다 신중해질 것이라도 한다.

Ⅱ. 설문 (2)의 해결

1. 수요측면

(1) 미래에 대한 낙관적 기대

일반적으로 주가는 경기선행지표로서 인식된다. 주가가 상승하는 경우 미래 경기에 대한 예상이 낙관적으로 되어 기업이 설비투자에 보다 적극적으로 나설 수 있다.

(2) 자금조달의 측면

주식시장이 활발해지면 기업공개(IPO) 또는 신주발행의 성공 가능성이 보다 높아지고 기업의 자금 조달이 용이해지면서 투자재원을 보다 쉽게 확보할 수 있다. 또한 은행권을 통한 간접금융에 있어서도 주가가 상승한다면 기업가치가 제고되어 대출심사에서 보다 유리해질 수 있다.

2. 비용 측면 - 토빈의 q이론

(1) 토빈의 q

토빈의 q는 q=(기업의 시장가치) / (자본재의 대체비용)으로 정의된다. 기업의 시장가치는 다시 자본시장에서의 시장가치로, 자본재의 대체비용은 실물시장에서의 시장가치로 볼 수 있다. 토빈의 q이론은 $q \geq 1$의 경우 투자가 이루어진다고 주장한다.

(2) 주가상승의 효과

주가가 상승하면 주식시장에서 시장가치가 증가하고 자본재의 대체비용이 상대적으로 감소한다. q가 증가함에 따라 기업의 설비투자 역시 증가한다.

Ⅲ. 설문 (3)의 해결

1. 금리스프레드의 의미

금리스프레드란 채권발행 등에 있어 기준금리에 부가하는 가산금리를 말하며 기준금리로는 미국의 경우 Treasury Bond의 금리, 영국의 경우 LIBOR가 사용되며 한국에서는 콜금리 또는 단기국채수익률이 적용된다.

금리스프레드는 장단기 금리의 차로 볼 수 있는데 여기에는 단순히 장기의 예상금리와 단기 금리의 차이뿐만 아니라 위험에 대한 고려까지 포함되어 있다. 즉 미래의 이자율에 대한 기대와 유동성프리미엄이 포함되는 것이다. 상대적으로 안전한 자산인 국채에 비해 회사채는 경제상황과 회사 경영상태 등에 의해 불확실성이 내재된다. 유동성프리미엄은 이와 같은 위험에 대한 일종의 보상으로 볼 수 있다.

따라서 금리스프레드는 경제주체가 미래의 경제에 대해 가지는 기대와 장래의 위험이 반영되는 금융지표로 볼 수 있다.

2. 금리스프레드 변동성 증가의 실증분석에 대한 해석

금리스프레드의 의미를 위와 같이 파악할 때 금리스프레드의 변동성이 증가한다는 것은 경제주체의 기대형성에 있어 불확실성이 커짐을 의미한다. Keynes의 animal spirit나 투자옵션모형이 제시하듯이 기업의 설비투자에는 기업가의 심리상태 또는 미래에 대한 기대가 중요한 영향을 미친다. 미래의 불확실성이 증대되는 경우 섣불리 투자를 증가하기보다는 현금을 보유하면서 상황에 대처하는 편이 유리하다는 것이다. 설문에서 제시한 실증분석의 결과는 불확실성 증가가 기업의 설비투자를 위축시킬 것이라는 이론들의 예측에 부합한다.

이자율과 투자

제25회 입법고시 재경직 합격 유 구 영

행시 제52회(09년)

이자율은 국민경제전체에 커다란 영향을 미친다. 다른 조건이 일정한 경우, 이자율이 하락하면 투자가 증가하고 이자율이 상승하면 투자가 감소하는 것이 일반적이다. 그런데 현실경제에 있어서 이자율이 낮은 수준인데도 불구하고 투자가 증가하지 않는 경우도 있다. (총 30점)

(1) 이자율결정이론을 세 가지 이상 열거하고 각각을 설명하시오. (12점)

(2) 이자율의 변화가 부동산가격에 영향을 미칠 수 있다. 그 경로를 설명하시오. (8점)

(3) 이자율이 낮은 수준임에도 불구하고 트자가 증가하지 않는 경우에 대하여 그 이유를 이론적 근거를 들어 설명하시오. (10점)

C/O/N/T/E/N/T/S

Ⅰ. 설문 (1)문의 해결

1. 대부자금시장 모형

(1) 개념

대부자금시장 모형이란 이자율을 대부자금시장에서의 자금공급과 수요의 균형점에서 결정됨을 설명하는 이론이다. 대부자금시장에서의 공급이라고 할 수 있는 저축과 수요라고 할 수 있는 투자 및 재정적자의 균형에서 결정됨을 보여준다. 이는 실질 이자율 결정 모형이라고 볼 수 있다.

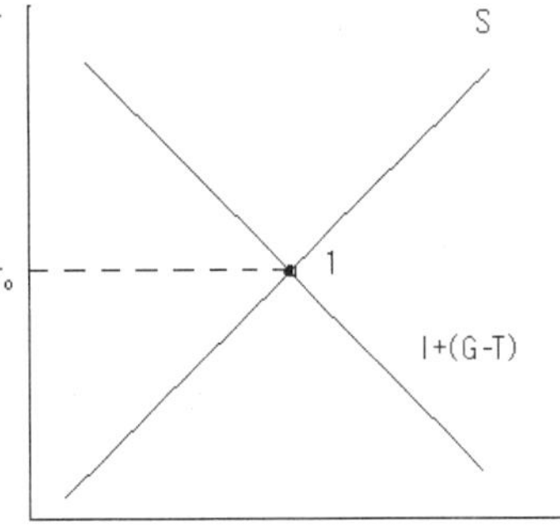

(2) 그래프의 도해 및 해석

오른쪽 그래프처럼 대부자금시장에서의 공급곡선과 수요곡선이 만나는 1점에서 균형이 이루어지며, 이때의 이자율은 r_0에서 나타난다. 이는 이자율이 올라가면 더 많은 자금이 공급되는 반면, 수요는 작아지는 현상을 근거로 도 된다. 이자율 결정의 과정을 매우 간단하게 나타낸다는 장점이 있으나, 화폐 전체의 수요와 공급이 아닌 대부가 가능한 자금에 대해서 국한시켜 분석 하고 있다는 비판이 있다.

2. 유동성선호 모형

(1) 개념

유동성 선호 모형이란 이자율을 대부자금시장에서의 자금공급과 수요의 균형점에 국한시킴을 넘어서 화폐 전체에 대한 수요와 공급에 의해 결정된다고 본다. 이는 단기적인 명목 이자율 결정모형으로 볼 수 있다.

(2) 그래프의 도해 및 해석

오른쪽 그래프처럼 화폐시장에서의 공급곡선과 수요곡선이 만나는 2점에서 균형이 이루어지며, 이때의 이자율은 r_2에서 나타난다. 이는 외생적으로 주어지는 화폐공급과 이자율에 반비례하 는 화폐수요를 근거로 도출된다. 화폐수요가 이자율의 감소함수인 것은 투 기적 수요의 측면에 주목하였기 때문이다. 대부자금시장 모형이 갖고 있는 협소함을 보충하였으나, 화폐공급의 내생적 특성이나 거래적 화폐수요의 측면 간과, 개방 경제에서의 적합성 등 여러 문제점이 제기되고 있다.

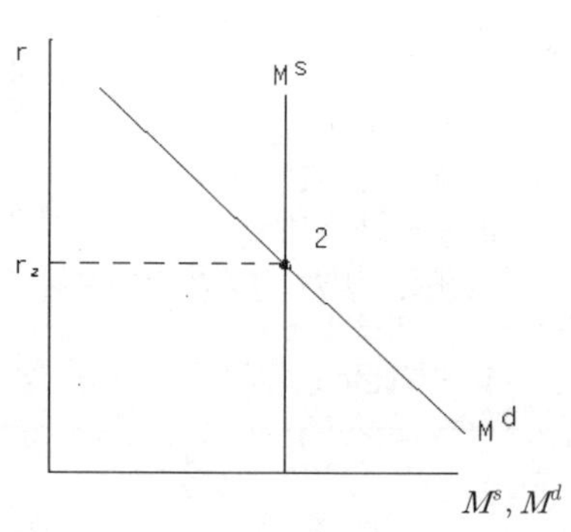

3. 새고전학파의 일반균형론

(1) 개념

새고전학파의 일반균형론은 노동시장과 화폐시장 및 생산물시장을 모두 려하는 이론이다. 그 중 생산물 시장에서의 총공급곡선과 총수요곡선에 의해 이자율이 결정됨을 보여준다.

(2) 그래프의 도해 및 해석

오른쪽 그래프처럼 생산물시장에서의 공급곡선과 수요곡선이 만나는 3점에서균형이 이루어지며, 이때의 이 자율은 r_3에서 나타난다. 이는 노동 시장에서 기간간 대체가설에 의해 우상향하는 총공급곡선과 소비와 투 자의 이자율에 대한 역의 관계에 의해 우하향하는 총수요곡선을 근거로 도출된다. 기존의 부분균형의 측면을 보충하였다.

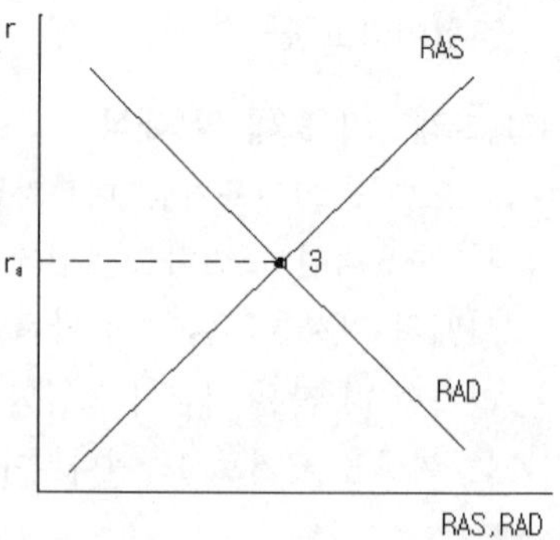

Ⅱ. 설문 (2)문의 해결

1. 부동산가격 결정식

부동산 가격이 임대료와 이자율에 의해서만 결정됨을 가정하였을 때 그 결정식은,

$PV=\frac{D_1}{(1+r)}+\frac{D_2}{(1+r)^2}+\ldots+\frac{D_n}{(1+r)^n}+\ldots$ 이 된다.

2. 설문의 해결

즉, 위의 식은 임대수익이 일정할 경우 부동산의 현재가치는 이자율과 역의 관계에 있음을 나타낸다. 또한 이자율의 상승은 차입비용의 증가를 일으킬 수 있으므로 D가 감소할 가능성이 있으며, 대체투자수익률이 증가할 가능성이 크기 때문에 부동산의 가격하락을 가속시킬 우려가 있다. 결국 이러한 요인들로 인하여 부동산 가격은 이자율의 변화에 영향을 받게 된다.

Ⅲ. 설문 (3)문의 해결

1. 신용경색의 가능성

신용경색이 나타날 경우 투자는 이자율에 비탄력적이 된다. 이는 이자율경로가 작동하는 대신 신용경로가 작동하는 근거가 된다. 아래의 그래프의 경우 확장적 통화정책으로 이자율이 하락함에도 비탄력적인 IS곡선 때문에 투자가 증가하지 않고 있음을 나타내고 있다.

이는 주로 불확실성의 상황이나, 불황에 많이 나타나는 것으로 분석된다.

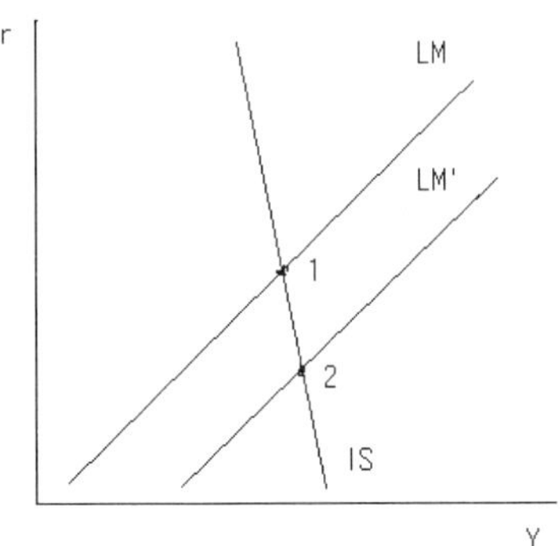

2. 투자의 옵션가설

투자의 옵션가설에 따르면 투자는 비가역적 성격을 갖고 있기 때문에 불확실성이 만연한 경제상황에서는 투자가 이자율에 크게 영향 받지 않는다. 이는 불확실성이 클 경우에는 이자율이 낮은 수준이라도 '투자보류'라는 일종의 옵션을 손에 쥐고 있는 편이 합리적일 수 있다는 가정에 입각한다.

3. 야성적 충동

케인즈에 따르면 투자는 이자율과 같은 경제지표에 의해 움직이기 보다는 기업가의 직관이나 오랜 경험 등에 의해 결정된다. 따라서 이자율이 낮은 수준에 있다고 해도 투자가 쉽게 증가하지 않는 현상이 나타날 수 있다.

4. 정책적 함의

불확실성이 만연하거나 불황의 경제상황에서는 이자율 경로의 작동에 제한될 수 있다. 따라서 정책당국은 투자의 증대를 위하여 단순한 이자율 하락 정책에 그쳐서는 안되며, 신용경로와 관련된 여타 정책을 활용할 필요가 있다. 물론 이를 위해서는 세밀한 경제상황의 분석 및 진단이 선행되어야 한다. 이는 서브프라임 모지기론 파동 등으로 시작된 세계적 경제 불황이 나타나고 있는 현재, 적지 않은 함의를 지닌다.

아파트 매매시장과 전세시장

제56회 행정고시 재경직 합격 한 0 0

행시 제57회(13년)

현재 어떤 아파트의 가격이 Pt이다. 어떤 투자자가 은행으로부터 아파트 구입자금 전액을 1년간 차입하여 그 아파트를 구입하고 1년 뒤 이를 시장에 되팔아 은행 부채를 청산한다고 하자. 투자자는 부채 청산을 위해 은행에 원금과 연간이자율 i_t로 이자를 지불해야 하며 1년 뒤 판매 가격은 P_{t+1}에서 결정된다.
수수료, 세금, 감가상각 등 기타 거래 비용과 보유 비용은 발생하지 않는다고 가정한다. (총 30점)

(1) 위와 같은 방법으로 투자자가 해당 아파트를 1년간 소유할 때 발생하는 투자자의 사용자 비용을 구하시오. (단, 사용자 비용은 양(+)의 값이다) (10점)

(2) 현재 그 아파트의 전세 가격은 R_t이다. 임차인이 필요한 전세 대금을 전액 은행으로부터 차입하여 지급하고 아파트에 입주하였다. 1년 후 전세 대금을 환급받아 전세 계약을 해지하고 은행 부채를 청산할 경우, 임차인에게 발생하는비용을 구하시오. (단, 연간 이자율은 i_t로 위의 경우와 동일하며 다른 비용은 발생하지 않는다) (10점)

(3) (1)의 사용자 비용과 (2)의 임차인 비용이 같아지는 수준에서 전세 가격이 결정될 경우, 은행 이자율이 불변인 상태에서 아파트의 가격 상승률이 하락한다면, R_t/P_t의 비율이 어떤 방향으로 변할지 R_t/P_t를 아파트 가격 상승률의 함수로 도출하여 설명하시오. (10점)

C/O/N/T/E/N/T/S

Ⅰ. 설문 (1)의 해결 : 투자자의 사용자 비용

투자자는 은행으로부터 Pt를 차입하여 1년 후 아파트를 팔아 원금과 이자를 청산한다. 그러므로 사용자 비용은 이자비용에서 시세차익을 뺀 것이 된다.

따라서 투자자의 사용자 비용(C1)은 $C_1 = P_t \times i_t - (P_{t+1} - P_t)$ 가 된다.

Ⅱ. 설문 (2)의 해결 : 임차인의 비용

임차인은 은행으로부터 Rt를 차입하여 1년 후 전세계약을 해지하여 원금과 이자를 청산한다. 그러므로 임차인의 비용은 원금에 대한 이자이다.

따라서 임차인의 비용(C2)은 $C_2 = R_t \times i_t$ 가 된다.

Ⅲ. 설문 (3)의 해결

1. Rt/Pt 의 변화

$P_t \times i_t - (P_{t+1} - P_t) = R_t \times i_t$ 에서 전세가격이 결정된다.

$P_t \times i_t - (P_{t+1} - P_t) = R_t \times i_t$ (양변을 $P_t \times i_t$로 나누면)

$$1 - \frac{(P_{t+1} - P_t)}{P_t \times i_t} = \frac{R_t}{P_t}$$

$$1 - \frac{(P_{t+1} - P_t)}{P_t} \times i_t = \frac{R_t}{P_t}$$

$$\frac{R_t}{P_t} = 1 - \frac{(P_{t+1} - P_t)}{P_t} \times i_t$$

이 때, $\frac{(P_{t+1} - P_t)}{P_t}$ (아파트가격 상승률) 이 증가하면 $\frac{R_t}{P_t}$은 감소함을 알 수 있다.

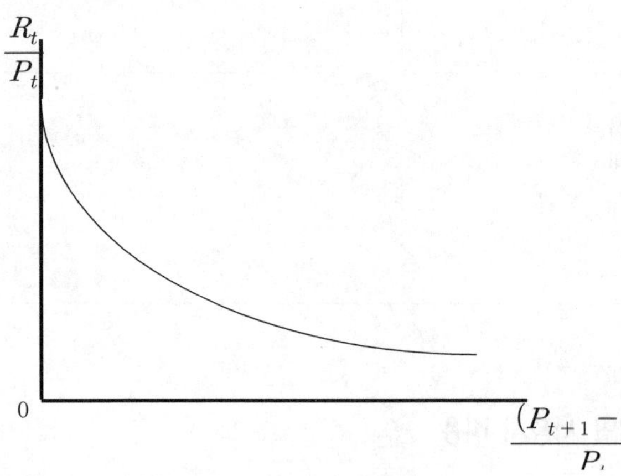

2. 평가

전세가격이 투자자의 사용자비용과 임차인의 비용이 일치하는 점에서 결정된다고 한다면, 아파트가격 상승률의 증가는 아파트가격에 대한 전세가격의 비율($\frac{R_t}{P_t}$)은 감소하게 됨을 알 수 있다. 이는 최근 아파트 매매 침체에 따른 아파트 가격 상승률의 저하로 인해 전세가격이 상승하는 현상을 설명할 수 있다.

교/수/강/평

김 윤 영(단국대학교 경제학부 교수)

이 문제는 문제의 기계적인 풀이는 모범답안을 따르면 된다. 그러나 문제 해결의 저변에 깔린 논리의 이해가 중요하다. 즉 우리가 거주 목적으로 주택을 구입하거나 전세로 얻는 두 가지 경우의 비용을 생각해 보자. 주택구입 시장과 전세 시장의 균형을 위해서는 두 가지 경우의 비용이 동일하여야 한다. 어느 한 시장의 비용이 저렴하다면 그 시장의 수요가 증가할 것이고 비용은 상승할 것이다. 이런 논리를 추가한다면 더 좋은 평가를 얻을 수 있다.

토빈의 q이론

제48회 행정고시 재경직 합격 이 한 샘

2004년 말부터 최근까지 한국의 주식시장은 상승세를 유지하여 현재 종합주가지수는 1100선 이상에 있다. 한편 최근의 투자이론 중에는 투자의 요인으로 주식시장을 고려한 이론이 있다.

(1) 위 이론을 설명하고 이 이론에도 불구하고 현재 한국의 투자가 크게 증가하지 못하는 이유를 제시하라.(10점)

(2) 한국은행이 콜금리를 인상하는 경우, 투자에 미치는 영향을 위의 이론에 근거하여 설명하고 동 이론을 고려하는 경우에 화폐금융정책의 유효성에 대하여 말하라.(10점)

C/O/N/T/E/N/T/S

Ⅰ. 토빈의 q이론

종래의 투자이론은 설명변수로서 이자율만을 고려하고 있다. 그러나 토빈의 q이론은 주식시장이 투자에 미치는 영향을 분석하며 특히 1970년 후반 인플레이션으로 인해 이자율이 투자에 대한 설명력에 한계를 드러내면서 주목받았다.

Ⅱ. 설문 (1)의 해결

1. 토빈의 q이론 설명

(1) 토빈의 q 정의

토빈의 q = 기업의 시장가치 / 자본재의 대체비용 = 자본시장에서의 기업가치 / 실물시장에서의 기업가치

토빈의 q는 위와 같이 정의되는데, 이는 평균 개념에 가깝다. 원칙적으로 이윤극대화를 고려한다면 한계 개념이 보다 적합하겠지만 규모수익불변과 완전경쟁시장의 가정하에서는 평균 개념의 q와 한계 개념의 q가 동일하다고 본다.

(2) 투자의 결정

토빈의 q이론에서는 $q > 1$인 경우 기업의 시장가치가 자본재의 대체비용보다 크고 기업은 투자를 결정한다고 본다. 투자 i를 q의 함수 $i(q)$로 보며 $i' > 0$이다.

(3) 현재 한국의 투자가 부진한 이유

최근 한국의 주식시장은 체질적으로 달라졌다는 평가를 받고 있는데 단타매매를 중심으로 한 직접투자에서 펀드상품을 통한 간접투자의 비중이 높아져 보다 안정적으로 변해가고 있다고 한다. 은행예금에서 주식시장으로 유입되는 자금이 점점 늘어가고 있는 추세이다. 전반적으로 주식시장이 활황이고 안정화되어감에도 불구하고 여전히 한국기업의 투자는 증가세를 보이지 못하고 있다. 이는 토빈의 q이론의 예측과 배치되는바 다음과 같은 한계를 생각해볼 수 있다.

우선 기업의 투자심리가 위축된 상황을 꼽을 수 있다. 케인즈가 제시한 animal spirit에서도 알 수 있듯이, 기업의 투자에는 경영인의 심리가 중요한 역할을 한다. 현재 한국은 경제정책의 불확실성, 경기불황의 장기화 등 안정적인 투자를 저해하는 요소들이 많으며 기업의 경기체감지수도 호전되지 않고 있다.

기업의 재원조달에 있어 주식시장에 대한 의존도를 고려해볼 수 있다. 현실적으로 상당수의 기업들이 채권발행이나 대출에 자금조달을 의존하고 있으며, 특히 중소기업이 주식시장에서 기업공개(IPO)를 통해 자금을 조달하기를 기대하기는 어렵다. 주식시장에 대한 의존도가 낮은 상황에서는 주식시장이 활황이더라도 전체 기업의 투자에 미치는 영향은 예상보다 작을 수 있다.

또한 주식시장과 투자가 기간적으로 불일치할 수 있다. 주식시장은 단기적으로 급변하기 쉽다. 심리상태에 비교적 크게 영향을 받기 때문에 유가 변화나 미국금리, 중국환율변화 등 여러 가지 원인에 의해 단기간에 큰 폭으로 등락하기도 한다. 이에 비해 투자는 장기적인 관점에서 이루어진다. 투자옵션모형에 의하면 불확실성이 심해지면 투자가능이윤이 상승하여 투자는 보다 신중해진다. 주식시장이 활성화되더라도 기업의 투자는 그만큼 탄력적으로 증가하지 않을 수 있다.

Ⅲ. 설문 (2)의 해결

1. 콜금리 인상의 효과

(1) 콜금리 인상이 주가에 미치는 영향

콜금리 인상이 주가에 미치는 영향을 판단하기 위하여 주식시장과 채권시장을 고려한 일반균형분석과 주식가격 결정을 통한 부분균형분석을 고려한다.

콜금리 인상은 이자율이 상승하면서 채권으로부터의 수익률을 높여 채권수요를 증대시킨다. 채권시장과 주식시장 간의 대체관계가 존재한다고 가정할 때 채권의 수요가 증가한 만큼 대체재인 주식의 수요는 감소하고 주가는 하락한다.

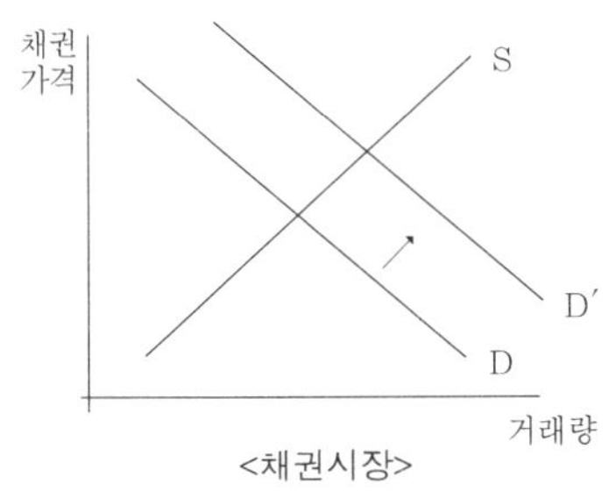

<채권시장>

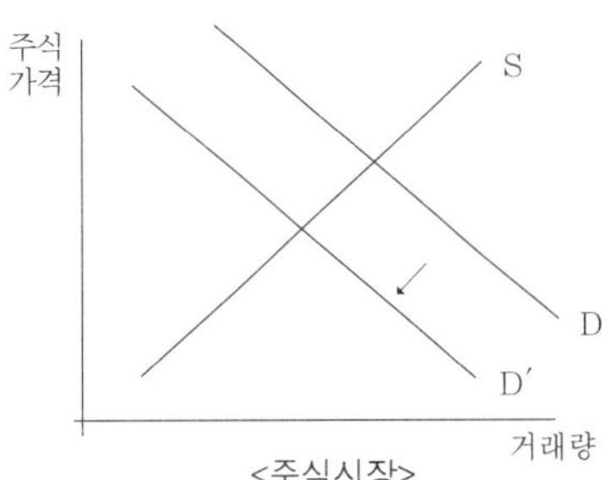

<주식시장>

한편 주식가격을 미래의 배당예상금액의 현재가치로 파악하는 경우에 주가는 다음과 같이 결정된다.

$$PV=\frac{D_1}{1+r}+\frac{D_2}{(1+r)^2}+\cdots \quad (D_i:\ i\text{기에 예상되는 배당금})$$

이 때 콜금리 인상으로 이자율이 상승하면 현재가치가 감소하고 주가는 하락한다. 일반균형분석과 부분균형분석을 통해 콜금리 인상시 주가가 하락함을 알 수 있다.

(2) 주가하락이 투자에 미치는 영향

토빈의 q이론에 따르면 주가 하락은 $q<1$이 되도록 하여 투자가 감소한다.

2. 화폐금융정책의 유효성

(1) 모형의 도입

화폐금융정책의 효과를 논하기 위해 IS-LM 모형을 도입하며 IS곡선에 토빈의 q를 고려한 투자함수를 고려한다.

IS : $y=c(y)+I(r,q)+g$

LM : $\frac{M}{P}=L(i,y)$

(2) 금융정책의 효과

팽창적 화폐금융정책을 사용하는 경우 LM곡선은 우측이동한다. 보통의 IS-LM모형에서 팽창적 금융정책의 결과 소득은 y_1까지 증가한다. 그러나 토빈의 q를 고려하면 투자가 q에도 영향을 받아 금융정책으로 이자율이 r_1으로 하락하고 주가가 상승하면서 q가 상승하고 투자가 증가하여 IS곡선도 우측이동한다. 그 결과 소득은 y_2까지 증가할 수 있다. 토빈의 q를 고려하는 경우 화폐금융정책의 유효성은 보다 커진다.

3. 한계

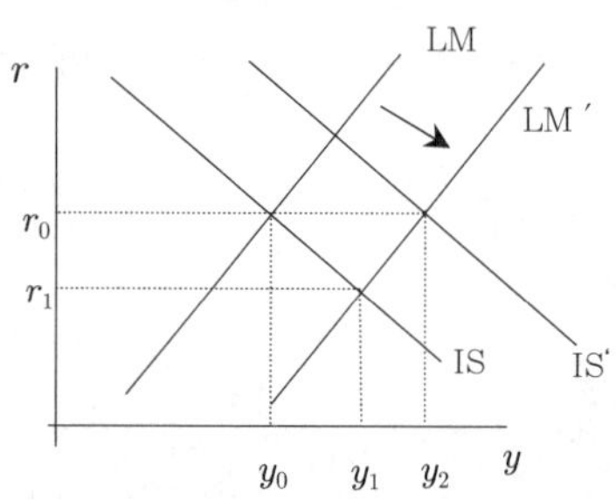

위의 분석을 통해 토빈의 q이론을 고려하는 경우 콜금리의 인상은 주가를 하락하게 하고 반대로 콜금리의 인하는 주가를 상승하게 하며 화폐금융정책의 유효성은 커진다. 그러나 이 이론이 현실에 그대로 적용되기에는 다음과 같은 한계를 가진다. 먼저 채권시장과 주식시장의 대체관계가 크지 않다면 이자율변화에 주식시장이 탄력적으로 반응하지 않을 것이다. 또한 이자율이 주가에 미치는 영향과 주가가 투자에 미치는 영향에서 각각 주식수요자나 기업의 심리상태가 반영되는 경우 그 효과는 반감될 수 있다. 기업의 주식시장에 대한 의존도 역시 효과를 감소시킬 수 있다.

제7장 화폐시장과 금융제도

기 출

통화정책 중간목표와 전달경로

행시 제50회(07년)

제50회 행정고시 재경직 합격 권 오 흥

우리나라에서 물가안정을 위해 통화정책의 중간목표로 활용하고 있는 이자율(콜금리)과 관련하여 다음 물음에 답하시오. (총 30점)

(1) 통화량과 이자율의 목표수준을 동시에 달성할 수 없는 이유를 그래프를 이용하여 설명하시오. (10점)

(2) 이자율(콜금리) 목표를 달성하기 위하여 중앙은행이 이용하는 정책수단과 콜금리 변동이 실물경제에 영향을 미치는 경로에 대하여 설명하시오. (10점)

(3) 신용카드 보급의 증가로 국내 통화수요가 감소하는 경우, 경제안정화를 위해서 이자율 목표제가 통화량 목표제보다 유리한지를 IS-LM 모형을 이용하여 설명하시오. (10점)

C/O/N/T/E/N/T/S

Ⅰ. [설문의 (1)]

소득의 증가라는 외생적 충격으로 인해 화폐수요가 증가할 때, 화폐시장의 균형을 위해서는 이자율이 상승해야 하지만 중앙은행이 일정 수준의 이자율 i_0를 목표로 하는 경우 증가하는 화폐수요를 흡수하기 위해 화폐공급량을 $\left(\frac{M}{P}\right)_0$에서 $\left(\frac{M}{P}\right)_1$으로 증가시켜야 하므로 이 경우 일정 수준의 통화량 목표치를 동시에 달성하는 것은 불가능하다.

마찬가지로 일정한 수준의 통화량을 목표로 하는 경우, 소득의 증가로 인한 화폐수요

경제학

증가 시 화폐시장의 균형을 위해서는 이자율이 상승해야 하는 바, 일정 수준의 이자율을 동시에 목표로 하는 것은 불가능 하다.

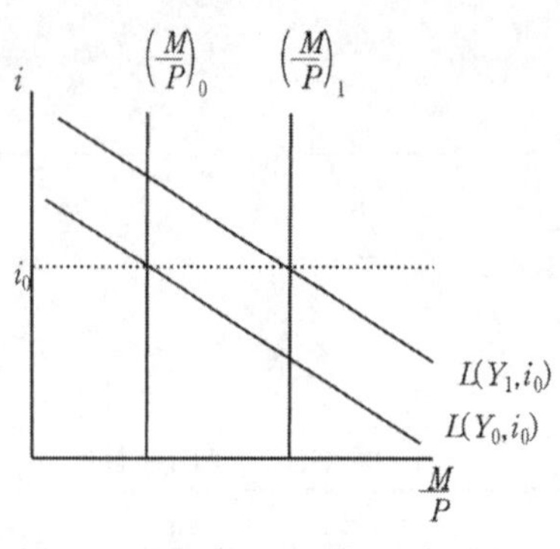

중앙은행이 금리를 조절하기 위해서 사용하는 정책은 직접적으로 콜금리 목표치를 설정하여 통화량을 조절하는 방법이 있는데, 이는 주로 환매조건부채권(RP)을 발행함으로써 통화량을 감소시키는 경로로 이루어진다. 콜금리는 은행 간 단기수신 금리로서 중앙은행이 RP를 발행하여 판매하는 경우, 은행간 여유 자금이 감소하여 콜금리가 인상되게 된다. 그 밖에도 직접적으로 지급준비율을 인상시켜 중앙은행 지준예치금을 증가시키는 방법을 통해 통화량을 감소시키는 방법, 공개시장조작을 통해 통화안정증권을 발행함으로써 시중 통화량을 흡수하는 방법, 재할인율 정책을 통해 할인율을 상승시킴으로써 통화량을 감소시키는 방법 등을 통해 금리를 인상시킬 수 있다. 반대로 금리를 하락시키고자 한다면 위의 정책들을 반대로 수행하면 될 것이다.

Ⅱ. [설문의 (2)]

통화공급이 생산에 영향을 미치는 경로를 통화정책의 전달경로라고 한다. 통화정책의 전달경로와 관련하여 케인즈학파와 통화론자간에는 ① 통화량이 영향을 미치는 자산의 범위와 ② 이자율의 매개 여부에 대해 견해가 대립하고 있다.

그리고 최근에 이르러서는 금융시장의 정보불완전성과 은행의 역할을 중시하는 신용경로라는 새로운 견해가 대립하고 있다.

1. 전통적인 견해

통화공급이 증가하면 유동성효과로 인해 (실질)이자율이 하락하고, 실질이자율이 하락하면 투자가 증가하며, 투자가 증가하면 생산이 증가한다. 이것은 전통적인 케인즈학파의 견해라고 할 수 있다. 주목해야 할 사실은 투자에 영향을 미치는 이자율은 장기실질이자율이라는 것이다. 그런데 중앙은행이 조절하는 것은 단기명목이자율(예를 들면, 콜금리나 연방준비기금 이자율 등)이라고 할 수 있다.

그렇다면 단기명목이자율의 변화가 어떻게 장기실질이자율의 변화로 연결되는가? 그것은 물가가 경직적인 경우 가능하다. 물가가 경직적이면 명목이자율의 변화는 실질이자율의 변화로 연결된다. 단기실질이자율이 변화하면 피셔의 방정식에서 보여지듯이 장기실질이자율도 변화할 것이다.

통화론자들과 케인즈학파는 통화공급의 증가가 투자증가 혹은 소비증가로 연결되는 경로로 다음과 같은 가능성들을 제시하고 있다.

(1) 이자율 경로 :

통화량의 변화 → 이자율의 변화 → 일생소득가설, 피구의 자산이론, 피셔 2기간모형 → 소비 (C)

통화량의 변화 → 이자율의 변화 → 이자율과 투자의 감소함수 → 투자 (I)

자산가격 경로 : 통화량의 변화 → 이자율의 변화 → 토빈 q → 투자 (I)

(2) 환율경로 :

통화량의 변화 → 이자율의 변화 → 이자율 재정조건 $(IRPC)$ → 경상수지 (NX)

2. 신용중시 견해

(1) 의의

케인즈의 견해에 의하면 통화량은 이자율을 매개로 하여 간접적으로 실물경제에 영향을 미치는데, 불황의 경우 통화량이 증가해서 이자율이 하락하더라도 은행이 대출을 늘리지 않으므로 통화량의 증가가 민간의 소비나 투자를 거의 증가시키지 못한다.

신용중시견해는 케인즈의 견해를 비판하면서 통화정책은 통화량이 대출로 이어지는 경우에 한해서만 그 효과가 발생한다는 전제하에서 모색되는 새로운 통화량의 전달경로이다.

전제 : 채무자의 신용에 대한 정보의 비대칭이 존재한다.

정보의 비대칭으로 인해 이자율의 경직성이 나타나고, 경직된 이자율 하에서 자금의 초과수요가 발생하면 주어진 자금을 할당하는 신용할당이 나타난다.

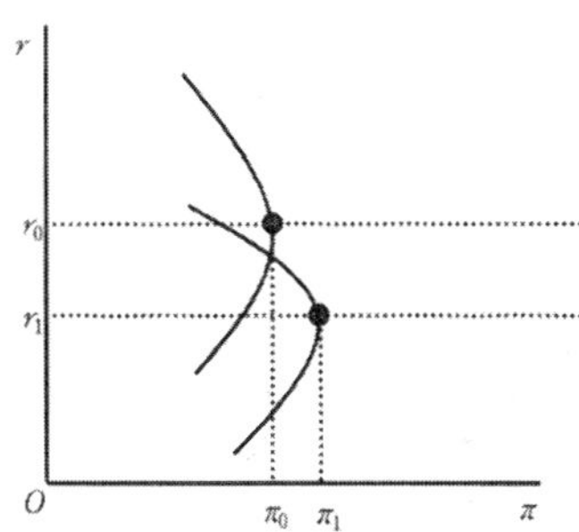

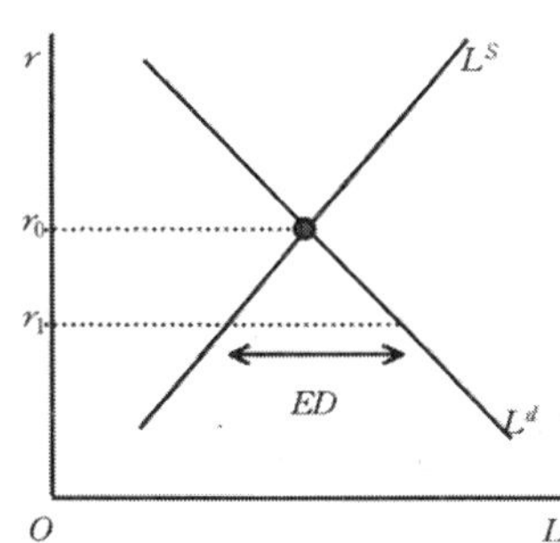

(2) **신용중시 견해에 의한 통화량 전달경로(아래에는 통화량 증가의 경우를 가정하고 기술했습니다)**

은행대출 경로

통화량 증가 → 은행예금의 증가 → 은행대출의 증가 → 투자, 소비, 생산의 증가

재무제표 경로***

통화량 증가 → (r하락 → 채권보다 주식매입) → 주식가격 증가 → 기업의 자본금 증가 → 역선택의 문제가 감소하여 은행이 기업에 대한 대출을 증가, 기업의 입장에서 무리한 곳에 투자하는 도덕적 해이의 문제 감소 → 기업의 투자 증가, 생산증가

가계 재무제표 경로

통화량 증가 → (이자율 하락) → 은행예금 대신 내구재 및 주택 구입 증가 → 생산증가

Ⅲ. [설문의 (3)]

신용카드 보급의 증가로 화폐수요가 감소하는 것은 화폐시장에서 발생한 충격의 일종으로 작용하며, 이 경우 경기 안정화를 위해서는 이자율 목표가 타당하다고 보여진다.

케인지안의 견해에 의하면 경기불안정의 원인이 화폐시장에 있으므로 이자율 중간목표가 우월하다고 한다.

* 경제교란 요인이 화폐부문에 있는 경우 이자율 목표가 우월하다.
* 실제로 화폐공급함수 $M=mB$ 에서 통화승수(m)는 가변적이고 민간에 의해서도 결정되므로 불안정하여 중앙은행은 통화량을 정확하게 조절하기 힘들다.
* 화폐유통속도(V)도 불안정하여 화폐수요함수 $MV=Py$도 불안정하다. 이는 통화량 조절을 통해 경기안정화가 불가능하다는 것을 의미한다.
* 이자율은 중앙은행이 ㉠ 공개시장조작 ㉡ 재할인율정책 등을 통해 어느 정도 통제, 조절할 수 있다.
* 파급경로(간접적) : 통화량변화는 이자율 변화를 통해 실물경제에 영향을 미친다. 따라서 투자를 안정시키기 위해서는 이자율이 안정되어야 한다.

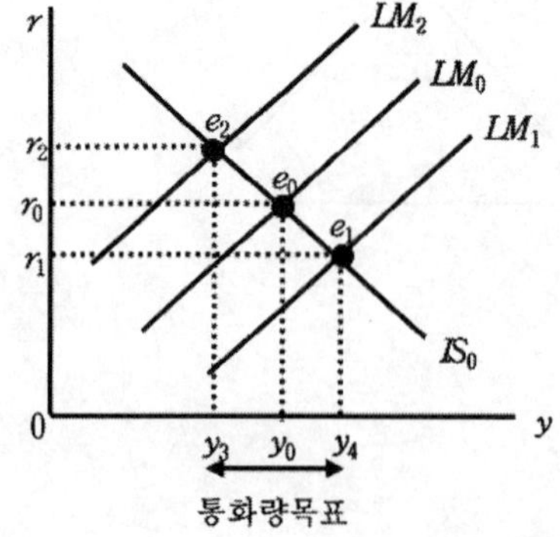

통화량목표

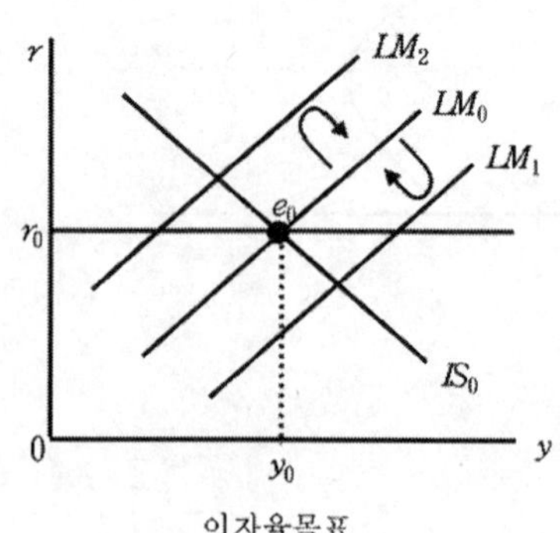

이자율목표

〔통화량목표〕 화폐부문이 교란(LM 변동)될 때, 통화량목표($M=\alpha\%$ 고정)를 세우는 경우
〔이자율목표〕 화폐부문이 교란(LM 변동)될 때, 이자율목표(($\gamma=\beta\%$ 고정)를 세우는 경우

/관/련/기/출

통화정책의 파급경로와 불확실성

제53회 행정고시 재경직 합격 노 경 민

입시 제24회(08년)

통화정책의 효과가 실물경제에 파급되는 경로를 통화정책의 파급경로 혹은 전달경로 (transmission mechanism)라 한다. (40점)

(1) 통화정책의 가능한 파급경로들을 설명하고, 한국은행이 통화정책 목표를 달성하기 위하여 콜금리 목표를 인상할 때 실물경제 및 물가상승 압력에 미치는 영향을 경로별로 논하여라.

(2) 통화정책에 관한 실증분석을 수행하는 연구자들은 통화정책의 파급경로를 '블랙박스 (black box)'라고 부르는데 왜 이런 이름이 붙었는지 설명하여라.

C/O/N/T/E/N/T/S

Ⅰ. 설문 (1)의 해결

1. 통화정책의 파급 경로

(1) 이자율 경로

중앙은행이 통화 공급을 증가시킬 경우, 시중 통화량이 증가하여 이자율이 하락하고, 이에 따라 투자와 소비가 증가하게 된다.

(2) 자산가격 경로

통화 공급 증가 시, 주식, 부동산 등 자산 가격이 상승한다. 이는 민간의 실질 부를 증대 시켜 소비가 증가하고, 토빈의 q이론에 의해 투자가 증가하게 된다.

(3) 환율 경로

통화 공급 증가 시, 자국 이자율이 외국 이자율보다 낮아져 자본이 유출되고, 환율이 상승하게 된다. 환율 상승은 순수출을 증가시켜 총수요를 증대시킨다.

(4) 신용 경로

이자율, 자산 가격, 환율 등의 가격 경로 외에도 통화 공급 증가는 그 자체만으로 금융기관과 기업의 신용 이용 가능성을 증대시킴으로써 가계의 투자, 기업의 소비를 증가시킬 수 있다. 은행의 대출가능자금증가를 통한 대출 경로, 기업의 자산 구성의 건전성을 증대시키는 대차대조표 경로가 있다.

2. 콜금리 인상시 경로별 효과

(1) 경로별 파급 과정

중앙은행이 콜금리 목표를 인상하여 긴축 통화정책을 사용하는 경우, ① 이자율 경로에 의해 시장 이자율이 상승하여 소비, 투자가 감소하고, ② 자산 가격 경로에 의해 자산 가격이 하락하여 소비와 투자가 감소하고, ③ 환율 경로에 의해 환율이 하락하여 순수출이 감소하게 된다. ④ 또한 신용 경로에 의할 때도 시중에 자금이 줄어들어 기업들의 대출 신용 이용 가능성이 감소하고, 이자율 상승으로 기업들의 부채 부담이 증가 하여 건전성이 악화됨으로 금융 기관으로부터 대출이 어렵게 되어 기업 투자가 감소한다.

(2) 실물경제 및 물가 상승 압력에 미치는 영향

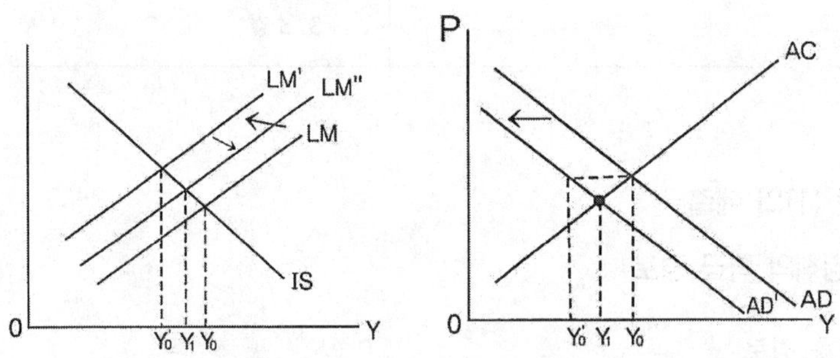

중앙 은행의 콜금리 목표 인상은 LM곡선의 좌측이동으로 나타날 수 있고, 이는 각 경로에 의해 소비(C), 투자(I), 순수출(NX)을 감소시킴으로써 총수요(AD)를 감소시킨다. 이는 AD곡선의 좌측이동으로 나타나면서 소득 수준을 감소시키지만(Y_0->Y_1), 물가 상승 압력을 억제하는 방향으로 영향을 미치게 된다(P_0->P_1).

Ⅱ. 설문 (2)의 해결

1. 통화 정책의 파급 경로

통화 정책은 중앙은행의 최종목표인 실물 경제 지표(소득, 물가, 국제수지 등)에 영향을 미치기까지 위의 그림과 같이 매우 길고, 가변적인 파급 경로를 거치게 된다. 때문에 파급 과정에서 예기치 못한 다양한 문제에 직면하게 된다.

2. 파급 과정상에 발생 가능한 문제

(1) 유동성 함정 (Liquidity trap)

통화 수요의 이자율 탄력성이 무한대인 경우, 통화 공급이 증가하는 경우에도 이자율이 하락하지 않는데 이를 유동성 함정이라 한다.

이자율이 매우 낮은 수준에서 통화에 대한 수요가 매우 큰 경우 발생할 수 있는데 이 경우 통화 정책의 이자율 경로는 무력하게 된다.

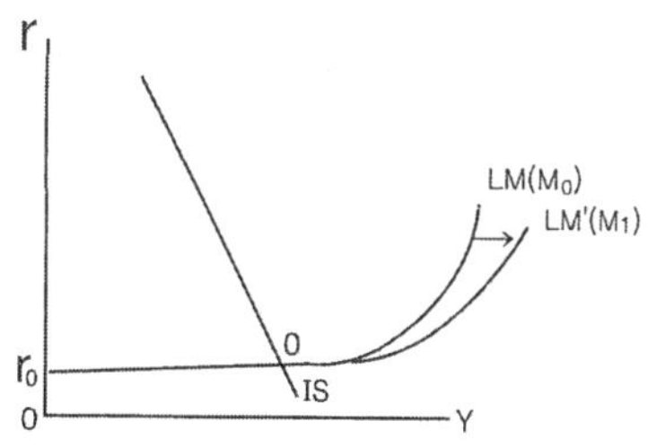

(2) 투자가 이자율에 비탄력적인 경우

통화 공급 증가로 이자율이 하락하더라도, 만약 투자가 케인즈의 야성적 충동(animal sprit), 불확실성 등에 의해 영향을 받아 이자율에 대하여서는 비탄력적인 경우 이자율 경로 등의 가격 경로가 작용하기 어렵게 된다.

(3) 신용 경색(credit crunch)의 존재

금융 기관이 경기 침체, 불확실성 증가 등으로 인해 위험성이 큰 가계나 기업에 대한 대출을 꺼리는 신용 경색이 존재하는 경우, 이자율 경로는 물론 신용 경로에 의해서도 투자가 증가하지 않아 통화정책이 무력하게 될 수 있다.

3. 소결

이렇게 통화 정책은 외부 시차가 길고, 가변적이기 때문에 파급 과정에서 통화 당국이 예측하지 못한 문제가 발생한다면 당초 계획한 최종 목표를 달성하기 어렵게 되기 때문에 이러한 통화정책의 예측이 어렵고 불확실한 특성을 가리켜 '블랙박스(black box)'로 부르는 것이다.

통화유통속도와 마샬 k, 통화안정증권과 지준율과 통화량의 관계

입시 제24회(08년)

제53회 행정고시 재경직렬 합격 노 경 민

어떤 경제의 통계가 다음 표와 같이 조사되었다. 이를 이용하여 다음 문항들에 답하시오. (50점)

명목국민소득	200조원
실질국민소득	150조원
실질경제성장률 (전년대비)	5%
실업률	4.5%
물가상승률 (전년대비)	3%
실질이자율	1.5%
통화량	100조원
총저축률 (명목국민소득대비)	30%
현금통화비율 (예금대비)	8%
법정지준율 (예금대비)	2%
초과지준율 (예금대비)	0.8%

(1) 통화의 유통속도와 마샬의 k를 각각 계산하시오.
(2) 본원통화의 규모를 계산하시오.
(3) 중앙은행이 100억원의 통화안정증권을 민간에 매각한다면 다른 조건이 일정하다고 할 때, 통화량은 얼마나 증가 또는 감소하는가?
(4) 중앙은행이 법정지준율을7.5% 로 높임에 따라 은행들은 초과지준율을 0.1%P 만큼 낮춘다면, 다른 조건이 일정하다고 할 때, 통화량은 몇 % 상승 또는 하락하는가?

C/O/N/T/E/N/T/S

Ⅰ. 설문 (1)의 해결

1. 통화의 유통속도

(1) 피셔의 거래수량설

피셔의 거래수량설에 의할 때 한 사회에 총 거래된 재화의 명목 생산 가치(P×T)는 그 사회의 통화가 주어진 기간 동안 평균적으로 몇 번 거래에 가용되었는지를 나타내는 통화의 유통속도(V)에 명목 통화량(M)을 곱한 것과 항상 같아진다(MV = PT).

(2) 통화의 유통속도 도출

설문의 주어진 통계로부터 명목 국민소득(P×T)은 200조원, 명목 통화량(M)은 100조원임을 알 수 있다. 이를 각각 거래수량설 식(MV = PT)에 대입하면, 통화의 유통속도 V는 2가 됨을 알 수 있다.

2. 마샬의 k

(1) 현금잔고방정식

케임브리지 학파는 경제주체의 화폐보유 동기를 화폐보유에 따르는 거래의 편리와 안정성에서 찾고, 이를 위해 개인은 자산의 일정 부분을 화폐로 보유한다고 보았다.

즉, 화폐의 수요 Md = kPY 가 된다. 여기서 k는 경제 주체가 명목소득(PY) 중 화폐로 보유하려는 비율을 의미한다.

(2) 마샬의 k 도출

균형에서 화폐의 수요가 화폐 공급량과 일치한다고 하면, Ms = Md = 100조원, 명목소득(PY)은 200조원이므로 마샬의 k는 1/2이 된다. 이는 위에서 도출한 통화의 유통속도와 역수의 관계에 있음을 알 수 있다.

Ⅱ. 설문 (2)의 해결

1. 본원통화의 의의

본원 통화는 중앙 은행이 직접 통제할 수 있는 통화로서 민간이 보유한 현금 통화(C)와 은행이 갖고 있는 지불 준비금(R)의 합으로 나타낼 수 있다.

2. 본원통화의 도출

통화량(M)은 민간보유 현금 통화(C)와 요구불 예금(D)의 합으로 나타낼 수 있다.

즉, M = C + D, H = C + R

이 때, 현금-예금 비율(C/D)을 cr, 지급 준비율(R/D)을 rr이라고 하고 M과 H의 관계식으로 나타내면, $M/H = (cr+1)D / (cr+rr)D$ 이고, $M = (cr+1) / (cr+rr) \cdot H$ 가 된다.

설문의 통계에서 통화량(M)은 100조원, cr(현금통화비율) = 0.08, rr(법정지준율+초과지준율) = 0.28 로 주어져 있으므로, 본원 통화 H는 10조원이 됨을 알 수 있다.

Ⅲ. 설문 (3)의 해결

1. 통화안정증권 매각의 효과

중앙은행이 발행하는 통화안정증권을 민간에 매각할 경우, 민간이 보유하는 현금 통화가 중앙은행으로 회수되어 감소하게 되고, 통화승수($m = cr+1/cr+rr$) 배 만큼의 통화량 감소가 일어날 것이다.

2. 감소하는 통화량 도출

중앙은행이 100억원의 통화안정증권을 민간에 매각할 경우, 본원통화(H)가 100억원 만큼 감소하는 효과가 나타난다. $\Delta M = m \cdot \Delta H$ 에 의해 위에서 도출한 통화승수(m)의 값이 10 이므로, 결국 통화량(M)은 1000억원 감소하는 결과가 나타날 것이다.

Ⅳ. 설문 (4)의 해결

1. 통화승수의 변화

법정 지준율이 7.5%가 되고, 초과 지준율이 0.7%가 되면, 통화승수는
$m = cr+1/cr+rr = 1.08 / 0.162 = 20/3$ 이 된다.

2. 통화량의 변화

본원 통화(H)가 변화 없다고 가정할 때, $M = m \cdot H$ 에 의해 통화량(M)은 통화승수가 감소한 비율만큼 감소하게 된다. 즉 통화승수가 10에서 20/3으로 33.33% 감소하므로 통화량 역시 33.33% 감소하게 됨을 알 수 있다.

화폐수요함수의 안정성

제48회 행정고시 재경직 합격 주 원 석

외환보유고액이 커지면서 그에따라 외평채로 인한 정부부채가 문제가 되고 있다. 일반적으로 본원통화는 외생적이라고 가정한다. 그러나 최근에 본원통화도 통화량과 같이 내생성을 갖는다는 주장이 제기되고 있다.

(1) 본원통화의 외생성과 내생성의 개념은 무엇인가 (10점)

(2) 본원통화가 내생적이라는 주장의 근거는 무엇인가 (10점)

(3) 본원통화의 내생성이 갖는 정책적 함의는 무엇인가 (10점)

C/O/N/T/E/N/T/S

Ⅰ. 논의의 전제

일반적으로 본원통화는 중앙은행에 의해 조절가능하다는 가정하에 논의를 전개시키는 경우가 많다. 그러나 현실에서는, 중앙은행은 금융제도 내의 경제주체들과 상호작용하는 과정에서 중앙은행의 자산 및 부채 포트폴리오를 결정하고 이에 따라 통화공급 그자체가 내생적으로 이루어 질 수 있다. 이러한 외생/내생성여부는 적절한 화폐금융실시여부와 관련하여 매우 중요하다. 여기서는 통화공급의 핵심이 되는 본원통화공급 그 자체의 내생성여부 및 정책적 함의를 보고자 한다.

Ⅱ. 설문(1)의 해결

본원통화의 외생성이란 거시경제모형 외적인 요인에 의해서 본원통화가 결정되는 성질을 말한다. 이는 중앙은행이 독재적인 발권력을 가지고 본원통화량을 결정할 수 있다는 사실에 근거하고 있다. 이에 대해 본원통화의 내생성이란 중앙은행이 거시경제 내에서 투자자 등 다른 경제주체의 보수극대화과정에서 최적인 자산구성을 결정하고 그과정에서 본원통화량이 결정된다는 성질을 의미한다.

Ⅲ. 설문(2)의 해결

민간이 보유한 현금과 은행준비금의 합으로 정의된 본원통화는 민간이나 은행의 자산이면서 동시에 중앙은행의 부채이다. 이러한 부채는 중앙은행의 자산인 은행에 대한 대출, 정부에 대한 대출, 외환보유액등의 규모에 따라 변동한다.

시중은행에 대한 대출은 국민경제에서 자금의 수요에 따라, 정부대출은 정부의 재정수지 또는 재정지출계획에 따라, 외환보유액은 국제수지에 의해 영향을 받는다. 상업어음에 대한 재할인 역시 시중금융시장의 자금사정에 따라 결정된다. 즉 중앙은행 자산항목의 변동은 부채인 본원통화의 변동을 수반하므로 본원통화 공급은 내생적으로 이루어진다고 볼 수 있다.

따라서 중앙은행은 공개시장 조작, 재할인율, 지불준비율 정책 등을 통해 통화량을 외생적으로 조절하려 하나, 금융혁신의 진전, 국제적인 자본이동 등에 의해 제한이 된다 할 것이다. 실제 선진국 금융시장에서는 재할인율, 지불준비율정책은 그 자체로 의미를 가진다기보다는 정부정책의 signal정도로 읽혀지고 있는 것이 현실이다.

즉, 본원통화를 변동시키는 경제내적요인이 충분히 강하다면 중앙은행이 이를 완전하게 통제하기 어렵기 때문에 본원통화의 내생성이 나타난다.

Ⅳ. 설문(3)의 해결

본원통화가 내생적이라면 통화량역시 내생성을 갖게 된다. 이 경우 중앙은행이 통화량을 통제하기 어렵기 때문에 금융정책의 유효성은 현격히 완화된다. 또한 중앙은행의 중간목표로서의 통화량관리도 그 의미가 적어진다.

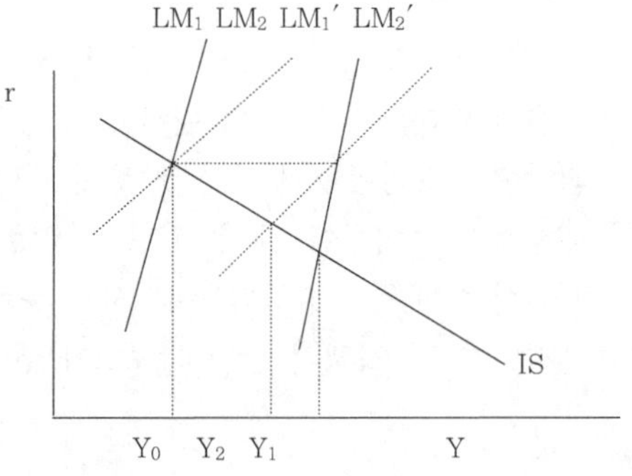

그래프로 나타내면 오른쪽 그림과 같다. 통화공급이 내생성을 띠게 되므로 LM곡선은 더욱 평평해진다.

그래프에서 보듯 본원통화가 내생성을 가진다면 확장적인 통화금융정책의 유효성은 감소한다.

외환보유고

제48회 행정고시 재경직 합격 이 한 샘

■ 한국은 외환위기 이후 외환보유고 증가에 힘써왔고 외환보유고가 2000억 달러를 넘는 세계 4위 규모이고, 통화안정증권 발행규모는 140여 조원에 달한다.

(1) 외환보유고가 증가하고 통화안정증권 발행이 늘어난 이유를 설명하라(10점).

(2) 미국은 현재 무역적자를 줄이기 위해 달러의 평가절하를 주장하고 있다. 그 근거는 무엇인가?(5점)

(3) 현재의 외환보유고는 적정규모를 초과했다는 지적을 받고 있다. 외환보유고 증가의 문제점을 지적하라.(5점)

C/O/N/T/E/N/T/S

Ⅰ. 외환보유고와 통화안정증권

외환보유고란 한 국가가 보유하고 있는 외화채권 총액을 말하며 수출입 증감에 따라 변화한다. 한국은 1997년 외환보유고 부족으로 대외채무를 갚지 못하여 모라토리엄(Moratorium)을 선언하고 외환위기를 맞은 바 있다. 한편 통화안정증권은 통화량 조절을 목적으로 한국은행이 금융기관 또는 일반인들을 대상으로 발행하는 단기증권이다. 한국은 국공채의 발행이 저조하여 통화안정증권이 공개시장조작의 주요 수단이 되고 있다.

Ⅱ. 설문 (1)의 해결

1. 외환보유고 증가의 원인

외환위기 이후 외환정책당국의 주요 관심사는 외환보유고의 증가였다. IMF 체제를 거치면서 기업의 수출경쟁력이 강화되고 환율수준이 높아지면서 경상수지가 지속적으로 흑자를 이루었다. 또한 자본시장을 중심으로 외국계 자본의 국내 투자가 활발해지면서 막대한 양의 달러가 유입되었다. 경상수지 흑자와 외국자본의 국내투자로 인해 유입된

달러를 정책당국에서 사들인 결과 외환보유고가 증가하였다. 또한 최근에 달러화 가치의 절하로 인한 원화 평가절상을 방지하기 위해 외환을 매입한 것도 외환보유고 증가의 원인으로 볼 수 있다.

2. 통화안정증권 증가의 원인

외환보유고가 증가하는 경우 외환시장에 외화공급이 증가한다($S_1 \rightarrow S_2$). 외화공급증가로 인해 환율이 하락하며 이는 원화의 평가절상을 의미한다. 자국화폐의 평가절상은 수출상품의 대외가격을 상승시켜 수출경쟁력이 악화되고 수출이 감소한다. 2002년 카드 사태로 인해 초래된 경기침체로 소비와 투자가 감소하였고 한국경제는 수출이 이끌어 온 상황에서 수출 감소는 경제를 더욱 힘들게 할 것임을 예상할 수 있다. 이에 외환당국은 외환시장에서 달러를 매입하였고 반대로 국내통화량은 증가하였다. 통화량의 증가는 물가 인상으로 이어지므로 이를 방지하기 위해 통화안정증권을 발행하여 늘어난 통화량을 흡수하려 했다.

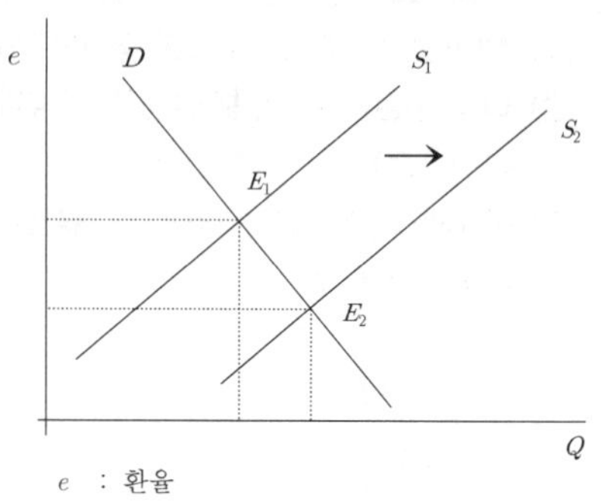

e : 환율
Q : 외환시장에서의 외화거래량

Ⅲ. 설문 (2)의 해결

1. 미국의 경제상황 - 쌍둥이 적자

미국은 이라크전 수행 등에 대규모 재원을 투입하면서 감세정책을 통해 세수가 감소하면서 재정적자에 시달리고 있다. 동시에 한국, 중국, 일본 등 아시아를 비롯한 해외로부터의 수입이 수출을 초과하여 경상수지도 적자를 면치 못하고 있다.

2. 달러 평가절하 주장의 근거

달러가 평가절하되는 경우 달러화의 환율이 상승하면서 수출상품의 가격경쟁력이 제고되어 순수출이 증가한다. 순수출 증가는 경상수지를 개선시킨다. 또한 순수출의 증가는 IS곡선을 우측이동시켜 국민소득이 증가한다. 증대된 국민소득을 바탕으로 세수가 확대되어 재정적자의 해결도 기대된다. 즉, 달러화의 평가절하는 경상수지 적자와 재정적자를 해결할 것으로 보고 있다.

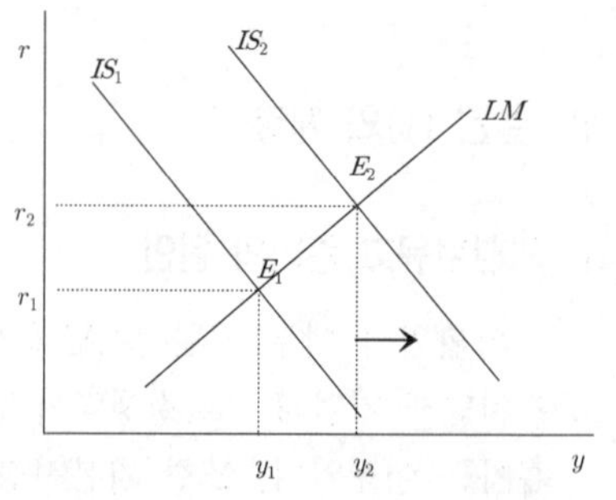

IS : $y = c(y) + i(r) + G + NX$

LM : $\frac{M}{P} = L(y, i)$

Ⅳ. 설문 (3)의 해결

1. 물가 및 금리상승 우려

환율방어를 위해 외환보유고를 증가시키는 경우 국내통화량이 증가하여 물가 인상 압력이 증대된다. 물가상승을 예방하기 위하여 통화안정증권을 발행하여 통화량을 흡수하더라도 채권공급이 증가하여 금리상승의 원인이 된다. 이는 경기침체를 겪고 있는 한국경제에 부담이 될 수 있다.

2. 외환보유고 수익 악화

외환보유고는 그 특성상 안정적인 운용이 중시되고 실제 안전자산인 미국 국채에 대부분 투자하고 있다. 안전한 만큼 수익이 낮아 조달비용에 못미쳐 적자운영이 우려된다.

3. 달러 평가절하시 위험

최근 미국의 약달러정책이 가시화되고 있다. 미국 채권에 대부분을 투자하고 있는 현재 외환운영 상황에 비추어 볼 때 달러가 평가절하된다면 보유중인 미채권의 가치가 하락할 것이다.

제8장 경기변동론

조정실패와 복수균형

제48회 행정고시 재경직 합격 주 원 석

정부의 대규모 SOC투자지출계획이 의도한 효과를 가져올 수 있는가에 대한 논란이 있다. 만약 민간경제주체들이 합리적으로 기대를 형성한다고 하더라도, 정부의 대규모 재정지출은 의도한 효과를 가져올 수 있는가. 이를 조정실패 모형과 관련하여 설명하라. (20점)

C/O/N/T/E/N/T/S

Ⅰ. 논의의 전제

새고전학파는 가격이 신축적이고 경제주체들이 합리적기대를 형성할 때 예상된 정부정책은 단기적으로도 효과가 없다고 주장했다. 그러나 새케인즈학파 경제학자들에 의하면 민간부문이 합리적으로 기대를 형성한다고 하더라도 최적화행동의 결과로 가격이 경직적일 수 있으며 최소한 단기적으로는 정부의 시장개입이 효과가 있다고 주장하였다. 최근 소위 '한국판뉴딜정책'에 대한 논란이 있는바 여기서는 '조정실패'의 개념을 정부의 총수요진작정책의 효과가 있을 수 있음을 보이도록 하겠다.

Ⅱ. 조정실패

1. 조정실패의 개념

조정실패란 한나라 경제가 다수의 내쉬균형 중에서 파레토 열등한 내쉬균형에 놓여지게 되는 상태를 의미한다.

2. 복수균형과 조정실패

경제에 두기업 1, 2만이 존재한다고 하고, 각 기업은 가격변화등과 관련하여 메뉴비용을 지불한다고 가정한다. 경기상황과 관련하여 각 기업은 두가지 전략이 있는데 하나는 가격을 낮추면서 산출수준을 조금 줄이는 전략 A와 가격은 고정시키되 산출수준을 대폭줄이는 전략 B가 있다고 하자. 각 기업의 메뉴비용을 고려할 때 각 기업의 보수표(이윤)는 다음과 같다.

기업 1, 기업 2	전략 A	전략 B
전략 A	(100. 100)	(49 , 80)
전략 B	(80. 49)	(50 , 50)

위의 보수표는 총수요외부효과를 고려한 것이다. 총수요외부효과란 개별기업의 가격조정등 전략변경이 다른 기업의 생산물에 대한 수요에 미치는 거시경제적 효과를 의미한다. 만일 한기업이 생산품의 가격을 하락시킨 경우 경제전체적으로 총수요가 증가하여 다른 기업은 수입이 늘어나게 된다. 이 경우 다른기업은 전략A를 택한 경우 상대기업이 B전략을 고수한다면 A전략을 택한 기업은 메뉴비용을 부담하는데 비해 외부효과는 상대기업이 누리게 된다.

상대방기업이 전략 A를 고수할 경우 자신의 최적전략은 전략A가 되며 이는 상대편기업에게도 마찬가지이다. 또한 한기업이 전략 B를 고수할 경우 역시 상대방도 B를 고수하게된다. 이 경우 고생산균형인(100, 100)과 저생산균형(50, 50)이 내쉬균형이 된다. 이 경우 고생산균형이 저생산균형보다 파레토우위(Pareto superior)하다.

고생산균형으로 가는 것이 바람직하나, 실제 조정실패모형에서는 파레토열등한 균형으로 가기 쉽다. 각 기업의 입장에서 메뉴변경등의 전략변경에 따른 비용은 인식하기 쉬운데 비해 총수요외부효과는 인식하기 어렵기 때문이다. 이를 감안한다면 개별기업들은 서로 비협조적인 전략으로 갈 수 있으며 경제는 저생산균형에 빠지게 된다.

즉, menu cost가 크지 않음에도 복수균형으로 인한 조정실패가 발생하게 되며 그결과 의미있는 가격경직성이 발생하게 되는 것이다.

3. 정책적 함의

앞의 모형에서 보듯, 경제주체들의 최적화행동의 결과가 경제전체의 파레토최적상태를 가져오는 것은 아니다. 경기변동이 단지 거시경제의 기초변수의 변화에 기인한 것이 아닌 단순히 자체실현적인 낙관론과 비관론의 예상의 결과로 볼 수 있다. 이 경우 경제가 심각한 불황에 시달리고 있다면, 정부의 대규모 재정지출은 그 의미가 있다. 정부 자체가 미래경기에 대한 signal을 보냄으로서 총수요외부성의 전기를 마련하고 경제를 불황에서 탈출시킬 수 있다는 것이 조정실패모형의 정책적 함의이다. 이러한 관점에서 정부의 대규모 재정지출계획은 효과가 있다 하겠다.

Ⅲ. 논의의 한계

모형자체적으로 조정실패이론에서 경기변동의 원인으로 간주되는 자체실현적 예상은 본질적으로 관측이 불가능하다. 따라서 과거의 호황과 불황을 설명하는데 한계가 있다.

현실적인 문제점으로는 정부의 대규모재정지출로 인해 민간경제주체의 기대가 바뀔 수 있는가 하는 것이다. 일본의 경우 최근 경기침체에서 벗어나고 있기는 하지만 과거 대규모 재정지출이 생산성을 고려하지 않은 채 집행되는 등 뚜렷한 효과 없이 재정부담만 가중시켰다. 현재 정부재정적자가 문제되는 현실에서, 대규모 재정지출은 국민들에 대하여 미래경기에 대한 낙관적인 기대조성보다는 재정적자로 인한 장래 추가적 부담만 예상하게 할 수도 있다. 따라서 단지 조정실패모형에 의거해서 대규모재정지출의 효과판단은 성급하다 하겠다.

실물적 경기변동이론

제47회 행정고시 재경직 합격 박 달

1. 실물적경기변동이론에서 전파과정(propagation)에 대해 설명하라.(5점)

2. 현재 석유가격의 상승이 공급측면에 충격을 주고 있다고 한다. 이러한 충격이 경제주체의 노동공급 결정과 소비결정에 어떠한 영향을 주겠는가. 위의 전파과정의 관점에서 설명하라.(5점)

3. 이 석유가격의 상승이 경기변동에 미치는 효과를 RBC의 입장에서 분석하라.(5점)

4. 이러한 실물적경기변동이론이 발표된후 이 이론의 타당성에 대해 여러 논란이 발생하였다. 이와 관련하여 노동저장이론(Labor Hoarding Theory)에 대해 설명하라.(5점)

C/O/N/T/E/N/T/S

Ⅰ. 실물적 균형경기변동 이론의 전파과정

1. 건설기간(Time to build)

생산요소인 자본재 생산에 시일이 걸리므로 한기간에서의 생산변동이 여러 기간 파급된다는 것 뿐만 아니라 소비자들의 상품에 대한 수요변화가 서서히 여러 기간과 여러 상품에 걸쳐 파급된다.

2. 기간간 대체원리

(1) 개념

한정된 자원을 여러기간에 걸쳐 사용할 때 최대의 만족을 얻을 수 있도록 서로 다른 기간간에 자원의 사용을 대체하는 것

(2) 소비

이자율 상승시 현재소비와 미래소비간 대체가 발생한다.

(3) 노동공급

이자율의 상승시 현재소비와 미래소비간의 대체가 발생한다.

(4) 실질 AD-AS 도출

총수요측면에서는 이자율이 하락하면 현재소비가 증가하고 미래소비가 감소하므로 총수요는 증가한다. 따라서 AD는 우하향한다.

총공급측면에서는 미래임금의 현재가치인 $\frac{w/p}{1+r}$이 하락하므로 현재 노동공급이 증가한다. 따라서 AS는 우상향한다.

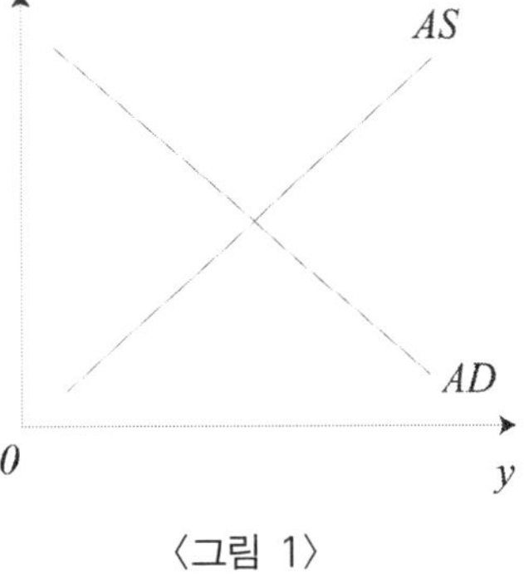

〈그림 1〉

3. 부 효과

소득의 변화가 소비자 노동공급에 미치는 효과이다.

Ⅱ. 노동공급과 소비에 미치는 효과

1. 사전분석

경제학

(1) **생산성에 미치는 영향**

석유가격의 상승은 MC의 상승은 가져온다. 투입요소가 노동뿐이라고 가정할 때 $MC = \frac{dw}{dq}L + \frac{w}{MP_L}$이므로 MC는 MP_L과 반비례관계이다. 따라서 석유가격의 상승은 생산성 하락을 가져온다.

(2) **소득과 이자율의 단기 이동**

우선적으로 생산성이 하락하므로 노동수요가 감소하면서 소득이 감소하고 이자율이 상승하는 방향으로 나타난다.

2. 노동공급결정

(1) **부 효과**

소득이 하락하므로 예산제약이 하방이동하고 노동공급이 증가한다 ($L_1 \rightarrow L_2$). 그러나 일시적인 충격이므로 항상소득 가설에 의해 그 크기는 크지 않다.

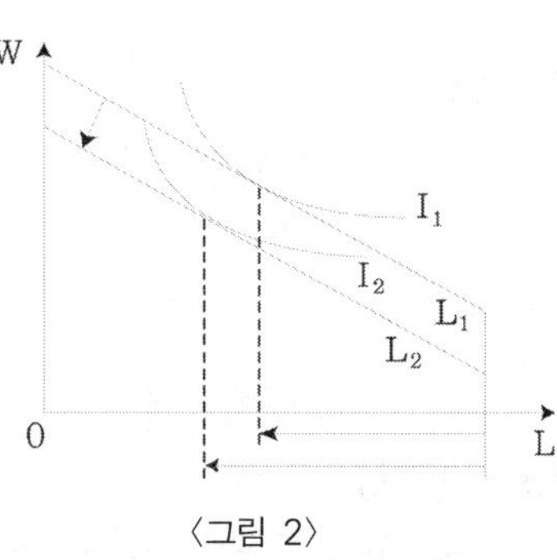

〈그림 2〉

(2) **기간간 대체효과**

두기간의 노동공급간에 존재하는 제약조건은 우하향하며 원점에 대해 볼록한 곡선 AA이다. 이때 비효용을 극소화하는 노동공급은 L^1_1이다.

이때 r이 상승하면 현재 상태에서 현재임금과 미래임금간의 비율이 상승하므로 제약조건은 BB가 되고 이때 비효용을 극소화하기 위한 노동공급량은 L^1_2이다. 따라서 노동공급량이 증가한다.

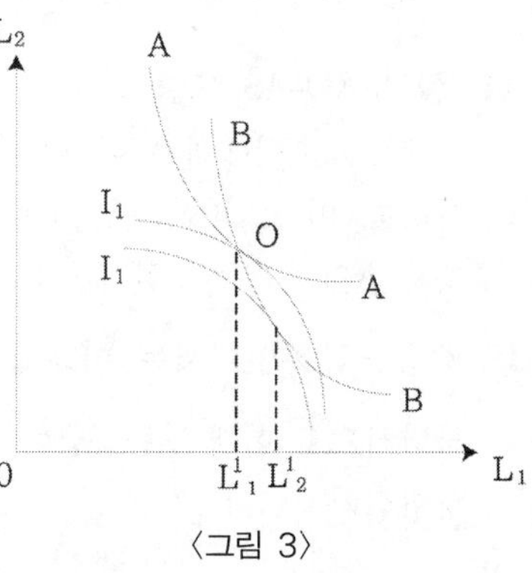

〈그림 3〉

3. 소비의 결정

(1) **부 효과**

〈그림4〉에서 보듯이 소득이 감소함에 따라 예산제약이 AA에서 BB로 변하고 이에 따라 소비가 L_a만큼 감소한다. 그러나 일시적인 충격이므로 항상소득 가설에 의해 그 크기는 크지 않다.

(2) **기간간 대체효과**

이자율이 상승하는 결과 예산제약이 BB에서 BC로 변화하고 미래소비의 현재가치가 감소하므로 효용

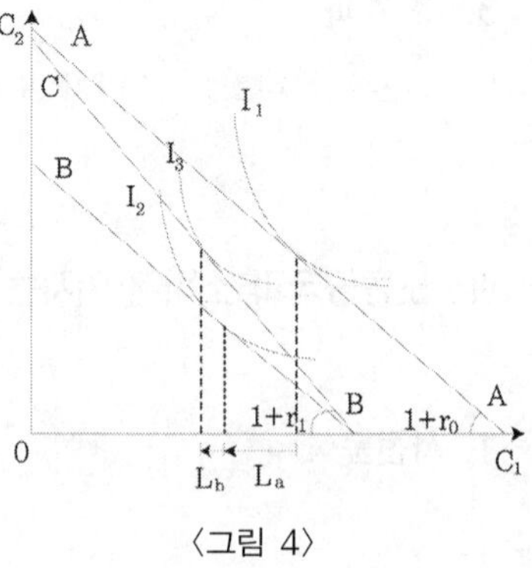

〈그림 4〉

이 I_3에서 최대화 되고 소비는 추가로 L_b만큼 감소한다. 따라서 결론적으로 부효과와 기간간 대체효과 모두 현재소비를 감소하는 방향으로 나타난다.

Ⅲ. 석유가격의 상승이 경기변동에 미치는 효과

1. 총공급측면

그림5에서 처럼 석유가격의 일시적 상승은 생산성의 하락을 가져오므로 노동생산물 곡선이 하방이동하고 이에 따라 노동수요도 하락한다 $(MP^0{}_L \rightarrow MP^1{}_L)$. 노동공급은 부의 효과와 기간간 대체효과에 의해 증가하지만 노동수요하락을 상쇄하지 못하므로 전체 노동공급량은 감소하고 균형임금은 감소하고 산출물도 감소한다.

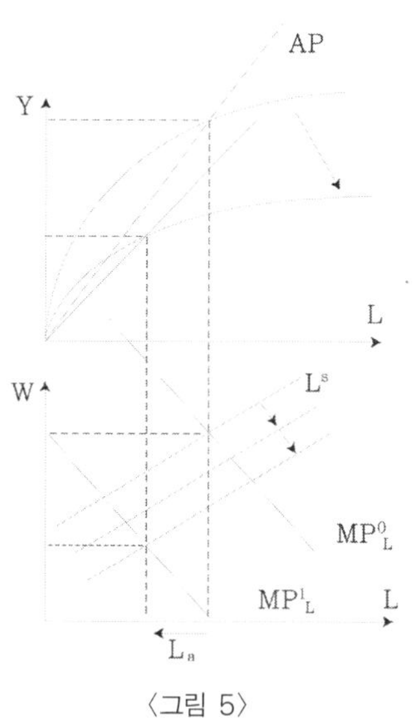

〈그림 5〉

2. 총수요측면

부의 효과에 의해 소득이 감소하므로 소비가 감소한다. 그러나 일시적인 소득감소로써 항상소득에의 영향은 작으므로 소폭하락(①)하고 한편으로 r이 상승하므로 기간간 대체효과에 의해 현재소비가 감소(②)한다. 또한 생산성하락으로 인한 산출량감소로 물가가 크게 상승하므로 실질통화량감소 $[LM(P_0)) \rightarrow LM(P_1)]$. 따라서 총수요 감소하고 (b) 이자율이 상승(a)한다.

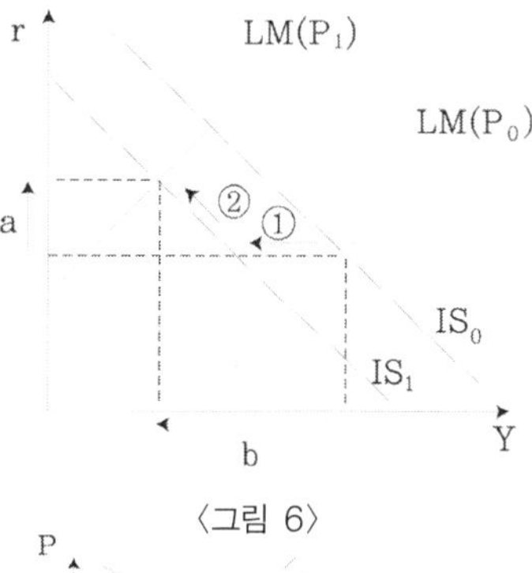

〈그림 6〉

3. 총공급 총수요 종합

총수요측면에서는 일시적으로 소득이 감소하므로 항상소득의 감소폭이 작으므로 소비의 하락도 작다. E라서 AD가 소폭으로 좌향이동한다. 총공급의 측면에서는 생산성이 하락하므로 노동고용이 하락하므로 AS가 좌측이동하고 AS가 좌측이동한다. 따라서 물가는 상승하고 이자율도 상승하며 국민소득은 하락한다.

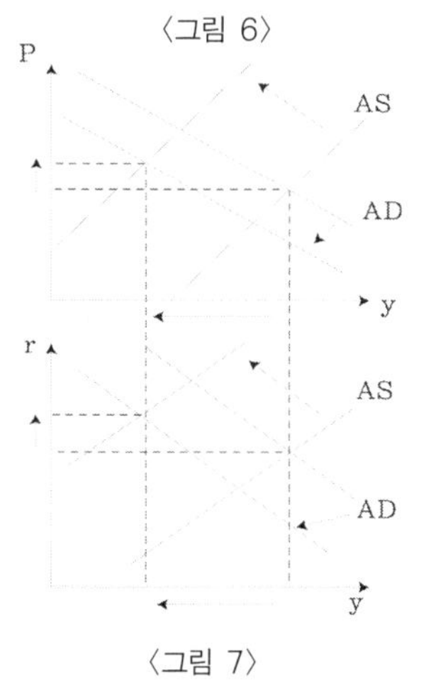

〈그림 7〉

Ⅳ. RBC의 의미와 한계

1. 솔로우 잔차항의 의미

솔로우 잔차항이란 y=Af(L,K)에서 dA/A를 의미한다. RBC지지자들은 생산성과 솔로우 잔차항이 동일하다고 보고 잔차항이 경기변동과 상관관계가 높은 것을 근거로 RBC의 현실적합성이 크다고 주장하였다. 그러나 비판자들은 솔로우 잔차항은 생산성이외에 여러요소를 담고 있어서 생산성으로 바로 이해할 수 없다고 주장한바 대표적인 예가 노동저장이론이다.

2. 노동저장이론

(1) 저장노동자

불황기에 실질적으로 생산에 참여하지 않으나 해고되지 않고 고용상태에 있는 노동자를 의미한다. 저장노동자가 존재하는 이유는 해고하고 재고용하는데에는 큰 비용이 발생하기 때문이다.

(2) 생산성과의 관계

불황기에는 저장노동자 증가한다. 생산성의 하락이 없음에도 $AP_L = Y/L$에서 표면적으로 통계수치에 산출수준이 하락하는데 비해 L의 하락이 작게 나타나므로 평균생산성이 하락하는 것으로 나타나게 된다.

제9장 경제성장론

기 출

Solow 모형과 수렴현상

제48회 행정고시 재경직 합격 이 한 샘

행시 제49회(05년)

신고전학파 경제성장모형인 Solow 모형은 부국과 빈국간 1인당소득의 상대적 격차가 줄어드는 수렴현상(convergence)을 예측하고 있다. 그러나 실증분석 결과에 의하면 실제로 이 수렴이 나타나지 않고 국가간 소득격차가 오히려 증가하는 경우가 많았다. (총 30점)
(1) 폐쇄경제를 가정하고 Solow 모형에서 수렴이 발생하는 메커니즘을 설명하시오. (10점)
(2) Solow 모형을 개방경제로 확대하면 수렴은 더욱 촉진된다. 그 이유를 설명하시오. (10점)
(3) Solow 모형의 예측과는 달리 실제로는 수렴이 발생하지 않는 이유는 무엇인가? (10점)

C/O/N/T/E/N/T/S

Ⅰ. 솔로우 모형의 수렴성(convergence)

솔로우 모형에서는 총생산함수를 노동과 자본의 함수로 보며 CRS의 성질을 이용하여 1인당 소득을 자본의 함수로 가정한다. 또한 자본의 한계생산체감을 가정하고 저축과 투자의 일치를 전제로 한다. 위 모형에서는 경제성장의 결과 1인당 경제성장률이 0에 머무르는 균제상태(steady state)를 예측하며, 장기에 각국의 소득수준이 동일해지는 수렴현상을 제시한다. 이하에서는 폐쇄경제와 개방경제에서의 수렴현상의 메커니즘을 살펴보고 현실에서의 한계를 알아본다.

Ⅱ. 설문 (1)의 해결

1. 균제상태의 도출

1인당 자본량의 변화를 dk라 할 때 균제상태에서 $dk=0$이므로

$dk = sy-(n+\delta)k = sf(k)-(n+\delta)k = 0$

$sf(k)=(n+\delta)k$ … ①를 충족시키는 k^*에서 균제상태에 도달한다.

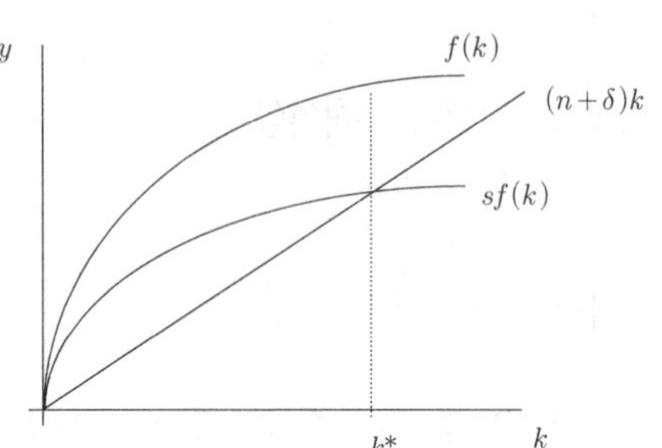

n : 인구증가율　δ : 감가상각율
$f(k)$: 생산함수　k : 1인당 자본량
k^* : 균제상태의 1인당자본량

2. 수렴현상의 메커니즘

솔로우 모형에서 수렴현상이 나타나는 것은 자본의 한계생산 체감이라는 가정에 기인한다. 균제상태의 도출에서 보듯이 위 ①에서 좌변은 1인당 자본투자액, 우변은 1인당 자본유지액을 의미하며, 자본투자가 자본유지를 초과하는 경우 1인당 투자액은 증가한다. 하지만 그 증가량은 MP_k가 체감하면서 점차 줄어들고 결국에는 0이 된다. 부국과 빈국이 현재 경제성장에 있어 차이가 나더라도 자본스톡이 적은 빈국에서 MP_k가 상대적으로 크고 자본량의 증가폭도 크다. 따라서 빈국에서 경제성장이 빨라 균제상태에서는 1인당 국민소득이 부국을 따라잡게(catch-up) 되는 것이다.

Ⅲ. 설문 (2)의 해결

1. 개방경제 확대의 의미

개방경제를 고려하는 경우에는 국가 간의 자본이동이 모형에 도입된다. 즉 자본은 국경에 제약받지 않고 보다 높은 수익률을 좇아 투자처를 찾아다니는 것이다.

2. 수렴현상의 촉진 이유

생산요소시장에서 자본의 요소소득 r은 MP_k에 영향을 받는다($r = MP_k \cdot P$ or $MP_k \cdot MR$). 따라서 MP_k가 클수록 자본의 요소소득도 커짐을 알 수 있다. 개방경제 하에서 자본은 보다 높은 수익을 추구하며 국가 간의 이동을 할 수 있고, 부국의 자본은 자국보다 상대적으로 MP_k와 r이 높은 빈국에 투자하게 된다. 국내의 저축과 더불어 해외 저축까지 흡수하게 된 빈국은 자본의 축적속도가 보다 빨라지면서 경제성장이 더욱 촉진된다.

Ⅳ. 설문 (3)의 해결

1. 실증분석 결과

솔로우 모형이 예측하는 바와 같이 수렴현상이 실제로 일어나는지에 대해 실증분석은 부정적이다. 시간이 흐를수록 대부분의 경우 부국과 빈국의 차이는 오히려 커지고 있다. 다만 경제 초기의 상태가 어느 정도 유사했던 OECD 국가 내에서는 수렴현상이 관측되기도 하였다. 하지만 조건부 수렴성이 아닌 절대적 수렴성은 실증적으로 입증되지 못하고 있다.

2. 수렴이 발생하지 않는 이유

(1) 자본의 한계수확체감 법칙

솔로우 모형의 전제 중 수렴현상과 연관이 깊은 것은 MP_k의 체감이다. 하지만 위 모형의 자본은 물적 자본을 전제로 한 것으로 최근에는 자본을 인적자본 등을 포함하는 복합자본으로 보고 있다. 외생적 성장모형의 한계를 극복하기 위한 내생적 성장모형에서 제시하고 있으며 한계생산 체감을 부정한다. AK모형 역시 MP_k의 유지를 전제로 하고 있다.

(2) 자본의 불완전한 이동

개방경제를 고려하는 경우 자본의 자유로운 이동을 가정하지만 현실적으로 완전한 이동이 가능하지는 않다. 선진국 간의 자본이동은 비교적 활발하지만 빈국으로의 자본유입은 아직 빈국에서의 폐쇄적 태도, 규제 등으로 인해 자유롭지 못한 편이다.

(3) 경제의 구조적 차이

솔로우 모형에서 균제상태의 도출에서는 모든 국가의 생산함수, 저축률, 인구증가율, 감가상각률 등을 일률적으로 특정하고 있다. 하지만 국가의 경제구조는 자연환경, 역사적 경험, 국가가 채택하는 경제체제 등 여러 원인에 의해 차이가 난다. 경제구조의 차이는 수렴을 더욱 어렵게 한다.

AK 모형

행시 제51회(07년)

제50회 행정고시 재경직 합격 권 오 흥

경제성장에 관한 AK 모형에 대하여 다음 질문에 답하시오. (총 20점)
(1) 아래의 주어진 수식을 이용하여 AK 모형을 간단히 설명하고, 1인당 성장률을 구하시오. (10점)

$$Y = AK, \quad \dot{K} = sY - \delta K, \quad \frac{\dot{L}}{L} = n$$

(단, Y=산출, A=상수, K=자본, s=저축률, δ=감가상각률, L=노동, n=인구증가율이다)
(2) 우리나라의 1인당 경제성장률 4%를 지속적으로 달성하기 위해서는 저축률이 어느 수준으로 유지되어야 하겠는가? (10점)
(단, 우리나라의 자본-산출계수(K/Y는 4이고, GDP 가운데 감가상각이 차지하는 비율은 16%이며, 인구증가율은 2%이다)

C/O/N/T/E/N/T/S

Ⅰ. [설문의 (1)]

AK 모형은 자본의 개념을 물적 자본에 한정하지 않고 인적 자본까지 포함시킨 새로운 개념으로 이해한 성장 모형으로서, $\frac{dY}{dK} = A = MP_k$ 가 되어 자본의 한계생산성이 체감하지 않고 일정하게 된다. 따라서 Solow의 성장모형과는 달리, 경제가 균제상태(steady state)로 수렴하지 않고 외생적 기술진보에 대한 가정 없이도 단순히 자본이 축적됨에 따라 지속적인 성장이 가능함을 설명할 수 있음에 그 의의가 있다.

〈1인당 성장률의 도출〉

y=Y/L , k=K/L 이라고 하면 1인당 성장률은 $Y = A \cdot K$ 를 L로 나눈 뒤, 시간에 대해 미분하여 구할 수 있으며 $\frac{\dot{y}}{y} = \frac{\dot{A}}{A} + \frac{\dot{k}}{k}$이고, A는 상수라 하였으므로 $\frac{\dot{A}}{A} = 0$이 되어 $\frac{\dot{y}}{y} = \frac{\dot{k}}{k}$으로 나타낼 수 있다.

1인당 자본량의 운동방정식을 구하면

$$\dot{k}=\frac{d(\frac{K}{L})}{dt}=\frac{dK}{dt}\cdot\frac{1}{L}-\frac{K}{L^2}\cdot\frac{dL}{dt}=$$

$$\dot{K}\cdot\frac{1}{L}-\frac{K}{L^2}\cdot\dot{L}=\frac{\dot{K}}{L}-\frac{\dot{L}}{L}\cdot\frac{K}{L}=$$

$=\frac{\dot{K}}{L}-n\cdot k$ 이고,

자본의 변화량은 순투자와 대체투자의 합으로 구성되는 바,

$$\frac{\dot{K}}{L}=\frac{sY-\delta K}{L}=s\cdot\frac{Y}{L}-\delta\cdot\frac{K}{L}=sy-\delta k$$

이므로

$\dot{k}=sy-\delta k-nk$, $\frac{\dot{y}}{y}=\frac{\dot{k}}{k}=$

$s\cdot\frac{y}{k}-(n+\delta)=s\cdot A-(n+\delta)$

의 1인당 성장률을 도출할 수 있다.

Ⅱ. [설문의 (2)]

설문 (1)에서 1인당 경제성장률을 도출하는 식은 다음과 같고,

$\frac{\dot{y}}{y}=s\cdot A-(n+\delta)=4\%$,

$\frac{\delta K}{Y}=16\%$ 에서 $\frac{K}{Y}=4$이므로

$\delta=4\%$, $n=2\%$,

$A=\frac{Y}{K}=\frac{\frac{Y}{L}}{\frac{K}{L}}=\frac{y}{k}=\frac{1}{4}$ 이므로

s=0.4 즉, 저축률은 40% 가 되어야 일인당 경제성장률이 4%로 유지될 수 있다.

신고전파 성장이론을 통한 1인당 GDP 성장률 이해

행시 재경직 제57회(13년)

제56회 행정고시 재경직 합격 김 0 0

국가i와 국가j의 1인당 GDP의 성장률을 비교하려고 한다. 두 국가 모두 아직 정상상태(steady state)에 진입하지 못한 상태이며, 국가i와 국가j의 1인당 자본량(k)은 다음과 같이 축적된다.

○ 국가 i : $k_i{'}-k_i=s_iAk_i{}^{a}h_i{}^{1-a}-(n_i+\delta)k_i$
○ 국가 j : $k_j{'}-k_j=s_jAk_j{}^{a}h_j{}^{1-a}-(n_j+\delta)k_j$

(k는 올해 초의 1인당 자본량, k′은 내년 초의 1인당 자본량, s는 저축률, A는 생산성, h는 1인당 평균 교육수준, n은 인구증가율, δ는 자본의 감가상각률, $0 < a < 1$)

국가 i와 국가j의 1인당 GDP는 다음과 같이 결정된다.

○ 국가i : $y_i=Ak_i{}^{a}h_i{}^{1-a}$
○ 국가j: $y_j=Ak_j{}^{a}h_j{}^{1-a}$

두 국가의 1인당 평균 교육수준은 올해 초와 내년 초가 동일하다는 가정 하에 위와 같이 제시된 모형을 사용하여 다음 물음에 답하시오. (총 35점)

(1) 두 국가의 인구증가율, 1인당 평균 교육수준 및 올해 초의 1인당 GDP가 동일하지만, 국가 i의 저축률이 국가j보다 높다고 한다. 두 국가의 올해 1인당 GDP 성장률을 비교하여 설명하시오. (15점)

(2) 두 국가의 저축률, 1인당 평균 교육수준 및 올해 초의 1인당 GDP가 동일하지만, 국가i의 인구증가율이 국가j보다 높다고 한다. 두 국가의 올해 1인당 GDP 성장률을 비교하여 설명하시오. (10점)

(3) 두 국가의 저축률, 인구증가율 및 올해 초의 1인당 자본량이 동일하지만, 국가 i의 1인당 평균 교육수준이 국가 j보다 높다고 한다. 두 국가의 올해 1인당 GDP 성장률을 비교하여 설명하시오. (10점)

■ C/O/N/T/E/N/T/S

Ⅰ. 설문 (1)의 해결

1. 1인당 GDP의 성장과정

신고전파종합에서 1인당 자본량은 생산량에 영향을 준다. 그러므로 경제의 성장은 자본의 축적을 통해 일어난다. 이때 자본의 축적은 투자에 기인하며, 투자는 대부자금시장의 균형에 의해 저축과 동일하므로 저축이 투자로 연결되어 자본을 축적시킨다.

다만 매기 자본의 감가상각 및 인구증가로 인한 1인당 자본량의 감소가 발생하므로 양자의 차이가 자본의 순축적이 되고, 자본의 순축적이 발생할 때 1인당 GDP는 성장한다.

2. 그래프의 도해

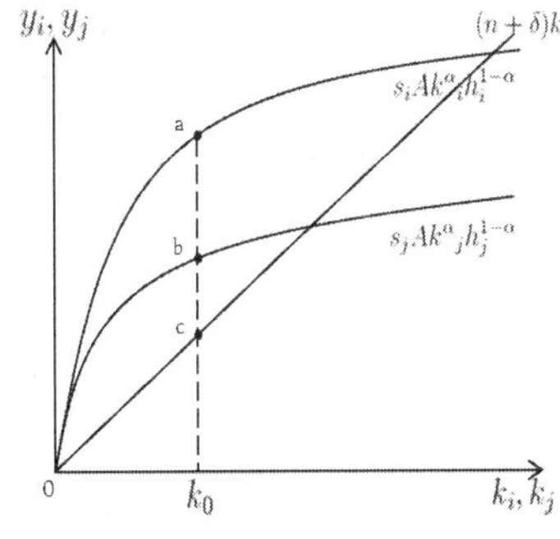

[그림 1] 저축률이 상이한 경우

두 국가의 y와 h가 동일한 경우 올해 초의 1인당 자본량은 동일하다. 그러므로 〔그림 1〕에서 자본수준이 균제상태의 자본량 보다 적은 k_0으로 동일하다고 가정할 때, i국가의 연간 순자본축적량은 $\overline{ac}$가 되고, j국가의 연간 순자본축적량은 $\overline{bc}$가 된다.

3. 성장률의 비교

두 국가의 올해 1인당 GDP의 성장률을 비교하면 다음과 같다.

(i국의 1인당 GDP 성장률) =

$$\frac{y_i' - y_i}{y_i} = \frac{Ak_i'^{\alpha} h_i^{1-\alpha} - Ak_i^{\alpha} h_i^{1-\alpha}}{Ak_i^{\alpha} h_i^{1-\alpha}} = \left((\frac{k_i'}{k_i})^{\alpha} - 1 \right)$$

$$= \frac{y_j' - y_j}{y_j} = \frac{Ak_j'^{\alpha} h_j^{1-\alpha} - Ak_j^{\alpha} h_j^{1-\alpha}}{Ak_j^{\alpha} h_j^{1-\alpha}} = \left((\frac{k_j'}{k_j})^{\alpha} - 1 \right)$$

= (j국의 1인당 GDP 성장률)

결국 〔그림 1〕에서 보는 것처럼 이듬해 초에 경제 내에 존재하는 1인당 자본량은 i국가가 더 많아지므로 $k_i' > k_j'$ 가 성립하고 $k_i = k_j$이므로, 올해 GDP 성장률은 저축률이 상대적으로 높은 i국이 j국 보다 더 높다.

4. 결론

i국의 올해 1인당 GDP 성장률은 j국의 올해 1인당 GDP 성장률 보다 높다.

Ⅱ. 설문 (2)의 해결

1. 그래프의 도해

설문 (1)과 달리 인구증가율 이외에 다른 조건이 일정한 경우를 그래프로 나타내면 다음과 같다.

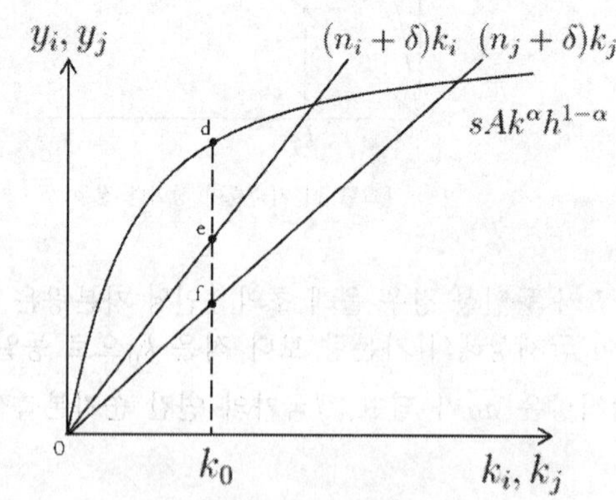

[그림 2] 인구증가율이 상이한 경우

〔그림 2〕에서 올해 초 자본수준이 k_0로 일정한 경우에 i국의 자본축적량은 $\overline{de}$이고, j국의 자본축적량은 $\overline{df}$가 된다.

2. 성장률의 비교

설문 (1)에서 본 바와 같이 두 국가의 성장률은 해당 기간 동안의 자본축적량의 상대적인 비율에 영향을 받는다. 그런데 이번에는 i국에 비해 j국의 인구증가율이 낮은 결과 순자본축적의 규모 역시 더 크다. 그러므로 동일한 1인당 자본량에서 시작한 경우 1인당 GDP의 성장률은 j국이 더 높다.

3. 결 론

올해 1인당 GDP 성장률은 j국이 i국 보다 더 높다.

Ⅲ. 설문 (3)의 해결

1. 그래프의 도해

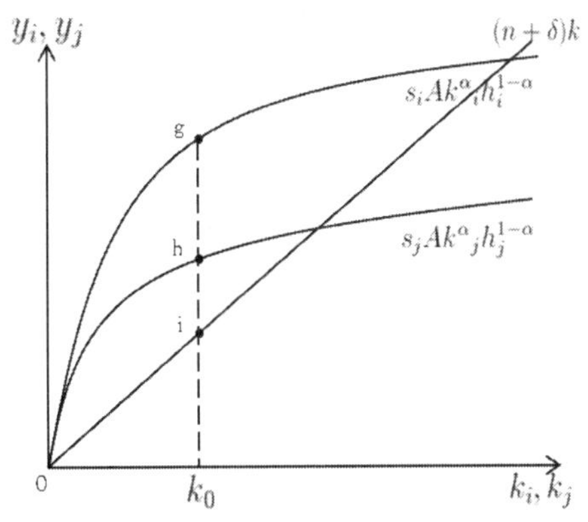

[그림 3] 평균 교육수준이 상이한 경우

〔그림 3〕에서 1년 동안 축적되는 1인당 자본량의 규모는 i국의 경우 $\overline{gh}$가 되고, j국의 경우에는 $\overline{gi}$가 된다.

2. 성장률의 비교

다른 조건이 일정하고, 평균 교육수준이 i국이 더 높은 경우에 i국의 자본축적이 상대적으로 j국보다 더 많다. 그러므로 1인당 자본량의 감소가 두 국가에서 동일하게 관측

되면, 1인당 자본의 순증가량은 i국에서 더 크다.

그 결과 1인당 GDP의 증가율은 설문 1)에서의 관계를 이용하면 자본축적량이 더 많은 i국에서 더 높게 나타난다.

3. 결론

i국의 올해 1인당 GDP 증가율은 j국 보다 더 높다.

Ⅳ. 결 론

이상의 분석과 같이 경제 내의 저축률이 높고, 인구 성장률이 낮으며, 평균 교육수준이 높을 때 상대적으로 더 높은 1인당 경제성장률을 달성할 수 있게 해준다. 이 중에서 특히 인적자본(h)에 해당하는 평균 교육수준을 지속적으로 높인다면, 설문의 생산함수와 같이 Inada condition을 충족하는 생산함수이더라도 경제가 수렴하지 않고, 1인당 GDP가 지속적으로 성장할 수 있게 된다.

교/수/강/평

김 윤 영(단국대학교 경제학부 교수)

그 간 고성장을 지속해온 우리나라의 낮은 최근 경제성장률이 주목받고 있다. 신고전파 성장이론에 따르면 GDP 성장률에 저축률, 인구증가율 및 교육수준이 영향을 미칠 수 있다. 모범답안과 같이 도해와 식으로 설명할 수도 있지만 아래와 같이 대강의 논리적 흐름을 먼저 정리할 수도 있다.

(1) 1인당 GDP 결정식에 의해 1인당 GDP(y)와 1인당 교육수준 (h)가 동일하면 1인당 자본 (k)는 동일하게 된다. 다음으로 자본 성장식에 따르면 저축률이 높은 국가가 자본 성장이 빠르게 된다. 이는 다시 1인당 GDP 결정식에 따라 높은 1인당 GDP(높은 성장률)을 결과하게 된다.

(2) (1)과 마찬가지로 1인당 GDP 결정식에 의해 1인당 GDP(y)와 1인당 교육수준 (h)가 동일하면 1인당 자본 (k)는 동일하게 된다. 다만 저축률이 동일한 경우 자본 성장식에 따르면 인구증가율이 낮은 국가가 자본 성장이 빠르게 된다. 이는 다시 1인당 GDP 결정식에 따라 높은 1인당 GDP(높은 성장률)을 결과하게 된다.

(3) 1인당 자본량이 양국에 동일한 경우를 먼저 가정하고 있다. 또한 저축률(s)과 인구증가율(n)이 동일한데 1인당 교육수준이 높은 경우 자본 성장식에 따르면 자본성장이 빠르게 된다. 이는 다시 1인당 GDP 결정식에 따라 높은 1인당 GDP(높은 성장률)을 결과하게 된다.

/관/련/기/출

내생적 성장이론

제53회 행정고시 재경직 합격 노 경 민

입시 제24회(08년)

다음과 같은 생산함수를 상정한 성장모형을 고려하자.

$$Y = AK + BL$$

여기서 Y는 총생산, K는 자본, L은 노동이다. 그리고 A와 B는 양의 상수이다. 자본의 변화는 $\Delta K = I - \delta K$ 로 주어지고, I는 투자로서 $I = sY$로 주어진다. 여기서 δ는 감가상각률, s는 저축률이다. 인구 증가율은 n 즉 $\frac{\Delta L}{L} = n$이다.

(1) 1인당 소득과 자본을 각각 y, k라 할 경우, 1인당 생산함수와 1인당 자본의 변화를 수식으로 나타내시오.

(2) 저축률에 따라 장기의 1인당 소득이 정체될 수도 있고, 지속적 증가가 일어날 수도 있음을 설명하시오.(그래프를 활용하여 설명하는 것이 좋다)

C/O/N/T/E/N/T/S

Ⅰ. 설문 (1)의 해결

1. 생산함수의 특징

설문에서 주어진 생산함수 Y = AK+BL 은 자본의 한계 생산성은 A, 노동의 한계 생산성은 B로 일정하게 나타남을 알 수 있다.

2. 1인당 생산함수와 일인당 자본의 변화

1인당 생산함수를 나타내면 $Y/L = AK/L+B$, 즉 $y = Ak+B$ 로 나타난다.

I(순투자) = S(저축) = sY (s는 저축률) 이고,

$\Delta K = I + \delta K$ 이므로, 자본의 운동 방정식 $\Delta K = sY + \delta K$ 가 된다.

이 때 1인당 자본의 운동방정식 $\Delta k = sy-(\delta+n)k$ 가 되고, 설문의 1인당 생산함수를 대입하면, $\Delta k = s(Ak+B)-(\delta+n)k$ 가 된다.

1인당 생산함수의 변화율은 1인당 자본의 변화율과 일치하므로 그 변화를

$\Delta y/y = \Delta k/k = sA + sB/k - (\delta+n)$ 으로 나타낼 수 있다.

Ⅱ. 설문 (2)의 해결

1. 장기의 1인당 소득이 정체되는 경우

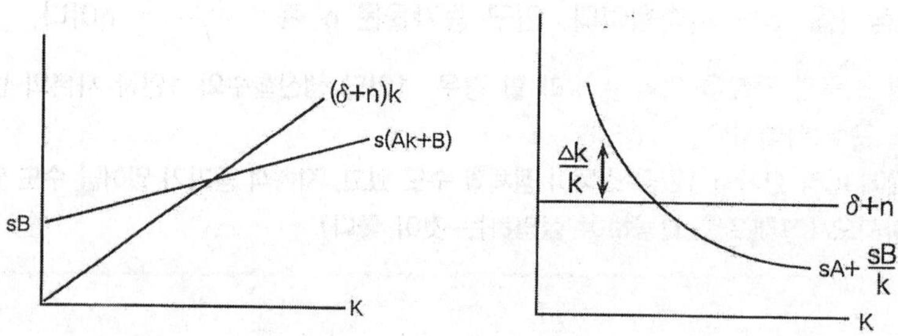

위 그래프와 같이 sA(저축선의 기울기) 〈 δ+n(자본유지선의 기울기) 인 경우, k^* 에서 균제상태(steady state)를 이루게 되고, 이 때 일인당 소득 $y^* = Ak^*+B$ 수준에서 수렴되어 정체하게 된다.

2. 장기의 1인당 소득이 지속적으로 증가하는 경우

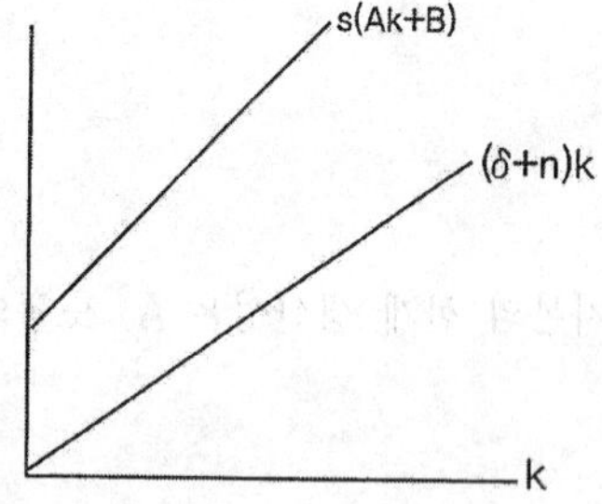

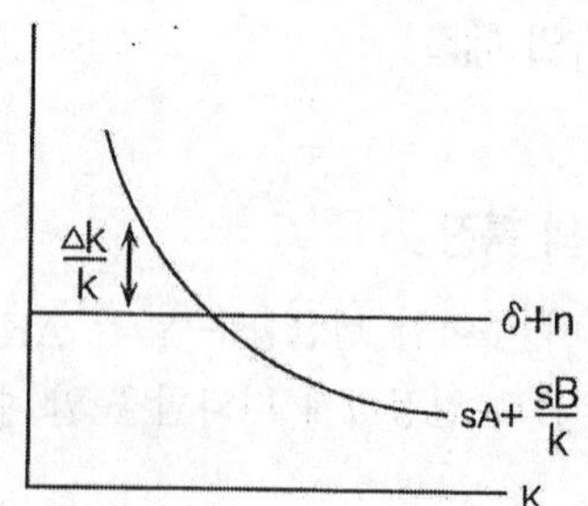

위 그래프와 같이 sA ≥ δ+n 인 경우, 1인당 자본량은 수렴하지 않고 지속적인 축적이 가능해 진다. 이에 따라 1인당 소득도 지속적으로 증가할 수 있다.

3. 평가

설문의 생산함수와 같이 자본의 한계생산체감이 없는 경우에 일정한 조건(sA ≥ δ +n)이 충족되는 경우 자본의 축적만으로 일인당 소득의 지속적 증가를 설명할 수 있다.

인적자본, 지식자본까지 포함해 자본을 넓게 정의하거나, 자본의 긍정적 외부효과를 고려하는 경우 자본의 한계생산성이 체감하지 않을 수 있고, 이를 통해 지속적인 경제성장을 설명할 수 있다.

기 출

신고전학파의 경제성장모형

제54회 행정고시 재경직 합격 김 지 현

행시 제55회(11년)

신고전학파 경제성장모형과 관련하여 다음 물음에 답하시오. (총 25점)

$$Y_t = K_t^{a}(A_t L_t)^{1-a}$$:t기의 생산함수

$$\dot{K}_t = sY_t - \delta K_t$$: 자본축적함수

〔단, Y : 산출량, A : 기술수준, K : 자본스톡, L : 노동, s : 저축률(상수), δ:감가상각률, : a : 자본계수, n : 인구증가율(상수), G_A: 기술증가율(상수)〕

(1) 균제상태(steady state)하에서 1인당 국민소득수준과 경제성장률(Y의 성장률)을 도출하시오. (10점)

(2) M, N 두 나라는 저축률을 제외한 모든 조건이 동일하고, N국의 저축률(s_N)은 M국의 저축률(s_M)보다 높으며, M국은 황금률 균제상태에 도달해 있다. M국의 저축률 (s_M)을 도출하고, 두 국가 간의 저축률 차이가 1인당 국민소득, 1인당 소비, 경제성장률 (Y의 성장률)에 미치는 영향을 분석하시오. (15점)

▮ C/O/N/T/E/N/T/S

Ⅰ. 설문 (1)의 해결

1. 균제상태의 의의

매기간 1인당 자본은 투자된 만큼 증가하고 감가상각, 인구증가에 따른 요구자본량 만큼 감소한다. 이때 균제상태에서는 1인당 변수들이 일정하므로 1인당 자본의 변화가 없을 때 균제상태에 도달한다. 위 생산함수는 CRS 생산함수이고 국민소득은 소비와 저축에 이용되며 저축은 모두 투자로 이어진다고 가정한다.

2. 균제상태의 도출

$$Y_t = K_t^a (A_t L_t)^{1-a}$$
$$K_t = sY_t - \delta K_t$$

(1) 1인당 국민소득수준의 도출

Y_t, K_t를 각각 효율노동량인 $A_t L_t$로 나누어 이를 y_t, k_t라 하면

$$y_t = k_t^a$$
$$\Delta k_t = sy_t - \delta k_t - nk_t = 0$$

$sk_t^a - \delta k_t - nk_t = 0$ 이므로 k_t에 대하여 정리하면

$$k_t = (\frac{n+\delta}{s})^{1-a}$$

$$\therefore y_t = (\frac{n+\delta}{s})^{\frac{a}{1-a}}$$

y_t는 효율노동량 1인당 국민소득수준($\frac{Y_t}{A_t L_t}$)이므로 기술수준인 A_t를 곱해주면 1인당 국민소득수준($\frac{Y_t}{L_t}$)을 도출할 수 있다.

$$\frac{Y_t}{L_t} = A_t\left(\frac{n+\delta}{s}\right)^{\frac{a}{1-a}}$$

(2) **경제성장률의 도출**

Y_t의 성장률은 1인당 국민소득수준을 로그를 취한 후 시간에 대해 미분하여 도출할 수 있다.

$$ln\left(\frac{Y_t}{L_t}\right) = lnA_t + \frac{a}{1-a}ln\left(\frac{n+\delta}{s}\right)$$

n, s, δ는 상수이므로

$$\dot{Y_t} - \dot{L_t} = \dot{A_t}$$

$\dot{L}_t = n$, $\dot{A}_t = g$ 이므로 경제성장률은 $n+g$로 도출된다.

Ⅱ. 설문 (2)의 해결

1. 황금률에서의 저축률 도출

(1) **황금률의 정의**

균제상태에서의 1인당 소비를 극대화하는 자본축적을 황금률의 자본축적이라 한다.

$$Max\, c^* = f(k^*) - (n+\delta)k^*$$

$$F.O.C : \frac{\partial c^*}{\partial k^*} = 0$$

$$\therefore MPK = n + \delta$$

(2) **M국의 저축률 도출**

$$MPK = ak_t^{a-1} = n+\delta$$

$$\therefore k_t = \left(\frac{n+\delta}{a}\right)^{1-a}$$

균제상태에서 $k_t = \left(\frac{n+\delta}{s}\right)^{1-a}$이므로

$$s_M = a$$

2. 두 국가 간의 비교분석

M국의 경우 현재 저축률이 황금률에서의 저축률과 동일하기 때문에 1인당 소비가 극

대화되어 있는 상태이다. 이에 반해 N국은 저축률이 황금률에서의 저축률에 비해 높기 때문에 과다한 자본축적을 경험하게 된다. 이에 따라 1인당 소비를 극대화시키기 위해서는 저축률을 낮추어야 하는데 저축을 줄이면 투자가 감소하므로 자본량이 감소하고 이에 따른 생산의 감소를 경험할 수 있다.

기술진보와 경제성장

제48회 행정고시 재경직 합격 이 한 샘

정부는 21세기 한국의 성장동력을 높이기 위해 차세대 신성장동력사업을 선정하여 추진하고 있다. 이 사업을 통해 한국은 국가 전반적으로 기술진보가 이루어질 것으로 기대된다.

(1) 기존의 외생적 성장모형에 근거하여 위 정책의 효과를 분석하라.(10점)

(2) 외생적 성장모형의 한계를 지적한 후, 그 대안으로 제시되는 모형 중 AK모형에 근거하여 위 정책의 효과를 분석하라.(10점)

C/O/N/T/E/N/T/S

Ⅰ. 모형설정 및 기술진보의 의미

기술진보가 경제성장에 미치는 영향을 분석하기 위해 한국의 1인당 생산함수를 $y=f(k)$로 설정한다(y는 1인당 소득, k는 1인당 자본량). 이 경제는 s의 저축률을 가지며, n과 δ를 각각 인구 증가율 및 감가상각률이라 한다. 한편 기술진보는 1인당 생산함수를 상방이동시킨다.

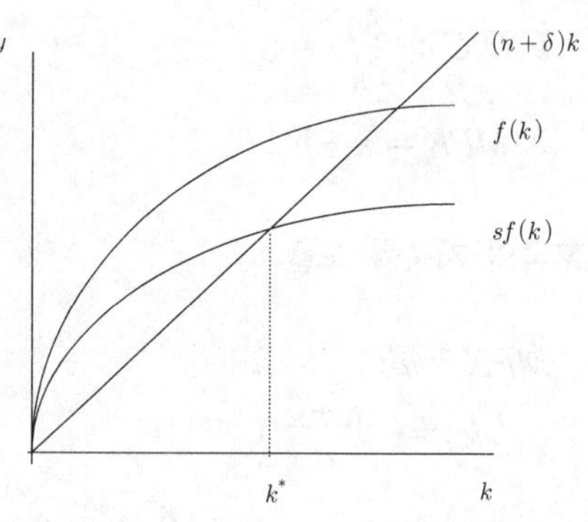

Ⅱ. 설문 (1)의 해결

1. 솔로우 모형의 균제상태(steady state)

한계수확 체감의 법칙을 가정하는 솔로우 모형에서 균제상태는 1인당 자본량이 더 이상 변하지 않는 상태를 말한다. 경제 내에서 1인당 자본량이 투자량이 일치하는 수준 k^*에서 1인당 자본량은 불변상태로 존재한다.

2. 기술진보의 효과

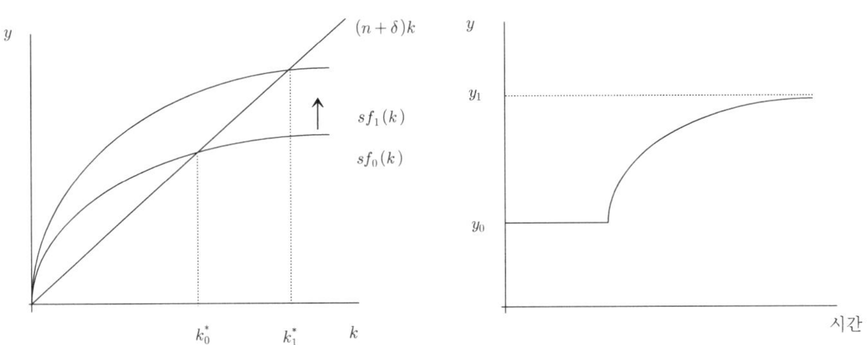

기술진보로 인해 생산함수가 $f_0(k)$에서 $f_1(k)$로 상방이동하고 1인당 자본량 및 소득수준이 증가한다. 그러나 새로운 균제상태에서 증가율은 다시 0이 되어 소득이 1회적 증가($y_0 \rightarrow y_1$)에 그치는 수준효과(level effect)만을 가진다.

Ⅲ. 설문 (2)의 해결

1. 솔로우 모형의 한계

(1) 외생성

솔로우 모형에서는 기술진보가 외생적으로 주어져 기술진보가 있더라도 Level Effect만을 가진다. 또한 정책개입의 여지가 없다.

(2) 수렴성

솔로우 모형에 따르면 한계생산 체감 법칙으로 인해 각국의 경제는 시간이 지날수록 수렴하게 된다. 하지만 실증분석상 경제의 수렴성은 나타나지 않았고 선진국 간의 상대적 수렴성만이 검증된 바 있다.

(3) 정체성

경제가 균제상태에 이른 상태에서는 별도의 충격이 없는 한 경제는 정체상태에 있게 되고 아시아 국가의 8,90년대의 팽창적 경제성장을 설명할 수 없다.

2. AK모형에서의 기술진보 효과

(1) AK모형의 생산함수

솔로우 모형과 달리 AK모형에서는 자본을 폭넓게 정의하여 복합자본으로 설정한다. AK모형의 복합자본은 한계생산성이 일정하여 생산함수가 선형으로 나타나고 지속적인 경제성장이 가능하다.

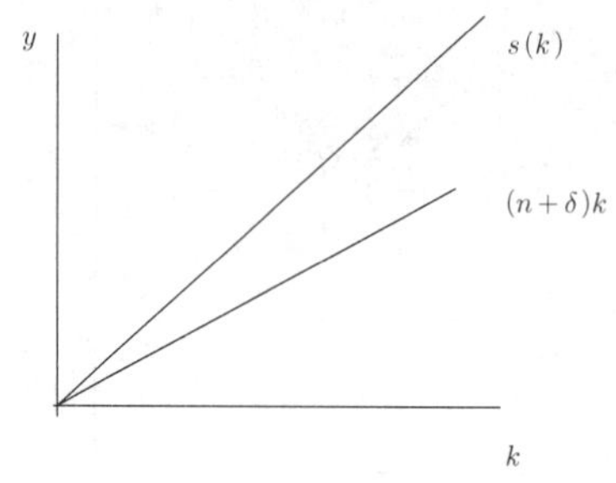

(2) 기술진보의 효과

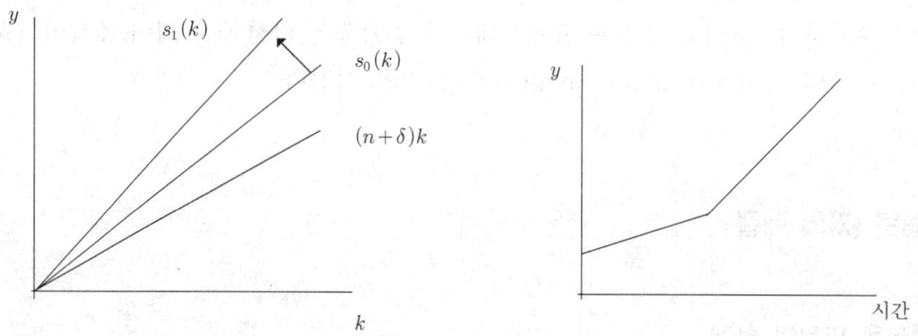

AK모형에서 기술진보에서도 생산함수는 상방이동한다. 하지만 솔로우 모형과 달리 한계생산법칙이 적용되지 않아 경제의 성장은 가속화된다. 경제의 지속적인 성장이 가능한 성장효과가 존재한다.

제3부

한국경제론

기 출

공적자금의 재원확보방안

제43회 행정고시 재경직 합격 김 석 기

행시 제44회(OO년)

IMF 구제금융이후 우리 나라 금융산업의 구조조정에 총 100조원 이상의 공적자금투입이 요구된다고 한다.(총 40점)

(1) 공적자금의 확보를 위하여 그 재원확보가 문제이다. 어떠한 재원확보방안이 있을 수 있는지와 각각의 문제점을 무엇인지 정리하라.(20점)

(2) 만약 재원의 상당부분을 국공채매각으로 충당한다면 국민들의 소비에 어떠한 영향을 미칠지 단기와 장기로 구분하여 논하라.(20점)

C/O/N/T/E/N/T/S

Ⅰ. 서－공적자금조성의 문제점

현재까지 우리나라는 금융산업의 구조조정을 위해 100조원이라는 공적자금이 투입되었고, 최근 쟁점이 되고 있는 금융지주회사 설립과 금융기관의 합병 등과 관련해서 천문학적 금액이 추가 소요될 전망이다. 이미 추가적인 공적자금조성은 기정사실화된 상황이고 그 조달방안이 문제가 되는데, 결국 가시적 부작용이 덜한 국공채매각을 통한 재원조달이 유력시된다. 그러나 국공채매각을 통한 재원조달도 궁극적으로 국민의 부담이 되는 것이므로, 본 답안을 통하여 국공채발행이 장기적 관점에서 국민의 부담을 무겁게 한다는 것을 이론적으로 설명하고, 공적자금조성에 대한 문제를 제기하고자 한다.

Ⅱ. 재원확보방안과 문제점

1. 재원확보방안

정부재정의 항등식은 $G-T=\Delta B+M$과 같이 쓸 수 있다. 즉 정부의 재정지출은 조세수입과 국공채발행의 증가분, 통화증가로 나타나는 중앙은행차입으로 구성된다.

2. 조세부과방안의 문제점

(1) 조세의 비효율

일반적인 조세부과는 시장가격체계를 왜곡시키고 민간의 경제적 의사결정에 교란을 초래하므로, 경제적 비효율을 초래할 가능성이 매우 크다.

(2) 조세저항과 형평성

추가적인 재원조달을 위해 조세부담을 늘린다면 국민의 직접적인 조세저항과 정치적 반발에 직면하게 될 것이다. 이 경우 조세저항을 가능한 줄이기 위해(우리 나라의 휘발유세 인상과 같이) 간접세를 늘리는 방법을 쓰게 되는데, 간접세는 역진성을 가지므로 소득분배구조를 악화시킬 우려가 있다.

(3) 민간소비의 위축가능성

조세부과는 현재시점의 가처분소득이 줄어드는 것을 의미하므로 민간소비가 위축될 우려가 있고, 이 경우 총수요 감소로 인한 경기침체를 초래할 수 있다.

3. 중앙은행차입의 문제점 - 인플레이션 발생가능성

정부가 중앙은행차입을 통해 재원을 조달한다는 것은 본원통화의 증가를 통한 통화량 증가를 의미한다. 화폐수량설에 따르면, 다른 것이 일정할 때 통화량증가는 궁극적으로 물가상승을 초래하게 되며 실증적으로도 검증되고 있다.

인플레이션은 경제적으로 막대한 부작용을 초래하므로 중앙은행차입을 통한 재원조달은 심각한 문제를 야기할 수 있다.

4. 국공채매각의 문제점

(1) 국민의 장기적 부담가중

국공채매각은 가시적인 부작용은 없지만, 이자와 원금을 상환해야 하므로 장기적으로 볼 때 국민 부담을 가중시키게 된다.

(2) 민간소비 감소가능성

또한 리카도등가정리가 성립하는 상황이어서, 국민들이 전 생애의 소득을 고려하여 소비수준을 결정하고, 공채발행을 미래의 조세부담 증가로 인식한다면 단기에도 민간소비는 감소하고 조세부과와 동일한 부작용이 발생할 것이다.

Ⅲ. 국공채매각과 민간소비의 변화

1. 국공채매각과 단기의 민간소비

단기적으로는 국공채매각이 민간의 가처분소득을 감소시키는 것이 아니므로 단순소비가설의 입장에서 파악할 때, 소비선택의 변화는 발생하지 않을 것이다. 단, 리카도등가정리가 성립하는 상황이라면, 국민들이 공채발행을 미래의 조세부담 증가로 인식해서 단기에도 민간소비는 감소하게 될 것이다.

2. 국공채매각과 장기의 민간소비

장기적으로는 공채상환시기까지 이자와 원금을 지급해야 하므로, 국민들은 국공채발행에 따른 추가적인 조세부담을 져야 한다. 따라서 가처분소득은 그만큼 감소하고 민간의 소비수요는 감소하게 된다. 피셔의 2기간모형에서도 볼 수 있는 바와 같이, 국공채매각에 의한 재원조달은 장기적으로 조세부과의 경우와 동일한 효과를 초래하며, 민간소비를 감소시키는 부정적 효과를 초래할 것이다.

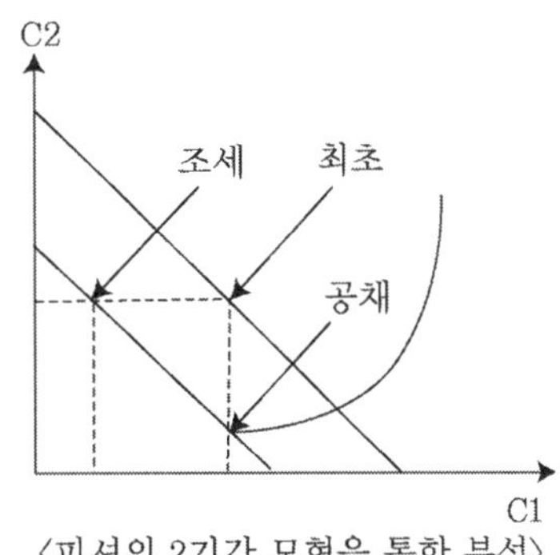

〈피셔의 2기간 모형을 통한 분석〉

Ⅳ. 결 론

공적자금조성은 결국 어떠한 수단을 사용하든지 경제적 비효율과 부작용을 초래하고 국민의 부담으로 귀착된다. 금융부문 구조조정을 위해서 공적자금을 조성하는 것이 필요하다고 할지라도, 재원조달과정에서 발생하는 부작용을 명확히 인식하고 그 규모를 최소화해야 할 것이다.

기업의 부채비율

황 종 휴 강사

행시 제47회(03년)

우리나라 기업들의 부채비율이 외국기업들에 비하여 상대적으로 높다고 한다. 정부는 외환위기 이후 대기업의 부채비율을 200 % 이하로 낮추도록 강제하였다. (총 30점)
(1) 높은 부채비율이 기업에게 주는 경제적 이익과 위험을 경제이론의 토대위에서 설명하라.
(2) 과거 한국의 대기업들이 상대적으로 높은 부채비율을 유지했던 이유를 우리나라의 특수상황의 관점에서 설명하라.

C/O/N/T/E/N/T/S

Ⅰ. [설문의 (1)]

기업의 재무구조에 관한 모딜리아니－밀러 정리는 다음과 같은 조건이 충족되는 상황에서는 기업의 자본－부채 비율은 아무런 의미가 없다고 주장한다.

① 어떤 조세도 존재 하지 않는다.
② 주식 거래에 따른 비용은 존재하지 않는다.
③ 채권 시장에서 모든 사람을 동일 이자율로 거래가 가능하다.
④ 정보는 동질적이며 대칭적이다.
⑤ 불확실성은 존재하지 않는다.

즉 이런 상황에서는 기업의 투자비용을 차입에 의존하건 신주 발행에 의존하건 간에 아무런 차이가 없다는 것이다. 이것이 모딜리아니－밀러의 제1정리이다. 그러나, 현실적으로는 높은 부채비율의 형성은 경제적 이익과 위험을 동시에 발생시킨다.

첫째, 법인세가 존재하여 회사채 발행과 주식 발행에 따른 세금 혜택이 다르게 나타난다. 회사채 이자는 기업의 비용으로 처리되지만 주식 배당금은 비용으로 인정되지 않는다. 따라서 회사채 발행을 통하여 자금을 조달하는 경우에 기업 이윤에 부과되는 법인세 부담이 가벼워 진다. 따라서 기업 입장에서는 높은 부채비율이 법인세 부담을 경감시키는 이득을 가져다 준다.

둘째, 회사채 발행비중을 높이게 되면 파산의 위험이 증가한다. 회사채 발행비중을 높일 수록 첫째 효과에 의해 순이윤이 증가하지만 동시에 파산 위험이 증가하여 자금 조달 상의 문제가 생길 수도 있다.

만약 첫째의 이득과 둘째의 위험이 그 크기가 서로 비슷하다면 결과적으로는 모딜리아니-밀러 정리가 성립한다고 볼 수도 있다.

Ⅱ. [설문의 (2)]

① 정책 금융에 의한 시중 자금의 소수 대기업으로 집중

② 관치금융과 이에 따른 금융기관과 실물 기업들의 도덕적 해이(암묵적 지급보증의 행태)

③ 주식시장 등 직접 금융시장의 미비

④ 이자비용의 공제

⑤ 해외로부터의 저금리 자본 조달

양극화 현상

행시 제50회(06년)

제49회 행정고시 재경직 합격 강 욱

최근 현안이 되고 있는 소위 '양극화' 현상과 관련하여 다음 물음에 답하시오. (총 35점)

(1) 양극화 현상의 원인과 특징을 설명하고, 한국의 경우 임금격차의 유형 가운데 기업규모별 임금격차만 확대되고 있는 이유를 분석하시오.(15점)

(2) 양극화 현상을 완화하기 위한 재원마련 방안으로 다양한 조세정책적 수단들이 시행된다고 가정하자.

1) 수요함수가 $P=7-0.02Q$이고, 총비용함수가 $TC=Q+0.04Q^2$으로 주어졌을 때(단, P는 가격, Q는 생산량), 생산량 1단위에 1.2원의 세금이 부과될 경우 가격 인상분과 생산량 감소분은 각각 얼마인가? (10점)

2) 모든 사치성 소비재에 대하여 현재의 세율에서 5% 포인트 인상된 세율을 일괄 적용하는 것이(예: 현재 세율이 15%라면 20%로 인상됨) 재원을 최대한 많이 마련하기 위한 바람직한 방안인지 논평하시오. (10점)

C/O/N/T/E/N/T/S

Ⅰ. 서

양극화란 계층간에 소득 격차가 이전보다 더욱 벌어져 중간층이 사라지거나 얇아지며 상위층과 하위층이 두터워지는 현상을 말한다. 현재 많이 이야기되고 있는 양극화는 경제적인 측면의 것으로 양극화로 인한 계층간의 위화감은 사회의 결속력을 떨어뜨려 장기적인 사회발전에 장애물이 되므로 이를 해소하기위한 다각적인 방안이 고려되고 있다.

Ⅱ. 설문 (1)에 관하여

1. 양극화의 원인

(1) 세계화

상품, 노동, 자본시장에서 세계적으로 통합이 높아지는 현상을 세계화라 한다. 세계화에 따라서 자본과 기술이 집중되고 강자만이 살아남는 시스템이 보편화되었다. 이에 따라서 부가 보다 강자에게 집중되면서 양극화가 심화되게 되었다.

(2) 정보화

정보화에 따라서 정보격차(digital divide)가 발생하고 정보의 양극화가 일어난다. 정보력은 부와 연결되어 급격한 정보화는 양극화의 또 하나의 원인이 된다.

(3) 사회안전망의 미흡

성장과 분배를 제로섬게임으로 인식하면서 사회복지제도가 소홀하게 된 점도 지적할 수있다. 이는 80년후에 팽배했던 신자유주의의 기조와도 일맥상통한다.

(4) 정부의 정책

개발주의 하 재벌위주의 친 자본경제정책을 실시하고 노조, 농민등 하위계층과의 협상, 설득의 문화가 정착되지 않게 되어 양극화가 진전되게 된 부분도 존재한다.

(5) 양극화의 특징

양극화의 유형에는 여러 가지가 있을 수 있으나 수출과 내수의 양극화, 대기업과 중소

기업간의 양극화, 도시와 농촌간의 양극화 등이 존재한다. 양극화현상이 발생하면 소득분배율이 급격히 악화되며 양극화에 따른 범죄 등 사회문제가 급증하는 경향이 있고 정보화와 기술력차이가 커질수록 양극화는 심화되는 경향이 있다.

Ⅲ. 설문 (2)에 관하여

1. 조세정책수단의 도입

양극화는 일종의 시장 실패라고도 볼 수 있다. 따라서 조세정책적 수단이라는 정부 개입을 통해서 이를 치유하려는 노력이 있을 수 있다.

2. 가격의 인상과 생산량의 감소

(1) 세금부과 전

$P=7-0.02Q$, $TC=Q+0.04Q^2$ 에서
$MC=1+0.08Q$이고
$P=MC$에서 $7-0.02Q=1+0.08Q$
$Q=60$, $P=5.8$

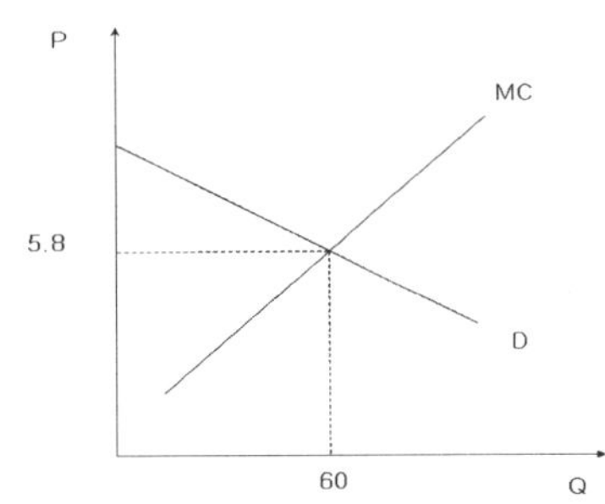

(2) 세금부과 후

생산량 1단위에 1.2원의 세금이 부과되므로 이는 종량세이다. 따라서 그래프는 상향수평이동하게 되고 한계비용 MC는 종량세만큼 커진다.

따라서
$P=7-0.02Q$, $TC=Q+0.04Q^2$에서
$MC=2.2+0.08Q$이고
$P=MC$에서 $7-0.02Q=2.2+0.08Q$
$Q=48$, $P=6.04$

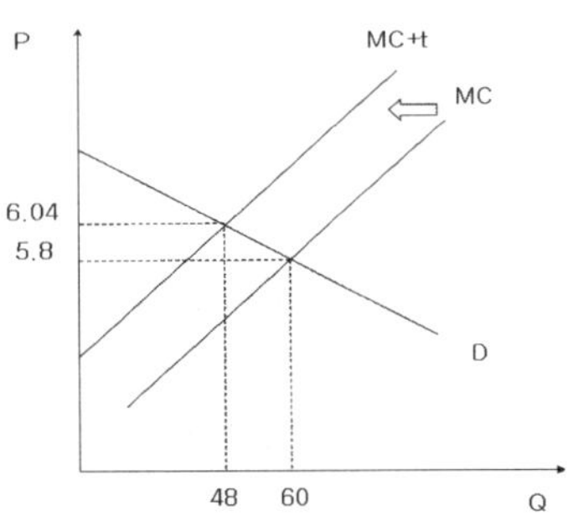

(3) 비교

가격 인상분은 0.24 이고 생산량 감소분은 12임을 알 수 있다.

3. 사치성 소비재에의 조세부과

(1) 수요곡선이 비탄력적인 경우

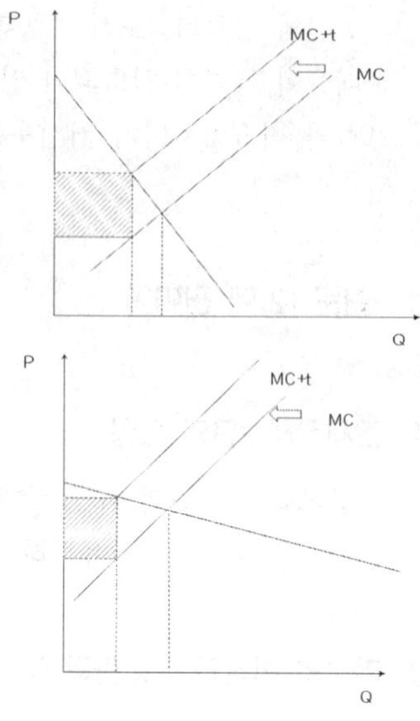

수요곡선이 비탄력적인 경우 세금부과가 일어나도 수요량은 크게 줄지 않는 대신 많은 재원을 마련할 수 있다.

(2) 수요곡선이 탄력적인 경우

수요곡선이 탄력적인 경우에 세금부과로 인하여 확보할 수 있는 재원은 적으나 세금부과로 인해 수요량은 많이 줄일 수 있다.

(3) 설문의 분석

사치성 소비재의 경우 일반적으로 수요가 탄력적인 것으로 생각되어진다. 이 경우 수요량은 많이 감소하나 재원을 많이 마련할 수 없다. 하지만 양극화가 심화되고 이에 따라 상위 부유층의 소득은 더욱 커지는 상황 하에서는 소득의 크기에 비해서 소비의 크기가 작을 수 있고 따라서 수요곡선이 비탄력적인 경우가 된다. 이 경우에는 세율 인상으로 인해 재원을 많이 확보할 수 있게 된다.

/관/련/기/출

FTA체결의 사회후생효과

입시 제19회(03년)

한국과 칠레간의 FTA 체결에 이어서 한국과 동아시아 국가들과의 FTA체결 논의도 활성화되는 조짐을 보이고 있다. FTA체결이 한국경제에 미치는 사회적 후생효과를 설명하라.

▌advice

FTA 체결로 인한 관세장벽 철폐와 생산요소이동에 장벽이 철폐되는 것을 이용하여 사회적 후생효과를 분석할 수 있다.

2014년 대비 5급 공채(행시) 제2차
기출해설과 예상논점 - 경제학

초 판 발 행 2007년 1월 20일
전면개정판 발행 2010년 12월 25일
개 정 판 발 행 2013년 2월 10일
전면개정판 발행 2014년 1월 15일

편 저 고시계
발 행 인 鄭相薰
발 행 처 考試界社

서울특별시 관악구 봉천동 861-7
코업레지던스 B1층 고시계사

대 표 817-2400 편집부 817-0367~8
영업부 817-0418~9 팩 스 817-8998

등 록 2001. 4. 10. 제16-2381호

www.gosi-law.com / www.eduall.kr

정가 23,000원 ISBN 978-89-5822-462-4 93320